# 사회복지학개론

임종호 저

*Introduction to Social Welfare*

학지사

# 머리말

사회복지는 각종 사회문제를 가진 공동체 구성원의 사회문제를 사회복지 전문가가 가진 가치, 지식, 기술을 동원하여 없애 주거나 낮추어 주는 것이다. 더욱이 현대사회는 짧은 시간 동안 사회복지 지식과 실천, 제도가 매우 빠르고 폭넓게 변화되었다. 특히 각종 사회복지 관련 법률의 제정 및 개정이 이루어졌고, 다양한 사회복지 분야 장기발전계획의 수립에 따라 사회복지제도에 많은 변화가 생겨났으며, 사회복지실천 현장과 학문적 동향에도 변화가 나타나고 있다. 이러한 변화를 최대한 빠르고 풍성하게 반영하기 위해 이 책을 집필하였다.

이 책은 사회복지에 대한 전반적인 가이드라인을 제공하는 성격을 지닌다. 사회복지 관련 학문을 처음 접하는 사람들에게 안내자의 역할을 하기 위해 관련 시각 자료인 그림, 시사 뉴스, 통계자료 등을 다양하게 제시하였다.

이 책은 다음과 같은 구성방법을 택하였다. 제1부는 사회복지를 실현하기 위한 각종 제도와 규정의 출발점이 된 사회문제를 중심으로 구성하였다. 더욱이 전통적인 사회문제와는 확연히 다른 신사회적 문제 등을 중심으로 기술하고 그 대안을 제시하고자 하였다. 제2부는 사회복지의 발달과정과 복지국가 및 사회복지 정책 추진 과정에서 첨예하게 대립하고 있는 보수와 진보를 살펴보았다. 제3부는 전통적인 사회복지의 중심축인 사회복지 실천과 정책, 서비스에 대해서 논의하였다. 특히 종래의 많은 분량을 차지하던 사회복지 대상 및 분야에 대한 구체적인 기술은 피하였다. 제4부는 사회복지 현실과 전망으로, 우리나라의 사회복지와 사회복지현장의 수많은 어려움 속에서도 꿋꿋이 현장을 지키는 사회복지사와 관련된 사회복지노동조합 및 현재 사회복지의 화두인 네트워크를 추가로 다루었다.

또한 이 책에 다음과 같은 특징을 반영하고자 노력하였다. 기본적으로 한국사회복지교육협의회가 요구하는 사회복지학 교과목 지침서상의 교과목 내용에 충실하고자 하였다. 이는 사회복지학에서 배워야 할 최소한의 학습내용에 대한 개념 확립에 도움을 줄 것이다. 또한 단원별로 학습개요를 제시하였다.

이 책이 나오기까지 학지사 관계자들의 많은 노고가 있었다. 부족한 문장을 다듬고 꼼꼼히 교정하는 작업은 매우 고된 일이다. 또 많은 표와 그림을 담고 있는 책을 예쁘게 만들어 주신 공이 크다. 지면을 빌려 김진환 사장님과 조은별 선생님의 노고에 심심한 사의를 표하는 바이다. 앞으로도 독자들의 많은 질책을 바라며, 저자는 현재에 안주하지 않고 더욱 매진할 것을 약속드린다.

2023년 1월

저자 임종호

# 차례

제1부

# 사회문제와 사회복지

# 제1장 사회문제의 본질

사회문제(social problem)는 급격한 사회변화 속에서 매우 복잡하고 다양하게 진전되어 왔다. 이는 근본적으로 사회변화와 더불어 정치적, 사회적, 경제적, 제도적인 모순에 따라 발생하였으므로 거시적 차원에서 접근할 필요가 있다. 현존 사회문제는 우리의 생활과 밀접하게 관련되어 있지만, 그 사회의 특성과 시대의 흐름에 따라 변화하기 때문에 한마디로 규정하기는 쉽지 않다. 특히 '사회문제의 본질은 무엇인가?'라는 질문에 대한 답은 그리 간단하지 않다. 이에 사회문제가 무엇이며, 어떻게 규정되어 있고 어떤 방법으로 해결해야 하는지에 대해서는 학자마다 다양한 견해를 제시하고 있다. 따라서 이 장에서는, 첫째, 사회문제의 개념, 둘째, 사회문제의 동향, 셋째, 사회문제의 특성, 넷째, 사회문제의 분류, 다섯째, 현대사회와 사회문제 등을 중심으로 살펴보고자 한다.

## 1 사회문제의 개념

일반적으로 사회문제는 사회제도나 사회구조의 결함·모순에서 생기는 문제로서, 사회적으로 다수의 사람이 특수한 상황에서 불안을 느끼거나 어려운 상태라고 할 수 있다. 사회문제의 의미는 '사회적(social)'이라는 용어와 '문제(problem)'라는 용어가 합성된 말이다. 즉, '사회적'이란 사회의 다수에게 영향을 미치는 범위를 의미하고, '문제'란 사회현상이 부정적이고 바람직하지 못한 일정 기준이 되는 것을 의미한다. 따라서 사회문제의 정의는 사회의 가치, 규범, 윤리 등에 비추어 사회 다수가 바람직하지 않다고 판단하거나, 이들의 삶에 부정적 영향을 미치므로 시정이 요구되는 사회현상이라고 할 수 있다(김종일, 2005).

사회문제는 사회변화에 따른 정치, 경제, 사회, 문화 등 제도적인 모순에 따라 발생하고 있다. 이와 같은 제도적 모순은 자본주의 경제가 고도로 발전하면서 나타난 도시화와 핵가족화 등에 연유하고 있으며, 특히 지역사회와 혈연적인 차원의 상호부조가 약화되고 있는 데 있다. 따라서 주요 학자를 중심으로 사회문제에 대한 정의를 살펴보면 다음과 같다.

- Merton & Nisbet(1971): 사회문제를 사회질서의 많은 부분이 일반적으로 받아들이고 있는 하나 또는 그 이상의 규범을 위배하고 있다고 간주되는 행동양식으로 정의한다.
- Perry & Perry(1976): 사회문제를 사회의 대다수 사람이 가치와 윤리기준에 따라 사회질서를 위협한다고 판단한 사회적 행동으로 보며, 개선이 가능하다고 생각되는 사회현상을 의미한다고 정의한다.
- Etzioni(1976): 사회문제를 사회적으로 형성되고, 사람들이 일반적으로 문제로 인식하며, 사회가 그 상태의 개선을 바라는 사회적 상태라고 정의한다.
- Shepard & Voss(1978): 사회문제를 한 사회의 영향력 있는 다수의 사람이 바람직하지 못한 것이라고 생각하고, 그러한 상태가 변화되기를 요구하는 사회적 상황이라 정의한다.
- Weinberg(1970): 사회문제를 사회구성원이 바람직하지 못하다고 인식하는 행동양식으로서 이에 대한 불만이나 관심을 회합, 시위, 항의 등으로 표출하며, 그들의 의도된 조치가 효과를 거두지 못한 상태로 정의한다.

따라서 사회문제는 어떤 조건이나 행동유형이 다른 조건이나 행동유형과 모순되고 바람직한 삶의 질과 양립할 수 없으며, 사회생활의 여러 수준에서 작용하는 요소에 따라 야기되거나 지속되며, 집단 간의 갈등에 관계되어 그 해결을 위해 사회행동이 필요한 사회현상이라 할 수 있다.

## 사상 최저 출산율 0.84명…코로나19발 인구 절벽 온다

- 2020년 출생아 수 27만여 명… 첫 인구 데드크로스 발생
- 혼인건수 10% 감소… 올해 출산율 하락으로 이어질 듯
- 고령화로 사망자 수 지속 증가… 인구 자연감소 심화

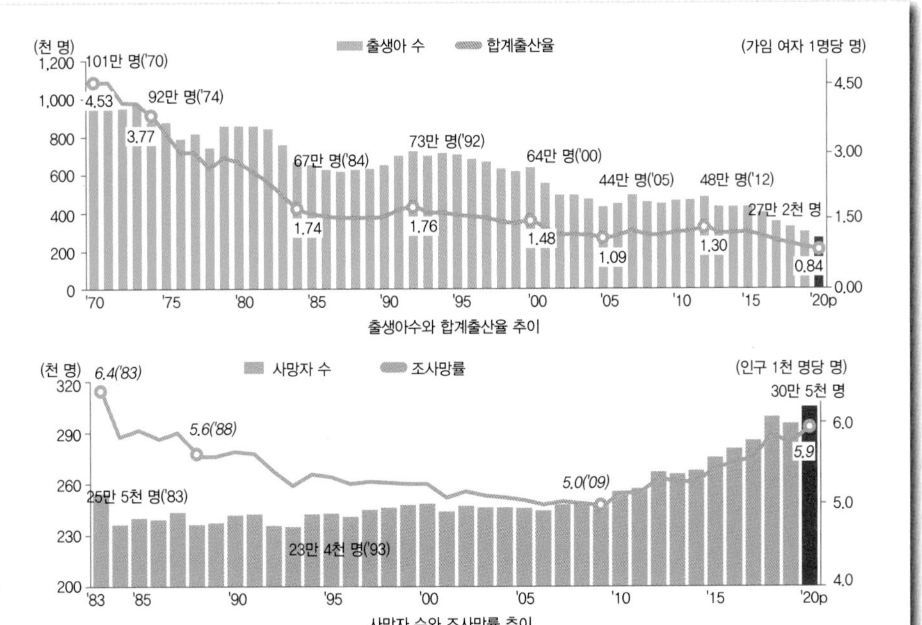


출생아수와 합계출산율 추이

사망자 수와 조사망률 추이

출처: 통계청. https://kostat.go.kr/

한반도 인구가 줄고 있다. 인구절벽을 넘어선 인구재앙이 눈앞이다. 지난해 출생아 수와 합계출산율이 역대 최저치에 머무르면서 사상 처음으로 출생아 수보다 사망자 수가 많은 인구 '데드크로스'가 발생했다. 문제는 코로나19 사태에 따른 혼인 감소 등의 영향으로 앞으로 인구 감소 속도가 더 가팔라질 것이라는 점이다.

통계청이 24일 발표한 2020년 출생 · 사망통계 잠정치에 따르면 지난해 총 출생아 수는 27만 2,400명으로 전년 대비 10.0%(3만 300명) 감소했다.

여자 한 명이 평생 낳을 것으로 예상되는 평균 출생아 수인 합계출산율은 0.08명 감소한 0.84명이다. 지난해 출생아 수와 합계출산율은 관련 통계를 작성한 1970년 이후 가장 낮다.

합계출산율은 2018년 0.98명, 2019년 0.92명, 지난해까지 3년 연속 0명대를 이어 갔다. 2018년 기준 경제협력개발기구(OECD) 회원국 중 합계출산율이 0명대인 국가는 우리나라가 유일하다.

지난해 수치는 아직 집계되지 않았지만 합계출산율 감소세를 감안할 때 한국은 여전히 최하위에 머무를 게 확실시된다.

사망자 수는 전년보다 3.4%(1만 명) 증가한 30만 5,100명으로 통계를 작성한 1970년 이후 가장 많았다. 출생아 수에서 사망자 수를 뺀 자연증가는 마이너스(–) 3만 3,000명으로 1970년 이후 처음 자연 감소했다. 한 해 태어난

아이보다 사망한 사람이 더 많았다는 의미이다.
지난해 전 세계를 휩쓴 코로나19는 인구 감소세를 부추길 것으로 우려된다. 통계청의 인구동향에 따르면 지난해 잠정 혼인건수는 21만 3,513건으로 전년 대비 10.7% 감소했다. 감염병 확산 우려로 결혼식을 미루는 분위기가 영향을 미쳤다.
한국은행은 지난해 12월 발표한 인구구조 변화 보고서를 통해 코로나19 영향에 따른 혼인율 감소가 지속적인 출산율 하락 요인으로 작용할 것이라며 올해 출산율이 통계청의 예상 최저 수준(0.78명, 장래인구추계 기준)을 밑돌 수도 있다고 예측했다.
저출산 심화로 총 인구 감소시기가 통계청 예상인 2029년보다 앞당겨질 수 있다는 예측도 나온다. 인구 감소는 결국 경제 활동이 가능한 생산연령인구 감소와 생산성 하락으로 이어지게 된다.
김소영 서울대 경제학부 교수는 "노동인구가 줄게 되면 저성장이 고착화되는 결과를 낳을 수 있는 만큼 인구 감소 문제에 대응해 사회·경제 전반에서 국가적인 시스템 구축이 필요하다"며 "단기적인 장려 정책도 필요하지만 중장기적으로 육아·교육비용을 줄이고 양질의 일자리를 창출하는 등 출산을 유도할 정책을 마련해야 할 때"라고 조언했다.

출처: 이데일리(2021. 2. 25.).

그림 1-1 현재 한국인의 삶을 가장 힘들게 하는 사회문제

출처: [SOVAC[1] 2020] 사회문제 인식조사(2020. 8. 30.).

1 SOVAC, Social Value Connect는 사회적 가치에 대한 공감대 확산과 생태계 확대를 위해 2019년부터 시행해 온 국내(민간) 최대의 Social Value 행사이다. https://www.youtube.com/watch?v=zZ0rvyD2Sak

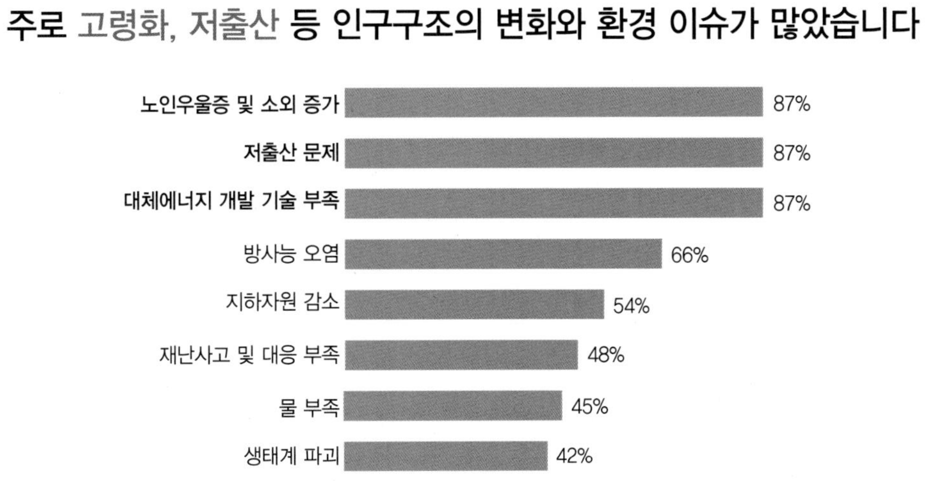


그림 1-2 10년 후 우리 사회를 더 힘들게 하는 사회문제

출처: [SOVAC 2020] 사회문제 인식조사(2020. 8. 30.).

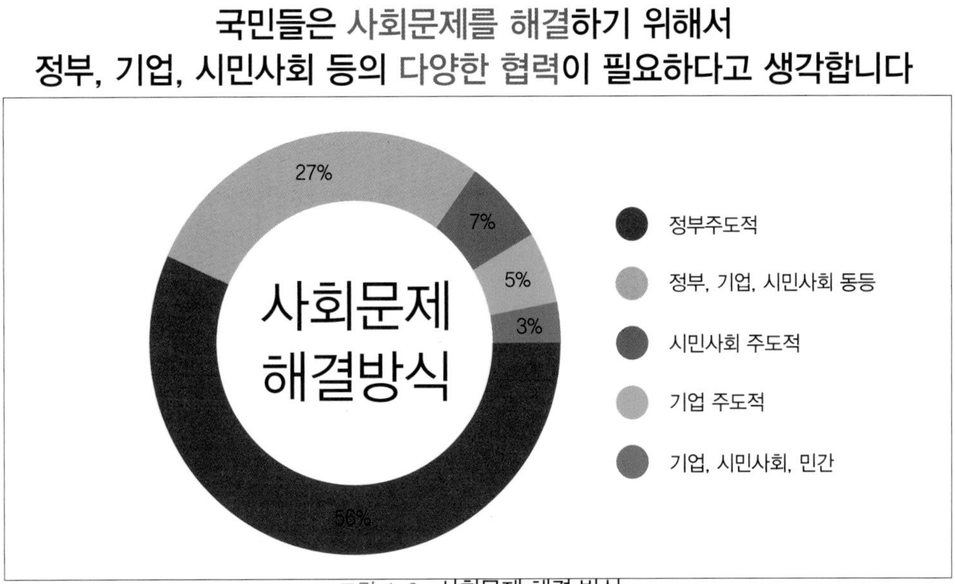


그림 1-3 사회문제 해결 방식

출처: [SOVAC 2020] 사회문제 인식조사(2020. 8. 30.).

## 2 사회문제의 동향

### 1) 사회변동과 사회구조

사회변동(social change)이란 일정한 시간 간격을 두고 사회조직의 유형에 일어나는 중요한 변화를 의미한다. 이는 사회적 문화체계, 규범체계, 가치관, 행동유형 등을 포함해서 문화적 조직에 초점을 둔다(김경동, 1979). 사회변동은 대규모적 상황, 소규모적 상황, 그리고 단기적인 것과 장기적인 것 등으로 구별한다. 일반적으로 사회변동이 미치는 범위가 좁은 것보다는 넓은 것이 중요하고, 단기적 변동보다는 장기적 변동이 더 높은 중요성을 가지고 있다고 볼 수 있다.

대부분 사회변동은 상호행위의 형태변화에 초점을 맞추어 사회구조의 변동에 주목하는 것이 일반적이다. 따라서 사회변동을 사회구조의 변동이라고 생각할 때 사회구조는 역할배치와 역할에 따른 인원 및 사회적 자원배분 규칙에 따라서 정의된다. 그리고 역할형성으로서 역할배치에 변동이 초래된다고 할 때 두 가지를 고려할 수 있다. 하나는 기존의 역할체계 속에 새로운 역할이 추가되는 경우이며, 다른 하나는 기존의 역할 속에서 특정 역할이 변화하였을 때 생기는 변화이다(신섭중, 1999).

그리고 사회변동은 사회인구의 연령구성이나 직업구성 등 인구학적 패턴의 변동에서 시작하여 가치나 세계관, 국민성 등 문화적 패턴의 변동에 이르기까지 다양성을 지닌다. 이와 같이 사회변동은 구조적 변동에 영향을 미치며, 특유의 사고나 행동양식으로서 문화와 가치관에도 영향을 미친다. 또한 부분적이든 전체적이든 문화나 가치관도 어느 정도 변화시키고 있다. 한편, 사회적 문화나 가치관의 변화가 구조의 변화를 유도하는 경우도 있다.

따라서 우리나라는 사회변동의 요인으로 전쟁이나 혁명, 경제공황이나 인구의 대이동 등 다양성을 지니고 있지만, 지금까지 사회변동의 주된 요인은 근대화와 관련하여 산업화, 도시화, 핵가족화 등의 급속한 진전이라고 할 수 있다.

### 2) 사회변동과 사회복지

사회변동과 사회복지를 연관하여 고찰할 때는 ① 사회문제가 어떻게 발생되어 사회구조를 변화시켜 가는지 그 변동과정을 파악하고, ② 사회문제가 어떻게 구축되어 유지되고 어떻게 변용해 가는가 하는 일련의 동태적 과정을 파악하며, ③ 사회변동과 사회문제화 과정의 연관성을 파악하는 것이 중요하다. 이에 사회문제가 사회복지와 어떤 연관성을 지니는가 하는 것은 다음 두 가지 측면에서 제시할 수 있다(박용순, 2008).

- 특정한 사회에서 사회문제로 성격이 규정되면 사회적으로나 국가적으로 그 문제 해결에 대한 공식적인 관심이 출현할 수 있는 바탕이 마련된다. 이와 같은 공식적인 관심을 가지고 구체적인 사회문제의 해결을 위한 대응책이 바로 사회복지이다. 즉, 사회문제에 대한 대응책은 갑작스럽게 출현하는 것이 아니라, 사회적으로 복잡한 과정을 거치면서 하나의 공식적인 사회복지대책이 수립되는 것이다.
- 특정한 사회에서 사회문제로 규정되고 수용되는 것은 한 사회 내의 다양한 개인문제 중에서 경합과정을 거쳐 선택된다. 사회적 경합과정에서 사회문제로 인지되고 수용된다는 것은 그 문제에 대해 사회가 해결 의지가 있음을 간접적으로 암시한다. 이러한 과정은 한 사회의 경제적·사회적 여건과 가치적·문화적 측면을 반영하고, 동시에 한 사회 내의 역학관계 속에서 매우 복잡하고 다양한 의미를 지닌다. 그리고 개인문제가 사회문제화되는 과정은 그 문제를 해결하기 위한 공식적이고 체계적인 사회복지정책이 실현되는 가장 초기단계로 볼 수 있다.

따라서 사회변동에 수반되는 사회복지의 전개과정을 살펴보면, ① 사회변동으로서 '사회문제화'이고, ② 대응방안으로서 '사회정책화'이며, ③ 구체적 실천으로서 '복지제도화'의 세 가지 차원으로 이루어진다. 즉, '사회변동–사회문제–사회복지정책'의 순환관계를 유지하는 것이다. 이에 사회변동에 따른 사회복지는 그 사회의 문제인식과 가치관이 무엇인가에 우선적 관심을 두어야 한다. 그리고 현존 산업사회는 사회복지에 대한 국민의 권리성(right)이나 정상화(normalization) 등의 사회가치체계 문제를 확립할 필요가 있다.

| 유형 | 수렵 · 채집 사회 | 농경사회 | 산업사회 | 정보사회 |
|---|---|---|---|---|
| 변화동인 | | 농업혁명<br>제1의 물결 | 산업혁명<br>제2의 물결 | 정보혁명<br>제3의 물결 |
| 특징 | 수렵, 채집,<br>이동생활 | 1차산업 중심,<br>정착생활 | 2차산업 중심,<br>근대화, 산업화,<br>도시화, 합리화 | 3차산업 중심<br>정보화 |
| 부가가치<br>창출수단 | 물리적인 힘 | 토지, 노동력 | 자본 | 지식, 정보 |
| 생산방식 | 수렵, 채집, 어로 | 경작, 목축,<br>소품종 소량생산 | 공장제 기계공업,<br>소품종 대량생산 | 다품종 소량생산 |

그림 1-4 사회변동과 사회 패러다임의 변화

### 3) 사회변동과 사회문제

사회변동에 대한 대응으로서 사회복지제도가 확립되려면 어떤 사고가 사회문제로 널리 인식될 필요가 있다는 다수의 동의가 전제되어야 한다. 사회문제를 인식하는 상태를 정의함으로써 '사회문제화'가 되는 것이며, 이것이 사회현상을 정의함으로써 사회문제에 대한 사회인식을 갖게 된다. 즉, 사회변동과 사회문제는 밀접한 관계를 지니며, 사회변동의 유형에 따라 사회문제의 유형도 달라진다. 그러므로 사회문제의 범위나 정의를 정확하게 파악하려면 사회문제를 유발하는 사회변동의 원인과 유형을 파악해야 한다.

사회문제는 사회변동에 따라 부정적인 영향력이 특정 개인에게만 한정하여 미치는 것이 아니라, 사회구성원 전체에게 미치는 보편성을 지닌 경우를 말한다. 예를 들면, 환경오염문제가 가져오는 부정적인 영향력으로 사회구성원 누구에게나 질병과 장애가 보편적으로 있을 수 있음을 의미한다. 사회문제는 개인문제와 엄격하게 구별하기 위한 지침이 되며, 사회문제의 발생에는 그 전제로 개인문제의 발생이 선행되고 있다. 그러므로 개인문제는 어느 정도 시간이 흐름에 따라 사회문제의 요건이 더욱 확연해지면서 사회문제로 확대된다. 다시 말해서, 개인적인 사건이 불특정 다수인에게 장시간에 걸쳐 반복적으로 일어나면서 개인문제가 사회문제화되는 것이다. 따라서 사회문제의 기본 속성은 불특정 다수의 불만족스러운 상태의 지속을 의미한다.

따라서 사회변동은 사회문제의 유발에 중요한 요인이 되며, 이는 각국의 역사적·경제적 상황, 가치관, 정치 형태, 사회복지 수준 정도 등 다양한 기준에 따라 차이가 있다. 그러므로 사회변동에 따른 사회문제는 각 국가에 따라 다양하게 정의되고 개념화된다고 볼 수 있다.

## 3 사회문제의 특성

사회문제는 사회적으로 나타나는 현상이 사회규범에서 벗어나고, 많은 사람이 부정적인 영향을 받으며, 사회적 개선과 행동 등이 요구되는 것을 의미한다(최일섭, 최성재, 1997, pp. 25-28). 사회문제의 특성은 누구든지 보편적으로 인정할 수 있는 객관적인 사회현상으로 규정된다. 사회문제의 객관성은 과학적인 방법에 근거하여 어떤 사회현상이 사람에게 불이익을 주는가에 대한 결정에서의 다수 의견을 말한다. 여기서 강조되는 사회문제의 특성은 그 현상 자체이며, 사회의 객관적이고 보편적인 가치나 윤리를 수용하는 경향이 있다.

사회문제의 객관성에 대한 접근방식은 인간생활에 피해를 입히는 사회현상을 해결하는 데 구체적인 도움이 되고 있다. 예를 들어, 사회문제의 접근은 빈곤자에게 궁핍한 상태를 완화하고 제거해 주는 것이 가장 시급하며, 그들이 왜 궁핍한지에 대한 생각 자체는 별로 중요하지 않다는 것이다. 사회문제의 특성에서 문제발생의 '원인(cause)'은 '사회적(social)'인 것에 강조점을 둔다.

사회문제의 기본 속성은 문제해결의 주체와 직접적이고 간접적인 영향의 대상으로서 특정 개인이 아닌 불특정 다수인 사회구성원에 두고, 그 사회문제를 방치할 경우 궁극적으로 사회 자체의 붕괴까지 초래할 수도 있다고 본다. 즉, 사회문제의 출발은 개인문제에 두되, 이러한 개인문제에 불특정 다수성과 사회적 중요성이 결합됨으로써 사회문제가 등장한다고 보는 것이다. 따라서 사회문제가 성립되기 위한 특성을 몇 가지 제시하면 다음과 같다(표갑수, 2006).

- 사회문제는 사회규범에서 이탈한다. 사회구성원은 사회활동을 통해서 사회현상이 법률 규정에 위배되고 있는지에 대해 쉽게 판단할 수 없는 경우가 많다. 예를 들어, 한 가정의 자녀가 경제적인 능력이 없어 노부모를 부양하지 못한다고 해서 전통적인 효자상의 가치관에 위배된다고 볼 수는 없다. 따라서 어떤 사회현상이 사회가치에 위배되는지의 여부는 그것이 개인적인 문제인가 또는 사회적인 문제인가를 판단하는 기준이 될 수 있다.
- 사회문제는 사회적으로 부정적인 영향을 미친다. 사회구성원은 사회현상에서 나타나는 사회문제 때문에 직접 피해를 입고 고통을 받는 경우가 있으며, 본인 스스로가 다른 사람에게 다양한 경로를 통해 직간접적으로 부정적인 피해를 주는 경우가 있다. 예를 들어, 조류독감에 걸려서 다른 가금류에 치명적인 피해를 주고 사람에게도 부정적인 영향을 줄 수 있는 경우이다. 이와 같이 사회적으로 많은 사람에게 바람직하지 못한 영향을 미치는 것이 사회문제의 특징이라 할 수 있다.
- 사회문제는 사회적으로 확산되고 파급된다. 사회문제가 개인문제와 구별되는 두 가지의 특징은 '사회성(sociality)'과 '보편성(universality)'이다. 여기서 '사회성'은 개인의 욕구충족이 어려운 상태가 특정 문제에 직면한 개인의 책임보다는 사회제도나 구조의 결함으로 야기되는 경우로, '문제발생의 사회적 맥락'을 의미한다. 예를

들어, 환경오염문제는 사회적 맥락을 가진 문제로서 널리 확산되고 누구에게나 파급된다고 할 수 있다.

- 사회문제는 영향력 있는 사람이 규정한다. 한 사회의 사회문제는 다수의 사람이나 사회에 영향력을 가진 사람이 규정한다. 즉, 전체 사회의 상대적인 수에 따라 사회문제를 결정하되, 다수의 사람이 얼마나 관심을 가지고 있으며, 매스컴 등에서 얼마나 빈번히 취급하고 있느냐에 따라 규정하는 것이다. 예를 들어, 현존 사회의 여성차별이 사회문제로 부각되는 것은 다수의 사람이 관심을 보임으로써 사회제도적으로 규정되고 사회문제화된다고 할 수 있다.
- 사회문제는 집단적 사회행동이 요구된다. 어떤 문제가 사회문제로 규정된다면 사회적 또는 집단적 차원에서 접근하게 된다. 사회문제는 다수의 구성원에게 부정적인 영향을 미치고 사회적으로 악영향을 미치기 때문에 개인적 차원의 문제해결은 불가능하다. 따라서 사회적인 문제로 인식되면 국가 차원에서도 해결방안을 모색해야 한다. 예를 들어, 환경파괴는 심각한 사회문제로, 이는 모든 국민이 관심을 가지고 환경파괴에 대한 집단적 반대운동을 전개함으로써 문제해결이 가능하다고 할 수 있다.

현존 사회에 나타나고 있는 사회문제를 규정하기 위해서는 다음과 같은 몇 가지 특징이 강조된다.

- 사회문제로 규정하기 위해서는 문제발생의 원인과 특성이 사회적이어야 한다. 즉, 자연적이고 재해적인 폭풍이나 지진 등의 문제가 아니라, 사회적으로 확산되고 있는 문제를 말한다.
- 사회문제는 한 사회의 지배적인 규범에 어긋나는 행동이 존재해야 한다. 즉, 사회의 모든 구성원이 사회적으로 바람직하지 못한 결과를 가져오는 것이라고 동의하는 문제를 말한다.
- 사회문제는 국민이 관심을 갖는 문제여야 한다. 즉, 사회문제로서 어느 정도 조건을 갖춘 것이라고 하더라도 국민 대다수의 관심이 집중되는 문제를 말한다.

• 사회문제는 해결이나 완화를 위해서 사회적 차원의 개입이 있어야 한다. 즉, 사회문제에 대한 정책적 과정을 거쳐 국가개입과 사회운동으로 연결되는 문제를 말한다(최선화 외, 1999).

따라서 사회문제는 설정하는 방향에 따라 달리 문제가 규정되며, 그 해결방안도 다양하게 접근할 수 있다.

**사회문제가 성립되기 위한 조건**

어떤 사회적 현상이 다음의 일곱 가지 특성을 모두 만족할 때 사회문제로 인정된다.

1) 사회구성원의 지배적인 가치나 규범에서 이탈하여 사회적 가치에 위배된다는 판단이 가장 핵심적인 조건이다(사회문제는 가치지향성을 지니고 있다).
2) 충분히 많은 사람이 부정적인 영향을 받고 있으며 문제를 겪고 있어야 한다.
3) 자연적으로 만들어진 현상이 아닌 회의, 조직, 구조 및 제도 등과 같이 인간이 만든 현상이어야 한다.
4) 사회구성원이 객관적 상황을 사회적 위협으로 인식하고 관심을 가질 때 성립한다. 다수의 사람이나 대중 또는 국가정책에 대하여 영향력을 행사할 수 있는 집단이 사회문제라고 규정한다.
5) 문제의 개선을 위해 사회적 차원의 개입이 있어야 한다. 사회문제 해결에는 사회비용의 부담이 전제된다.
6) 상당 기간 지속되어야 한다.
7) 소수의 특정 집단에게 이익이 되는 경우이다.

## 4 사회문제의 분류

사회문제의 분류는 학자마다 견해가 다양하며, 사회문제에 대한 각자의 정의와 연구에 따라 분명하게 구별된다. 사회문제에 대한 분류는 나름대로 독립적이고 가치중립적인 측면에서 제시되지만, 사회문제를 올바르게 인식하고 보편적인 관점에서 구분하는 것에는 한계가 있다. 사회문제의 범주와 유형을 종합하여 간략히 제시해 보면 다음과 같다.

• 사회구조적 문제: 빈곤문제, 교육문제, 불평등문제, 노인문제, 노동문제, 환경오염문제, 도시문제 등
• 사회해체적 문제: 청소년문제, 가족문제, 보건문제, 고용문제, 소득분배문제 등

• 사회일탈적 문제: 탈선문제, 범죄문제, 부적응문제, 약물남용문제, 학교폭력문제, 성폭력문제, 성매매문제, 정신질환문제 등

### 텔레그램 n번방·박사방 사건

2018년 하반기부터 텔레그램 n번방과 박사방에서 자행된 성 착취 사건을 말한다. n번방과 박사방을 개설 · 운영한 가해자들은 미성년자를 포함한 일반 여성을 대상으로 성 착취 영상을 찍도록 협박하고, 해당 영상을 텔레그램 비밀대화방에서 판매하는 잔인한 행각을 저질렀다.
텔레그램 n번방 · 박사방 사건은 미성년자를 포함한 일반 여성들을 상대로 한 성착취 영상이 해외 모바일 메신저인 텔레그램을 통해 대대적으로 공유 · 판매된 디지털 성범죄 사건을 말한다. n번방은 2018년 하반기부터, 박사방은 2019년 7월부터 운영된 것으로 알려진다. 해당 채팅방 운영자들은 미성년자를 비롯한 일반 여성을 대상으로 성 착취 영상을 찍도록 협박하고, 그 영상을 텔레그램 비밀대화방에서 판매하는 잔인한 행각을 저질렀다. 가해자들이 텔레그램을 쓴 것은 해외에 서버를 두고 있어 압수수색 등이 어렵고, 대화 내역을 지우는 기능이 있기 때문으로 추정된다.
n번방이라는 명칭은 1번부터 8번까지 각각 다른 이름이 붙여진 8개의 텔레그램 비밀대화방에서 방마다 서로 다른 피해 여성들의 신상정보와 성 착취물이 올라온 데서 붙은 것이며, 박사방은 '박사'라는 닉네임을 가진 인물이 운영한 데서 붙은 이름이다. n번방과 박사방의 가해자들은 피해자들의 성 착취 영상을 올리는 것은 물론 이들의 신상정보까지 모두 공개해, 피해자들이 자신들에게 복종할 수밖에 없도록 극심한 고통을 준 것으로 알려졌다. 또 가해자들은 문화상품권이나 가상화폐처럼 추적이 어려운 금품을 받은 뒤 방문자들에게 해당 채팅방으로 향하는 링크를 공유했는데, 이곳에 입장한 사람은 최소 수만 명에서 최대 26만 명으로 추정되고 있다. 아울러 가해자들은 신고와 추적을 피하기 위해 채팅방을 수시로 없애고 만드는 일을 반복했으며, 이러한 수법을 이용한 유사 n번방들까지 등장한 상황이다.

출처: 네이버 지식백과.

## 5 현대사회와 사회문제

### 1) 도시화의 전환

도시화의 전환은 인구학적으로 파악한다면 농촌에서 도시로의 인구이동을 의미한다. 도시적 생활양식의 구체적인 성격은 사회적으로 제1차 접촉에서 제2차 접촉으로의 교체, 친족 간 유대의 약화, 가족의 사회적 연대의 감소, 기존 전통적 기반의 붕괴 등에 의미를 두고 있다. 여러 학자는 전통적으로 가족이 담당하였던 산업, 교육, 오락의 기능을 행정 중심의 전문적 제도가 담당하게 되면서, 가족 중심의 다기능 집단이나 근린집단은 쇠퇴되고 단일적 집단이 생성된다고 지적한다(Joseph, 1980).

이와 같이 도시화는 인구의 이동을 통한 인구집중을 초래하며, 도시 지역의 공동체를 형성하고 각종 사회문제를 일으켜 그 해결책을 요구하고 있다. 특히 도시의 지역사회가 가지는 특성으로 지적할 수 있는 것은 이익집단적이라는 점이다. 도시 지역에서 인간관계의 소외와 고독의 문제, 익명성의 문제 등은 전통적인 상호부조를 약화하고 서로의 관계를 경제적 이익에 입각하여 수립하게 한다. 예를 들면, 인간관계는 기존의 전통사회가 가졌던 정의적 관계를 상실하고, 한정된 지역에 이질적인 사람이 함께 거주함으로써 발생하는 각종 사회문제, 즉 소득, 보건, 위생, 불량주택, 청소년, 노인문제 등을 빈번하게 초래하는 원천이 되기도 한다. 도시빈민문제는 농촌 빈곤자가 일자리를 구하기 위해 도시로 몰려들어 발생하는 대표적인 문제로 이에 대한 사회복지적인 접근이 요청된다.

따라서 도시화의 전환은 비공식적(informal)인 사회통제에서 공식적(formal)인 사회통제로 이행한다는 것을 의미한다. 특히 도시화는 집단 특성에 따른 사회통제가 수반되며, 다양한 사회문제를 유발한다고 할 수 있다.

### 2) 핵가족화의 확대

핵가족화의 확대는 이전에 가족이 수행해 온 가족기능에 대한 새로운 변화를 초래한다. 즉, 가족규모의 축소는 다양한 능력을 갖는 활동주체를 가족 내부에서 배출해 가는 것을 의미하며, 그 활동주체의 능력상실은 가족기능의 약화와 위기대응 능력의 저하 등으로 이어지고 있다. 이와 같이 가족이 상실한 기능은 외부의 기관이 가족을 대신하여 유상 혹은 무상으로 인수하게 되며, 이러한 의미에서 가족기능의 외부화라는 의미를 부여한다.

가족의 변동으로서 핵가족화는 그 형태상의 변화만으로 파악되는 것은 아니다. 그 외에도 권위구조, 역할구조, 가족주기, 정서구조, 가족기능, 가족의식, 생활구조 등 가족의 구조변동을 파악하는 다양한 측면이 있다(十時嚴周, 1992). 이에 핵가족화의 원인으로 사회구조 전체의 근대화와 산업화를 들 수 있다. 특히 핵가족이 증가하는 주요 요인은 자본주의 경제가 발달하여 증가된 고용노동자가 도시에 집중해 있기 때문이다. 또한 현대적인 의미의 결혼관과 가족관이 보급되고 있는 점 등을 그 요인으로 지적할 수 있다.

핵가족화 현상은 사회복지의 대응을 근본적으로 요구하고 있으며, 사회복지적 접근을 혁신적으로 변화시키고 있다. 전통적인 가족은 확대가족을 통해 가족 간의 어려움을 해소해 주는 가족기능을 수행해 왔다. 이와 같은 확대가족이 도시화에 따라 핵가족으로 변화되면서 새로운 사회문제가 부차적으로 발생하였다. 예를 들면, 맞벌이부부의 확대에 따른 보육문제와 노인부양문제가 대표적인 사회문제로 부각되기 시작하였다.

오늘날 핵가족의 특징으로 출산율의 저하, 수명 연장에 따른 가족규모의 축소, 자녀 독립 후 중·고령기 부부만의 생활 기간 연장, 가족의 생활보장 기능의 실질적 평등화, 맞벌이에 따른 부부의 역할교체 등을 들 수 있다. 그리고 가족 내 부부관계의 실질적 평등화, 가족해체의 진전, 이혼과 재혼의 증가 등 다양한 사회문제의 해결을 위한 사회보장 및 사회복지에 대한 욕구증대 등을 들 수 있다. 특히 가족 내에서 아동보호와 노인부양이 어려워짐에 따라 가족기능을 대체할 새로운 제도적 장치가 요구되고 있으며, 사회복지의 대책으로서 보육사업과 노인복지사업 등이 요청되고 있다.

# 국민 60% 만 '삶에 만족'…
# 20%는 '외롭다' 느껴

## 인구

총 인구 (단위: 천 명, %)

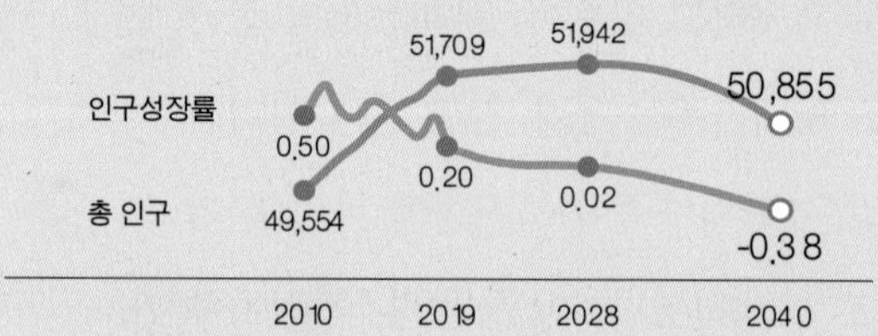


합계출산율 (단위: 명/가임여성 1명)

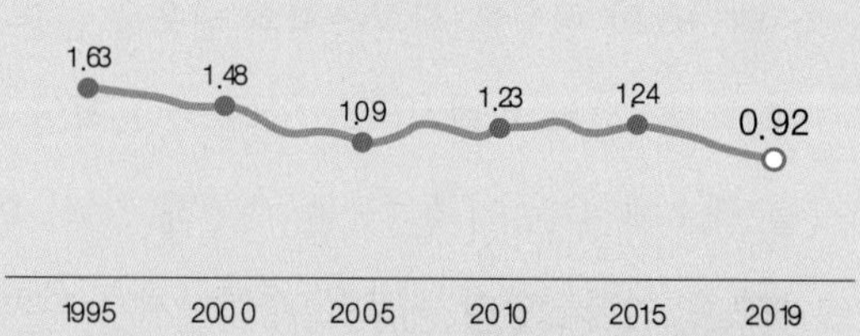


## 가구 가족

가구원 수 (단위: 명, %)

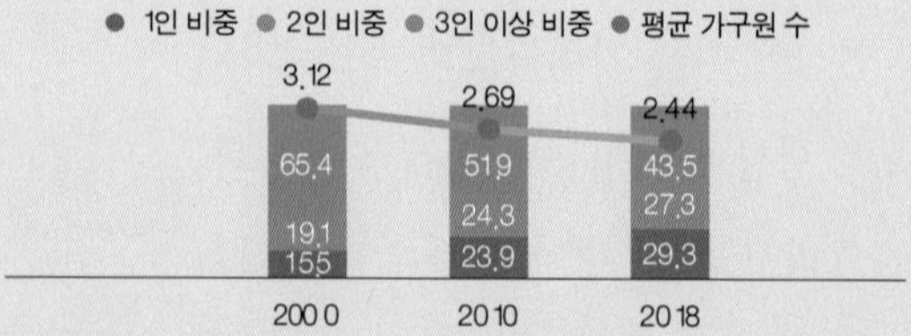


혼인 및 출산 연령 (단위: 세)

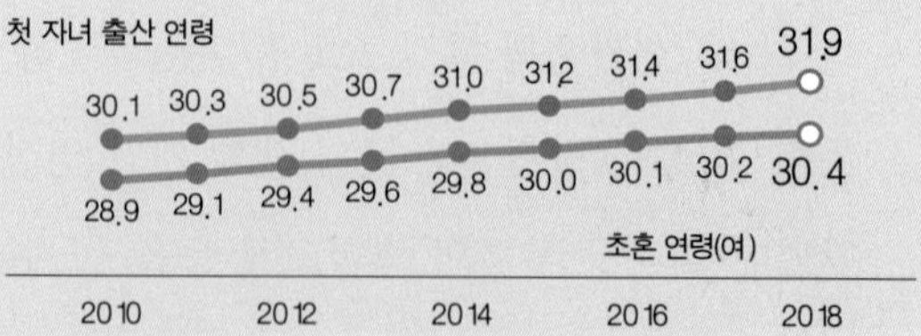


## 건강

기대수명 및 건강수명 (단위: 세)

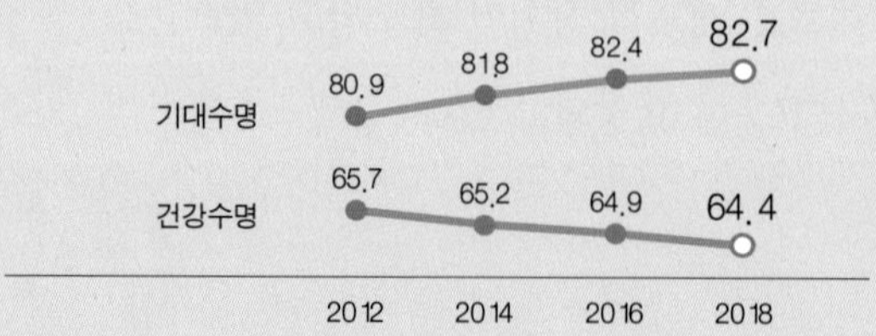


사인별 사망률 (단위: 명/10만 명)

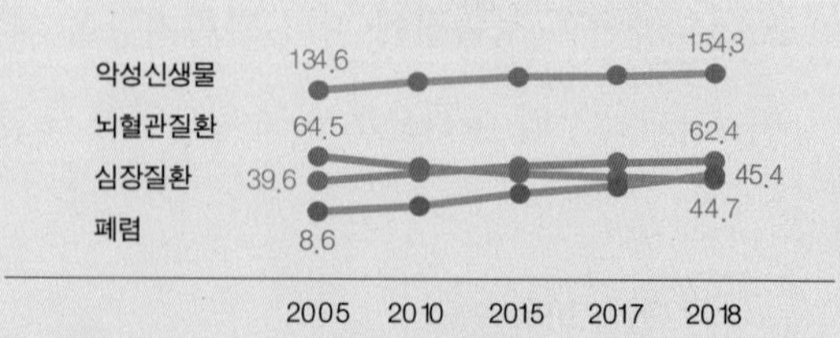

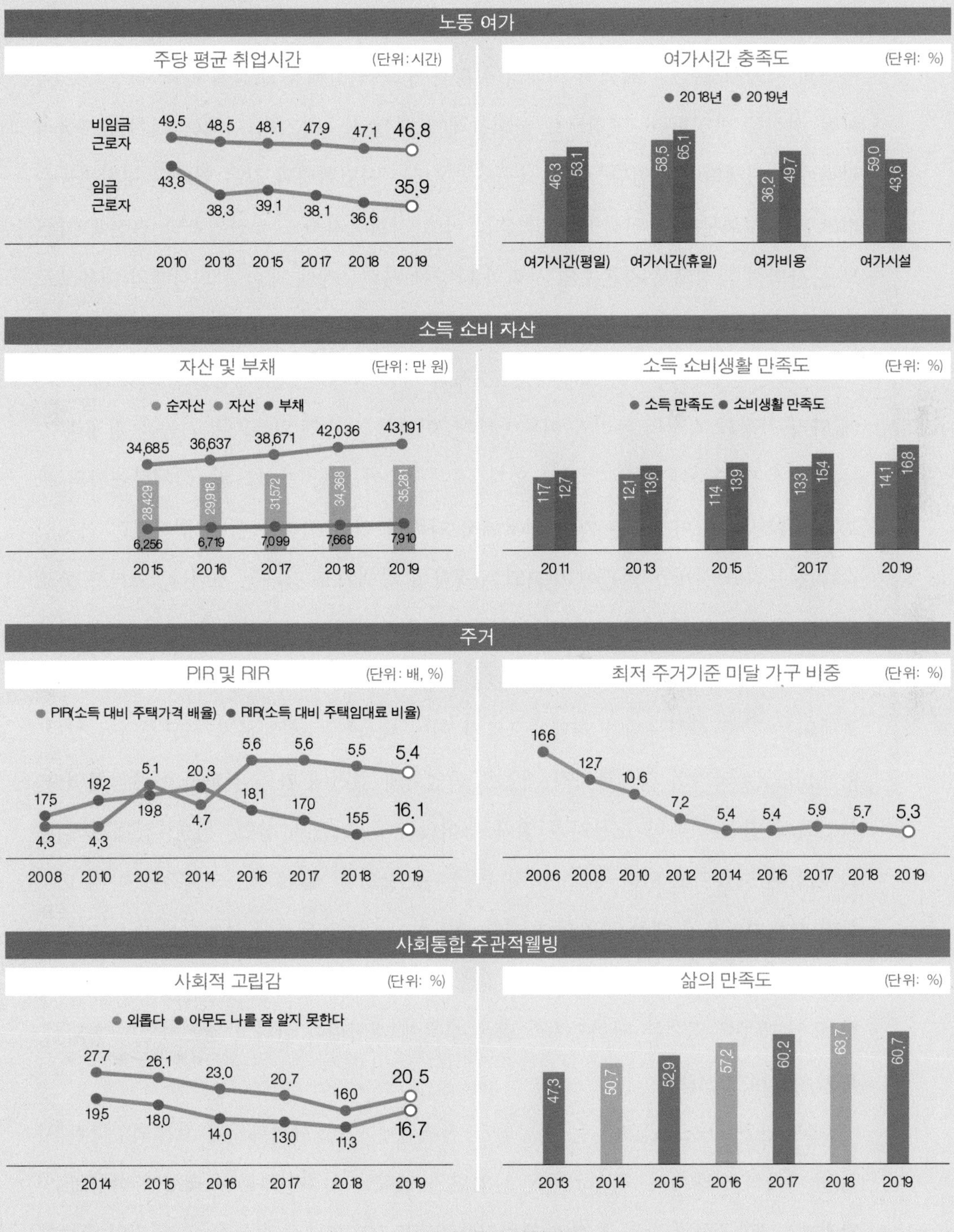


그림 1-5 2019 한국의 사회지표

출처: 한국사회복지협의회(2020. 7.).

### 3) 산업화의 산물

산업화의 산물은 근대국가에서 사회적 흐름의 대표적인 사회문제 중 하나이다. 한 사회의 사회제도는 그 사회의 시대적 상황과 문화적·경제적 조건에 따라 규정되는 역사적 성격을 반영한다. 그러므로 사회문제에 대한 사회복지의 이해는 정치적·사상적 관점에서 전제되어야 한다. 특히 서구사회에서는 시민혁명과 같은 커다란 정치변동을 겪으면서 사회문제를 인식하게 되었다. 이에 사회복지제도는 산업화의 진전에 따른 모든 사회적 과정에서 자본주의 사회의 다양한 사회문제에 대한 사회정책의 대응으로 규정할 수 있다(十時嚴周, 1992).

산업화의 진전은 가족이 보유해 온 경제적 기능 중에서 생산기능을 분리하였고, 이에 따라 가정과 직장의 분리가 이루어졌다. 이러한 가족의 외부화된 기능은 경제적 기능과 생산적 기능에 그치지 않고 있다. 즉, 영유아보육, 자녀교육, 신체장애인의 보호, 노인부양 등 이전에는 가족 내부에서 가족의 직접 접촉을 통해 행해졌던 기능이 각각 전문적인 서비스 기관에 의뢰되는 경향이 강해지고 있다는 것이다. 그리고 종교적 기능은 물론 오락이나 교제 기능의 일부도 외부화되고 있다.

산업사회로 이행됨에 따라 산업현장에 종사하는 노동자 수가 증가하고, 산업화에서 초래되는 각종 사회문제가 확대됨으로써 이에 대응하는 사회복지가 요청되어 왔다. R. Mishra는 국가의 사회복지적 개입은 산업화의 진전에 따른 결과라고 주장하였다. 산업화의 진전에 따라 노동자가 점차 늘어났는데, 이들은 실업, 질병, 산업재해 등의 위험에 노출되고 있다. 또한 퇴직 후 소득보장의 문제라든지, 도시화에 따른 도시환경과 토지이용에 대한 국가의 통제를 요구하고 있다. 동시에 산업화에 따른 기술인력, 대중시민의 교육문제 등도 정부개입을 요구하고 있다. 이와 같이 사회문제의 다양한 요인 때문에 국가는 사회복지의 많은 부문에 개입해야 한다고 강조하였다(현외성, 1992, pp. 479-480).

Wilensky와 Lebeaux(1965)는 산업화가 진행됨에 따라 사회복지가 요청되었다는 사실을 미국의 사례에서 제시하였다. 산업화의 영향은 사회변화를 초래하여 다양한 인간관계, 사회구성원 간의 분화와 계층화, 그리고 사회연대성과 통합 및 체제의 존속에 엄청난 파급효과를 가져왔다. 그 결과로 전통적인 상호부조의 양식이 새롭게 변화되

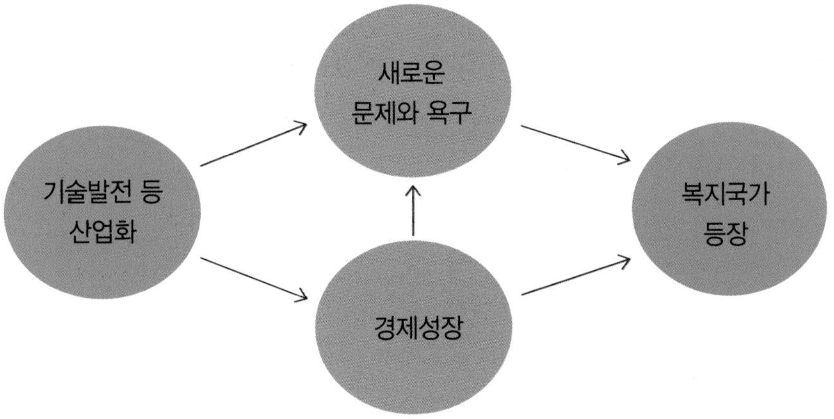


그림 1-6 산업화 이론 모형

어 왔다고 설명한다. 이러한 변화의 근본 요인은 과학기술의 발전에 있으며, 과학기술의 발전은 그 사회가 지닌 다양한 조건을 변화시킨다고 강조하였다. 특히 과학기술을 기본 바탕으로 하는 산업화의 진전은 사회복지적인 양식에도 많은 영향을 끼쳐, 전통적인 '잔여적 사회복지' 형태에서 점차 '제도적 사회복지' 형태로의 변화가 요청된다.

#### 4) 자본주의 체제

자본주의 체제는 과거 봉건적 체제와는 전면적으로 다른 사회경제적 체제로 변화되어 오면서 인간의 새로운 욕구창출과 사회문제를 야기해 왔다. 사회적 약자를 원조하기 위한 공적부조와 사회복지서비스는 궁극적으로 자본주의 경제의 발달에 따른 산물로 볼 수 있다. 이러한 흐름 속에서 자본주의 경제체제는 본질적으로 사회복지를 요구하게 되었고, 자본주의 경제체제가 시작됨과 동시에 근대적인 사회복지가 출현하기 시작하였다. 자본주의 경제체제는 경제원리의 근간으로서 영리주의, 자유경쟁, 사유재산 등에 바탕을 두고 있다.

자본주의의 경제원리를 바탕으로 모든 국민은 평등하고 자유롭게 경제활동에 참여한다. 그러나 현실적으로는 생산수단을 소유한 자본가와 소유하지 못한 노동자로 구분할 수 있는데, 이러한 자본가와 노동자의 관계는 이상적이고 평등한 관계가 아닌 불평등한 관계로 이루어지고 있다. 즉, 자본주의 경제체제의 발달에 따라 점차 노동자는 상대적 약자로 전락하고 빈곤화의 길로 접어들게 된다. 결국 이윤을 극대화하려는 자본의 속성에 따른 노동력의 약화와 그 가족생활의 궁핍화를 초래한다는 논리이다.

그리고 자본주의 경제체제는 노동력을 갖지 못한 사회적 약자에 대한 사회복지대책을 출현하게 하였다. 사회적 약자를 대상으로 하는 사회복지는 일차적으로 노동력을 가진 노동자와 노동력을 아직 갖추지 못한 노동자로 그 대상을 분류하고 있다. 그러나 자본주의 시장경제의 교환관계에 참여할 때 노동력이 부분적으로 결여되거나 완전한 노동력을 갖추지 못한 사회적 집단을 보호하는 것은 자본주의의 원리에 맞지 않는 것이다. 그렇다면 자본주의 시장경제 원리에 참여하지 못한 자는 방치하여 스스로 삶을 포기하도록 해야 하는가, 그렇지 않으면 국가나 사회가 사회적 약자의 복지증진을 위한 사회복지대책을 강구해야 하는가의 문제가 발생한다.

따라서 자본주의 체제에서는 국가가 노동자와 그 가족을 보호하려는 사회복지입법을 통하여 자본가와 노동자의 관계에 개입할 필요가 있다. 이러한 노동법을 위시한 사회복지법 및 사회보장법이 확대되면서 중요한 사회복지의 기반이 확립된다. 이에 국가는 사회적 약자에 대한 보호를 다음과 같이 두 가지 측면에서 접근해야 한다. 즉, ① 사회복지는 생존권이란 측면에서 국가가 사회복지대상자에게 일방적으로 서비스를 제공해야 한다. ② 사회복지는 전체 사회의 질서유지와 사회통제적인 목적에서 서비스를 제공해야 한다.

이상과 같이 국가는 사회복지의 한 형태로서 사회복지대상자에게 공공부조를 통한 지속적인 서비스와 경제적 자립을 유도하는 생산적 복지에 역점을 두고 정책을 추진해 나가야 한다.

## 참고문헌


김경동(1979). 발전의 사회학. 서울: 문학과 지성사.
김영모(1982). 현대사회문제론. 서울: 한국복지정책연구소 출판부.
김영화, 이옥희(2003). 복지와 이데올로기. 서울: 한울출판사.
김종일(2005). 사회문제론. 서울: 청목출판사.
박용순(2008). 사회복지개론(3판). 서울: 학지사.
신섭중(1999). 한국사회복지정책론. 서울: 대학출판사.
이데일리(2021. 2. 25.). 사상 최저 출산율 0.84명…코로나19발 인구 절벽 온다.
최선화, 박관준, 황성철, 안홍순, 홍봉선(1999). 사회문제와 사회복지. 서울: 양서원.
최일섭, 최성재(1997). 사회문제와 사회복지. 서울: 나남출판.
표갑수(2006). 사회문제와 사회복지. 파주: 나남출판.
한국사회복지협의회(2020. 7.). 복지저널.
현외성(1992). 비교사회정책연구. 마산: 성은출판사.

十時嚴周(1992). 現代 の 社會變動. 慶應通信株式會社.

Eitzen, D. S., & Zinn, M. B. (2000). *Social problems* (8th ed.). Boston: Allyn and Bacon.
Etzioni, A. (1976). *Social problems*. Englewood Cliffs, NJ: Prentice-Hall.
Horton, P. B., & Leslie, G. R. (1995). *The sociology of social problems*. New York: Appleton-Century-Crofts.
Joseph, J. (1980). *Social problems*. London: Prentice-Hall International.
Merton, R. K., & Nisbet, R. (Eds.). (1971). *Contemporary social problems* (3rd ed.). New York: Harcourt Brace Jovanovich.
Parrillo, V. N., Stimson, J., & Stimson, A. (1999). *Contemporary social problems* (4th ed.). Boston: Allyn and Bacon.
Perry, J., & Perry, E. (1976). *Face to face: The individual and social problems*. Boston: Educational Associates.
Schneider, R., Kropf, N., & Kisor, A. (2000). *Human response to social problem*. Homewood, IL: The Dorsey Press.
Shepard, T. M., & Voss, H. L. (1978). *Social problems*. New York: Macmillan.
SOVAC (2020). 사회문제 인식조사.
Sullivan, T. (1980). *Social problems: Divergent perspectives*. New York: John Wiley & Sons.
Weinberg, S. (1970). *Social problems in modern urban society*. Englewood Cliffs, NJ: Prentice-Hall.
Wilensky, H., & Lebeaux, C. (1965). *Industrial society and social welfare*. New York: Free Press.

통계청. https://kostat.go.kr/

# 제2장 신사회적 위험

1980년대 이후 인구고령화와 낮은 출산율, 여성의 경제활동 참여 증가, 노동시장과 가족구조의 변화 등으로 황금기 시대의 복지국가 위상과 역할 및 가치를 둘러싼 재편의 압력이 거세어지자 복지국가들은 신사회적 위험(new social risks)에 대한 논의에 주목하게 되었다. 신사회적 위험은 구사회적 위험(old social risks)과 달리 1인 가구의 급증으로 인한 청년과 노인문제, 그리고 정보통신의 발달로 인한 사이버 범죄 문제, 불안정한 고용으로 인한 노동시장의 양극화와 사회적 배제 등을 말한다(박은하, 2013). 또한 코로나19의 발생으로 감염병의 상황이 후기산업사회의 신사회적 위험으로 지칭되면서 새로운 복지국가 담론의 핵심으로 등장했다. 따라서 이 장에서는, 첫째, 사회적 위험 변화 양상과 대응, 둘째, 1인 가구의 문제, 셋째, 사이버 범죄 문제, 넷째, 감염병 문제, 다섯째, 신사회적 문제 대응방안 등을 중심으로 살펴보고자 한다.

## 1 신사회적 위험

제2차 세계대전 이후 1970년대까지 유럽의 복지국가들은 대규모의 안정적인 제조업 부문을 기반으로 지속적인 경제성장을 유지하였으며, 사회의 다수 구성원은 완전고용과 전일제노동을 기초로 높은 수준의 가족임금으로 고용되어 있었다. 이 시기 사회적 위험의 주된 대상은 남성생계노동자(male-breadwinner)였다. 즉, 전통적 사회적 위험인 구사회적 위험은 근대 산업사회의 산물인 노동력 상실과 관련된 위험에 한정된 것들로 주로 산재, 실업, 노령, 질병, 사망 등이 여기에 속한다. 복지정책은 주로 소득상실을 보상하는 현금이전(transfer)에 초점을 맞췄으며, 복지국가의 정책은 이러한 구사회적 위험에 대한 보호가 가능했다. 그러나 소득상실과 중단 및 임금과 필요의 불일치에 대응하기 위한 것들은 정책을 통해 적절한 조치가 이루어졌으나, 사회적 보살핌은 대부분 가족제도를 통해서 제공되었으며, 가족에 대한 개입은 제한적으로 이루어졌다(Talyor-Gooby, 2004).

후기 산업사회의 탈산업화 과정에서 여성의 노동시장 참여가 증가하고, 저출산·고령화와 가족구조의 변화(핵가족화, 개인화)는 복지국가가 수습해야 하는 위험의 종류와 정도에 크게 변화를 가져옴으로써 이러한 신사회적 위험이 복지국가의 지속을 위협하게 되었는데 Esping-Andersen(1999)은 이를 '복지국가의 위기'라고 하였다. 신사회적 위험에 대해 Taylor-Gooby(2004)는 '탈산업 사회로 전환하는 과정에서 발생하는 경제·사회적 변화의 결과로 개인이 삶의 과정에서 직면하게 되는 위험'이라고 정의했으며, Bonoli(2007)는 '지난 30~40년 이상 진행된 탈산업화 신사회적 위험 대응관점에서 본 한국의 일·가정양립정책과 노인돌봄정책의 변화로 인해 사회경제적 전환이 이루어지면서 개인이 경험하게 되는 복지의 손실'이라고 정의하고 있다. 또한 Huber와 Stephens(2004)는 새로운 복지국가는 정책의 초점을 노령, 질병, 실업, 상병 등 근로능력 상실 때문에 발생하는 위험을 보장하기 위한 이전 중심에서 일-가정양립을 위해 돌봄을 사회화하고 개인의 근로능력을 지원하는 서비스 중심으로 이동되어야 한다고 주장했다.

또한 컴퓨터 통신 등을 악용하여 사이버 공간에서 행하는 범죄인 사이버 범죄(cyber crime)의 증가로 공공복리를 저해하고, 건전한 사이버 문화에 해를 끼치는 행위가 자행되고 있다. 사이버 범죄는 빠른 시간 안에 불특정 다수에게 많은 악영향을 미친다. 그러나 사이버 공간이라는 특성상 정보 발신자의 특정이 어렵고, 전자 정보의 증거 인멸 및 수정이 간단하기 때문에 범죄 수사에 어려움이 많다.

그리고 팬데믹이 된 코로나19와 같은 감염병은 소득불평등을 심화시킬 뿐만 아니라 정신건강의 불평등을 야기한다. 취약계층의 경우 코로나19에 더 많이 노출되는 환경에 처해 있었거나 경제적인 어려움을 겪어 정신적 스트레스가 더욱 가중되었다. 이러한 감염병이 우리 삶 전반에 장기적으로 미칠 영향에 대해 생각하고 대비할 필요가 있음을 상기시킨다.

이러한 신사회적 위험에 따라 이제 복지프로그램의 새로운 위험에 노출된 자는 기존의 남성노동자뿐 아니라 취업과 결혼, 출산 및 양육문제를 해결해야 하는 청년층과 돌봄을 필요로 하는 아동 및 노인 등으로 확대되었다. 또한 신사회적 위험이 구사회적 위험에 부가되면서 더욱더 상호복합적인 위험의 형태를 띠게 되었다(주정, 2008). 이에 복지국가들은 기존의 복지시스템으로는 더 이상 적절한 안전망이 되지 못할 것으로 보고 복지국가 재편방향의 핵심을 쥐고 있는 젠더(gender)와 돌봄노동에 대한 논의가 1980~90년대를 거치면서 본격화되기 시작했으며, 노동과 가족, 복지를 정합하기 위한 제도의 재구조화를 향한 새로운 정책적 담론들이 형성되기 시작했다.

## 2 1인 가구 증가

### 1) 1인 가구 현황

'1인 가구'라 함은 1명이 단독으로 생계를 유지하고 있는 생활단위를 말한다[「건강가정기본법」(법률 제17280호) 제3조 제2호의2]. 한마디로, 혼자서 생활하는 가구로서 복수의 구성원으로 이루어진 부족 사회, 씨족 사회, 대가족, 핵가족 등 다른 가족 형태와는 달리 개인 단위로 가구가 정의된다는 점이 가장 큰 특징이다. 1960년대 이후 세계적으로 등장한 핵가족화보다도 더 간소화, 단순화된 형태의 가구이다. 한 집, 아파트 혹은 하나의 공간에 1인이 홀로 생활하는 것을 의미한다. 다만, 고시원이나 원룸, 오피스텔은 해당돼도, 단체생활 성격이 있는 회사 기숙사나 학교 기숙사 생활은 보통 1인 가구로 포함시키지 않는다.

## 1인 가구 증가에 따른 신사회적 위험 대응전략

주관연구기관: 동의대학교 연구책임자: 이민홍

참여연구자: 전용호, 김영선, 강은나 발행연월: 2015-12

주관부처: 보건복지부

한국사회는 과거 대가족에서 핵가족으로 가족단위가 변화했으며, 현재는 핵가족이 1인 가구로 빠르게 변모하고 있다. 1인 가구는 결혼 여부 또는 배우자 유무에 관계없이 실제적으로 혼자 생활하는 가구를 의미한다. 개인의 안전망으로서 가족중심성 및 가족주의가 일정하게 작동하였으며, 사회보장정책도 다인의 가족가구를 중심으로 발전해 왔다고 볼 수 있다(김혜영, 2014). 1인 가구는 일차집단 속에서 상호교류를 통한 네트워크 기능이 저하되므로 사회적 고립 또는 정신건강이 저하되는 상황에 처할 개연성이 높다. 결과적으로 1인 가구는 가정이 안전망 기능을 담당하기 어렵거나, 사회보장정책으로 보호받을 수 있는 범위가 제한적일 수 있다.

구체적으로 2000년과 2015년의 연령별 1인 가구수를 비교해 보면 20대는 56만 호에서 95만 호로, 30대는 42만 호에서 95만 호로, 40대는 30만 호에서 85만 호로, 50대는 25만 호에서 88만 호로, 60대는 71만 호에서 158만 호로 증가하여, 40대와 50대의 1인 가구수 증가율이 가장 높게 나타났다. 지역별로 보면 2015년 기준으로 서울과 경기 지역의 1인 가구 비중이 각각 21.4%, 19.7%로 다른 지역 대비 압도적으로 높으며, 수도권 외 지역에서는 부산과 경남이 각각 7%, 6.7%로 가장 높은 수치를 보이고 있다(보건복지부, 2015).

1인 가구는 가족의 한 유형이라는 측면에서 한국가족의 전반적 변화 양상 속에서 접근해야 한다. 한국가족의 변화 양상은 인구학적 변화(출산율 감소, 혼인율 감소, 이혼율 증가, 1~2인 가구구성 증가), 가족의식과 가치관의 변화(가족 전반에 대한 의식, 자녀에 대한 가치, 결혼동거이혼에 대한 가치관, 다양한 가족형태 및 생활양식에 대한 가치, 성역할 태도, 노부모 부양에 대한 태도, 개인과 가족에서의 우선성, 이웃·친구·친척의 관계, 가족 대 사회의 안녕에 대한 태도 등의 변화), 가족관계의 변화, 가구형태의 변화(비혼단독가구, 한부모가구, 장기분거가족, 결혼이주가족), 가족생활주기의 변화 등에서 나타난다. 이 과정에서 출현하는 주요 쟁점으로 제도 대 자율, 위계 대 평등, 공동체주의 대 개

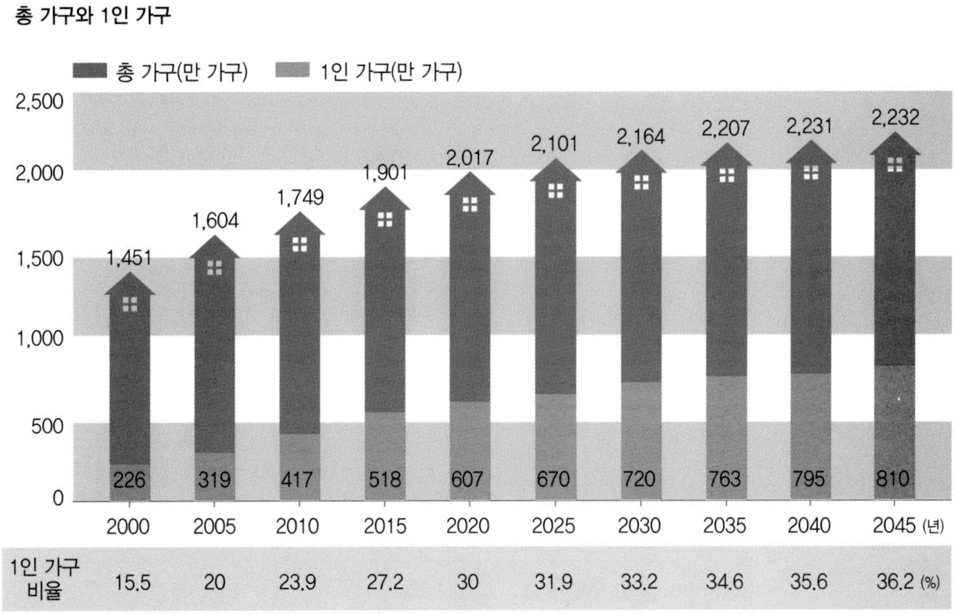


그림 2-1 총 가구와 1인 가구

출처: 통계청. https://kostat.go.kr/

인주의, 폐쇄성 대 개방성, 획일성 대 다양성, 도구성 대 친밀성 등이다(최연실, 2013). 제도, 위계, 공동체주의, 폐쇄성, 획일성, 도구성 등의 성향을 여전히 강조하지만, 점진적으로 자율, 평등, 개인주의, 개방성, 다양성, 친밀성 등에 대한 욕구가 증가하고 있다. 이러한 가치관의 변화는 사회적으로도 1~2인 가구형태가 지속되게 하는 요인으로 작용한다.

### 2) 발생 원인

1인 가구의 발생 원인은 다양하여 한 가지로 정의 내리기 어렵다. 자신의 삶과 가정 및 직장을 둘러싼 사회 경제적 환경의 변화에 휩쓸리면서 자의든 타의든 '혼자의 삶'에 빠져드는 인구로 빠르게 편입되고 있다는 시각도 있다. 청년 독신자의 경우 경제적인 문제일 수도 있다. 흔히 경제적인 문제, 취업문제, 주거문제 등이 요인이지만, 개인주의의 확산, 인권의식에 대한 의식 증가, 각종 성격 이상자의 증가 등 개인적인 요인들도 많다.

표 2-1 연령군별 1인 가구 거주자의 생활실태 및 특징 종합

| 구분 | 20~30대 1인 가구 거주자 | 40~50대 1인 가구 거주자 | 60대 이상 고령 1인 가구 거주자 |
|---|---|---|---|
| 교육수준 | (전문)대학 이상 | 고등학교 이상 | 초등학교 이하 |
| 주거 | 단독주택(58.3%)<br>보증금 월세(46.9%) | 단독주택(55.1%)<br>자가(34.4%) | 단독주택(70.1%)<br>자가(66.5%) |
| 경제상황 | 약 절반이 소득의 30% 이상 저축 | 약 30%가 소득의 30% 이상 저축 | 저축할 여유 없음<br>기초수급자 대상 비율 높음 |
| 경제활동 | 상용직 비율 높음 | 상용직 비율 높음 | 상용직 비율 낮음 |
| 주요 독거 이유 | 직장 또는 학업 문제 | 자유롭게 살기 위해 | 배우자의 사망 또는 자녀의 결혼 |
| 걱정사항 | 생계비 마련 및 주택구입 등 경제적인 준비 | 나의 건강<br>(나의 노후 준비) | 나의 건강<br>(가족에 대한 염려) |
| 어려운 점 | 가사일 등 일상생활처리(63.8%) | 아플 때 간호해 줄 사람 없음(72.4%) | 아플 때 간호해 줄 사람 없음(72.4%) |
| 대표적인 결혼상태 | 미혼 | 이혼 | 사별 |
| 비1인 가구와 비교한 공통 특성 | • 단독주택 거주율 높음<br>• 거주의 불안정성과 빈번한 거주지 변동<br>• 사회활동 참여율이 상대적으로 낮음<br>• 질병률 및 우울도 높음<br>• 삶의 만족도가 비1인 가구보다 약간 낮음<br>• 사회적 지원체계 규모는 큰 차이가 없으나 내용상 부모 또는 자녀에 대한 의존도 높음. 또한 중년층의 경우 형제자매의 의미가 큼<br>• 건강보험 및 민간보험 가입률이 낮음 | | |

출처: 정경희 외(2012), p. 346 〈표 8-3〉 수정.

개인주의 사상의 보편화와 가치관 충돌, 과거에는 가족 중 성격 이상자가 있어도 참고 넘어갔지만, 점차 참아야 할 필요성을 못 느끼는 등 갈등 요인이 급증했다. 급속한 고령화에 따른 독거 노인의 증가도 1인 가구의 증가 원인이 된다. 과거 같으면 부모에게 학대를 당하거나 외면을 당하더라도 그래도 나를 낳아 준 부모님이라는 인식이 있었지만, 인권 의식과 개인의 권리에 대한 인지가 늘어나면서 이는 얼토당토않는 말이 됐다. 부모라 해도 자녀와 가치관 충돌, 대립 등으로 서로 연락을 끊고 남남처럼 살아

가는 사례들도 늘고 있다. 그 밖에 인간관계의 필요성을 못 느끼거나, 인간관계에 스트레스, 피로감을 느끼는 등 인간관계나 소통에 어려움을 느끼는 유형의 사람들이 증가한 것도 1인 가구가 증가하는 원인이 되었다.

사회의 복지제도가 점점 발전하면서 혼자 사는 것이 편리해져서, 굳이 다른 사람을 상대할 이유를 못 느끼는 사람들도 점차 증가할 것으로 예상된다. 이미 혼자서도 충분히 생활 가능한 환경이 조성되었다. 혼자서 식사를 하고 술을 먹는 드라마를 통해 1인 가구의 공감을 이끌고, 혼자서도 손쉽게 해 먹을 수 있는 다수의 요리 프로그램이 등장했다. 그러나 굳이 요리나 가사 노동을 못 해도 혼자 생존이 가능하다. 반찬과 식사는 마트와 편의점에서 해결 가능하고, 세탁과 빨래는 세탁소나 빨래방에서 해결 가능하다. 애초에 한국 특성상 치안 걱정은 할 필요가 없기도 하고 말이다.

### 3) 특징

혼자 살기 때문에 개인에 대한 투자, 취미, 여행, 자기 가꾸기 등에 더 많이 신경 쓰는 경향이 있다. 과거의 1인 가구는 혼자 골방에 틀어박힌 성격 이상자나 알코올 중독자라는 편견이 강했고, 실제 그런 생활을 하는 사람도 있었다. 아무래도 집에 자의든 타의든 인간관계를 나눌 사람이 없기 때문에 '방콕족' 문제에 빠질 가능성이 높은 건 어쩔 수 없긴 하다. 그러나 2000년대 이후 점차 자발적으로 다양한 1인 가구가 등장했고, 과거의 1인 가구에 대한 판에 박힌 고정관념은 많이 줄어든 편이다. 외향적인 사람들은 오히려 집을 말 그대로 잠만 자는 곳으로 쓰고 밖에서 사람 만나러 바쁘게 돌아다니기도 한다. 물론 학업이나 일에 쫓기느라 기계 부품 같은 삶이 되어 버리는 경우가 훨씬 많다.

결론부터 말하자면, 본인이 학교나 직장 둘 중 하나라도 발을 붙이고 있을 경우 집-학교/직장 무한 루프에 빠지기 쉽다. 한국은 아직 성과를 내려면 일단 시간부터 갈아 넣어야 한다(야간자율학습, 야근 등)는 생각이 지배적이기 때문이다. 게다가 혼자 산다는 사실이 밝혀지면, 집에 가 봐야 아무것도 없으니 나와서 뭐 하나라도 더 하라고 권유하는 목소리가 많아진다. 남들의 간섭을 신경 쓰지 않아도 될 정도로 독립적인 위치(전문직, 프리랜서 등)를 확보해도 문제인 게, 그쯤 되면 말 그대로 즐거움이 아닌

'생존을 위해' 자기 관리에 필사적이어야 한다. 어느 쪽이든 마냥 달콤한 시간만 기다리지는 않는다는 게 현실이다.

1인 가구의 폭발적인 증가는 과거의 취업난, 주거난과 함께 기존 교육에 대한 반감 때문이라는 분석도 있다. 통계청에서 발표한 2010년 인구 총 조사 전수 집계 결과를 보면, 2010년 대한민국 가족의 24.3%가 부부로 이뤄진 2인 가구로 가장 주된 가구 유형이었던 4인 가구의 관념을 깨고 새롭게 등장했고, 1인 가구가 23.9%로 그 뒤를 이었다. 이런 추세라면 부모와 자식이 함께 사는 핵가족 형태가 점차 해체되어 1인 가구의 증가 추세가 높아질 것이라고 전망된다. 통계 자료에 의하면 2010년 1,735만 9,000가구에서 2035년 2,226만 1,000가구로 늘어난다는 전망을 내놓았다. 2017년 6월 27일 통계청과 여성가족부의 조사 결과에 따르면 10년 새 80만 가구 이상 늘었지만 평균 월 소득이 100만 원에 미치지 않아 사회적 불안감을 키우고 있다.

KB금융 경제연구소가 발표한 '2019 한국 1인 가구 보고서'에 따르면, 가장 큰 걱정거리로 20대 남성과 모든 연령대 여성은 경제를 꼽았고, 30~50대 남성들은 외로움을 꼽았다. 이는 2019년 4월 서울·수도권·광역시에 거주하는 25~59세 1인 가구 고객 2,000명을 대상으로 설문조사한 결과이다.

### 4) 인식

이전보다는 편견이 줄어든 편이며, 실제로 1인 가구에 대해 좋게 평하는 기사도 자주 나오고 있고 혼자 사는 사람들을 위한 맞춤형 정책이나 서비스도 많이 증가하긴 했다. 그러나 아직 1인 가구 자체를 사회적으로 긍정하는 수준이라 보기는 어렵다. 그래도 2030 입장에서는 1인 가구를 오히려 긍정적으로 보고 있다.

기성세대의 경우, 1인 가구를 가정을 이루기 전의 과도기로만 생각하는 사람들이 많다. 1인 가구가 정상적인 가정의 형태가 아니라고 간주하는 경우가 상당수의 생각이다. 고전적인 의미로서의 가정만을 가구로 인정하며, 가정에서의 성 역할을 분명히 해야 한다고 생각하는 사람들이 많이 있기 때문에 1인 가구를 부자연스럽게 여기는 경향이 강하다. 독신자들한테 결혼과 출산을 권장하는 것도 이 때문이다. 여성 독신자의 경우 오랫동안 직장에서 잘나가면서 결혼은 하지 않는 커리어우먼이 있으면 성격이 억세거나 독하다는 뒷담화가 오가며, 남성은 남성대로 노총각 타이틀을 달고 다니면서 결국 내조해 주는 안사람이 있어야 한다는 압박에 시달린다. 그나마 고아나 독거노인과 같이 실제로 혼자 살도록 방치하면 문제가 되는 케이스라면 동정의 여지가 있다. 직장이 연고지와 떨어져 있거나 자녀를 유학 보내게 되는 등 어쩔 수 없이 혼자 사는 상황일 때도 어느 정도 이해해 준다. 물론 이 경우에도 여건이 되면 같이 사는 게 맞다고 생각하는 경우가 대다수이며, 결국 1인 가구는 과도기적 형태에 불과하다는 근본 인식에는 변화가 없다.

젊은 세대는 1인 가구를 가정의 한 형태로 자연스럽게 받아들이는 편이다. 특히 이전 세대와 달리 개인주의의 영향으로 스스로 1인 가구의 삶을 선택하는 비율이 상당히 높은 편이다. 물론 실제로는 사회적 여건 때문에 어쩔 수 없이 1인 가구로 사는 경우가 여전히 많다. 무한 경쟁을 유도하는 현실 속에서 일과 가정 둘 중 하나는 포기해야 하는데, 결국 경제가 문제이니 혼자 살 수밖에 없지 않느냐며 변명할 여지도 있다. 특히 집단주의 문화가 아직 남아 있는 대다수의 국내 사회 환경에서 젊은 세대는 어쨌든 을의 위치에 있기 때문에, 개인적인 삶을 위한 시간은 고사하고 가정을 준비하기 위한 시간에 투자할 선택권이 얼마 없는 것도 현실이다. 해야 할 일이 위에서 잔뜩 내려오는데 가정을 만들 시간이 있겠느냐고 물으면, 보통 '그러니까 시간을 만들어야지', '결국 눈치껏 하는 것이다'라는 무책임하게 들리는 답변만 듣는 경우가 적잖다. 정작 시간 내서 뭐라도 해 보려 하면 '지금이 그렇게 여유로운 때였나', '할 일에 너무 신경 안 쓰는 것 아니냐'는 등 모순된 이야기가 나오니 젊은 세대 입장에서는 답답할 수밖에 없다.

독거노인 문제에 대해서는 기성세대와 마찬가지로 동정하는 경향이 있지만, 대응책에 대해서는 기성세대와 차이를 보인다. 기성세대는 문제를 회피하기 위해 가족을 만들어야 한다고 생각하는 반면, 젊은 세대는 저축과 자기계발에 더 많은 역량을 투자해야 한다고 생각하는 경향이 크다.

### 5) 1인 가구 사회적 위험 대응 정책

한국 1인 가구의 보편적인 사회적 위험요인으로는 건강문제와 주거문제가 대표적이

표 2-2 세대별 1인 가구 특성

| 구분 | 특성 |
|---|---|
| 공통 특성 | 일자리: 시간제 일자리 비중 높음<br>건강상태: 신체적 및 심리 · 정서적 건강수준 낮음<br>주거형태: 자가소유율 낮으며, 보증부 월세 비중 높음. 주거광열수도비 지출 비중 높음<br>거주환경: 지하 · 옥탑 거주 비중 높음. 주택성능 및 환경 부적절<br>높은 근로빈곤율 |
| 청년 1인 가구 | 높은 취업률<br>음주 · 흡연율 높음<br>높은 월세 비중 |
| 중년 1인 가구 | 미혼이나 이혼으로 인한 1인 가구 비중 증가<br>노후준비 미흡: 국민연금, 퇴직 및 개인연금 가입 비중 낮음<br>낮은 취업률과 높은 실업률<br>건강상태: 다인 가구와의 건강수준 격차 큼. 보건의료비 지출비중 높음. 특히 만성질환율, 우울, 자살위험도 높음<br>삶의 만족도 가장 낮음<br>지하 및 옥탑 거주 비중 가장 높음<br>* 50대 우울의심률 및 자살생각률 급증 |
| 노년 1인 가구 | 보건의료비 지출 비중 높음<br>정서적 학대와 적절한 돌봄으로부터 방치 및 사회적 고립 위험<br>가정 내 안전사고율 높음 |

출처: 보건복지부(2015).

다. 1인 가구의 경우, 다인 가구에 비교하여 건강상태(신체적 및 심리·정서적 건강수준 낮음)와 주거환경(지하·옥탑 거주 비중 높음, 주택성능 및 환경 부적절)이 취약하였다. 연령층별로 드러난 주요 사회적 위험요인은 청년층(20~30대)은 미취업, 건강저해행위, 저주거환경, 중년층(40~50대)은 가족해체, 비경제활동, 정신건강저하, 그리고 노년층(60대 이상)은 빈곤(소득), 건강(질병), 안전사고위험(주거환경 문제, 낙상)이었다.

현재 한국의 1인 가구 사회보장정책으로는 청년층을 위한 고용지원(예: 일학습병행제, 취업성공패키지), 주거지원(예: 독거 어르신 대학생 주거 공유), 정신건강지원(청년정신건강 조기검진서비스) 등이 있다. 중년층 1인 가구 대상으로는 고용지원(근로장려금지원, 취업알선), 건강 및 의료지원(건강검진), 안전사고(무연사방지운동), 정신건강 지원(위기관리서비스) 등의 사업이 있다. 노년기 1인 가구의 경우에는 빈곤(기초노령연금, 주택연금), 고용(노인일자리사업), 건강 및 의료(장기요양보험, 건강증진사업), 주거(주거환경개선), 안전(독거노인기본돌봄서비스), 정신건강(치매예방사업) 등 사회보장영역별로 사업을 제공하고 있다.

## 3 사이버 범죄

### 1) 사이버 범죄의 개념

사이버 범죄(cyber crime)란 인터넷과 같은 정보 통신망으로 연결된 컴퓨터 시스템이나 이들을 매개로 한 사이버 공간을 이용하여 공공복리를 저해하고, 건전한 사이버 문화에 해를 끼치는 행위이다. 사이버 범죄는 빠른 시간 안에 불특정 다수에게 많은 악영향을 미친다. 그러나 사이버 공간이라는 특성상 정보 발신자의 특정이 어렵고, 전자 정보의 증거 인멸 및 수정이 간단하기 때문에 범죄 수사에 어려움이 많다. 그 범행 목적에 따라 사이버 테러형 범죄와 일반 사이버 범죄로 나뉜다. 사이버 테러형 범죄는 해킹, 컴퓨터 바이러스와 같은 유형의 범죄이고, 일반 사이버 범죄는 사이버 명예훼손과 전자상거래 사기, 개인정보 침해, 불법 사이트 개설, 디지털 저작권 침해 등을 말한다. 사이버 범죄는 국내, 국외에서 동시에 발생할 수 있다는 특성을 갖고 있는데, 이에 대처하기 위해 국가 간 법 제도의 상이성을 초월한 국제적인 형사 사법의 규칙도 필요하다.

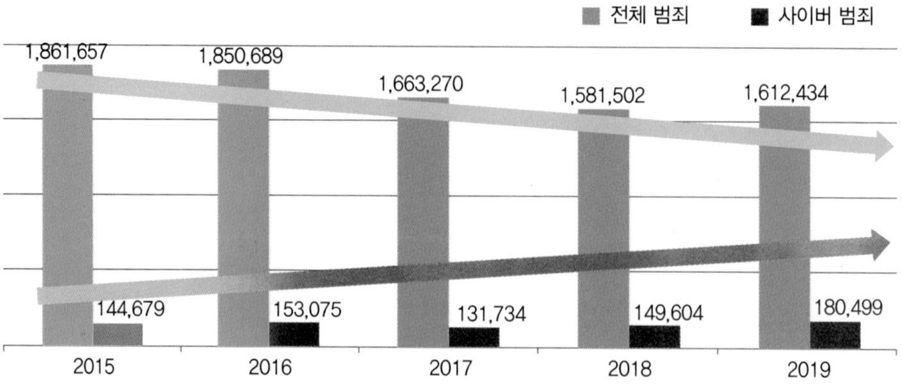


그림 2-2 5년간 범죄 발생 현황

출처: 경찰청, https://www.police.go.kr/

인터넷 사이트나 전산망을 해킹하는 것

사이트에 사실이 아닌 이야기를 올리거나 전달하는 것

저작권자의 허락 없이 디지털 콘텐츠를 공유하고 유포하는 일

그림 2-3 여러 가지 사이버 범죄

### 2) n번방 사건[1]

#### (1) 사건 개요

2019년 2월에 가해자들이 피해자들을 노예라고 부르며 성 착취 사진을 올리고 신상정보까지 공유하는 텔레그램 채팅방이 있다는 사실이 디시인사이드의 야구 갤러리 및 수능 갤러리, 일간베스트(일베) 등의 커뮤니티에 알려졌다. '갓갓'이라는 닉네임은 트위터 일탈계정(자신의 알몸이나 성교행위, 자위행위 등을 찍어서 올리는 계정)을 운영하는 여성들을 목표로 삼았다.

그는 '사이버수사대입니다. 음란물 제작 및 유포 혐의로 신고되었으니 아래 링크를 통해 진술하십시오.'라는 메시지와 함께 해킹링크를 보내 여성들의 신상정보를 얻어,

1 이 절의 내용은 위키피디아(ko.wikipedia.org)를 참고하여 작성함.

그들을 협박하여 수치스러운 동영상이나 음란 동영상을 강제로 찍게 하였다. 이렇게 만든 영상들은 '1번방'부터 '8번방'(속칭 'n번방')까지 여덟 개의 채팅방을 만들어서 올렸으며 이에 'n번방'이라고 불리게 되었다. 이후 그는 '켈리'라는 닉네임에게 방을 물려주고 잠적하였으며, '와치맨'이라는 닉네임은 '고담방'이라는 텔레그램 방에 그 링크를 올려 접속하게 했다. n번방 사건은 주 피해자층이 미성년자(대부분이 고등학생으로 추정)인 사건으로 다음에 서술되는 박사방보다 범죄의 강도가 높다. n번방은 2019년 9월에 사라졌고 대신 다른 방들이 생겨났다. 피해자들은 본인이 자발적으로 사진과 영상을 촬영해 범죄의 빌미를 제공했다는 생각에 주변 사람들에게 알리지 못하고 신고도 적극적으로 하지 못했다.

(2) 박사방

생겨난 방 중 '박사'라는 닉네임이 운영한 '박사방'이 가장 유명한데, 성 착취물을 텔레그램 채팅방을 통해 유통하고 암호화폐 결제로만 채팅방에 들어갈 수 있는 전문적인 모델을 만들었기 때문이다. 2019년 7월에 등장한 '박사'는 갓갓과는 다른 행적을 보였다. 그는 인스타그램이나 트위터 등 일반인 여성들에게 '고액 스폰(성매매) 알바를 하겠느냐'며 접근했고, 이에 응한 여성들에게서 신상정보와 누드 사진 등을 얻어 낸 뒤 이를 통해 여성들을 협박하여 가학적인 사진과 영상을 찍고 올리게 했다. 박사는 갓갓과는 다르게 영상의 판매가 목적이었으므로, 암호화폐를 이용하여 영상들을 판매하던 중 체포되었다. n번방과는 달리 주 피해자층은 20~30대 여성이나, 중학생도 포함되어 있는 등 다양한 피해자 연령대를 보유한 사건이다. 보도가 시작되자 '박사'는 기자의 신상정보를 파악하고 유포하기도 했다. 또 인천광역시에 있는 고등학생은 아동 음란물과 마약 거래 링크가 공유되는 여러 개의 텔레그램 채팅방을 운영하고, 경찰 수사에 대비하는 요령까지 공유했다.

(3) n번방 방지법

국회가 2020년 4월 29일과 5월 20일 통과시킨 법안으로, 「성폭력범죄의 처벌 등에 관한 특례법」 개정안, 「형법」 개정안, 「범죄수익은닉의 규제 및 처벌 등에 관한 법률」

개정안, 「정보통신망 이용촉진 및 정보보호 등에 관한 법률(정보통신망법)」 개정안, 「전기통신사업법」 개정안 등이 포함된다. 해당 법안은 2020년 12월 10일부터 시행됐으며, n번방 방지법의 주요 내용은 다음과 같다.

「성폭력범죄의 처벌 등에 관한 특례법」 개정안은 불법 성적 촬영물을 소지·구입·저장 또는 시청한 자에 대해 3년 이하의 징역이나 3,000만 원 이하의 벌금에 처할 수 있는 규정을 신설했다. 또 성착취물을 이용해 타인을 협박·강요한 사람은 각각 징역 1년 이상·징역 3년 이상의 형에 처하도록 했다. 특히 자신의 신체를 직접 촬영했더라도 이후 본인 의사에 반해 유포됐다면 처벌한다는 점도 명확히 했다.

「형법」 개정안은 미성년자와의 성관계를 미성년자의 동의 여부에 관계없이 강간으로 간주하는 의제강간 기준연령을 현행 13세에서 16세로 높였다. 다만, 13세 이상 16세 미만의 미성년자에 대해 성인(19세 이상)이 범죄를 저지른 경우에 한해 처벌된다. 또 합동강간·미성년자강간 등 중대한 성범죄는 준비하거나 모의하기만 해도 처벌하는 예비·음모죄가 신설됐다.

「범죄수익은닉의 규제 및 처벌 등에 관한 법률」 개정안은 성착취 영상물 거래 등에서 가해자·범죄사실이나 개별 범죄와 범죄수익 간 관련성 등에 대한 수사기관의 입증책임을 완화해 범죄수익 환수를 촉진하는 내용을 담았다.

「정보통신망 이용촉진 및 정보보호 등에 관한 법률(정보통신망법)」 개정안에는 인터넷 사업자들에 디지털 성범죄물 삭제 등 유통방지 조치, 기술·관리적 조치 의무를 부과하는 내용이 포함됐다. 여기에 사업자가 불법 촬영물 유통방지 책임자를 지정해 정부에 보고서를 제출하도록 한다는 내용도 명시됐으며, 만약 사업자가 의무를 다하지 못하면 3년 이하 징역이나 1억 원 이하 벌금형에 처하도록 했다.

## 4 코로나바이러스감염증-19

### 1) 코로나19 이전과 이후[2]

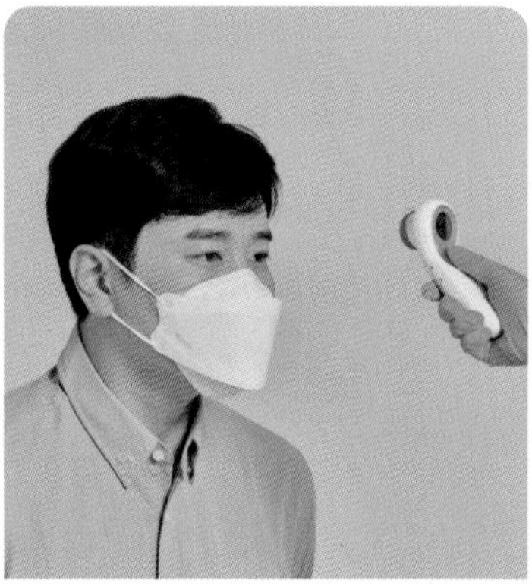

역사를 보면 항상 큰 위기 때 새로운 전환이 일어났다. 제1, 2차 세계대전이 그랬고, 1929년의 세계대공황이 그랬다. 사회보장법이라는 초유의 법이 생겨나고, '요람에서 무덤까지' 인간의 행복을 담보하는 복지국가라는 이상향이 대두되었다. 이후 1989년 베를린 장벽의 붕괴는 세계화라는 또 다른 길을 인도하였다. 이처럼 한 시대의 거대한 물결은 과거의 관습과 제도, 심지어 체제까지 심하게 흔들어 누구도 예상치 못한 새로운 길을 가게 한다. 오프라인 세계에서 미지의 세계인 온라인 창으로 들어가는 것과 마찬가지이다. 문제는 이러한 도도한 물결을 누가 먼저 헤쳐나가 언덕 위에 우뚝 서느냐이다. 코로나19라는 감염병은 2019년 말에 발생한 이후 전 세계를 충격과 공포에 휩싸이게 하고 있다. 이러한 팬데믹 상태는 안타깝게도 조기에 끝나지 않을 것이라는 예측이 우세하다. 인구이동이 빈번하게 이루어지고 있는 만큼 확산 속도가 놀라울 정도로 빨라지고 있지만, 각국 정부와 국제사회는 이에 신속히 대응할 역량을 제대로 보여 주지 못하고 있다.

이번 코로나19의 충격이 단순히 방역체계나 긴급보호체계 정도를 바꾸는 데서 끝나지 않을 것임은 분명하다. 세계적인 학자들은 벌써 코로나19 이전과 이후 세상이 완연히 달라질 것이라는 예측을 내놓고 있다. 거시적인 세계 및 단위 국가 체제의 구조 변동이 일어나면 공식적인 사회경제 체제뿐만 아니라 가족과 같은 비공식적 체제도 동시에 상당한 변화를 겪게 된다. 국가의 역할이 크게 변하는 것 이상으로 노동시장과 인간관계, 가족관계가 더욱 깊고 넓게 변화하게 된다. 어쩌면 이러한 공식적, 비공식적 인간관계는 상당한 기간 동안 우리에게 불안과 충격을 안길지도 모른다. 각 국가는 계속 반복될 감염병의 유행에 대처하기 위해 총력을 기울이고 있으며, 공공 및 민간에서는 의료·바이오산업이 빠르게 성장할 것으로 예상된다. 규제로 막혀 있던 기술의 상

2 이 절의 내용은 한국보건사회연구원(2020)을 참고하여 작성함.

용화와 확산이 빨라질 것이며, 재택근무로 인해 가정의 사무실화와 이를 둘러싼 정보통신기술(ICT) 인프라 개선이 가속화할 것으로 전망된다. 특히 온라인 교육과 스마트 원격의료 도입이 탄력을 받아 이와 연관된 산업이 급속히 성장할 것으로 보인다.

한편, 지금까지 사적 영역으로 간주된 분야가 어쩔 수 없이 공적 영역으로 들어오는 사례 역시 빈번해질 것으로 예상된다. 이것은 구미 선진국에서 1980년대 후반부터 가정폭력이 사적 영역이 아닌 공적 영역으로 들어온 것과 마찬가지이다. 개인 동선과 건강 정보를 공적 영역에서 활용한 것에 대해 개인 사생활 보호 침해라는 일각의 비판도 있지만, 이러한 정보들은 감염병 대처 과정에서 중요한 공적 자원이 된다. 따라서 앞으로는 감염병 확산 방지와 관련해 개인 정보를 어떻게 보호하고 분석하고 활용하는지가 국가의 산업 경쟁력을 좌우하는 시대가 될 것으로 예상된다. 아울러 이미 4, 5년 전부터 시작된 언택트(비접촉) 경제 영역의 확장도 가속화될 전망이다. 1인 가구가 증가하는 등 인구, 가구 구조가 변화하면서 점차 대면 관계를 꺼리는 소비자의 태도 변화가 사회적 거리두기를 체험하면서 더욱 확대되고 있기 때문이다. 이에 대해 2020년 3월 31일 파이낸셜타임스는 "코로나19에 따른 재난 상황에서 생활필수품과 재난 물품을 공급하던 과거 적십자사의 역할을 아마존이 대체하는 시대가 열렸다."라고 언급했다.

이처럼 혼란스럽고 불안하며 어려울 때일수록 개혁적이고 공동체적인 연대와 협력의 기조 아래 국민 대다수, 특히 취약계층에 대한 대책 등을 우선 제안한 점을 코로나19 상황에서 주의 깊게 살펴볼 필요가 있다. 어려울 때 먼저 타격을 받는 다수 집단이 바로 이러한 사람들이기 때문이다. 모름지기 국가 정책의 핵심은 대다수의 어려운 사람들을 살려내는 정책이어야 한다. 국가는 사람을 중심에 두고 정책을 펴 나가야 마땅하다. 이런 점에서 혁신적 포용국가 체제는 소득주도성장의 범주를 전 지구적으로 확대하여 혁신성장과 공정경제를 포함하여 개별 국가의 발전을 위해 세계의 어떤 국민도 배제하지 않고 경제성장의 몫을 고르게 나눠 줄 수 있는 포용적 사회경제 체제를 지향한다는 점에서 코로나19 이전의 복지국가가 새롭게 진화된 모습으로 상정해 볼 수 있다. 이러한 사회경제 체제는 전 지구적인 성장과 복지의 선순환을 도모하는 데 유리하다. 즉, 포용성장을 통해 포용복지를 성취하며, 포용복지를 통해 포용성장을 활성화하기 때문이다. 따라서 혁신적 포용국가 체제는 전 지구적인 사회경제적 공생과 기술, 경제 혁신을 동시에 추진하면서 경제-일자리-교육-복지 간의 선순환 구조를 정착해 가는 복지국가 이후의 새로운 세계 사회경제 체제를 말한다고 할 수 있다.

### 2) 감염병 시기 사회복지 변화[3]

코로나19 감염병 위기경보로 사회복지 현장의 대응은 서비스 중단, 휴관, 부분 개관, 긴급돌봄, 비대면 서비스 등으로 이어져 왔다. 구체적으로, 2020년 상반기에는 서비스 중단과 휴관이 반복되었다면, 하반기로 오면서 서비스 유지와 함께 비대면 서비스가 강화되었다. 비대면 서비스 방식도 초반에는 안부 전화, 소독제 배달 등의 소극적 방식이 주를 이루었다면, 후반기에는 온라인 개별상담, 동영상 배포, 개인맞춤 활동 꾸러미 제공 등 적극적인 방식으로 전환되었다. 서비스가 단절되거나 위축된 환경에서 취약한 사람들을 돕기 위해 비대면이 일상이 되었고, 어떤 면에서는 온라인 등 비대면 방식이 전통적인 대면 방식보다 긍정적일 수 있다는 경험도 하였다. 1년 동안 감염병에 맞서면서 다른 분야와 마찬가지로 사회서비스들도 비대면의 불가피성을 인정하고 더 나아가 새로운 가능성을 탐색해야 하는 시점에 있다. 우리는 현재 '사회서비스의 비대면, 성립하는가?', '비대면을 통한 더 좋은 사회서비스, 가능한가?'라는 질문에 직면해 있다.

사회서비스는 사람과 사람의 지속적인 접촉과 관계를 통해 생산과 소비가 동시에 진행되는 무형의 특징을 가진다. 따라서 어떤 서비스가 더 적합한지 판단하기가 쉽지 않아서 선택과 변경의 거래비용이 높다는 특징과 함께 이용자가 제공자와 친밀한 관계를 맺어야 하는 정서적 비용도 수반되어 서비스 안정성이 중요하다. 이처럼 사회서비스는 '지속적인 접촉과 안정적 관계'가 핵심 요소인데, 이것이 비대면으로 가능할까? 여기서 우리는 비대면의 의미를 생각해 볼 필요가 있다. 화상통화로 얼굴을 마주보며 대화하는 것은 대면이 아닐까? 대면이라는 단어는 전화기가 일상적으로 사용되던 시대에 고착된 생각에서 나온 단어가 아닐까? 비디오 화상 회의에서도 서로의 표정과 눈빛을 읽을 수 있으며, '얼굴 보면서 이야기하기'가 가능하다. 사회서비스가 사

3 이 절의 내용은 김용득(2021)을 참고하여 작성함.

람과 사람의 대면을 요건으로 한다는 점은 변함이 없지만, 대면의 수단은 기술의 진보와 함께 크게 확장되었다. 적극적인 디지털 활용은 사회서비스의 개념과 모순되는 것이 아니라 사회서비스 실행 수단을 확장하는 것으로 이해할 수 있다. 사회서비스의 수단을 대면과 비대면으로 양분하면 비대면은 대면할 수 없을 때 사용하는, 효과가 낮은 방법이라는 고정관념에 묶이게 된다. 서비스의 성격에 따라 접촉의 방식을 다양하고 창의적으로 구성하는 다방면을 사회서비스의 수단으로 설정해야 한다.

감염병의 영향으로 로봇, 인공지능, 사물인터넷, 가상 현실과 증강현실, 원격소통, 플랫폼 등이 급속하게 사회서비스의 공간에 진입할 것이다. 돌봄로봇이 돌봄노동자의 일자리를 빼앗을 것인가? 로봇 애완동물과 인공지능 스피커가 말벗 서비스를 대체할 것인가? 사회서비스 연결 플랫폼은 사회서비스 기관을 잠식할 것인가? 우리는 이 질문에 직면하면서, 디지털의 활용이 이용자의 고립과 제공인력의 일자리 위협이 아니라 더 좋은 서비스, 더 좋은 일자리로 이어지는 실천과 제도의 해법을 찾아야 한다. 사회서비스 현장에서 다방면 사회서비스 모색이 이뤄지도록 지원하고 종사자들의 디지털 역량을 높이는 것이 그 시작일 것이다.

### 3) 정신건강 불평등 문제[4]

미국 내 대표적인 건강 보건 정책 연구단체인 카이저 재단(Kaiser Family Foundation: KFF)의 설문조사 결과에 따르면 2019년에는 미국 성인 10명 중 1명이 불안 증세나 우울증을 호소한 반면, 2020년에는 10명 중 4명이 해당 증세에 관해 적신호를 보냈다고 한다. 바이러스는 인종도 경제적 지위도 가리지 않는다지만 역설적으로 코로나19 시대에 한 개인의 건강과 복지에는 사회경제적 지위의 영향이 굳게 자리하고 있다. 어떤 이의 사회경제적 지위란 감염병 시대에도 그가 계속 직장을 다닐 수 있는지, 재택근무가 가능한지, 공교육 대면 수업이 불가능할 때 아이를 보육할 수단이 있는지의 여부와 깊은 관련이 있을 수밖에 없다. 따라서 현 상황에서 빈곤층, 여성, 인종 소수자 등 취약계층일수록 더 심한 스트레스와 불안을 겪고 있음을 쉽게 예상할 수 있다.

4 이 절의 내용은 『복지이슈』 96호를 참고하여 작성함.

코로나19가 소득불평등을 심화시킬 뿐만 아니라 정신건강의 불평등을 야기한다는 사실은 이러한 감염병이 우리 삶 전반에 장기적으로 미칠 영향에 대해 생각하고 대비할 필요가 있음을 상기시킨다. 취약계층의 경우 코로나19에 더 많이 노출되는 환경에 처해 있었거나 경제적인 어려움을 겪어 정신적 스트레스가 더욱 가중되었다. 카이저 재단 설문조사에 따르면 실제로 연간 소득 4만 달러(한화 약 4천 400만 원) 미만인 성

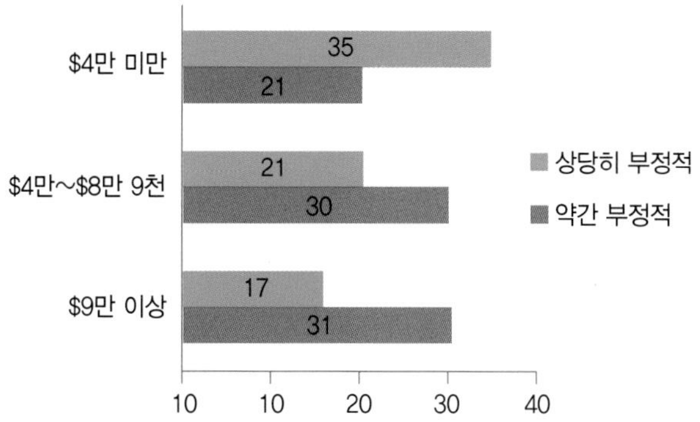


그림 2-4 소득에 따른 코로나19가 정신건강에 미치는 영향

출처: KFF Health Tracking Poll (2020. 11. 30.~12. 8.).

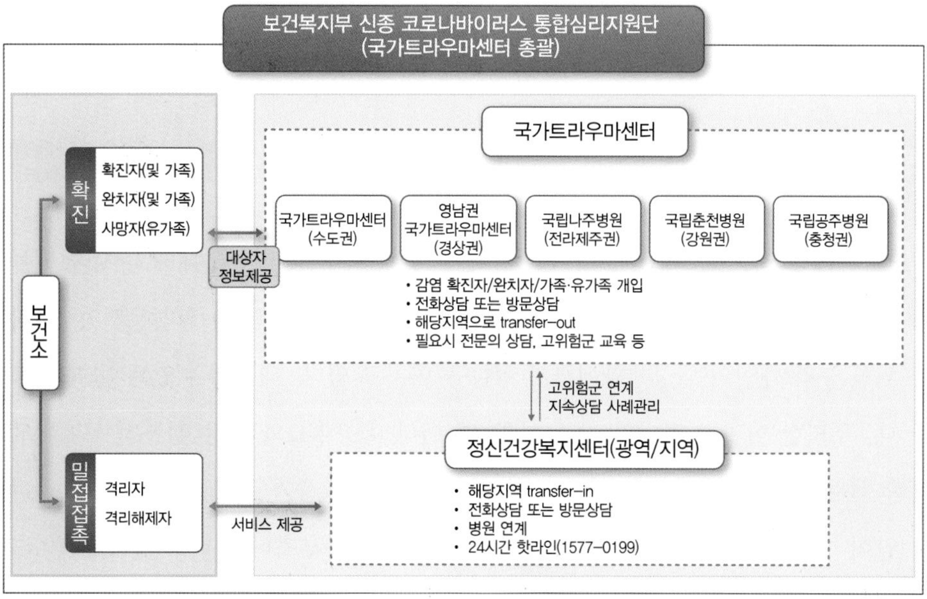


그림 2-5 코로나바이러스 통합심리지원 체계

출처: 보건복지부, 국가트라우마센터(2020), p. 14.

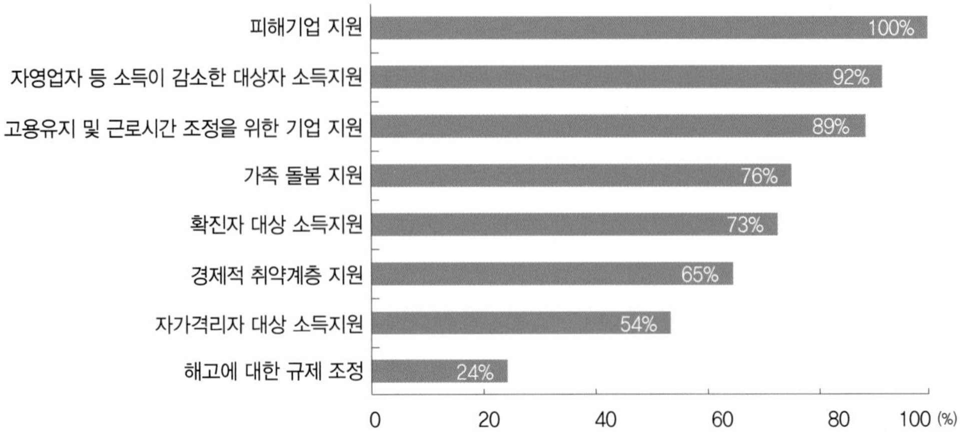


그림 2-6 OECD 회원국의 코로나19 대응 긴급 소득지원 대책 현황

주: 개별 대책을 실행하고 있는 국가의 수는 정보 수집 시점에 따라 상이할 수 있음.

출처: OECD Policy responses to the Covid-19 crisis(https://www.oecd.org/coronavirus/en/에서 2020. 5. 13. 인출) 후 저자 재작성.

인 응답자의 35%가 코로나19가 본인 정신건강에 상당히 부정적인 영향을 끼쳤다고 응답하였다. 이는 연소득 9만 달러(한화 약 9천 9백 90만 원) 이상인 응답자의 두 배 수준이다(Panchal et al., 2021).

## 5 신사회적 문제 대응방안[5]

코로나19를 겪으며, 재난이 사회 전반에 미치는 지대한 영향에 대해 다시금 되돌아보게 된다. 이처럼 재난, 저출산·고령화와 같은 인구구조의 변화, 환경문제 등 신사회적 위험은 각 개인의 일상생활에까지 영향을 미치고 있다. 대내외 여건의 변화를 감안할 때, 뚜렷한 이변이 없다면 기존 사회보험이나 공공부조와 같은 전통적 복지제도의 사각지대를 메워 주는 사회서비스에 대한 수요는 더욱 증가될 것이다. 특히 우리나라와 같이 기존 복지서비스 공급량이 제한적이거나, 공공부조나 사회보험제도가 미흡한

5 이 절의 내용은 장영신(2020. 7. 27.)을 참고하여 작성함.

경우에는 사회서비스에 대한 논의는 더욱 중요하다. 실제로 선진국의 복지개혁 과정에서도 사회서비스의 확대·강화 전략이 가시적으로 드러났다. 유럽의 경제위기 당시 사회서비스 부문에 대한 재정투자는 사회적 불평등의 완화와 빈곤문제를 개선하는 데 실증적 효과가 입증되었다.

사회서비스 분야는 코로나 팬데믹 사태로 인한 타격을 직접적으로 받는다. 포스트 코로나 시대를 논하는 담론의 핵심이 '비대면(untact)'이기 때문이다. 이는 대면으로 이루어지는 인적 서비스가 대다수를 차지하는 사회서비스의 고유 특성과 상충되는 것이다. 감염병 확산을 막기 위해 긴급히 도입된 '사회적 거리두기' 상황은 다양한 사회서비스 운영 환경에 영향을 미쳤다. 밀폐된 공간에서 집단 거주하며 적절한 의료지원을 받을 수 없었던 정신병원 환자가 제일 먼저 코로나19의 타격을 입었다. 이어 코로나19는 요양병원과 장애인거주시설로 빠르게 번져 나갔다. 지역사회 최일선에서 사회서비스 제공을 책임져 오던 사회복지관, 지역아동센터 등 사회복지 이용시설은 사회적 거리두기 방침에 따라 휴관 조치에 들어갔다. 사회복지 이용시설이 본연의 기능을 못하면서 일부 취약계층 대상 서비스는 많은 차질을 빚었다.

다행히 무기한 연장되었던 사회복지 이용시설의 휴관 권고가 2020년 7월 해제되었고, 사회복지 이용시설의 단계적 운영재개가 실시됐다. 코로나19는 언젠가 종식될 것이다. 그러나 제2, 3의 코로나는 언제든 들이닥칠 수 있다. 사회서비스 운영 체계는 코로나19로 초래된 다양한 사회변화를 감지하고 이에 대한 대응체계를 모색해야 한다. 전통적 방식의 서비스 전달체계는 코로나19와 같은 사태에서 힘을 발휘하기 어렵다. 제2의 코로나에 대응할 수 있도록 새로운 사회서비스 개발이 필요하다. '포스트 코로나' 시대를 지금부터 준비해야 하는 이유이다.

새로운 사회서비스 방향은, 첫째, '찾아가는 서비스'를 통해 지역사회 서비스체계를 견고히 해야 한다. 현재 전국의 사회복지관이 도시락 배달로 취약계층의 생계를 돌보고 있으며, 안부전화서비스로 정서안정을 지원하고 있다. 지역사회에서 거주하고 있는 단독가구의 취약계층에게 지속적인 사회서비스 제공이 필요하다. 코로나19와 같은 재난 상황에서도 사회취약계층에 대한 지원은 지속적으로 이루어져야 하기 때문에 '찾아가는 서비스'가 필요하다. 전화를 통한 안부 확인이나 책자, 식재료 지원 등의 방식도 고려해 볼 수 있다.

둘째, 정보통신기술(ICT)과 융합한 '온라인복지서비스' 구축이 필요하다. 현재 실시하고 있는 재택근무, 물리적 거리두기는 온라인 기술 덕택이다. 사회복지기관도 온라인서비스를 강화하여 온라인 개별상담, 온라인 집단상담, 지역복지정보 유튜브 방송, 온라인 비상안전망 구축, 온라인 노인대학, 온라인 한글교실 등 다양한 온라인 복지프로그램을 지역사회 실정에 맞게 개발해야 한다. 사회복지기관 이용자가 온라인서비스에 익숙해져서 스마트폰으로 다양한 '온라인복지서비스'에 접근할 수 있도록 대상자의 역량을 강화하는 프로그램을 개발해야 한다. 온라인을 통한 접근은 지역사회 자원을 발굴하고 결집시키는 효과를 창출할 것이다.

'온라인 상호작용'은 이제 시대정신이 되었다. 또한 재가복지·노인맞춤돌봄·장기요양·의료 등과의 연계를 통한 중첩적이면서도 개별화된 보호라든가, 특히 서비스 계획과 실행 등에 대한 실시간 다수 당사자 간의 공유를 통한 디지털 기반 지역 케어 회의나 Expert System을 비롯해, 가족 등에 의한 직접 보호 형태의 관리 체계를 구현하는 것도 가능하다. 즉, 실생활의 커뮤니티 케어가 디지털 플랫폼에서도 그대로 실현될 수 있다.

셋째, 사회서비스 분야의 산업화를 통한 육성이 필요하다. 사회서비스산업은 다른 산업에 비해 고용 창출 효과가 크다. 사회서비스산업은 고용 증가 없는 성장과 경기침체가 지속되는 중에도 새로운 일자리 창출을 주도하고 있다. 실제로 '05년 이후 증가한 취업자의 약 42%가 사회서비스산업에서 창출되었다. 한편, '05년 이후 사회서비스산업의 경제성장 기여율은 6.3%로 제조업(41.9%)보다는 낮지만 상당히 높은 수준이다. 부가가치 증가율(7.3%) 측면에서는 오히려 제조업(6.6%)을 앞서고 있다. 사회서비스산업은 부가가치 파급을 통한 경기 부양 및 경제성장에 기여해 왔다. 고용창출 효과를 증대하고 양질의 사회서비스 종사자 확보를 위해 체계적인 인력 양성 시스템을 구축해야 한다.

넷째, 기업가정신(企業家精神)이 필요하다. 코로나 진단키트가 전 세계로 수출되었고 '드라이브 스루'를 세계 최초로 시도했듯이 새로운 한국형 사회서비스 모델을 조성해야 한다. 전통 방식에서 탈피하여 새로운 상황의 적응 정도가 사회복지기관의 경쟁력이 될 것이다. 코로나19는 사회복지 현장뿐만 아니라 모든 삶을 변화시켰다. 우리는 불확실의 확실성 속에 살아가고 있다. 경영의 신으로 일컬어지는 마쓰시타 고노스케는 『영원한 청춘』이라는 자서전에서도 지칠 줄 모르는 탐구심과 기업가정신을 강조하였다.

뉴노멀(new normal)의 시대를 살아내야 하는 어려움 속에서 기업가정신은 시대를 살아내는 밑거름이 될 것이다. 사회서비스종사자가 기업가정신을 추구해야 함은 어느 때보다 절실하다. 특히 포스트 코로나 시대에서 외부의 환경이 급속히 변화하는 추이에 민감하게 대응하면서 항상 기회를 추구하고, 그 기회를 잡기 위해 혁신적인 사고가 필요하다. 혁신적인 사고가 새로운 가치창조로 이어질 수 있다. 지금은 기존에 존재하지 않았던 가치와 일자리를 만들어야 한다. 서비스 제공에 급급한 일차원적 사회복지를 넘어 인권, 공동체, 연대, 존엄성, 지속가능성이라는 가치를 창출하는 사회서비스 조직으로 변화해야 할 때이다.

다섯째, '한국형 사회서비스(K-SS) 모델(가칭)' 개발이 필요하다. 공공은 서비스 기준을 정하고 준수 여부를 확인하는 역할을 담당하여 민간의 자발성과 혁신성을 촉진하는 새로운 사회서비스 생태계를 구축해 가야 한다. 우리는 사회서비스 분야에서 민간차원의 인적자원과 시설운영 경험이라는 무형의 자산을 보유하고 있다. 한국형 사회서비스 모델이 국제무대에서 롤모델이 되도록 발전시켜야 한다. 한국형 사회서비스 모델에 따르면 국가는 모든 국민이 혜택을 누리는 기본사회서비스의 범위와 구체적 내용을 정하고, 이를 구현하기 위해 최선을 다해 노력해야 한다.

사회서비스 공급은 전문성을 갖춘 민간영역(법인 또는 개인)이 담당하며, 정부는 서비스의 기준을 정하고 성과를 평가함은 물론 재정 및 기술적 지원을 실시한다. 이 과정에서 새로운 사회혁신이 지속적으로 이루어지는 경쟁 풍토를 조성하기 위하여 사회적 금융시장 육성, 사회적 기술 개발, big data 구축 및 활용 등의 제도적 장치를 구축해야 한다.

## 참고문헌

김용득(2021). 감염병 시기 사회서비스, 다방면을 통한 더 나은 일상의 탐구. **복지이슈**, 2021년 2월 95호.

김혜영(2014). 유통하는 한국가족: 1인가구를 중심으로. **한국사회**, 15(2), 255-292.

박한호(2020). 사이버 범죄 억제인식에 대한 연구: 사이버 범죄에 대한 처벌의 인식이 범죄신고 의향에 미치는 영향. **한국범죄심리연구**, 16(4).

보건복지부(2015). 1인 가구 증가에 따른 신사회적 위험 대응전략.

보건복지부, 국가트라우마센터(2020). 신종 코로나바이러스 심리지원 가이드라인,

서울시복지재단(2021). **복지이슈**, 96호.

장영신(2020. 7. 27.). 포스트 코로나 시대의 사회서비스. **복지타임즈**.

정경희 외(2012). **가족구조 변화와 정책적 함의: 1인가구 증가현상과 생활실태를 중심으로**. 서울: 한국보건사회연구원.

주정(2008). 새로운 사회적 위험에서의 국가의 역할: 비정규직 여성노동 문제를 중심으로. **복지행정논총**, 18(1), 65-88.

최연실(2013). 한국가족의 변화에 대한 일고찰: 변화 양상, 맥락 및 쟁점을 중심으로. **한국가족관계학회지**, 17(4), 41-65.

한국보건사회연구원(2020). 코로나바이러스감염증-19, 사회정책 분야의 현황과 대책.

Bonoli, G. (2007). Time matters postindustrialization, new social risks, and welfare state adaptation in advanced industrial democracies. *Comparative Political Studies*, *40*(5), 495-520.

Esping-Andersen, G. (1999). *Social foundations of postindustrial economies*. New York: Oxford University Press.

Huber, E., & Stephens, J. D. (2004). Partisan governance, women's employment an the social democracy service state. *American Sociological Review, 65,* 323-342.

KFF Health Tracking Poll (2020. 11. 30.~12. 8.).

Panchal, N., Kamal, R., Cox, C., & Garfield, R. (2021). The implications of COVID-19 for mental health and substance use. *Issue Brief*. Kaiser Family Foundation.

Taylor-Gooby, P. F. (2004). *New risks, new welfare: The transformation of the European welfare state*. New York: Oxford University Press.

경찰청. https://www.police.go.kr/

복지타임즈. http://www.bokjitimes.com/

위키피디아. https://ko.wikipedia.org

통계청. https://kostat.go.kr/

OECD Policy responses to the Covid-19 crisis. https://www.oecd.org/coronavirus/en/

# 제3장 사회문제 해결대안

사회문제를 해결하기 위해 사회복지정책은 노약자, 빈민층, 실업자, 장애인 등 사회적 약자에 대한 국가의 보호 의무가 강화되면서 의료보험, 산재보험, 국민연금제도, 「국민기초생활 보장법」이 만들어졌다. 또한 최근에는 제도적인 면을 넘어서 사회적 가치가 더 이상 자선의 영역이 아닌 기업의 미션과 일하는 방식의 변화를 강조하고 있다. 우리 사회를 괴롭히는 많은 사회적 문제, 가령 환경·안전·보건 이슈 등에 대해 기업이 가지고 있는 역량과 전문성을 접목해 차별적 솔루션을 제공하는 동시에 기업의 경제적 가치를 제고할 수 있는 기업을 좋은 기업으로 쳐주고 있다고 해도 과언이 아니다. 따라서 이 장에서는, 첫째, 사회보장제도의 변천, 둘째, 공공부조제도, 셋째, 사회보험제도, 넷째, 사회적 가치 등을 중심으로 살펴보고자 한다.

## 1 사회보장제도의 변천

우리나라 사회보장제도는 매우 빠르게 변화하여 왔다. 하지만 기본적인 특징을 거론하자면 최소주의, 형식주의의 제도라는 점이다. 우리나라에서 사회적 위험이나 기초욕구에 대응하는 전형적인 대응 방식은 시장의 유급노동으로 얻은 임금과 가족 간 임금의 공유에 의존하는 것이다. 정책 대응으로 한정하여 보자면 안정된 고용에서 확보한 사회보험을 중심으로 대응하는 것이다. 사회보험은 사회보장제도 중 권리성이 가장 강한 제도이고 개인의 사전적 대응력을 근간으로 한다는 점에서 건강한 제도임은 분명하다. 그러나 다른 선진복지국가들과 비교하여 사회보험에 대한 정책 의존은 상대적으로 더 심한 편이다. 반면, 선진복지국가와 비교하여 주거, 의료, 교육의 사회적 보장은 저급한 수준으로 고비용 사회, 불안 사회로 잔존하고 있다. 향후 1인 가구의 증가와 같은 가구 구성이 변화되고, 개인의 노동과 소득의 안정성이 약화된다면 사회보험에 대한 의존성은 사회보장제도의 취약성을 더욱 심화시킬 것으로 우려된다.

1960년대 이후 우리나라의 사회보장은 꾸준히 발전하여 왔다. 그러나 균형적 발전이었는가에 대한 평가가 긍정적이기는 어렵다. 1970년대부터 시작하여 사회보험은 시행·확대를 거듭하여 왔다. 1977년 건강보험 도입을 시작으로 1990년대 중반까지 사회보험제도의 도입·확충이 이루어졌다. 공공부조와 기타 저소득층 소득지원도 신설·확대되어 왔다. 2000년 기초생활보장제도 실시, 2008년 기초연금제도 도입, 2010년 장애인연금 도입이 있었고 2018년 아동수당이 도입되었다. 소득보장제도는 과거 10년간 빠르게 발전하여 오면서 노인들의 생활여건에 대한 인식은 2007년 '좋아짐' 응답이 19.1%에서 2015년 50.3%로 향상되었다. 엄격한 기준을 적용하는 선별주의 제도를 중심으로 한 사회보장 제도의 취약성을 보완하기 위한 각종 제도도 도입되어 왔다.

지난 25년간 우리나라의 복지지출은 복지정책의 확대와 더불어 크게 증가하여 1990년 2.68%와 비교하여 2016년은 약 4배 수준이 되었다. 그럼에도 한국의 사회복지지출은 OECD 국가 평균과 비교하면 아직 매우 낮은 10.4% 수준에 불과하다. OECD 국가 평균과 비교하면 공공부조 지출에 해당되는 기타 사회지출에서 가장 차이가 적고 노령과 장애 분야의 차이가 큰 상태이다. 노인과 장애인 대상 소득보장과 서비스 보장이 저발전 상태임을 시사한다. 하지만 2014년 기초연금제도 도입으로 노령분야 증가율은 매우 높은 상황에 있다.

표 3-1 사회보장제도의 역사 개요

| | 영국 | 프랑스 | 스웨덴 | 한국 |
|---|---|---|---|---|
| ~1940년대 | 국민보험법(1911)<br>가족수당(1945)<br>국민보험법 및 국민건강서비스법(1946)<br>국가부조(1948) | 보육서비스<br>사회주택<br>주거수당(1948)<br>사회보험(~1945)<br>아동보호서비스(1889)<br>빈곤층 무료 의료 서비스(1893)<br>가족수당(1932)<br>공립병원(1941) | 사회부조<br>국민사회보험<br>아동수당(1948) | 생활보호(1961) |
| 1950년대~1970년대 | 사회주택(1960년대)<br>방문요양서비스법(1968)<br>지방정부 사회서비스법(1970)<br>임대료 환급(1971) | 보편적 가족수당(1978)<br>노인돌봄서비스<br>장애인법(1975) | 의료보험(1955)<br>9년 의무교육제(1966)<br>아동가구 대상 임대료 보조(1968)<br>부모보험(1970년대) | 건강보험(1977 도입, 1989 확대)<br>의료보호(1977) |
| 1980년대~1990년대 (한국 경제위기/1997) | 복지 긴축/시장화<br>국민건강서비스·커뮤니티케어법(1990)<br>구직자수당(1996) | 복지 긴축<br>쥐페 계획(Plan Juppe, 1995)<br>보편적 노인 의료서비스(1997)<br>장애인 고용 서비스(1970년대) | 사회서비스법(1982)<br>방문요양(1992~)<br>복지 긴축<br>고등교육 포함 무상교육(1986) | 아동, 노인, 장애인 등 취약계층 지원 관련법<br>국민연금(1988 도입, 1999 확대)<br>고용보험(1995 도입, 1998 확대) |
| 2000년대~ | 뉴딜(근로연계복지)<br>유니버설크레딧(Universal Credit, 2013) | 보편적 의료서비스(2000) | 각종 수당의 상향·하향 조정<br>직장복귀 지원 | 국민기초생활보장제도(2000)<br>긴급복지(2006)<br>장애인활동보조서비스(2007)<br>장기요양(2008)<br>근로장려세제(2009)<br>장애인연금(2010)<br>무상보육(2012)<br>연금크레딧(2008 도입, 2014 확대)<br>보육서비스(2012)<br>임대료 보조(2015)<br>아동수당(2018) |

출처: 경제·인문사회연구회(2018).

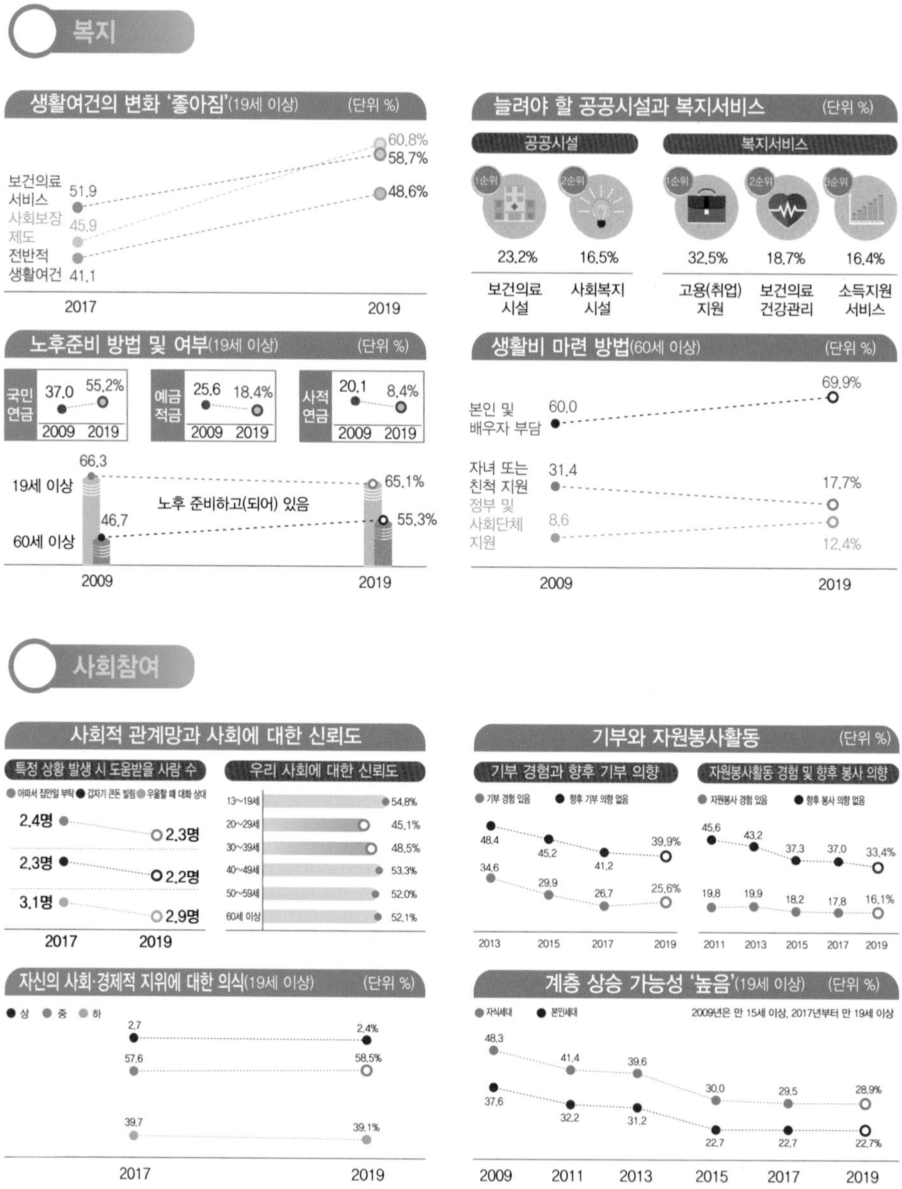


그림 3-1 2019년 사회조사 결과[1]

출처: 통계청. https://kostat.go.kr/

1 2019년 사회조사 결과는 5개 부문(복지, 사회참여, 문화와 여가, 소득과 소비, 노동)에 대하여 전국 약 1만 9천 표본 가구 내 상주하는 만 13세 이상 가구원 약 3만 7천 명을 대상으로 2019. 5. 15.~5. 30. 동안 조사하여 집계한 결과임.

## 2 공공부조제도

### 1) 국민기초생활보장제도

#### (1) 주요 내용[2]

국민기초생활보장제도는 빈곤층을 대상으로 국민의 최저생활을 보장해 주는 제도이다. 개별가구의 소득이 국가가 정한 일정 기준선에 미달하는 빈곤층을 대상으로 생계, 의료, 주거, 교육 등 기초적인 생활을 영위할 수 있도록 현금 또는 현물을 지원하는 복지제도를 지칭한다.

국민기초생활보장제도는 1997년 말 외환위기로 인해 실업과 빈곤문제가 심각했던 상황에서, 빈곤층의 인간다운 삶을 보장하기 위해 시민단체들의 청원과 여야 국회의원들의 공동발의(한나라당 김홍신 의원 외 131인)로 1999년 9월 7일 제정되었고, 2000년 10월 1일 시행되었다. 이 제도는 빈곤층에 대한 소득보장을 '사회권'의 하나로 규정하였으며, 근로능력 유무와 무관하게 모든 빈곤층에게 소득보장을 하도록 규정하였고, 자활사업을 통해 근로연계복지(workfare)를 실시하고 있다는 점에서 한국 사회보장제도에서 매우 상징적인 의미를 갖고 있다.

주요 내용을 살펴보면 국민기초생활보장제도는 공공부조제도이며, 그것은 다음의 세 가지 특징을 갖고 있다. 첫째, 보험료 납부 등의 기여(contribution)를 전제하지 않고, 정부가 일반조세를 통해 그 비용을 부담하는 복지제도이다. 둘째, 자산조사(means-test)를 통해 지원대상을 엄격하게 선정하는 잔여적 복지제도이다. 셋째, 빈곤층의 모든 자구적 노력을 전제로 최종적으로 도움을 호소할 수 있는 복지제도이다. 이 점에서 국민기초생활보장제도는 빈곤층이 호소할 수 있는 최후의 사회안전망이라 불리기도 한다.

이 제도의 수급자로 선정되면, 법률이 정한 바에 따라 모두 7가지의 급여가 제공된다. ① 생계급여, ② 주거급여, ③ 의료급여, ④ 교육급여, ⑤ 해산급여, ⑥ 장제급여, ⑦ 자활급여가 그것이다. 급여의 지급방식에 따라 구분하면, 각종 급여는 현금급여와

2 이 절의 내용은 보건복지부(2010); 노대명 외(2009); 김미곤 외(2000)를 참고하여 작성함.

현물급여로 구분할 수 있다. 현행 제도에서는 생계급여와 주거급여가 주로 현금으로 수급가구에게 직접 지급되며, 나머지 급여들은 현물급여의 형태로 급여 및 서비스 공급자에게 비용을 지급하고 있다. 그리고 현금급여는 이론적으로 최저생계비에서 해당 가구의 소득인정액을 제하고 남은 금액만큼을 보장하는 보충급여방식을 취하고 있다. 보충급여방식은 수급가구의 소득이 증가하면, 그만큼 현금급여가 감소하는 방식을 의미한다.

이 제도는 수급자들의 경제활동 참여를 촉진하기 위해 근로소득공제제도와 자활사업을 운영하는 규정 또한 포함하고 있다. 근로소득공제제도는 근로소득이 증가하는 만큼 현금급여가 감소하여 근로의지가 감퇴되지 않도록, 증가한 근로소득의 일부를 소득산정에서 제외하는 제도를 지칭한다.

### (2) 생활보호사업에서 국민기초생활보장제도로

1997년 외환위기 이후 우리나라의 실업 상태는 매우 심각한 수준이었다. 경제위기 이후 우리 사회는 부도, 도산, 구조조정 등으로 노동시장이 극도로 위축되어 실업률이 1997년 11월 2.6%에서 1999년 2월에는 8.6%에 이르렀다(보건복지부, 2016). 사회보장제도가 미성숙한 상태에서 발생한 대량실업은 '사회안전망의 사각지대에 놓인 실업자'를 양산하였다. 실업의 증가는 소득감소로 이어지고 내수위축, 생산축소로 이어져 다시 실업증가라는 악순환을 초래한다. 이 과정에서 일부 저소득층은 빈곤인구로 전락하였다. 빈곤에 대한 제도적인 사회안전망이 제대로 구축되지 못한 상태에서 빈곤인구가 급증함으로써 이들은 생존권을 위협받게 되었다. 경제위기는 대량실업과 빈곤인구를 양산하였고, 이는 다시 노숙, 자살, 이혼 등과 같은 사회병리 현상을 증가시켰다. 우리 사회에서의 실업은 곧 절망으로 이어지는 빈곤 덫의 출입구가 될 수 있다. 따라서 최소한의 기댈 수 있는 언덕, 즉 사회안전망에 대한 필요성이 대두되었다(김미곤, 2003).

그러나 장기 고실업 상태가 지속되면서 근로능력이 있는 사람들의 빈곤문제가 심각한 사회문제로 진행됨에도 불구하고 「생활보호법」은 인구학적인 조건(18세 미만, 65세 이상)을 바탕으로 한 범주적 공공부조를 기본 틀로 하고 있기 때문에 빈곤문제에 실효성 있게 대처할 수 없었다. 또한 소득과 재산 기준의 중복적용으로 소득은 없지만, 어느 정도 재산을 보유한 실직자를 대상자로 책정하지 못하고 있었다. 이와 같은 「생활보호법」에서의 범주적 생활보호는 사회구성원 모두에게 적용되는 '보편성(universalism)'의 원칙에 어긋나고, 소득과 재산 기준의 중복적용으로 인한 요보장 대상자의 탈락은 빈곤계층에 대한 '국민복지기본선(national minimum)' 보장을 어렵게 한다. 이 때문에 생활보호제도가 최종적인 안전망의 역할을 다하지 못하고 있다는 비판이 제기되었다.

이에 1999년 9월 7일 「생활보호법」을 대체하는 「국민기초생활 보장법」이 제정되고, 2000년 10월 1일 시행되었다. 국민기초생활보장제도를 통해 대한민국 국민이라면 누구나 인간다운 생활을 할 수 있는 최저생활을 보장받을 '권리'가 법률로 구체화되었다. 특히 기존의 생활보호제도가 빈곤의 책임을 개인과 가족에게 돌리고, 일부 한정된 빈곤층을 시혜·보호의 대상으로 여겼던 데 비해, 국민기초생활보장제도는 국가의 책임을 강화하고 시혜·보호 대상자라는 개념에서 보장받을 권리를 지닌 수급권자라는 개념으로 전화하는 등 모든 국민을 위한 사회 안전망이 생겼다는 데에 의미가 있다. 「생활보호법」 대비 「국민기초생활 보장법」의 구체적인 발전사항은 〈표 3-2〉와 같다.

표 3-2 「생활보호법」과 「국민기초생활 보장법」의 비교

| 구분 | 생활보호법 | 국민기초생활 보장법 |
|---|---|---|
| 법적 성격 | 시혜적인 보호 | 국가의 의무이자 국민의 권리 |
| 법률 용어 | 시혜성 용어<br>① 피보호자 ② 보호기관 ③ 보호대상자 | 권리성 용어<br>① 수급자 ② 보장기관 ③ 급여대상자<br>새로운 법률용어<br>① 소득인정액 ② 소득평가액 ③ 재산의 소득환산액 |
| 선정 기준 및 방식 | 선별적 범주형(네 가지 조건)<br>① 부양의무자 기준 ② 소득 기준<br>③ 재산 기준 ④ 인구학적 기준 | 일반적 보편성(두 가지 조건)<br>① 부양의무자 기준<br>② 소득인정액이 최저생계비보다 적을 경우 |
| 대상자 구분 | 대통령령에 위임하여 거택, 시설, 자활보호 대상자로 구분 | 대상자 구분 폐지(단, 근로능력이 있는 자는 구분) |
| 최저 생계비 | 결정권한: 보건복지부 장관 | 결정권한: 중앙생활보장위원회 의결, 보건복지부 장관 결정 |
| 급여 | 6종<br>① 생계보호 ② 의료보호 ③ 자활보호<br>④ 교육보호 ⑤ 해산보호 ⑥ 장제보호 | 7종(긴급급여 포함 8종)<br>① 생계급여 ② 주거급여(신설)<br>③ 의료급여 ④ 교육급여<br>⑤ 자활급여 ⑥ 해산급여<br>⑦ 장제급여<br>(모든 수급자에게 생계급여를 기본으로 필요에 따라 여타 급여를 지원하되, 근로능력이 있는 자는 자활에 필요한 사업에 참가하는 조건으로 생계급여 실시) |
| 긴급 급여 | 관련 조항 없음 | 관련 조항 신설(급여 실시 여부의 결정 전이라도 긴급한 필요가 인정될 때 급여 시행) |
| 자활 지원 계획 | 관련 조항 없음 | 근로능력자 가구별 자활지원계획 수립<br>급여 실시 여부의 결정 전이라도 긴급한 필요가 인정될 때 |
| 생활 보장 위원회 | 4단계 생활보호위원회<br>① 중앙생활보호위원회<br>② 시 · 도 생활보호위원회<br>③ 시 · 군 · 구 생활보호위원회<br>④ 읍 · 면 · 동 생활보호위원회 | 3단계 생활보장위원회<br>① 중앙생활보장위원회<br>② 시 · 도 생활보장위원회<br>③ 시 · 군 · 구 생활보장위원회<br>생활보장위원회 위원의 자격기준 구체화 |
| 보장비용 | 자치단체의 재정자립도에 대한 고려 없음 | 자치단체의 재정자립도를 고려하여 재정분담 비율을 차등 적용 |

출처: 보건복지부(2016).

(3) 변천과 현황

국민기초생활보장제도는 빈곤층에 대한 소득보장 및 자립지원제도로서 시행 이후 기초적인 사회안전망의 역할을 수행하여 왔다. 하지만 이 제도는 시행 이후 지속적으로 법률 개정 및 지침 개정을 해야 했다. 그것은 이미 법률이 정한 바에 따라 제도를 정상화하고, 사각지대를 해소하기 위해 선정기준을 완화하는 데 초점을 두고 있었다. 주된 변화는 제도 시행 직후 별도로 적용되었던 소득 기준과 재산 기준을 통합하여 단일한 소득인정액 기준을 적용하였고, 초기 엄격했던 부양의무자 기준을 점진적으로 완화하였다는 점이다.

국민기초생활보장제도는 제정 이후 소득 파악과 자립지원이라는 두 가지 난제를 해결해야 하는 숙제를 안고 있었다. 이는 일반조세를 재원으로 하는 복지제도를 누수 없이 효율적으로 관리해야 하며, 근로능력이 있는 빈곤층의 경우 취업을 통해 자립하도록 지원하는 데 정책목표를 두어야 한다는 요구가 있었음을 의미한다. 이는 정부로 하여금 2010년 '사회복지통합관리망'을 통해 수급가구에 대한 소득 파악 및 관리를 강화하고, 자활사업에 대한 지속적인 개편을 통해 미취업 수급자의 취업을 촉진하는 각종 조치를 취하게 하였다.

(4) 의의와 평가

국민기초생활보장제도의 의의는 1961년 제정되어 장기간 시행되어 왔던 「생활보호법」의 문제점을 해결하고, 공공부조제도를 진일보한 형태로 재구성하였다는 점이다. 특히 최저생계비의 계측과 적용 등 기술적인 면에서 기존 제도보다 정교한 형태를 취하고 있다. 하지만 그 이상으로 중요한 의의는 이 제도가 기초생활보장을 모든 국민의 사회권으로 규정하였다는 점이다. 이는 일종의 국민복지최저선을 설정하였고, 이를 각종 정책에 확산시키는 성과를 거두었음을 의미한다.

하지만 이 제도는 시행 이후 근로빈곤층의 자립지원을 저해한다는 비판에 직면하기도 하였다. 이 비판의 요지는 국민기초생활보장제도가 최저생계비의 적용과 급여체계의 구성과정에서 수급자로의 자원집중을 야기하고, 기타 복지제도의 저발전과 맞물려 탈수급을 저해하고 있다는 것이다. 그리고 이러한 문제는 수급자에 대한 소득 파악 및 취업상태 파악이라는 기본적인 행정기능의 취약성에 기인하는 것으로 나타나고 있다. 이는 우리 사회가 빈곤층 소득보장의 사각지대를 해소하는 문제와 이들의 취업과 자립을 촉진하는 문제를 함께 해결해야 하는 상황에 처해 있음을 의미하는 것이다.

### 2) 맞춤형 개별급여 도입[3]

#### (1) 도입 배경

국민기초생활보장제도는 지난 15년간 사회권을 신장하는 데 크게 기여하였다. 국민기초생활보장의 대상과 보장 수준을 최저생계비로 법에 명시함으로써 국가의 보장책임을 명확하게 규정하였으며, 근로능력이 있는 빈곤층 또한 노인이나 장애인과 동일한 수준의 보호를 받도록 규정하였다. 그러나 여전히 해결해야 할 문제들이 남아 있다. 그동안 부양의무자 범위를 축소하고 부양의무자의 소득·재산 기준을 완화하는 등 제도의 개편이 여러 차례 진행되었지만 여전히 엄격한 부양의무자 기준으로 인해 광범위한 사각지대가 발생한다는 비판을 받아 왔다. 또한 수급자 선정과 급여 수준을 정하는 기준이 되는 최저생계비가 너무 낮아 빈곤층의 최저생활을 보장하지 못하며, 빈곤 예방에도 기여하지 못하고 있다는 지적이다(노대명 외, 2014).

이에 2015년 7월부터 급여별로 선정기준을 다르게 해서 지급하는 맞춤형 국민기초생활보장제도가 새롭게 시행되었다. 개편의 핵심은 현행 통합급여체계의 한계를 해결하려는 목적이 가장 크다.

그동안 국민기초생활보장제도는 수급자로 선정되면 생계급여, 의료급여, 주거급여, 교육급여, 해산급여, 장제급여 등이 일괄적으로 지급되는 통합급여체계로 운영됐다. 기존의 통합급여체계하에서는 소득 기준에서 조금이라도 벗어날 경우 지원되던 모든 급여가 중단되는 소위 'All or Nothing' 방식이다(한신실, 장동열, 2014). 이는 일을 통해 수급 상태에서 벗어나려는 자립 유인을 떨어뜨리는 결과를 초래하는 한편, 급여가 한 덩어리로 경직되게 운영되기 때문에 생계·의료·주거 등 빈곤층의 다양한 욕구에 적절히 대응하지 못하는 한계가 있다는 비판을 받았다. 이러한 문제를 해결하기 위해 정

3 이 절의 내용은 송지현 외(2016)를 참고하여 작성함.

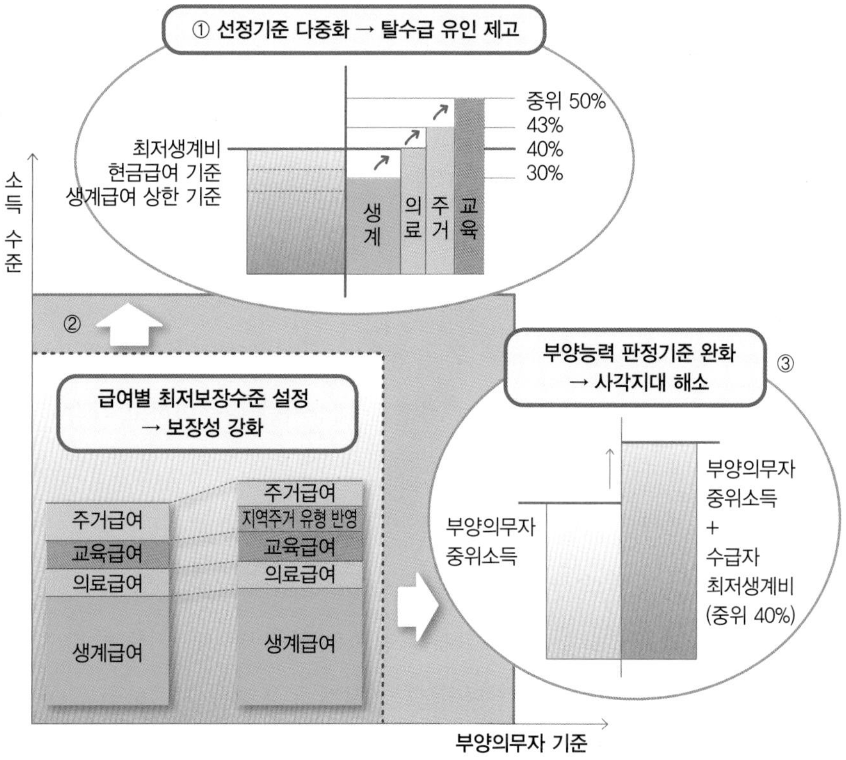


그림 3-2 맞춤형 개별급여의 기본 방향

부는 국민기초생활보장제도의 운영방식을 맞춤형 급여체계로 개편하여 실시하고 있다. 맞춤형 급여체계의 특징은 수급자 선정기준을 급여유형별로 다층화하여 소득 수준별로 받을 수 있는 급여의 종류가 달라진다는 점이다. 맞춤형 개별급여는 기존의 최저생계비 기준이 아닌 '기준 중위소득'에 따라 생계, 의료, 주거, 교육급여별로 각각 다른 선정기준에 맞춰 급여를 제공한다.

정부는 개편의 주요 방향을 다음의 세 가지로 제시하고 있다. 첫째, 선정기준을 급여 종류별로 다층화하여 탈수급 유인을 제고하고, 둘째, 급여별 최저보장수준을 설정하여 보장성을 강화하며, 셋째, 부양의무자 기준을 완화하여 사각지대를 해소하는 것을 주요 방향으로 설정하고 있다(한신실, 장동열, 2014). 노대명 외(2014) 또한 맞춤형 개별급여의 도입 목적으로 '복지 사각지대를 해소할 촘촘한 사회안전망 구축, 생활영역별 복지 욕구에 대응하는 욕구별 급여제도 육성, 고용·복지 연계제도 도입을 통한 빈곤탈출 강화'를 제안하였다. 맞춤형 개별급여의 기본방향은 [그림 3-2]와 같다.

(2) 제도 개요

맞춤형 개별급여 도입을 통한 가장 큰 변화는 급여별 최저보장수준 설정을 통한 보장성 강화의 정책목표에서 확인할 수 있다. 개편된 맞춤형 급여체계에서는 기존제도에서 사용하던 최저생계비를 상대적 빈곤개념인 중위소득 기준으로 변경하였다. 이번 개편의 또 다른 특징은 그동안 기초보장 사각지대를 양산하는 가장 큰 원인으로 지목되던 부양의무자 기준을 완화했다는 것이다. 이번 개편의 핵심은 단일 기준으로 수급자를 선정하고 선정된 수급자에게는 모든 종류의 급여를 제공하는 통합급여방식에서 생계, 의료, 주거, 교육급여 등 급여 종류별로 대상자를 다층화하고 각각의 욕구에 따라 맞춤형으로 지원하는 방식으로 변경한 것이다. 맞춤형 급여체계에서도 수급자로 선정되기 위해서는 부양의무자 기준과 소득 기준을 충족해야 하지만, 종전에 최저생계비 하나로 통일되어 있던 소득 기준이 급여의 종류별로 달리 적용되는 것이 가장 큰 변화이다. 즉, 기존의 최저생계비라는 절대적 빈곤선 산출 방식을 기준 중위소득을 활용한 상대적 빈곤선 산출 방식으로 전환하였고, 정책 목표층을 고려하여 급여별 선정 기준을 상이하게 설정하였다.

### 송파 세 모녀 사건

◆ **개요**

2014년 2월 서울 송파구 석촌동의 단독주택 지하에 세 들어 살던 모녀 일가족이 자살로 생을 마감한 사건이다. 당시 60세인 박 모 씨는 35세 큰딸 김 모 씨와 32세 작은딸 김 모 씨와 함께 살고 있었으며, 인근 놀이공원 식당에서 일을 하며 생계를 잇고 있었다. 큰딸은 당뇨와 고혈압을 앓고 있었으나 비싼 병원비 때문에 치료를 제대로 받지 못했으며, 작은딸은 만화가 지망생으로 아르바이트를 하며 돈을 벌고 있었으나 빚으로 인해 신용불량자가 된 상태였다. 이렇게 된 원인은 생활비와 병원비를 신용카드로 부담했기 때문이었다.

아버지는 12년 전 방광암으로 세상을 떠났으며 어머니인 박 씨가 사실상 집안의 생계를 책임지고 있었다. 사건 발생 한 달 전 넘어져 몸을 다치면서 식당 일을 그만두게 되어 실의에 빠진 것으로 추정된다.

생활고로 고민하던 끝에 집세 및 공과금인 70만 원이 든 봉투와 유서를 남긴 채 번개탄을 피워 일가족이 동반 자살로 생을 마감하는 비극이 일어났다. 유서에는 '마지막 집세와 공과금입니다. 정말 죄송합니다'라고 집주인에게 쓴 내용이 있었다.

이 사건은 대한민국 사회복지 제도의 허점을 드러낸 비극적인 사건이었으며, 사건 이후 사회보장제도 개선에 대한 많은 비판이 오갔다.

**◆ 왜 사회복지 혜택을 받지 못했나**

우선 박 씨 가족은 사회복지 제도에 대한 지식 부족 때문에 기초생활수급자 신청을 하지 않은 것으로 추정된다. 또한 기초생활 수급자 신청을 했다고 해도, 어머니 박 씨는 식당에서 일할 당시 월 120만 원 상당의 소득이 있었으며, 큰딸의 질병인 당뇨와 고혈압은 근로가 불가능할 정도의 병으로 인정받지 못한다. 어머니가 식당 일을 그만둔 상황에서는 가족 중에 근로 능력이 있는 사람은 작은딸이 유일하지만, 이 경우 가족 중 근로 능력이 있는 사람이 두 명인 것으로 간주되어 기초생활 수급자 혜택을 받지 못한다.

이러한 제도의 허점뿐만 아니라 우리나라의 복지제도 자체가 취약 계층으로 구별된 사람들만을 돕는 선별적 복지를 기본으로 하고 있다. 그리고 행정자료의 전산화가 잘되어 있음에도 각 자료의 유기적 연결은 안 되어 있어서 복지 혜택을 받기 위해서는 모든 자료(급여 명세서, 4대보험료 납부 증명서 등)를 수혜자 본인이 직접 준비를 해야 한다. 즉, 자신이 취약 계층임을 적극적으로 어필해야만 혜택을 받을 수 있는 것이다.

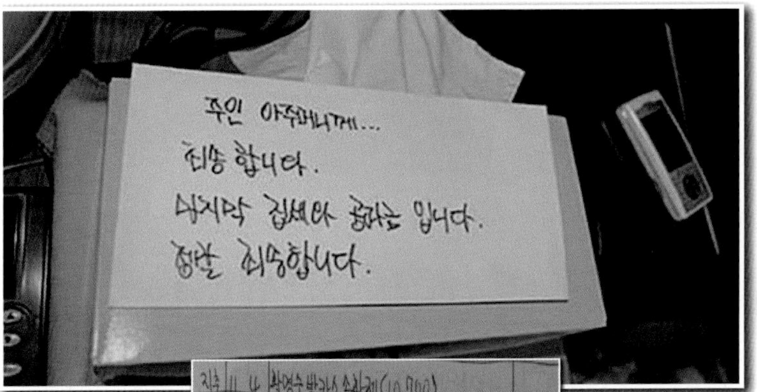


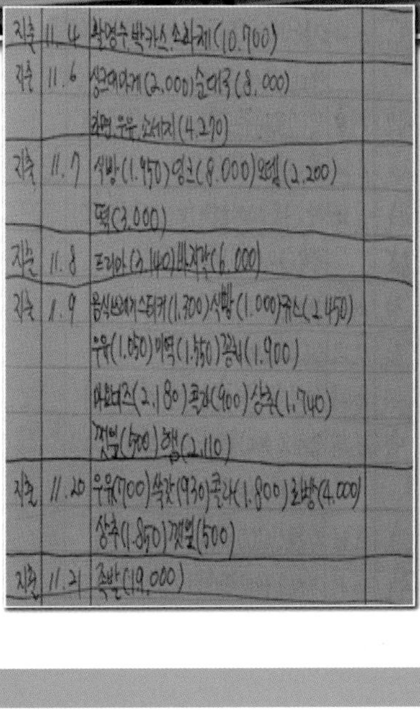

## 3 사회보험제도

사회보험(social insurance)제도는 국민이 미래에 직면할 수 있는 사회적 위험에 대비하여, 국가나 국민의 건강과 생활 보전을 목적으로 보험방식에 의하여 사전에 대비하는 제도이다. 실업이나 질병, 상해, 노령, 사망 등의 여러 가지 상황으로 인해 일시적 혹은 영구적으로 일을 할 수 없게 되면 소득이 중단되거나 상실될 수 있다. 이와 같이 국민이 미래에 직면할 수 있는 사회적 위험에 대비하여 국가나 국민의 건강과 생활 보전을 목적으로 보험방식에 의하여 사전에 대비하는 제도를 사회보험이라고 한다. 사회보험은 일반적인 민간보험과 마찬가지로 가입자의 기여금을 재원으로 하여 가입자에게 발생하는 위험을 분산하는 보험원리를 이용하고 있지만, 영리를 목적으로 하지 않으며 가입이 의무적이라는 점에서 민간보험과 성격이 다르다.

세계 최초로 사회보험제도를 실시한 국가는 독일이다. 독일을 통일한 프로이센의 비스마르크(Bismarck, 1815~1898)는 1883년 건강보험을 시작으로 1884년 산업재해보험법, 1889년 노령폐질연금을 제정하였다. 우리나라는 현재 「사회보장기본법」에 사회보험의 법적 근거를 두고 있다. 제3조 제2항에 따르면 사회보험을 '국민에게 발생하는 사회적 위험을 보험의 방식으로 대처함으로써 국민의 건강과 소득을 보장하는 제도'라고 정의하고 있다. 현재 우리나라는 산재보험, 고용보험, 국민연금, 사학연금, 공무원연금, 군인연금, 건강보험, 노인장기요양보험 등 8대 사회보험이 운영되고 있으며, 산재보험, 고용보험, 국민연금, 건강보험을 가리켜 4대 사회보험이라고 한다.

### 1) 국민연금[4]

정부가 직접 운영하는 공적 연금제도로, 국민 개개인이 소득 활동을 할 때 납부한 보험료를 기반으로 하여 나이가 들거나, 갑작스런 사고나 질병으로 사망 또는 장애를 입어 소득활동이 중단된 경우 본인이나 유족에게 연금을 지급함으로써 기본 생활을 유지할 수 있도록 하는 연금제도를 말한다.

4 이 절의 내용은 국민연금공단(www.nps.or.kr)을 참고하여 작성함.

국민연금(national pension)은 공적 연금으로서 가입이 법적으로 의무화되어 있기 때문에 사(私)보험에 비해 관리운영비가 적게 소요되며, 관리운영비의 상당 부분이 국고에서 지원되므로 사보험처럼 영업 이익을 추구하지 않는다. 현행 국민연금제도는 부담과 급여의 수준이 일정 기간 불완전 균형을 이루는 수정 적립 방식을 채택해 운용하고 있다.

경제활동을 하는 국민이 노령·폐질 또는 사망 등으로 인하여 소득을 가지지 못할 경우, 본인과 그 가족의 생활안정을 위해 미리 설정한 기준에 따라 장기간에 걸쳐 정기적으로 급여가 행해지는 연금제도는 그 운영 주체에 따라 정부에 의한 공적 연금제도와 기업의 사용주에 의한 사적 연금제도로 나누어 볼 수 있는데 국민연금은 공적 연금제도에 해당된다.

우리나라의 공적 연금제도는 1960년 공무원 연금제도의 도입에서 시작되었으며, 일반 국민을 대상으로 하는 공적 연금제도는 1973년에 제정된 「국민복지연금법」을 바탕으로 1986년 12월 31일에 전면개정한 「국민연금법」에 의해 1988년부터 실시되고 있다.

「국민연금법」은 국내에 거주하고 있는 60세 미만의 전 국민을 적용 대상으로 하고 [단, 공무원연금법·군인 연금법·사립학교교직원연금법의 적용대상자와 저소득계층 등은 제외], 1인 이상의 근로자를 사용하는 모든 사업장과 사업장가입자가 아닌 지역가입자, 본인의 희망에 의한 임의가입자 등을 대상으로 한다.

국민연금의 재원(財源)은 가입자가 매월 불입하는 보험료로 한다. 보험료는 가입자가 자격 취득 시의 신고 또는 정기결정에 의하여 결정되는 기준소득월액에 보험료율(9%)을 곱하여 산정한다. 사업장가입자의 경우는 본인과 사업장의 사용자가 각각 절반(4.5%)씩 매월 부담하고, 지역가입자의 경우는 가입자 본인이 전액 부담한다. 급여의 종류에는 노령연금을 비롯하여 장애연금·유족연금·반환일시금 등 네 가지이다.

### 2) 국민건강보험[5]

국민건강보험(national health insurance)은 질병이나 부상으로 인해 발생한 고액의 진

5 이 절의 내용은 국민건강보험(https://www.nhis.or.kr/)을 참고하여 작성함.

료비로 가계에 과도한 부담이 되는 것을 방지하기 위하여, 국민들이 평소에 보험료를 내고 보험자인 국민건강보험공단이 이를 관리·운영하다가 필요시 보험급여를 제공함으로써 국민 상호 간 위험을 분담하고 필요한 의료서비스를 받을 수 있도록 하는 사회보장제도이다.

우리나라 건강보험은 1977년 500인 이상 사업장의 근로자를 대상으로 하여 직장의료보험제도를 처음으로 시행하였다. 1979년 공무원, 사립학교 교직원, 300인 이상 사업장의 근로자, 1988년 농어촌지역 의료보험, 1989년 도시 자영업자를 대상으로 의료보험이 시행되면서 전 국민 의료보험시대가 시작되었다.

1998년 10월 지역의료보험조합과 공무원교원의료보험 공단을 국민의료보험관리공단으로 통합하였고, 2000년 7월부터 국민의료보험관리공단과 직장의료보험조합을 단일조직으로 통합하면서 의료보험이 건강보험으로, 국민의료보험관리공단이 국민건강보험공단으로 변경되었다.

건강보험은 가입자 및 피부양자의 질병과 부상에 대한 예방, 진단, 치료, 재활, 출산, 사망 및 건강증진에 대하여 법령이 정하는 바에 따라 현물 또는 현금의 형태로 서비스를 제공하고 있다.

국민건강보험은 직장가입자와 지역가입자로 적용대상을 구분하는데, 직장가입자는 사업장의 근로자 및 사용자와 공무원 및 교직원, 그리고 그 피부양자로 구성되고 지역가입자는 직장가입자를 제외한 자를 대상으로 한다. 국민건강보험 대상자 중 피부양자는 직장가입자에 의하여 주로 생계를 유지하는 자로서 보수 또는 소득이 없는 자를 의미하며, 직장가입자의 배우자, 직계존속(배우자의 직계존속 포함), 직계비속(배우자의 직계비속 포함) 및 그 배우자, 형제·자매를 포함한다.

### 3) 고용보험[6]

고용보험(employment insurance)이란 근로자가 실직한 경우에 생활안정을 위하여 일정기간 동안 급여를 지급하는 실업급여사업과 함께 구직자에 대한 직업능력개발·향상

6 이 절의 내용은 고용보험(https://www.ei.go.kr/)을 참고하여 작성함.

및 적극적인 취업알선을 통한 재취업의 촉진과 실업예방을 위하여 고용안정사업 및 직업능력개발사업 등의 실시를 목적으로 하는 사회보험이다.

원래 전통적인 실업보험제도는 실직된 근로자의 생활안정을 위하여 실업급여를 지급하는 소극적 노동시장정책으로 도입되었으나, 고용보험제도는 실직근로자의 생활안정과 함께 고용촉진 및 실업예방을 목적으로 하는 적극적 노동시장정책으로 전환하여 다양한 보험사업을 실시하고 있다.

「고용보험법」은 고용안정 및 직업능력개발사업을 통해 일차적으로는 취업 중인 근로자의 고용안정을 촉진하고, 부득이 실업이 되더라도 이차적으로 실업급여를 지급하고 재취업을 촉진함으로써 근로자의 실업으로 인한 사회·경제적인 어려움을 해소하는 것을 주된 내용으로 하고 있다. 또한 여성근로자들의 고용기회 확보를 위해 직장과 가정생활의 양립을 지원하는 육아휴직급여 및 산전후휴가급여를 실시한다.

고용안정 및 직업능력개발사업은 피보험자 및 피보험자였던 자, 그 밖에 취업할 의사를 가진 자에 대한 실업의 예방, 취업의 촉진, 고용기회의 확대, 직업능력개발·향상의 기회 제공 및 지원, 그 밖에 고용안정과 사업주에 대한 인력확보를 지원하기 위하여 실시하는 사업이다. 실업급여는 실직근로자의 생활안정을 도모하고 재취업을 촉진하기 위해 지급하는 보험급여로서, 구직급여 및 취업촉진수당으로 구성된다. 육아휴직과 산전후휴가급여(모성보호급여)는 임신·출산 등과 관련된 여성의 취업활동을 보장하기 위하여, 육아 또는 출산을 목적으로 휴직하는 근로자가 일정 요건을 갖춘 경우에 육아휴직급여·산전후휴가급여를 지급하는 것을 그 내용으로 한다.

「고용보험법」은 1993년 12월에 제정되어 1995년 7월 1일부터 시행되고 있다. 그 후 여러 차례 개정되면서 고용보험의 적용 범위를 확대하고 있으며, 2004년부터는 일용근로자, 주 15시간 이상 시간제근로자 등 비정규직근로자에게까지 고용보험 적용이 확대되고, 건설공사의 경우 총 공사금액이 2천만 원 이상인 경우 고용보험이 적용된다. 또한 60세 이후에 신규로 고용되는 자, 국가·지방자치단체가 직접 시행하는 공공근로 종사자 및 선원에 대해서도 고용보험이 적용된다.

고용보험사업 중 실업급여 지급 현황을 보면 시행초기인 1997년에는 48,677명에게 실업급여가 지급되었으나, 외환위기를 맞이한 1998년에는 412,600명으로 급증하였으며, 2009년에는 1,301,132명으로 증가하였다. 2020년 4월에는 신종 코로나바이러스 감염증(코로나19) 사태가 촉발한 '고용 충격'으로 인해 신규 구직급여 신청자 12만 9,000명, 구직급여액이 9,933억 원에 달했다.

고용보험은 전통적인 실업보험사업에 머무르지 않고 다양한 실업예방사업 및 구직촉진사업을 병행하는 적극적 노동시장정책을 표방하여 도입된 고용정책의 핵심수단이다. 특히 우리나라가 두 차례의 외환·금융위기를 거치면서 상당수의 실업자가 발생하는 등 사회적 위기에 직면하였을 때 고용보험제도의 작동이 이러한 위기를 극복하는 데 크게 기여한 것으로 평가받고 있다.

#### 4) 산재보험[7]

산재보험(industrial accident compensation insurance)은 산재근로자와 그 가족의 생활을 보장하기 위하여 국가가 책임을 지는 의무보험으로 원래 사용자의 「근로기준법」상 재해보상책임을 보장하기 위하여 국가가 사업주로부터 소정의 보험료를 징수하여 그 기금(재원)으로 사업주를 대신하여 산재근로자에게 보상을 해 주는 제도이다. 산재보험은 공업화가 진전되면서 급격히 증가하는 산업재해 근로자를 보호하기 위하여 1964년에 우리나라 최초의 사회보험제도로 도입되었다.

초기의 산업재해는 건설현장과 위험한 기계·기구를 설치·사용하는 사업장에서 주로 발생하였으나 산업사회의 현대화·고도화·정보화 등으로 재해 발생원인이 다양해져 신종직업병과 과로, 스트레스 등에 기인한 재해가 급격히 증가하고 있다. 산업재해로부터 근로자를 보호하기 위해서는 산업재해 자체를 예방하는 것이 가장 바람직하나 이미 발생한 산업재해로 인하여 부상 또는 사망한 경우는 그 산재근로자나 가족을 보호 내지 보상해 주기 위해서 산재보험이 중요한 의미를 지닌다.

산재보험제도가 처음 시행된 1964년에는 상시근로자 500인 이상을 고용하는 대규모의 광업 및 제조업 부문에만 적용하고 「근로기준법」에 규정한 재해보상을 행하였으나 그후 산재보험 적용 범위가 점차 확대되어 2000년 7월 1일부터는 근로자 1인 이상

7 이 절의 내용은 근로복지공단(https://www.kcomwel.or.kr/)을 참고하여 작성함.

을 고용하는 사업장의 근로자에게까지 적용이 확대되었고 「고용보험 및 산업재해보상보험의 보험료징수 등에 관한 법률」이 제정되어 2005년 1월 1일부터 시행되었다.

산재보험의 특징은 다음과 같다. 첫째, 근로자의 업무상 재해에 대하여 사용자에게는 고의·과실의 유무를 불문하는 무과실책임주의이다. 둘째, 보험 사업에 소요되는 재원인 보험료는 원칙적으로 사업주가 전액 부담한다. 셋째, 산재보험급여는 재해발생에 따른 손해 전체를 보상하는 것이 아니라 평균임금을 기초로 하는 정률보상방식으로 행한다. 넷째, 자진신고 및 자진납부를 원칙으로 하고 있다. 다섯째, 재해보상과 관련되는 이의신청을 신속히 하기 위하여 심사 및 재심사청구제도를 운영한다. 여섯째, 타 사회보험과는 달리 산재보험은 사업장 중심의 관리가 이루어진다.

## 4 사회적 가치

### 1) 사회적 가치[8]

사회적 가치법안에 따르면 사회적 가치를 공공의 이익과 공동체의 발전에 기여하는 가치로 정의하고 있다(제2조). 또한 가치의 범위 또한 인권, 노동권, 안전, 사회적 약자 배려, 양질의 일자리 등 13개 영역을 포함하고 있으며, ISO 26000의 사회에서 해답을 찾고 있다. 가령, 10주년을 맞이한 카카오는 앞으로의 10년을 사회문제 해결을 위해 노력하겠다고 천명했고, SK는 기업 정관에 사회적 가치를 명시하고 기업 활동에 접목함으로써 사회에 반향을 일으키고 있다. 글로벌 움직임도 유사한 내용이 포착된다. 민간주도의 빈곤퇴치를 미션으로 하는 월드뱅크 산하 세계금융공사(IFC)는 사회적 가치를 담고 있는 포용적 비즈니스의 요건을 기업 밸류체인과 통합, 상업적 자생가능성, 규모의 경제 혹은 확장가능성으로 정의하고 있다. 이러한 국내외 움직임에서 볼 수 있듯, 기업들은 주류활동을 통해 사회문제 해결에 앞장서고 사회에 긍정적인 임팩트를 창출하려고 노력하고 있다. 이는 국경과 섹터를 초월하여 중요한 어젠다로 대두되고 있고 이를 시대정신의 변화로서 정의할 수 있을 것이다.

8 이 절의 내용은 김재은(2020)을 참고하여 작성함.

2018년, 공공기관이 사회적 가치 확산에 선도적인 역할을 할 수 있도록 공공기관 경영평가에 사회적 가치 구현 평가 지표를 추가함

**일자리 창출**

- 비정규직 간접고용의 정규직 전환 실적
- 청년 미취업자 고용실적, 시간선택제 일자리 실적

**안전 및 환경**

- 온실가스 감축 및 에너지 절약 실적 녹색제품 구매
- 산업재해 안전관리, 재난관리체계 구축 및 운영
- 개인정보 보호 및 정보보안 관리체계 구축 및 운영
- 업무 특성에 적합한 환경보전의 개념 정의, 예방, 훼손 방지

**윤리경영**

- 윤리경영체계의 구축 운영
- 투명성 제고 및 윤리경영 실천
- 내부경제시스템
- 인권교육, 인권침해 구제절차 등 인권존중

**상생협력 및 지역발전**

- 중소기업, 기술개발, 사회적 기업, 협동조합, 여성기업, 장애인, 국가유공자 생산품 등 우선구매, 전통시장 온누리 상품권
- 지역사회 참여, 지역경제 활성화
- 협력위탁업체 적기 자금결제 등 공정 경제질서 확립
- 중소기업, 소상공인에 대한 경쟁력 강화를 위한 기술지원
- 사회적 경제기업 지원과 구매

**균등한 기회와 사회통합**

- 장애인 의무고용, 국가유공자 우선채용, 용역근로자 보호지침
- 공정한 과정을 통한 채용
- 청년 고졸자 및 지역인재 채용
- 여성관리자 확대, 여성인력 양성 및 경력단절여성 고용
- 고졸자, 무기계약직, 불합리한 차별 해소

그림 3-3 사회적 가치 구현의 등장

출처: 한국정보보호안전협동조합, https://kissu.co.kr

### 2) 사회적 가치의 배경

최근 사회적 가치 논의에서 강조하는 관점은 사회적 가치가 더 이상 자선의 영역이 아닌 기업의 미션과 일하는 방식의 변화를 강조하고 있다는 점이다. 지금까지 기업의 역할과 책임의 영역에서 기업시민으로서 공헌을 강조했다면, 사회적 가치는 기업의 본업에 대한 재조명이라고 할 수 있다. 다시 말해서, 기업은 번 돈 중 일부를 환원하는 방식을 택할 것인지 아니면 돈 버는 방식에 사회적 가치를 고려할 것인지에 대한 질문이다. 최근의 흐름은 기업은 더 이상 단기적 경제이익만을 쫓아서는 안 되고 기업의 본업에서 사회적 가치를 고려해 사회의 긍정적인 임팩트를 확대하는 것을 요구하고 있다. 특히 우리 사회를 괴롭히는 많은 사회적 문제, 가령 환경·안전·보건 이슈 등에 대해 기업이 가지고 있는 역량과 전문성을 접목해 차별적 솔루션을 제공하는 동시에 기업의 경제적 가치를 제고할 수 있는 기업을 좋은 기업으로 쳐주고 있다고 해도

과언이 아니다.

세계적으로 사회적 가치의 중요성이 부각하게 된 배경과 문제 상황이 지금 우리 사회에 고스란히 나타나고 있다. 먼저, 한국은 1970년대 이래 효율적이고 급속한 경제성장 정책을 펴 왔고 그 효과를 국제적으로 인정받고 있다. 하지만 현재는 기존 발전모델의 한계가 다양한 형태로 나타나고 있다. 사회공동체의 위기와 양극화, 일자리 절벽 현상과 같은 위험에 부딪히고, 사람들 간 각자도생 때문에 사회적 관계의 위기, 신뢰의 위기도 나타나고 있다. 지속가능발전을 위협하는 환경의 어려움에도 깊은 문제의식을 느끼고 있다. 이와 같은 공동체적·사회적·환경적 위기는 지난 경제성장 중심의 발전모델과 무관치 않다. 이 부분을 극복하지 않으면 새로운 미래발전의 동력을 찾기 어렵다는 것이 사회적 가치에 주목해야 하는 시대적 배경이 아닌가 싶다.

현재는 사회문제가 굉장히 다양해졌다. 그런데 사회문제가 발생하는 속도를 해결하는 부분에서 따라가지 못하고 있다. 복잡·다양해진 사회문제는 더는 정부나 NGO, 공공기관만으로는 해결할 수 없다. 기업이 뛰어들어야 한다. 또 이제는 고객의 페인포인트(pain point)를 찾아서 해결해 줘야 한다. 예전에는 소비자 니즈를 파악하기 어려웠지만, 지금은 빅데이터 등을 통해 소비자가 말하지 않아도 파악할 수 있는 정보와 기술이 생겨나고 있다. 마지막으로, 최근에는 이해관계자 자본주의가 생겨나고 있다. 기존의 자본주의는 주주자본주의로 기업은 주주의 이익을 극대화하는 임무를 수행했다면 최근에는 기업을 둘러싼 모든 이해관계자의 이익을 대변하고 행복을 창출하는 데 초점을 맞추고 있다. SK의 경우 이해관계자를 고객, 구성원, 주주, 비즈니스 파트너, 사회로 정의하고 각 이해관계자의 행복을 창출하는 것을 기업의 미션으로 삼고 있다.

우리나라는 2019년 국민 소득 3만불 시대를 넘어섰다. 바야흐로 개발도상국에서 새로운 선진국으로 도약한 것이다. 그런데 최근 OECD가 발표한 '삶의 질 지수'를 살펴보면 조사국 40개국 가운데 30위를 기록했다. 이 중에서도 사회적 관계 영역이 40위로 최하위를 기록했다. 시민사회, 건강, 안전, 소득은 높은 수준인데 사회적 관계가 굉장히 낮아 미래 사회적 가치를 창출하는 데 유약한 실정이다. 이러한 시점에서 정부, 기업, NGO, 사회복지 각계각층이 미래 한국 사회를 건설하기 위해 새로운 사회적 가치의 패러다임 전환이 필요한 시기라고 본다.

### 3) 사회적 가치 실현

SK의 초창기 사회공헌은 1970년대 장학퀴즈 후원과 한국고등교육재단 설립 등 인재양성에 초점을 뒀다. 내부적으로 사회적 가치 1.0 시대라 부른다. 2010년대 사회적 가치 2.0 시대에는 사회적 기업에 주목하기 시작했다. 사회적 기업이야말로 사회문제 해결이라는 미션을 갖고 탄생한 조직이기 때문에 이들이 더욱 많은 사회문제를 해결할 수 있도록 지원하고 생태계를 구축하는 데 집중했다. 2017년 사회적 가치 3.0 시대를 열고 영리기업도 비즈니스를 수행하는 과정에서 사회문제를 해결하도록 하는 제도를 도입했다. 이를 위해 사회적 가치를 얼마나 창출 혹은 훼손하고 있는지 화폐화 기준의 측정을 시작했고, 올해 관계사 핵심성과지표(KPI)에서 사회적 가치 비중을 50%로 늘려 관계사들의 사회적 가치 창출을 유도하고 있다.

사회적 가치를 실현하는 데 있어 사회혁신이 중요한 이슈로 떠오르고 있다. 지난해 한국사회복지협의회는 홍콩, 영국, 미국 사례를 토대로 정부와 함께 '지역사회공헌 인

표 3-3 최태원 SK 회장 경영 복귀 후 경영 화두 변천사

| 키워드 | | 주요 내용 |
|---|---|---|
| 2015년 | 사회적 가치 | "기업의 성과 창출 위해서라도 사회와 국가의 미래 문제 도외시 해선 안 돼" |
| 2016년 | 딥 체인지 | "경영 혁신 넘어 사업, 조직문화, 자산 효율화 등 기업과 관련된 모든 것 변화시켜야" |
| 2017년 | 더블 보텀 라인 | "재무적 가치와 사회적 가치 모두 반영하는 더블 보텀 라인 통해 기업의 성과 평가" |
| 2018년 | 딥 체인지 | "기존 껍질 깨는 파격적 수준의 비즈니스 모델 혁신이 딥 체인지(근본적 변화) 핵심" |
| 2019년 | 행복 경영 | "매출, 영업이익보다 구성원 행복과 성숙도 있는 공동체 잘 만들어 나가는 게 중요" |
| 2020년 | 세이프티 넷 | "기업이 세이프티 넷(안전망)을 제공할 수 있어야" |
| 2021년 | 좋은 파이낸셜 스토리 | "좋은 파이낸셜 스토리 완성해 모든 이해관계자로부터 공감, 신뢰 얻어야 성장" |

출처: 이코노미스트, https://www.economist.com/

정제'를 시작했다. 지역사회를 중심으로 지자체와 NGO, 학교, 사회복지기관, 주민이 기업의 사회혁신 사례를 발굴해 이를 인정하고 격려하자는 취지에서이다. 단순히 인증을 주는 개념이 아닌 지역사회에서 지속적으로 기업의 혁신사례를 발굴·전파해 배우고 학습할 수 있도록 하고 있다.

사회적 가치는 NPO(non profit organization)나 기업, 정부에만 국한된 것이 아닌 일반 국민에게 다 적용될 수 있는 부분이다. 사실 일반이 참여하는 사회적 가치가 가장 크다. 가치 있는 제품을 소비한다거나 환경과 관련해 작은 것을 실천하는 것, 예컨대 분리수거를 적절하게 하는 것도 사회적 가치를 창출하는 것이다. 사회적 가치 창출은 모든 사회 주체의 과제이다. 그리고 가치 측정 주체에 대해서는 기준이 꼭 하나일 필요는 없다고 생각한다. 예컨대, 사회적 기업 육성법을 고용노동부가 주도해 만들었다고 해서 사회적 가치의 측정이 일자리가 돼서는 안 된다는 것이다. 사회적 가치 기준은 다양할 수 있고 다양한 평가를 할 수 있는 기관이 나오는 게 더 바람직하다.

국민적으로 사회적 가치가 선택이 아닌 필수라는 사회적 가치의 확장을 위해서는 공유지가 갖는 가치, 공유지가 줄 수 있는 새로운 것에 대한 각성이 필요하다. 코로나19를 겪으면서 공원이 가까이 있다는 게 얼마나 소중한 것인지를 절감했다. 미국 하버드대학교 가장 중요한 지점에 새로 건물을 지어 1층 공간을 공유지로 만든 것을 봤다. 학생뿐만 아니라 오가는 사람 누구나 와서 자유롭게 이용할 수 있도록 한다. 혁신과 가치가 기획되어 나오기도 하지만 이런 인프라와 플랫폼을 만들어 주고 그곳에 다양한 사람이 활동할 수 있도록 여건을 만들어 주는 것, 이것이 생태계 창출의 중요한 역할이다.

## 참고문헌

경제·인문사회연구회(2018). 사회적 위험과 격차 심화에 대응하는 중장기 정책 과제, p. 17.
김미곤(2004). 국민기초생활보장제도 개선과제. 사회법연구, 2, 145-174.
김미곤 외(2000). 국민기초생활 보장법 시행방안에 관한 연구. 한국보건사회연구원.
김재은(2020). 복지저널, 2020년 7월호.
노대명 외(2009). 근로빈곤층을 위한 자립촉진지원제도 도입방안 연구. 한국보건사회연구원.
노대명, 이덕로, 이지호(2014). 근로빈곤층 정책에 대한 중요도-성취도 평가. *Oughtopia, 29*(2), 179-214.
보건복지부(2010). 2011년 국민기초생활보장사업 안내. 세종: 보건복지부.
보건복지부(2016). 보건복지70년사. 세종: 보건복지부.
송지현, 김구, 김성아(2016). 맞춤형 급여 도입에 따른 복지사각지대 시민 지원방안 연구. 대전복지재단.
한국보건사회연구원(2010). 빈곤통계연보.
한신실, 장동열(2014). 빈곤층에게 자산은 소득의 대체재인가? 보완재인가? 국민기초생활보장제도의 주거재산 소득환산에 대한 실증적 비판. 사회복지정책, 41(4), 227-251.

고용보험. https://www.ei.go.kr/
국민건강보험. https://www.nhis.or.kr/
국민연금공단. https://www.nps.or.kr/
근로복지공단. https://www.kcomwel.or.kr/
이코노미스트. https://www.economist.com/
한국정보보호안전협동조합. https://kissu.co.kr

## 제2부

# 사회복지의 역사와 이념

제❹장 사회복지 발달과정

제❺장 복지국가

제❻장 진보와 보수

# 제4장 사회복지 발달과정

중세봉건사회의 붕괴, 산업혁명, 엔클로저운동, 수도원 해산 등으로 빈민이 급증하였다. 빈민을 제도적인 입장에서 구제하고자 하는 노력을 가장 먼저 시도한 영국의 사례를 통해 사회복지 관련법의 발달과정을 살펴보고자 한다. 따라서 이 장에서는, 첫째, 엘리자베스 빈민법, 둘째, 빈민법 개정, 셋째, 신빈민법 등을 중심으로 살펴보고자 한다.

## 1 엘리자베스 빈민법

튜더왕조의 빈민법은 1601년 엘리자베스 빈민법(Elizabeth Poor Law)으로 집대성되었다. 이 법은 갑자기 새롭게 등장한 법이 아니라 엘리자베스 여왕 집권기인 1572년 처음 제정된 법에서 출발하여 20여 년이 경과된 1597년 법까지 그동안 산발적으로 제정되었던 빈민과 부랑자에 대한 억압입법들을 재편성·정비한 것이다. 무엇보다 이 법은 빈곤에 대한 국가의 책임을 처음으로 천명하고 중세시대에 빈곤을 개별적인 시혜의 대상으로 바라보던 관점을 제도적인 시각에서 바라보게 하였다는 점에서 의의가 크다(김연희, 1985; 최혜지 외, 2008).

이 법은 빈민구제와 관련하여 새롭게 만들어진 획기적인 법률이기보다는 이미 제정되어 있던 기존의 법률들을 집대성한 법률이라는 특성이 강하며(Mcintosh, 2014), 실제로는 1597년의 법을 개정한 것이었다. 본래의 명칭은 빈민구제를 위한 법(The Act for the Relief of the Poor)이지만 보통 구(舊)빈민법[1](Old Poor Law) 또는 엘리자베스 빈민법(Elizabeth Poor Law)이라 불린다(Haggingbotham, 2000).

1 구빈민법이란 명칭은 통상적으로 1834년에 제정된 빈민법과 구별 짓기 위해 사용한다. 이에 1601년에 제정된 엘리자베스 빈민법을 구빈민법, 1834년에 제정된 빈민법을 신빈민법으로 분류하고 있다.

그림 4-1 엘리자베스 빈민법

출처: SL사회지식연구소 유튜브. https://www.youtube.com/watch?v=nPVNnz_uP-Q

### 1) 엘리자베스 빈민법의 기본원칙

국부를 중시하고 그 수단으로서 빈민들의 값싼 노동력을 정당화하는 중상주의 사조는 구제와 노동유인의 양면성을 갖춘 엘리자베스 빈민법 제정의 기본이념이 되었다. 이 법은 국가 책임하에 노동능력이 있음에도 취업하지 않는 빈민에게 일을 강제시키고, 노동능력이 없는 빈민에게는 구제를 실시하는 것을 주요 내용으로 제정하였으며, 다음과 같은 여섯 가지 원칙을 포함한다(이계탁, 1988).

첫째, 국가에 대한 의무로서 국민은 빈민구제를 위해 필요한 구빈세(poor rate)를 납부하여야 한다. 둘째, 구빈세의 부과와 빈민구제는 교구 단위로 치안판사의 감독하에 행한다. 셋째, 노동 불가능한 빈민은 생활하고 있는 교구에서 그 지역의 비용으로 구제되어야 한다. 넷째, 자식을 돌보기 어려운 사람들의 자녀에게 직업을 가르쳐서 취업하도록 해야 한다. 다섯째, 성인부랑자와 걸인은 형법으로 억압하여야 한다. 여섯째, 활동이 가능한 사람에게는 일을 주어 노동하도록 하여야 한다.

이처럼 엘리자베스 빈민법은 스스로 생계를 유지할 수 없거나 일상적인 일자리를 가지지 못한 사람은 혼인 여부에 관계없이 일을 해야 한다는 노동의 의무를 기본원칙으로 하고 있다(Rimlinger, 1971). 또한 행정은 교구 단위, 다소 큰 북부지역 교구는 군구(township)단위로 조직·운영하고 그 책임 또한 지역 교구사무실에 맡기며, 빈민지원을 구호(relief)라는 명칭 아래 구빈세라는 지방세를 걷어 해결하였다. 엘리자베스 빈민법에 대한 국가차원의 구호는 최후에 제공되었다. 이는 가족이나 자선에 따른 지원이 빈민의 욕구에 적합하지 않을 때만 제공한다는 원칙의 실현이었다(Miller, 2012).

더욱이 이 법은 교구에서 태어나 적어도 그 지역에서 3년 이상 거주한 사람으로서 가족이나 친족의 부양을 받을 수 없는 빈민을 돕는 것은 그 지방의 공동체인 교구가 책임지도록 하였지만, 빈민과 무능력자의 부모나 자녀는 이들을 부양해야 한다는 1598년 초안의 규정을 1601년 본 법안에서 조부모의 부양의무로까지 확대하였다. 이들 부양의무자가 부양능력이 있는 경우에는 자선구호 대상으로 등록하지 못하게 함으로써 가족이나 친족이 빈민을 일차적으로 부양해야 한다는 '친족부양책임의 원리'를 채택하였다(김기원, 2000).

### 2) 엘리자베스 빈민법의 적용대상

엘리자베스 빈민법의 가장 큰 특징은 노동능력의 유무에 따라 구제대상인 빈민을 다음과 같이 세 가지 유형으로 분류하고, 그에 상응하는 대응책을 강구하였다는 점이다(김동국, 1994).

첫째, 노동능력이 있는 빈민(the able-bodied poor)은 소위 구제를 받을 '가치가 없는 빈민(the undeserving poor or the unworth poor)'으로 규정하고, 결혼 여부를 막론하고 스스로 생활을 영위할 수 있는 능력을 가진 자에게 일을 시켰다. 건장한 걸인(sturdy beggars)으로도 불렸던 이들은 교정원 또는 작업장에 수용되어 강제로 노동을 해야 했다. 교정원 내에서도 노역하기를 거부하면 감옥에 투옥되었다. 또한 시민들이 이들에게 자선을 베푸는 것을 금지했으며, 다른 교구로부터 이주해 온 빈민들은 지난 1년 동안 거주했던 곳으로 되돌려 보냈다. 이는 종전의 빈민 관계법들이 지녔던 징계조치로서의 성격을 그대로 재현한 것이다.

둘째, 노동능력이 없는 빈민(the impotent poor)이다. 병자, 노인, 맹인, 정신이상자, 신체장애인 및 아동을 부양해야 하는 편모 등이 대부분인 이들은 '가치 있는 빈민(the deserving poor or the worthy poor)', 즉 마땅히 도움을 받을 만한 가치가 있는 빈민으로 분류되어 원조를 받을 수 있는 구빈원(almshouse)[2]에 수용, 보호하여 원내구호(indoor relief)를 하였다. 만일 노동능력이 없는 빈민들이 거주할 집을 갖게 되거나 자택에서 원조하는 것이 비용절감에 도움이 될 경우, 빈민감독관들은 식량·의복·연료 등의 현물을 공급하면서 원외구제(outdoor relief)를 실시하였다.

셋째, 부모의 양육을 받을 수 없는 빈곤아동인 요보호아동(dependent children)이다. 대부분 고아이거나 기아 등의 이유로 부모로부터 버림을 받았거나 부모가 너무 가난하여 양육할 능력을 상실한 아동이 대상이었다. 이들은 보호를 원하는 가정에 위탁되거나 최저입찰자에게 맡겨졌다. 노동이 가능하다고 여겨지는 8세 이상의 아동으로 가사 또는 기타 일을 할 수 있는 남자아이들은 24세까지 도제(apprentices)계약을 맺어 도제봉공인(徒弟奉公人)으로서 장인(匠人)에게서 기술을 배우며 생활하였고, 소녀들은 21세 또는 결혼할 때까지 집안일을 돌보는 하녀로서 도제생활을 하게 했다. 이 아동들을 데려다 양육하겠다는 시민이 있으면 정부는 이를 허락하였고 때로는 경매입찰자에게 주어지기도 하였다.

이상과 같이 노동력을 기준으로 빈민들을 분류한 이면에는 그들의 생활을 향상시키려는 순수한 인도주의적 동기보다 빈민들을 보다 체계적으로 분류함으로써 떠돌이 생활을 하며 사장될 수 있는 노동력을 조직화하여 사회의 생산력을 제고시키고자 하는 의도가 강했다. 그리고 노동력을 기준으로 빈민들을 분류함으로써 그들을 보다 쉽게 관리하고자 한 지배계급의 자기 보호적이고 전근대적인 발상이 내재해 있음을 짐작할 수 있다(김동국, 1994).

그러나 구빈원이나 작업장 등에서 빈민들을 분류하여 보호한다는 방침은 한 번도 실현된 적이 없었다. 그 이유는 구빈원과 작업장을 별도로 설립하거나 구빈원 안에 여성, 노인, 장애인 등을 보호하기 위한 건물을 별도로 건립할 만한 재정능력을 가진 지방정부가 없었고, 능력이 있다 하더라도 그것을 실천에 옮기고자 하는 의지를 가진 지방정부가 없었기 때문이다. 이후 차츰 구빈원과 작업장은 작업장으로 통일되어 갔다(원석조, 2012).

2 구빈원은 전통적인 빈곤층을 대상으로 하는 수용시설을 말한다.

### 3) 엘리자베스 빈민법의 운영재원 및 행정체계

엘리자베스 빈민법은 구빈기금을 위한 구빈세를 징수하는 원칙을 확립하고 효과적인 행정단위로 교구를 채택하였으며 빈민의 유형에 따라 구제방법도 달리 채택하였다.

구빈사업에 소요되는 재원은 1572년부터 교구(parish) 단위로 주민이 납부하는 구빈세(poor rate)를 중심으로 하였으며, 재원은 교구 단위로 자치적으로 사용되었다. 당시 교구는 약 1만 5,000개 정도였고 교구당 평균 300명 정도가 생활하고 있었다(박광준, 2002). 그리고 교구 내의 빈민 수에 따라 교구의 구빈세 부담 또한 달랐기 때문에 빈민이나 부랑인이 자신의 교구로 유입되는 것을 저지하고자 하였다. 또한 구빈세의 갹출을 교구민에게 의무화하고 징수 및 빈민구제의 사무는 빈민감독관(overseers of the poor)이 행하도록 하였다(원용연, 1990).

일반적으로 구빈세를 과세하는 목적은 다음과 같다(김동국, 1994). 첫째, 부모가 부양할 수 없다고 간주하는 아동의 취업을 지원하기 위해서이다. 둘째, 자신을 부양하지 못하고, 또 생계를 유지할 수 있는 통상적인 직업을 가지지 못한 기혼 및 미혼인 빈민의 취업을 지원하고자 하는 목적이 있었다. 셋째, 아마(亞麻), 대마(大麻), 양모(羊毛), 철(鐵), 그 밖의 도구와 원료를 제공해 빈민을 노동에 종사하도록 하기 위해서이다. 넷째, 빈곤하면서도 일할 수 없는 신체장애인, 노동능력 없는 자, 노인, 시각장애인 및 기타 빈민의 구제에 사용하기 위해서이다.

빈민법을 집행하기 위한 행정체계는 추밀원(privy council, 樞密院)을 중심으로 중앙집권적 빈민통제를 특성으로 하였다. 그리고 빈민의 관리를 국가의 책임으로 하되, 빈민의 권리는 수용하지 않았으며 각 교구에는 빈민감독관을 두었다(감정기 외, 2010). 앞서 설명했듯이, 빈민감독관은 1572년에 처음 등장하였는데, 지방의 지주인 젠트리(gentry) 출신의 치안판사(justices of the peace)가 교구민 중에서 임명하고 관리하였다. 빈민감독관은 매년 교구에서 부활절에 임명되며 매월 한 번씩 당해교구의 교회에 모여 구제사업의 계획과 결과를 검토하도록 규정하였다(김영정, 1959).

각 교구마다 2명에서 4명의 빈민감독관을 선출하였고, 이들은 교구민에게 구빈세를 징수하고 구호신청자의 자격부여 여부를 결정하였으며, 음식물과 돈의 배분, 구빈원의 지도와 감독 등 전반적인 구빈행정을 담당하였다(감정기 외, 2010). 만일 교구민이 구빈세를 납부하지 않았을 경우, 치안판사는 이들을 소환하여 벌금, 차압, 수감 등의 형벌을 부과하였다.

#### 4) 빈민법의 평가

엘리자베스 빈민법은 기존에 산발적으로 시행되어 오던 개별 빈민법들을 하나로 통합하여 체계화시킨 것이다. 이 법은 빈민에 대해 양면적인 시각을 견지했는데, 빈민을 게으르고 나태하며 사회불안을 야기하는 존재라고 보는 시각을 가졌지만, 다른 한편으로는 중상주의 사상에 바탕을 둔 국부 창출의 주체이자 노동력 제공자로서 빈민구제를 중시하였다. 또한 구빈의 책임을 더 이상 교회가 아닌 국가가 최초로 졌다는 점에서 큰 의의가 있다. 이를 위해 정부는 구빈세를 징수하고 교구에 구빈감독관을 임명하여 구빈업무와 지방세 징수업무를 관장케 함은 물론 구빈원과 작업장을 통한 원내구호를 실시하였다.

한편, 본래 이 법은 빈민통제에 목적을 두었기 때문에 대상자 선정의 엄격성을 견지했고, 원외구호를 일정 수준 인정하면서도 본연의 방식은 원내구호를 기본원칙으로 유지해 강제노동과 처벌 등 빈민 억압정책을 주로 적용했다. 특히 빈민에 대한 가족 및 친족의 우선책임을 명시하고 대상자 선정에서도 엄격한 자산조사를 했다는 점에서 공적부조제도의 시초라 할 수 있다. 그럼에도 빈민구제에 대한 국가(지방정부)의 책임을 최초로 규정하고 행정체계를 마련한 것은 빈민에 대한 공적 개입과 (지방정부 중심의) 행정체계 구축의 시도라고 할 수 있는데, 이는 향후 근대적인 사회복지제도를 도입할 때 행정적 기반이 되었다고 평가되기도 한다.

## 2 빈민법 개정

#### 1) 정주법

빈민법에 따른 빈민구제의 책임은 전적으로 교구 중심의 지방정부에 있었다. 따라서 만일 구제해야 할 빈민이 많을 경우에는 그만큼 교구민으로부터 더 많은 구빈세를 거둬야 했다. 1660년대부터 농촌인구, 특히 빈민들이 대규모로 도시로 유입되면서 빈민을 구제해야 할 책임이 있던 교구 입장에서는 자신의 교구에 빈민들이 유입되어 구빈세가 증가하는 것을 달갑지 않게 여겼다.

1662년 찰스 2세(Charles II)는 빈민구제 개선법(An Act for the better Relief of the Poor of this Kingdom)을 제정하였다. 이 법은 통상 정주법(The Settlement Act) 또는 빈민은 자유로운 이동조차 할 수 없도록 강제한 법이라 하여 거주지 제한법(The Act of Settlement and Removal)으로도 불린다(박태정, 2014).

이 법은 빈민의 소속교구를 명확히 하고 도시유입 빈민을 막기 위한 목적으로 제정되었다. 교구에 전입한 사람이 공공의 보호를 받아야 할 때에는 자신의 의사에 반해서 원거주지로 돌아가도록 규정했다는 점에서 한층 요건을 강화하였다(Rimlinger, 1971). 이처럼 정주법은 구빈의 대상이 될 수 있다고 판단되는 신규 교구 전입자를 그들의 출생 교구로 추방할 수 있도록 함으로써 보다 나은 구제를 찾아 빈민들이 떠도는 것을 막고 노동력을 안정적으로 확보하고자 했던 농업자본가들의 이해가 반영된 제도였다(김동국, 1994; 감정기 외, 2010).

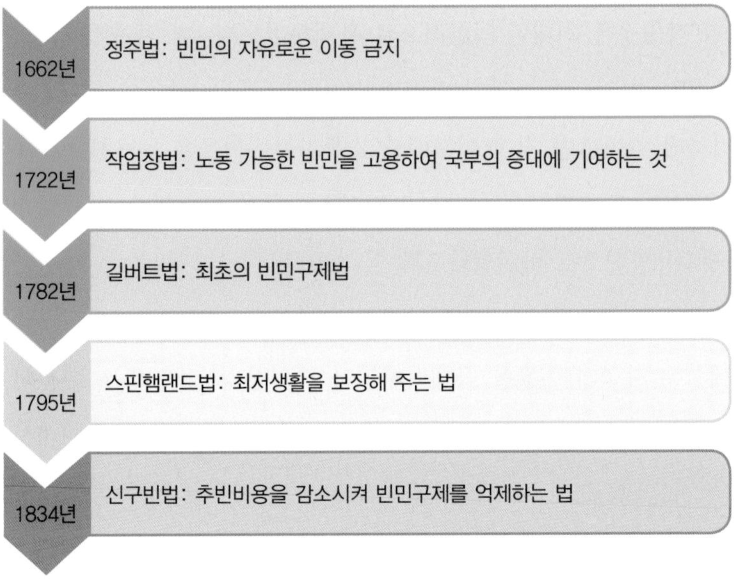


그림 4-2 빈민법 개정 과정

### 2) 작업장법

작업장법(Workhouse Test Act)은 1772년 에드워드 나치블(Edward Knatchbull) 경이 마련한 초안에 따라 제정된 법으로 일명 나치블법(Knatchbull's Act) 또는 작업장 내에서 선서를 요구하였기 때문에 작업장 선서법으로도 불린다.

작업장 선서는 중상주의적 빈민관에서 연유되었다. 빈곤을 죄악시하고 빈민을 노동의 근원으로 여긴 중상주의자들은 빈민이 노동력을 제공할 것을 선서하였을 때 구제를 행하였다(감정기 외, 2010). 또한 노동능력이 있는 빈민에 대해서는 시혜 대신에 산업현장에 고용해 노동력을 활용함으로써 국부의 증대와 구빈세 부담의 감소를 도모하고자 하는 목적이 있었다(김동국, 1994; 박병현, 2013).

작업장법은 1722년에 제정된 빈민의 정주, 고용 및 구제에 관한 법률(Act for Amending the Laws relating to the Settlement, Employment and Relief of the Poor)을 개정한 것이다. 이 법은 작업장을 개별 교구에 단독으로 설치하거나 근접한 교구들이 연합해서 설립해 재정 부담을 덜 수 있도록 하였다.

이 법의 주요 내용은 다음과 같다. 작업장에서 일하기를 거부하는 빈민은 구제대상 명단에서 삭제하여 구제자격을 박탈시켰다. 그리고 교구의 동의를 얻어서 작업장을 짓거나 임대할 수 있었고, 빈민의 숙박·부양 및 고용 등에 관한 위탁 운영을 허용하였다. 무엇보다 작업장은 최대한 억압적으로 통제하였으며, 더 나아가 작업장 운영권을 민간에 위탁시킬 수 있도록 하였다(박태정, 2014).

사실 엘리자베스 빈민법 제정 이후에도 노동가능빈민들은 원료를 받아다가 집에서 작업하거나 작업장에 출퇴근하는 방식으로 노동의무를 이행했다. 그러나 작업장법 제정 이후 강제수용방식으로 바뀌었다(김종일, 2016).

작업장이 민간에 위탁되면서 많은 병폐를 불러왔다. 대표적 사례로 작업장을 위탁받은 민간에서는 자신의 이윤을 극대화하고자 작업장의 장비 또는 수용되어 있는 빈민의 보수나 경비를 최소화시켰다. 그리고 일단 작업장에 들어와 구제대상이 된 빈민에게는 일반 시민으로서의 자격을 박탈하고 이른바 포퍼(pauper)라는 열등시민의 낙인을 찍어 등외시민으로 취급하였다. 빈민을 범죄자 다루듯 하는 작업장의 고통으로 많은 빈민이 신청을 꺼렸으며, 결국 빈민 스스로가 구제신청을 포기하도록 하는 구원 억제효과를 불러왔다(원용연, 1990).[3] 작업장의 비참하고 열악한 환경과 대우 탓에 웹(Webb) 부부는 이 당시 작업장은 '죄 없는 감옥(gaols without guilt)'이었다고 비난했다. 작업장은 가난한 자들의 형무소이자 빈민법의 바스티유(Bastille), 눈물의 아치길(Archway of Tears)[4]로 불리며 빈민들에게 두려움의 대상이었다.

### 3) 인도주의적 구빈제도 1: 길버트법

작업장의 비인도적인 열악한 실태가 외부로 점차 폭로되면서, 18세기 말경 종래의 구빈제도에 인도주의적인 처우를 접목하고자 하는 움직임이 등장하였다. 그 대표적인 사례가 당시 치안판사이자 영국의 하원의원이었던 토머스 길버트(T. Gilbert)의 주장에 의해 1782년에 제정된 일명 길버트법(Gilbert's Act)으로 불리는 빈민구제법인 빈민의 구제·고용 개선을 위한 법(An Act for the Better Relief and Employment of the Poor)이다. 이 법률의 제정으로 영국의 구빈제도는 큰 변화를 맞게 되었다.

길버트법은 빈민처우를 개선할 목적으로 원내구제가 아닌 원외구제 방식을 도입하였다. 이는 그동안 작업장 수용을 중심으로 한 빈민정책에 따른 작업장 노동의 비인도성에 대한 대응책이기도 했다.

이에, 노동가능빈민을 작업장에 보내는 대신에 자기 집 또는 인근의 적당한 곳에서 취업하도록 알선함으로써 종래의 일률적인 작업장 근무에 따른 문제점을 개선하고자 하였다(이계탁, 1988). 1780년대에 들어서 빈민구제의 방식을 원외구제로 선회한 까닭은 두 가지였다. 첫째, 작업장제도가 극히 낮은 노동생산성으로 인해 효용성을 입증하지 못하였다. 둘째, 작업장의 가혹행위에 대한 비판여론이 확산되었던 상황도 중요한 고려사항이었다. 이스트 앵글리아(East Anglia) 지역에서는 작업장 설치를 반대하는 폭동이 일어나는 등 당시 사회분위기의 영향을 받았다(허구생, 2006).

3 작업장 내에서는 기상, 취침, 식사, 기도 등 일상생활의 엄격한 규칙이 정해져 있었으며, 이를 위반한 사람은 발에 족쇄를 채우고 지하실에 감금하거나 식사를 줄이거나 외출을 금지시켰다. 이 같은 분위기 때문에 빈민들은 구호를 신청하지 않게 되고 그 결과 작업장에 수용된 사람들은 고아나 노인, 만성질환자, 장애인 등 빈민 중에서도 최하층에 속하는 사람들이 대부분이었다(김근홍 외, 2007).

4 당시 작업장에는 대개 아치형의 입구가 있었다고 한다.

이 법의 시행으로 그 전까지 빈민 억압의 상징이었던 작업장은 노인, 질환자, 신체허약자 등만을 구제대상으로 구빈을 행하는 곳으로 그 역할이 축소되었다(원용연, 1990). 다시 말해서 이 법에 따른 구제방식은 지방정부에게 궁극적 선택권을 주어 재량권을 허용하였는데, 노령, 질병, 장애 등의 이유로 자신의 노동으로 생계를 유지하지 못하는 사람은 시설에 입소하여 구제받도록 하였고, 고아들도 빈민구제위원(guardian of the poor)의 판단하에 입소할 수 있도록 하였다. 당시 빈민구제위원은 빈민감독관(overseer of the poor)제도 폐지 이후 새롭게 빈민구제를 담당하기 위해 도입되었다(허구생, 2006). 그리고 노동능력이 있거나 노동 의지가 있는 빈민에게는 일자리를 얻을 때까지 자신이 생활하는 집에서 거주하면서 구제를 받을 수 있도록 원외구제를 시행하거나, 숙식을 제공하고 교구 주변에 있는 곳에 고용을 알선해 주기도 하였다. 만일 빈민이 저임금으로 인해 궁핍할 경우 부족한 구빈세를 통해 임금을 보충해 주었다(원용연, 1990).

길버트법의 제정은 노동가능빈민에 대해서는 강제로 일을 시키고, 노동력이 없는 빈민에게만 급여를 제공하며, 나태한 자에 대해서는 교정원에 수용하는 것을 원칙으로 1601년에 제정된 엘리자베스 빈민법에 큰 변화를 가져왔음을 의미한다(Fraser, 1973). 특히 이 법은 기존의 빈민법과는 달리 노동가능빈민의 원외구제를 인정해, 구제대상 빈민은 시설에 수용되지 않더라도 지역사회에서 생활하면서 급여를 받고 고용알선 등의 서비스를 받을 수 있게 되었다는 점에서 진일보했다고 볼 수 있다.

정리하자면, 길버트법은 인도주의적 구빈제도라고 평가받고 있다. 특히 엘리자베스 빈민법 이후 지속된 영국 빈민법의 억압적 원칙에서 벗어난 최초의 법이라는 점에서 의의를 찾을 수 있다. 이 법의 시행으로 작업장의 가장 큰 폐단을 불러왔던 민간위탁방식은 폐지되었으며, 노동가능빈민에 대한 원외구제를 폭넓게 허용하였다. 작업장에 배치된 유급 직원들은 노동능력이 있는 빈민 혹은 일하고자 하는 사람들에게 적극적으로 고용을 알선하거나 작업장에 수용되지 않고서도 작업장에 통근하면서 일할 수 있도록 지도하고 감독하였다.

## 형제복지원 사건

ⓒ 형제복지원사건진상규명을위한대책위원회.

부산의 형제복지원이 1975~1987년까지 부랑인을 선도한다는 명목으로 장애인, 고아 등을 불법감금하고 강제노역시키며 각종 학대를 가한 대표적인 인권 유린사건이다. 형제복지원은 당시 약 3,000명을 수용한 전국에서 가장 큰 부랑인 수용시설이었는데, 길거리 등에서 발견된 무연고자들은 물론 무연고 장애인 · 고아 · 가족이 있는 일반 시민 · 어린아이들까지 이곳에 끌려간 것으로 알려진다.

형제복지원 사건은 1987년 이곳을 탈출한 사람들에 의해 그 만행이 세상에 알려졌으나, 가해자인 박인근 형제복지원 이사장은 업무상 횡령 혐의 등만 인정돼 징역 2년 6개월을 받는 데 그쳤다.

복지원 측은 이들을 불법감금한 뒤 강제노역은 물론 구타 · 성폭행 등 끔찍한 학대를 가했고, 이러한 과정에서 사망한 사람들에 대해 암매장을 자행하면서 그들의 만행을 철저히 은폐했다. 실제로 형제복지원이 운영된 12년의 기간 동안 확인된 사망자는 500명이 넘는 것으로 알려져 있다.

한편, 형제복지원에서 벌어진 끔찍한 만행은 1987년 3월 탈출을 시도한 원생 1명이 직원의 구타로 사망하고, 35명이 집단탈출하는 사건이 발생하면서 세상에 알려졌다. 검찰은 1987년 형제복지원 원장을 수사해 불법감금 혐의 등으로 재판에 넘겼지만 대법원은 1989년 7월 정부훈령에 따른 부랑자 수용이었다며 무죄를 선고했으며, 원장은 건축법 위반과 업무상 횡령 혐의만 인정돼 징역 2년 6개월의 형을 받는 데 그쳤다. 오히려 원장은 전두환 정권으로부터 '부랑아 퇴치 공로'를 인정받아 1981년과 1984년 각각 국민포장과 국민훈장 동백장을 받았고, 원장에 대한 훈포장은 2018년 7월에야 박탈된 바 있다.

## 올리버 트위스트

고아 '올리버 트위스트'는 구빈원에서 강제 노역을 하며 지내다가 어떠한 계기로 인해 구빈원에서 쫓겨나고, 장의사에게 팔려 간다. 이후 장의사의 아내와 하인에게도 구박을 당해 다시 일을 찾기 위해 런던으로 혼자 떠난다. 하지만 런던에서도 올리버는 오갈 곳이 없었고, 결국 소매치기를 하며 지내다가 우연한 계기로 브라운 로우 씨의 도움으로 구출된다.
19세기 영국은 산업혁명 당시 많은 빈민 아동들을 구제하기 위해 구빈원으로 보낸다. 그 설립 목적은 '아이들의 숙식을 해결하는 것'이다. 하지만 영화에 나오는 것처럼 구빈원은 아동들에게 강제 노동을 시키면서 죽 한 그릇만 먹였고, 아동의 자유 억압, 체벌, 감금 등의 일도 빈번하게 저질렀다.
영화 속 올리버에게 구빈원 관리자들은 일을 가르쳐 주겠다고 하는데, 좁은 곳에 앉아 하루종일 반복되는 노동을 구빈원의 모든 아이가 한다. 올리버 트위스트는 다른 아이들을 대신해 밥을 더 달라고 부탁하는데, 이 말을 하고 나서 올리버는 구빈원에서 쫓겨난다. 영화에서 부실한 밥 때문에 힘들어하는 것처럼 실제 구빈원에서도 아이들이 영양실조로 쓰러지는 일이 허다했다.

**◆ 영국의 자본주의와 구빈법**
영국은 선발 자본주의 국가이다. 자본주의와 사회복지는 함께 발달하고 영국 또한 자본주의와 함께 구빈법을 제정했다. 여기에서 구빈법이 중요한 이유는 구빈을 국가의 책임으로 보았다는 것에 있다. 여전히 빈곤을 개인의 책임으로 본다는 한계가 있지만, 구빈을 국가의 책임으로 보고 법을 제정한 점이 근대적 빈곤정책의 효시라고 볼 수 있다.

**◆ 신구빈법과 그 문제점**
올리버 트위스트 책이 나온 1837년보다 3년 전인 1834년, 영국은 신구빈법을 제정했다. 자유주의 사상이 대두되며 빈민구제에 대한 국가의 부조를 축소시키고자 하는 취지로 나왔다.
이로 인해 빈민구제의 주역은 국가보다 자선단체나 종교단체라고 초점이 맞춰지며 빈민들이 방치되기 시작했다. 또한 구빈법은 '열등처우의 원칙'을 적용했는데, 이는 빈민들이 최하층 수준의 노동자보다 더 낮은 수준의 생활을 해야 한다는 것이다. 때문에 피구제 빈민은 강제적으로 노역을 해야 했고, 이에 저항하면 투옥을 시켰으며, 구제를 받는 이들에게 부정적인 낙인이 찍혔다. 미흡한 구빈법으로 인해 힘들었던 것은 올리버 트위스트와 같은 아동들도 포함됐다. 영화에서 나온 대로 많은 아동이 강제노역을 당했고, 저항조차 할 수 없었다. 그렇게 방치된 아동 중 대다수가 올리버처럼 범죄를 저지르며 살았다. 위탁이 되기도 했는데 위탁을 시킨 후 사후관리는 제대로 이뤄지지 않았다. 이처럼 국가적인 사회 안전망이 없을 때, 소외계층이 얼마나 무너지는지 신구빈법의 문제점들을 통해 볼 수 있다. 이후 영국은 이러한 신구빈법의 문제점을 해결하고자 공적부조제도로 전환한다. 찰스 디킨스는 아동이 최저수준의 생활조차 보장받지 못하도록 한 신구빈법을 풍자하고자 〈올리버 트위스트〉를 썼다.

#### 4) 인도주의적 구빈제도 2: 스핀햄랜드제도

이 법은 길버트법이 도입하였던 원외구호제도를 유지하면서, 한걸음 더 나아가 빈민의 저임금을 가족 수에 따라 구빈세 재정에서 보충해 주어 노동 여부와 관계없이 근로가능빈민을 포함한 전체 빈민들의 최저생활을 보장하려는 내용을 담고 있다. 구체적으로, 한 가족의 생계에 필요한 음식비에 기초하여 구호의 양을 결정하였다. 이를 위해서 빵 가격과 가족 수에 연동하여 정해진 최저생계비의 수준을 산정하고, 실제 생활비가 이 수준에 미달된 노동자에게는 차액을, 그리고 실업자에게는 전액을 구빈세(relief rates)에서 수당(allowance)으로 지급하는 것이다(원용연, 1990).[5]

이와 같이 스핀햄랜드제도는 노동자의 임금이 생계유지에 필요한 빵 구입비에도 미치지 못할 경우 그 부족분을 교구가 구빈세에서 지급해 주는 임금보조 성격을 지닌 법으로, 구빈법 역사상 매우 중요한 의미를 갖는다. 이 제도를 통해서 노동자는 가족의 규모와 빵값의 변화에 따라 그들의 임금을 보충 받는 임금-물가연동의 사회적 보호를

5 이를 반(半)물량방식 혹은 엥겔계수(Engel coefficient)방식(식료품비방식)이라고 한다. 일반적으로 최저생계비 결정방식에는 다음의 세 가지가 있다. ① 전(全)물량방식 혹은 마켓 바스켓(market basket) 방식: 실제 생활에 필요한 모든 항목을 조사해 최저생계비를 계산하는 방식. ② 반(半)물량방식 혹은 엥겔계수방식(식료품비방식): 가계의 전체 지출액에서 식료품비가 차지하는 비율을 계산해 최저생계비를 계산하는 방식(엥겔계수=식료품비/총생계비×100, 총생계비=식료품비/엥겔계수×100). ③ 수준균형방식: 중위소득과의 격차를 기준으로 빈곤층의 기준을 정해 최저생계비를 산정하는 방식(예: 생계급여-중위소득의 30% 이하, 의료급여-중위소득의 40% 이하, 주거급여-중위소득의 44% 이하, 교육급여-중위소득의 50% 이하).

받게 되었다. 그리고 이 법에 따라, 아무리 적게 벌더라도 교구가 본인과 그 가족을 부양할 것이기 때문에 아무도 굶주림을 두려워할 필요가 없게 되었다(박병현, 2013).

부족한 임금을 보조해 주는 최저임금계획의 대체물로 스핀햄랜드제도가 제정된 데에는 몇 가지 이유가 있다. 첫째, 교구의 지배세력 입장에서는 교구가 실업자나 저임금노동자의 실질적인 생활보장을 책임지고 실업자에 대해서도 조건 없이 원외구호를 결정할 수 있게 되어 교구의 통제력을 강화하는 만족스러운 결과물이었다. 둘째, 농업노동자의 중요한 고용주인 교구의 대지주들 입장에서는 안정적으로 농업노동력을 확보하면서도 자신들의 부담으로 최저임금을 보장하는 방식보다는 최소한의 임금을 지급하더라도 최저생계비 부족분은 전체 교구민이 부담하는 지방세로 충당하도록 하는 편이 일견 더 유리하였기 때문이다(박광준, 2002). 이 제도는 이득을 보는 계층(대지주)과 부담을 지는 계층(자영농 및 소작농)이 불일치하도록 설계되었다.

이처럼 스핀햄랜드제도는 빈민들의 실업과 저임금으로 야기된 빈곤문제를 공공재원인 구빈세를 통해 해결하기 위하여 도입되었다. 첫째, 빈민의 최저생활을 보장하기 위해 저임금에 의한 빈곤문제를 공공재원으로 해결하려고 했다는 점에서, 이 제도는 빈곤을 도덕적 타락과 연관시켰던 종전의 빈민법과는 시각이 근본적으로 달랐다(Haggingbotham, 2000). 둘째, 이 제도는 가구당 최저생계비 개념을 도입함으로써 제도적 측면에서도 영향을 끼쳤다(허구생, 2006). 셋째, 스핀햄랜드제도는 노동 가능한 빈민을 작업장에 수용하지 않고 자신의 집에 거주하도록 하면서 원조를 제공하는 원외구호 방식을 통하여 빈곤문제를 해결하려고 했다. 즉, 그동안 시행되어 왔던 작업장 입소 중심의 구빈체제에서 탈피하여, 길버트법과 함께 원외구호로 선회한 시도였다는 데 의미가 크다 할 것이다(박광준, 2002).

**가족수당**

임금에 부가하여 지불하는 여러 수당 중 하나로 부양가족이 있는 근로자에게 지급된다. 실질임금의 보충을 위한 방편으로 사용되기도 했다. 유럽 여러 나라에서는 모든 기업에서 의무적으로 지급되고 있으며 사회보장제도의 한 부문으로서 아동수당제도로 발전했다.

### 5) 평가

Fraser(1984)는 스핀햄랜드제도의 의의를 다음과 같이 평가하였다(원석조, 2012; 양정하, 2013). 첫째, 스핀햄랜드제도의 경제적 파급효과는 차치하고 새로운 형태의 구제방법으로서 인도주의적이었고 자비적이었다. 노동을 함에도 최저생계 수준 이하인 빈민에게 진정한 관심을 기울였다. 부유층이 빈민들을 도우려 할 때 반역은 일어나지 않는다.

둘째, 빈민구제에 따른 낙인이 존재하지 않았다. 사회정책은 사회철학의 표현이라고 할 수 있는데, 임금을 보조해 주기 위해 수당을 지급했다는 것은 빈곤이나 빈민구제를 도덕적 타락으로 간주하지 않았던 것을 의미한다.

그러나 스핀햄랜드제도는 긍정적인 작용에도 불구하고 법 시행과정에 다양한 문제점이 노출되었다. 이로 인해 다음과 같은 여러 비판을 받고 있다.

첫째, 이 법은 노동자의 사기를 저하시킨다는 사실을 행정담당자들이 미처 예상하지 못하였다. 즉, 이 법은 근로유인효과에 역행한다는 것이다. 가족의 최저생활보장을 목표로 제정된 스핀햄랜드제도는 산업사회의 경제적 합리성과 갈등을 일으키게 되었다. 자기 스스로 치안판사가 정한 기준만큼 벌 수 있는 사람들은 그들보다 절반밖에 벌지 못하는 사람들과 비교할 때 그만큼 더 풍족하게 생활하지 못하였다. 왜냐하면 절반밖에 받지 못하는 사람들은 부족한 만큼 보조금을 받았지만, 기준만큼 버는 사람은 보조금을 받지 못했기 때문이다. 이에 Webb 부부마저도 스핀햄랜드제도에 대해 "현명한 고용주와 열성적인 노동자에게 손해를 주면서 게으른 노동자와 둔한 고용주에게 공공기금에서 특별지원금을 주는 것은 경제에 유해함은 물론 인간의 정신에도 유해한 것이다."(Rimlinger, 1971)라고 비판하였다.

둘째, 빈민들의 조혼을 부추겨 인구과잉을 초래한다는 비판을 받았다(박병현, 2013). 스핀햄랜드수당은 가족의 최저생활을 보장하기 때문에 자력으로 가족의 생계를 책임질 능력과 의지가 부족한 빈민들이 거리낌 없이 무책임한 조혼과 다자녀출산을 할 것이라는 판단이 그것이다. 이는 빈곤문화의 재생산과 구빈세 부담 증가로 이어질 것으로 우려되었다.

셋째, 고용주들이 이 제도를 악용하여 의도적으로 낮은 임금을 지급하는 경우도 많았다. 어차피 부족한 노동자의 소득은 구빈세 재원에서 충당해 주었기 때문이다. 이로 인해 이웃의 고용주가 보조수당을 받는 노동자를 고용하면 정상적인 고용주 또한 임금을 삭감하는 사례가 많아졌다. 임금이 적다고 불평하는 노동자들은 해고당하고 그 자리는 보조수당을 받는 노동자로 대치되다 보니, 숙련노동자가 부족하여 생산성이 떨어지는 악순환이 계속되었고 결국 노동의 질 저하까지 초래하였다(허구생, 2006).

넷째, 구빈비의 부담은 농업노동자의 주요 고용주인 대지주가 아니라 교구의 전체 주민이 지고 있었기 때문에 소규모의 소작농민과 영세토지소유자는 저임금노동자의 이익을 보지도 못하면서 무거운 구빈세를 부담하였다. 이들은 경제적으로는 곤란하였으나 자신의 토지가 없어지기 전까지는 보조금을 받을 수 없었다(신섭중 외, 1996).

## 3 신빈민법

### 1) 시대적 배경

18세기 후반에 이르러서는 산업혁명 영향으로 농촌과 농업중심사회가 도시와 공업중심사회로 탈바꿈되는 가운데 실질적인 자본주의 생산양식이 확립되기 시작하였다. 산업혁명이 불러온 사회경제적 변화는 매우 광범위하고 폭발적인 것이었다. 기계제대공업의 출현은 상품의 대량생산을 가능하게 하였고, 새로운 기업조직을 출현시켰다. 이제 생산수단을 소유한 자본가 계급과 노동력을 판매해야만 생계를 유지할 수 있는 노동자 계급이 주요한 계급관계로 급부상하였다(김연희, 1985).

이 시기의 빈민과 실업자의 현실은 악화일로에 있었다. 1793년부터 1815년까지 프랑스와 치른 소위 나폴레옹전쟁의 여파로 빈민의 수가 크게 증가하였다. 경제적으로 물가는 치솟는 반면에 노동자들의 임금인상 수준은 이에 따라가지 못해 노동자들의 경제적 곤란은 극심해졌다. 기계가 농민들의 일자리를 대체함에 따라 실업자도 급증하였다. 1811년에서 1831년에 걸쳐서 영국에 불어닥친 연이은 흉작은 식량가격의 폭등을 촉발하였다. 프랑스와의 전쟁이 끝나자 군대 및 군수 관련 직종에 종사하던 약 40만 명이 일자리를 잃게 되면서 영국의 실업 수준은 유례를 찾기 힘들 정도로 높아졌

그림 4-3 **신빈민법**

출처: Wikipedia.

다. 이와 같은 복합적인 문제로 인해 빈민구제 문제는 매우 심각한 사회문제로 급부상하였다(Jones, 1991; 송병건, 1988).

일자리를 빼앗긴 사람들이 중심이 되어 농촌을 비롯한 전국 각지에서 폭동이 일어나고 식량 강제점유 사태가 확산되었다. 이러한 폭동은 임금인상, 고용창출을 주요 요구사항으로 내세웠고, 기계파괴와 같은 과격한 주장도 제기되었다. 대표적인 농민봉기로는 1830년 여름 영국의 이스트켄트(East Kent)의 엘함벨리(Elham Valley) 지역에서 시작된 스윙폭동(Swing Riots)[6]이 있다. 이 폭동은 생활필수품마저 이윤추구의 대상이 된 시장경제에 대한 저항이었으며, 농민의 노동력을 대체한 탈곡기 파괴로부터 시작되었다. 그해 12월 초에는 이 같은 폭동이 남부 잉글랜드와 동부 앵글리아로까지 확산되었다.

실업자와 빈민의 급격한 증가는 동시에 이를 구제하기 위해 필요한 구빈세 지출의 증가를 불러왔다. 그런데 구빈세 지출의 증가는 다른 측면에서 노동생산성을 저하시키고 인구의 증가를 불러왔다. 노동자 입장에서는 굳이 다른 지역으로 이주하지 않더라도 임금보조방식을 통해 기본적인 생계를 보장받았기에 일자리를 찾아 다른 지역으로 이주할 필요성을 못 느꼈다. 이는 노동의 이동을 제한하는 결과로 나타났다. 또한 임금과 지대를 낮추는 부작용과 함께, 구빈세를 납부하는 납세자의 부담을 가중시킨다는 비판을 받아야 했다(송병건, 1988). 무엇보다 인도주의의 기치를 내건 스핀햄랜드제도의 시행으로 산업노동력 수급에 차질을 빚게 되자 자유주의적 자본가들은 스핀햄랜드제도 폐지를 강력히 요구하고 나섰다(원석조, 2012).

자유주의자로 대표되는 애덤 스미스(Adam Smith), 토머스 맬서스(Thomas Robert

6 스윙폭동의 명칭은 기계파괴를 협박하는 편지에 명시된 리더의 이름이 Captain Swing이었던 데에서 연유되었다(김종일, 2016).

Malthus) 그리고 공리주의자로 유명한 제러미 벤담(Jeremy Bentham)은 스핀햄랜드제도에 비판을 가한 대표적인 사상가들이다. 이들은 빈민들의 최저생계를 보장해 주고자 제정된 스핀햄랜드제도와 이 제도에 따른 원외구제가 빈민의 도덕적 해이를 촉진시키고, 일하지 않는 빈민 수를 급증시킨다며 맹렬히 비판하였다. 이들의 주장은 봉건적 보호주의와 온정주의적 책임의식을 점차 약화시켰을 뿐만 아니라 본격적으로 출현하는 자본주의의 정당성을 뒷받침해 주는 사상이 되었다.

### 2) 신빈민법 제정에 영향을 미친 사상가

#### (1) 애덤 스미스

그림 4-4 **애덤 스미스** (1723~1790)

애덤 스미스는 고전 경제학자의 선봉자이자 '경제학의 아버지'로 불린다. 그는 산업혁명을 배경으로 자본주의 생산양식이 확립되어 가는 시기에, 중상주의의 각종 특권과 독점 및 규제와 같은 비합리적 경제질서를 합리적이고 인간본성에 합당한 자연적 경제질서로 회복시키는 수단으로 경제적 자유주의를 표방하였다.

그는 1776년 『국부론(An Inquiry into the Nature and Causes of the Wealth of Nations)』을 저술하였다. 이 책에서 그는 모든 사람이 자유경쟁의 원칙에 입각하여 이기심(self-interest)을 합리적으로 추구한다면 개인에게 최선일 뿐만 아니라 사회 전체에도 최상의 결과를 얻을 수 있다고 주장하였다. 또한 그는 절약, 근면 등과 같은 습관이 본질적으로 이기적인 동기에서 생기는 것이라고 보았으며, 이러한 인간의 이기심을 하나의 덕성으로 간주하였다.

애덤 스미스는 사회에 대한 국가의 불필요한 각종 제약과 규제로부터 개인을 해방하여 국가 등이 간섭하지 않을 때 자유로운 시장경쟁을 통해 자기이익을 추구할 수 있다고 보았다. 자유로운 시장경쟁을 통해서 자연적인 질서를 회복할 수 있으며, '보이지 않는 손(invisible hand)'에 의하여 사회의 이익 나아가 국가의 발전을 가져올 수 있다고 주장하였다(Fraser, 2009).

(2) 맬서스

그림 4-5 **토머스 맬서스 (1766~1834)**

맬서스는 인구는 기하급수적으로 증가하나 식량은 산술급수적으로 증가하므로 인구와 식량 사이의 불균형이 필연적으로 발생할 수밖에 없으며, 이로 인해 기근, 빈곤, 악덕이 발생한다고 하였다. 그래서 이 같은 불균형을 해소하기 위해서는 인구 증가를 억제하여야 하며, 그 방법으로 기근, 질병 등으로 인한 사망과 같은 적극적 억제 외에 성적 문란을 막고 결혼을 연기하여 출산율을 감소시키는 등의 도덕적 억제가 필요하다고 하였다(박광준, 2002; 최혜지 외, 2008).

특히 맬서스는 빈민의 가난과 불행은 그들 자신의 책임이고, 자신의 분별력과 검약의 결핍과 같은 잘못된 생활태도에서 야기되었다는 관점을 취하였다. 그러므로 빈민은 국가에 의해 보호받을 권리도, 이를 요구할 권리도 없고, 빈민구제는 자연법에 역행할 뿐만 아니라 자유의 상실과 같은 더 큰 불행을 불러온다고 주장하였다(김연희, 1985).

이 같은 주장을 내세우며, 그는 인구 증가를 억제하기 위해서는 스핀햄랜드제도와 같은 인도주의적인 구빈제도를 폐지하여 빈민의 자유와 자립정신을 고양시키고, 출산을 억제하는 것보다는 도덕적 속박과 결혼을 지연시킬 것을 제안하였다(원석조, 2012). 이처럼 맬서스는 빈민구제가 개인의 자유, 독립성, 근면성을 파괴한다고 하면서, 당시의 스핀햄랜드제도에 대해 다음과 같이 비판을 가하며 이의 폐지를 주장하였다(Rimlinger, 1971; 김연희, 1985).

첫째, 빈민구제는 인구를 증가시킨다. 스핀햄랜드제도는 빈민들을 도와주기 때문에 그들로 하여금 자신의 장래나 가족부양능력에 대해서는 고려하지 않고 일찍 결혼하도록 만든다. 이는 인구 증가뿐만 아니라 빈민의 수도 증가시키는 원인이 된다. 둘째, 빈민구제는 사회의 일반적인 생활수준을 낮춘다. 빈민구제의 역효과로 더 근면하게 일하는 가치 있는 사람들(valuable part)에게 돌아갈 분배의 몫이 적어져 그들의 생활조건을 악화시킨다. 셋째, 빈민구제는 빈민들로 하여금 가난을 지배자의 탓으로 돌리게

함으로써 자립을 저해시킨다.

(3) 벤담

그림 4-6 제러미 벤담 (1748~1832)

개인의 사익추구에 절대적 가치를 부여하는 자유방임주의사상뿐만 아니라 공리주의(utilitarianism) 역시 빈민법을 비판하였다. 고전적 공리주의를 정립한 벤담은 인간은 자신의 행위를 결정할 때 쾌락이나 고통을 가장 중요한 요인으로 고려한다고 생각하고, 옳고 그름을 판단하는 척도는 '최대 다수의 최대 행복'에 있다고 주장하였다(최혜지 외, 2008). 그러므로 그는 최대 다수의 최대 행복에 방해되는 국가의 간섭과 개입을 반대하였으며, 빈민구제 또한 비판하였다. 그는 '소수의 빈민을 구제하기 위해 다수의 국민으로부터 세금을 징수하여 일반국민의 행복을 깎아내린다면 그것은 전체로서의 행복의 저하를 의미하는 것'(박광준, 2002)이라면서 빈민구제에 대해 반대 입장을 표명하였다.[7] 이에 그는 사회 전체의 다수의 행복을 극대화하기 위해서는 빈민구제의 범위나 수준은 최소화되어야 한다고 주장하였다(감정기 외, 2010).

따라서 노동 가능한 빈민의 악행을 막고 사회 구성원 다수의 행복을 높이기 위한 방법은 영국 전역에 구빈원을 확대하고 모든 구빈원을 2천 명씩 수용할 수 있도록 대규모로 건설해야 하며, 구빈원에 들어온 게으른 노동자들을 관리할 가장 경제적인 수단도 굶주림이라 하였다. 이처럼 벤담은 최대 다수의 최대 행복의 추구는 단순한 빈민구제 차원보다는 그들에게 일하지 않는 고통을 알게 함으로써 자조의식을 고양시키고 더 이상 사회나 국가에 의존하려는 태도를 갖지 못하게 함으로써 빈민 스스로의 행복도 증대할 수 있다고 하였다(고수현, 2002). 그는 빈민의 권리로서의 구제는 반대하였

7 최대 다수의 최대 행복을 추구하는 양적 공리주의는 일반적으로는 기득권층의 이기주의를 억제하고 다수로 대표되는 사회 전체의 이익을 증진시킨다는 점에서 사회정의에 부합한다고 볼 수 있다. 그러나 빈민구제에 대한 벤담의 비판처럼, 다수의 이익을 위해 소수나 약자의 고통에 둔감해 사회정의에 위배될 수 있는 한계도 갖고 있다. 이에 따라 질적 공리주의를 주창한 밀(James Mill)은 사회정의를 중요한 쾌락으로 추가해 양적 공리주의의 한계를 극복하려 하였다(심상용, 2020).

지만 일하는 것이 행복을 가져다주기 때문에 빈민이 일할 수 있도록 도와주는 것이 최대 다수에게도 이익이 된다고 생각하였다(최혜지 외, 2008).

### 3) 신빈민법의 내용

#### (1) 제정배경

신빈민법의 제정목적은 다음과 같다. 첫째, 길버트법의 원외구호와 스핀햄랜드제도 임금보조수당의 폐해를 방지하는 것을 목적으로 한다(김연희, 1985). 둘째, 신빈민법은 독립 노동계층이 복지의존자가 되지 않도록 예방하고자 하는 또 다른 목적도 있었다. 이를 위해서 독립 노동계층과 복지의존자 사이에 확실한 물리적·심리적 경계선을 만들고자 하였다(허구생, 2006). 셋째, 자본주의 경제이념의 관점에서는 구빈세 경감에 의한 자본 축적을 촉진하고 노동력의 자유로운 이동에 의한 노동시장 창출을 의도하였다(우재현, 1984).

이 법의 제정으로 스핀햄랜드제도는 사실상 폐지되었다. 신빈민법은 엘리자베스 빈민법(1601) 이후 제정된 여러 인도주의적 빈민구제제도들과 크게 달랐다. 첫째, 부랑자와 가치 없는 빈민에 대하여 처벌을 강행하고 실업자에게 일을 시켜 노동능력이 없는 가치 있는 빈민에 대해서는 구제를 줄이고자 하였다(King, 2011). 둘째, 길버트법 시행 이후 실시된 원외구제를 일절 중지하고 작업장을 부활하였을 뿐만 아니라, 작업장에 입소한 빈민의 생활조건은 어떤 경우라도 원외에서 일하는 노동자가 받는 최저 보수보다는 낮아야 한다는 것이다. 셋째, 이처럼 빈민의 구제를 최악의 상태로 만들어 구빈세 부담을 경감시키고자 하였다.

#### (2) 신빈민법의 3대 원칙

신빈민법에는 왕립빈민법조사위원회가 제안한 세 가지 원칙이 그대로 담겨 있다. 이 원칙들은 빈민구제정책이 다시금 억압정책으로 회귀했다는 것을 잘 보여 주고 있으며, 영국에서 사회보장제도가 확립되기 전까지 폐지되지 않고 공적부조제도의 기본 원리로 자리매김하였다. 세 가지 원칙은 다음과 같다.

첫째, 열등처우의 원칙(principle of less eligibility)이다. 이 원칙은 “모든 조건 중에서 가장 기본적인 것은 피구제빈민의 상태는 독립하고 있는 노동자보다 실질적으로 또 명백하게 적격이어서는 안 된다."고 기술하였다(Checkland & Checkland, 1974; 양정하, 2013). 그 의미는 빈민법의 대상이 된 빈민의 생활은 어떤 경우에도 스스로 자활하여 생활하는 임금노동자의 최저기준 이하여야 한다는 것이다(이계탁, 1988).

열등처우의 원칙을 엄격히 지키기 위하여 작업장에서 생활하는 빈민들의 식사량을 줄이고 열악한 피복을 지급하였으며 거실은 불결하게 하였다. 또한 수면시간을 일반 노동자보다 적게 허용하는 등 비인간적 방법이 취해졌다. 1847년에는 그 방법을 변경하여, 단조로운 작업을 시키고 오락과 정신적 자극을 일절 금지하는 한편, 외출도 가능한 한 허용하지 않았다(송정부 외, 1995).[8]

이는 빈민들이 스스로 구호로부터 멀어지기 위해 노력하게끔 하는 동시에 구호를 받을 권리가 노동시장으로의 유인을 방해해서는 안 되도록 규정한 단면을 보여 주는 실례이다. 또한 이 같은 환경은 작업장 원칙과 결합되면서 빈민에 대한 엄격한 통제수단으로 작용하였다(이계탁, 1988).

둘째, 작업장수용의 원칙(principle of workhouse system)[9]이다. 이는 1722년에 제정한 작업장법을 부활시켜 재차 작업장에서의 수용을 구제조건으로 한 것이다. 원칙적으로 노동능력이 있는 빈민에 대한 원외구호를 금지하였다. 작업장 수용을 거부하는 자에게는 어떠한 원조도 제공하지 않았다(이계탁, 1988).

셋째, 행정의 중앙집권화와 통일을 도모하고자 하는 전국적 통일의 원칙(principle of national uniformity)으로, 이는 중앙집권적인 구빈행정의 원칙을 규정한 것이었다(이계탁, 1988). 채드윅은 전국에 걸쳐 1만 5,000여 개 교구에 의해 운영되는 구빈행정의

8 이런 까닭에 작업장은 희망도 없고 사생활이나 인간적 처우와는 거리가 멀었다(Bruce, 1961). 제4장에서 언급한 것처럼, 작업장의 비참하고 열악한 환경과 대우 탓에 Webb 부부는 이 당시 작업장은 '죄 없는 감옥'이었다고 비난했다. 작업장은 가난한 자들의 형무소이자 빈민법의 바스티유, 눈물의 아치길로 불리며 빈민들의 두려움의 대상이었다.

9 작업장수용의 원칙은 사실상 신빈민법의 시행 초기부터 지켜지지 않았다. 가난하지만 일정한 거처가 있는 노인 등을 강제로 작업장으로 이주시킬 수도 없었기 때문에 부분적인 원외구제가 이루어졌다. 특히 병자와 노인에 대한 원외구조는 1852년 「원외구제령(Outdoor Relief Regulation Order)」에 의해 합법화되었고, 노동가능빈민에 대한 원외구제는 1842년 「원외노동자 조사령(Outdoor Labour Test Order)」에 의해 합법화되었다(Bruce, 1961). 결국 1854년에 가서는 빈민 중 원외구제를 받는 자가 84%에 달하였고(Fraser, 1973) 사실상 작업장수용의 원칙은 유명무실해졌다(송정부 외, 1995).

비효율성을 지적하면서 구빈업무를 맡을 중앙행정기구의 필요성을 강조하였다.

(3) 신빈민법의 평가

신빈민법이 본격적으로 시행되면서 작업장에 수용된 사람들에 대한 처우는 비인간적일 정도로 매우 열악해졌고 작업장에 수용된 이들은 선거권마저 박탈당했다. 열등처우의 원칙은 일자리가 어느 정도 확보되어 있고 임금이 최저생계비 수준이 되는 경우에 의미가 있는 것이지, 임금이 기아수준으로 하락할 때 열등처우의 원칙을 강요하는 것은 문제가 있었다. 이 원칙에 따라 작업장에 수용된 빈민들에게 제공되는 식사량은 적어지고 질도 떨어졌으며, 식사시간에는 침묵이 강요되었다. 욕구에 따른 빈민분류 또한 불가능했으며, 단지 연령과 성별로만 분류할 뿐이었다. 7세 이상의 아동은 어머니와 강제로 분리되었고 1847년까지 노인부부도 분리되었으며, 면회도 허용되지 않았다(원석조, 2012).

신빈민법의 시행에 따라 드러난 비인도적인 처우는 비판을 불러왔다. 급진파뿐만 아니라 극우성향의 Lord Eldon 경조차도 신빈민법이 기독교국가에서 제정된 어떠한 법률보다도 '가장 저주스러운 법(most execrable law)'이라고 평하면서 비판에 앞장섰고(박광준, 2002), Disraeli는 하원에서 신빈민법이 '영국에서는 빈곤이 범죄라는 사실을 전 세계에 알린 입법'이라고 비난하였으며(Bruce, 1968), Polany는 역사상 신빈민법보다 빈민에게 더 가혹한 제도는 없었다고 술회하였다.

지금까지의 논의를 정리하면 다음과 같다. 19세기 초의 영국은 자본주의 산업화가 완성돼 도시와 농촌에서 자본가와 노동자의 자본주의 계급관계가 형성되었다. 자유방임주의와 공리주의로 무장한 자본가 계급은 자본주의경제에 맞는 자유주의적 노동정책을 요구하기 시작하였다. 기존의 스핀햄랜드제도는 반(反)자본주의적인 국가보호이기 때문에 스핀햄랜드수당을 통한 임금보조제도의 철폐를 주장한 것이다.

그러나 스핀햄랜드제도를 폐지하고 도입된 신빈민법의 처방은 시대착오적인 발상에 불과하였다. 빈민층과 극빈층의 구별을 통한 열등처우의 원칙의 엄격한 적용으로 구빈비용을 감소하려는 구상에 몰두한 나머지, 자본주의적 현상인 산업구조조정으로 인한 일시적 실업에 대해 전형적인 작업장 입소조치로 대응한 것이다.[10] 지금의 기준으로 보면, 실업문제는 실업보험, 실업수당 등의 소극적 노동시장정책과 함께 재직자 및 실업자에 대한 직업훈련과 고용지원서비스 등의 적극적 노동시장정책을 통해 접근해야 하는 사회문제이다. 따라서 신빈민법은 자본주의의 실업문제와 그로 인한 근로빈곤 문제에 어떻게 대처해야 하는지 몰랐던 당시 시대상황의 산물인 것이다.

열등처우의 원칙 등을 정립한 신빈민법은 가족 및 친족의 우선책임을 명시한 구빈민법과 함께 공적부조제도의 시초라고 할 수 있다. 그러나 구빈민법의 지방정부 중심의 행정체계 구축을 기반으로, 신빈민법은 구빈행정의 중앙집권화를 통해 전국적인 행정체계를 구축할 수 있었다.

표 4-1 구빈민법, 스핀햄랜드제도, 신빈민법의 비교

| 구분 | 구빈민법 | 스핀햄랜드제도 | 신빈민법 |
|---|---|---|---|
| 시대 배경 | 봉건제 해체기<br>농업자본주의 확립기 | 농업자본주의 완성<br>도시산업화 진행 | 농업자본주의 완성<br>도시산업화 완성 |
| 연도 | 1601년 | 1795년 | 1834년 |
| 주요 이념 | 중상주의 | 인도주의 | 자유방임주의, 공리주의 |
| 제도 취지 | 노동가능빈민 통제<br>빈민의 노동력 활용 | 최저생활보장<br>노동가능빈민도 보호 | 구빈비용 억제<br>빈민에 대한 억압적 처우 |
| 주요 내용 | 노동가능빈민 작업장 수용 (작업장법)<br>노동불능빈민 구빈원 수용<br>요보호아동은 도제생활<br>지역이동 억제(정주법) | 임금과 최저생계비의 차액 지원<br>가족 수 반영, 물가연동<br>원외구제(작업장 폐지)<br>순환고용제 등 적용 | 열등처우의 원칙<br>작업장수용의 원칙<br>빈민층과 극빈층 구별<br>빈민의 분리수용<br>작업장의 비인간적 처우 |
| 행정 체계 | 교구 단위의 구빈세로 운영<br>치안판사, 빈민감독관제도 | 교구 단위의 구빈세로 운영<br>구빈위원제도 도입 | 행정의 전국적 통일<br>빈민법연합회, 구빈위원회 |

10 이미 산업화가 진행되는 북부의 자본가들은 빈곤을 경기변동에 따른 일시적 현상으로 간주하고 있었다. 따라서 신빈민법의 작업장규칙은 북부지역에서는 사실상 지켜지지 않았다고 한다. 이렇듯 북부지역에서는 재가구호가 광범위하게 시행되고 있었고, 중복구빈현상도 만연하였다(김종일, 2016).

## 참고문헌


감정기, 최원규, 진재문(2010). 사회복지의 역사. 파주: 나남출판.

고세훈(2011). 영국정치와 국가복지: 신(New)자유주의에서 신(Neo)자유주의로. 파주: 집문당.

고수현(2002). 사회복지윤리와 철학. 서울: 양지.

기독교대백과사전편찬위원회(1997). 기독교대백과사전. 서울: 기독교문사.

김근홍, 서화자, 심창학, 이만식, 함세남, 홍금자(2007). 사회복지 역사와 철학. 서울: 학지사.

김기원(2000). 공공부조론. 서울: 학지사.

김기원(2009). 사회복지법제론. 서울: 나눔의집.

김동국(1994). 음모이론의 관점에서 본 엘리자베스 빈민법의 성립과 변천과정. 한국사회복지학, 24, 35-58.

김동국(1997). 영국 빈민법사를 통해 본 복지국가 성립의 내부적 조건. 사회복지연구, 7, 부산대학교 사회복지연구소.

김연희(1985). 영국 구빈법의 사상적 배경. 한국사회복지학, 6, 23-44.

김영정(1959). 튜돌시대의 빈민법고찰. 서양사론, 2, 1-12.

김종일(2016). 빈민법의 겉과 속: 근대 영국의 빈민 정책과 빈민의 삶. 서울: 울력.

박광준(2002). 사회복지의 사상과 역사: 마녀재판에서 복지국가의 선택까지. 파주: 양서원.

박병현(2005). 사회복지의 역사. 파주: 양서원.

박병현(2013). 사회복지정책론: 이론과 분석(개정 3판). 파주: 학현사.

박태정(2014). 사회복지역사 탐구. 서울: 학지사.

박혜영(2014). 구빈법 개정에 담긴 공리주의적 도덕원리와 후기 워즈워스의 경제사상: 벤담과의 비교를 중심으로. 영미문화연구, 127, 59-84.

송병건(2010). 농업혁명, 의회 인클로저와 농촌사회의 변화: 1750~1850. 영국연구, 23, 91-124.

송정부, 원석조, 박현경, 유수현, 한혜빈, 최선화, 이혜경, 현외성, 김성천, 이성기, 박능후(1995). 사회복지의 역사(개정판). 서울: 이론과 실천.

신섭중, 박광준, 천세충, 유광호, 나병균, 박병현, 김형식, 임춘식, 이수영, 손준규, Thomlison, R. J. (1996). 세계의 사회보장: 역사, 현황, 전망(제2판). 서울: 유풍출판사.

심상용(2020). 사회복지윤리와 철학. 서울: 학지사.

양정하(2013). 사회복지발달사의 이해. 파주: 정민사.

우재현(1984). 산업복지의 역사. 서울: 경진사.

원석조(2011). 사회복지발달사. 고양: 공동체.

원석조(2012). 사회복지역사의 이해(4판). 파주: 양서원.

원석조(2019). 영국 사회복지의 역사: 빈민법에서 복지국가까지. 고양: 공동체.

원용연(1990). 영국의 구빈법과 사회보험 형성에 관한 고찰: 복지개념의 공동체 패러다임과 관련하여. 전북대학교 산업경제연구소 논문집, 20, 555-567.

이계탁(1988). 영국의 사회복지사 고찰. 도시행정학보, 1, 117-135.

최혜지, 김영란, 김종범, 순덕기, 이명남, 이옥선, 이창수, 조은경, 진석범(2008). 사회복지사상. 서울: 학지사.

한국복지연구회(1995). 사회복지의 역사. 서울: 이론과 실천.

허구생(1998). 토머스 스타키, 리처드 모리슨의 휴머니즘과 튜더 빈민법. 영국연구, 2, 1-20.

허구생(2006). 빈곤의 역사, 복지의 역사(4판). 파주: 한울아카데미.

Bruce, M. (1961). *The coming of the welfare state*. London: B.T. Batsford.

Checkland, S. G., & Checkland, E. O. (1974). *The poor law report of 1834*. Harmondsworth: Penquin.

Day, P. (2000). *A new history of social welfare*. Boston: Allyn & Bacon.

DeSchwentz, K. (1961). *England's road to social security: From the statute of laborers in 1349 to the beveridge report of 1942*. Barnes.

Fraser, D. (1973). *The evolution of the British welfare state*. London: Macmillan.

Fraser, D. (1984). *The evolution of the British welfare state.* London: Macmillan.

Fraser, D. (2009). *The evolution of the British welfare state* (4th ed.). London: The Macmillan Press.

George, V. (1973). *Social security and society*. London: RKP.

Haggingbotham, P. (2000). www.workhouse.org.uk

King, S. (2011). Negotiating the law of poor relief in England: 1800~1840. *The Journal of the Historical Association,* 410–435.

Mcintosh, M. K. (2014). Poor relief in Elizabethan English communities: An analysis of Collector's ccounts. *Economic Review, 67*(2), 331–357.

Miller, E. (2012). English pauper lunatics in the era of the old poor law. *History of psychiatry*, 318–328.

Nicholls, G. (1967). *A history of English poor law*. New York: Sentry Press.

Rimlinger, G. (1971). 사회복지의 사상과 역사. 한국사회복지학연구회 역. 서울: 한울아카데미.

Trattner, W. I. (1979). *From poor law to welfare state* (2nd ed.). New York: Free Press.

SL사회지식연구소 유튜브. https://www.youtube.com/watch?v=nPVNnz_uP–Q

# 제5장 복지국가

복지는 국가의 일방적 시혜가 아니라 국가에 대한 국민의 권리이다. 공적 영역에서는 민주주의 원리가, 사적 영역에서는 자유주의 원리가 적용되던 민주국가와 달리, 복지국가에서는 사적 영역인 자본주의 경제체제에 공적 영역 원칙인 민주주의 원칙이 적용된다. 자유주의적 분배에 더하여 정치적 합의를 통한 재분배를 요구하는 것이다. 사회권 확대를 통해 반대자들을 포섭함으로써 체제 안정을 도모한 보수 정당·자본가 계급, 그리고 자본주의의 사회화 및 사회주의 실현을 꿈꾼 좌파 정당·노동자 계급, 양측이 정치적 합의를 통해 만들어 낸 정치와 경제 구조의 결합이 복지국가 체제인 것이다.

복지국가의 등장은 국가의 정당화 방식을 변모시켰다. 즉, 복지국가는 국가권력의 민주성에서 더 나아가 국민 생활의 안전을 보장하고 복지 급여를 제공해 국민의 복지를 보장함으로써 국가 존재의 정당성을 확보한다. 여기서 국가가 제공하는 복지 혜택은 국가의 일방적인 시혜가 아니라 국가에 대한 국민의 권리라는 점이 중요하다. 일방적인 의무 관계였던 국가와 국민의 관계가 복지국가에 이르러 권리와 의무의 쌍방적 관계로 전환되는 것이다. 그러므로 형식적 민주주의는 민주국가에서 달성되지만, 실제적 민주주의는 복지국가에서 완성된다(정원오, 2010). 따라서 이 장에서는, 첫째, 복지국가의 개념, 둘째, 복지국가의 발전, 셋째, 복지국가의 위기 등을 중심으로 살펴보고자 한다.

## 1 복지국가의 개념

자본주의 산업화로 인해 발생하는 사회문제들은 개인·가족과 공동체 내부의 연대로는 해결할 수 없는 구조적 문제임이 너무나 명백해졌음에 따라, 이제 국가가 근대적인 사회복지제도를 확대할 수밖에 없다는 결론에 도달하게 되었다(Hicks & Esping-

Andersen, 2005). 이는 노동자 계급을 비롯한 사회구성원들을 사회적 위험으로부터 보호하는 한편, 공황 같은 주기적인 파국으로부터 자본주의 경제를 안정화하고 산업생산에 필요한 노동력을 보호 및 재생산하기 위한 필수적인 조치이다. 게다가 보통선거권이 도입되고 민주주의 정치제도가 확립되자 복지국가로의 전환이 가시화되었다. 자본주의의 환경 아래에서 근대 사회복지제도의 확립과 복지국가의 발달은 산업화된 민주사회의 핵심적인 정책 메뉴로 등장하게 된 것이다.

그럼 복지국가는 개념적으로 어떻게 정의될 수 있는가? 다양한 논자가 나름대로 복지국가의 개념을 규정하려 시도했지만, 다음 두 가지 개념정의가 복지국가에 대한 최소한의 개념적 기준을 제시하고 있다는 데 이견이 없다(Hicks & Esping-Andersen, 2005). 하나는 Wilenski(1975)의 복지국가에 대한 정의이고, 다른 하나는 Marshall(1950)의 사회적 시민권에 대한 시각이다.

### 1) Wilenski의 복지국가 개념

Wilenski는 최소한의 소득보장을 시민적 권리로 제공한다는 점을 복지국가의 이념으로 제시하였다. 그는 복지국가란 국가가 모든 국민에게 최소한의 소득, 영양, 건강, 주택, 교육을 보장해 자본주의의 사회문제를 해결함으로써 산업사회를 인간화(humanizing)하는 것이라고 보았다. 그리고 이는 자선이 아니라 정치적 권리로 주어져야 한다.

또한 복지국가는 자본주의의 경제체제 속에서 발전했다고 보며 빈곤, 산업재해, 불평등, 비자발적 실업 등 자본주의체제에서 발생하는 사회문제를 해결하는 데 중점을 두었다. 즉, 복지국가는 보편주의의 원리에 따라 국가가 개입해 최소한의 소득을 보장하며 사회문제를 점진적으로 해결하려는 노력이라고 본 것이다(김태성, 성경륭, 2000).

그는 GDP 대비 공적 사회복지지출 비중을 복지국가의 자격 여부를 판별하는 대리지표로 삼을 수 있다고 보기도 하였다. 나아가, Therbon(1989)은 정부재정 중 절반 이상을 사회복지지출에 사용하면 복지국가라고 규정하였다. 최근에도 국가의 사회복지지출 수준에 따라 복지국가를 분류하는 방식이 가장 일반적으로 사용되고 있다. 사회복지지출에 따른 순위는 복지국가 확충을 위한 국가의 집합적 노력을 의미하기 때문이다. GDP 대비 사회복지지출 수준에 따라 고복지국가와 저복지국가 혹은 복지선진국과 복지후진국으로 분류할 수 있다(김태성, 성경륭, 2000).

그런데 Wilenski의 정의는 기회의 평등실현까지를 최소한의 목표로 삼았기 때문에 보편적인 합의가 가능한 복지국가의 개념정의라는 점을 고려할 필요가 있다. 그는 국가는 최소한의 소득보장을 위해 노력해야 하지만, 복지국가는 명시적으로 결과의 평등을 지향하지는 않는다고 보았다. 즉, 사회복지정책 시행의 결과 재분배가 이루어져 결과의 평등을 증진시킬 수는 있지만, 결과의 평등을 명시적인 목표로 삼지는 않기 때문에 불평등 감소를 복지국가 성공 여부의 기준으로 삼을 수는 없다는 것이다.

반면, Korpi(1982) 같은 논자들은 복지국가가 적극적인 재분배를 통해 결과의 평등을 지향해야 한다고 보았다. 그는 불평등을 완화하는 수준에 따라 복지국가의 질적 수준을 비교해 구분할 수 있다고 주장하였다(김태성, 성경륭, 2000).

### 2) Marshall의 복지국가 개념[1]

Marshall은 사회적 시민권 확립의 차원에서 복지국가에 대해 설명하였다. 그는 근대국민국가를 배경으로 국가와 시민 간의 사회적 계약의 관점에서 복지국가의 발전을 설명해 복지국가가 국민적 권리로서 사회적 급여를 제공한다는 점을 부각시켰다.

그는 근대 국민국가에서는 18세기에는 법적 시민권이 발전했고 19세기에는 정치적 시민권이 확장됐다면, 20세기에는 사회적 시민권이 발전했다고 보았다. 법적 시민권이란 개인적 자유에 관한 권리, 즉 자유권을 말하며, 주로 법률과 사법체계를 통해 확립된다. 정치적 시민권은 선거권과 피선거권 등 참정권을 의미한다.

그는 서구 국민국가는 보편적인 사회복지제도가 발달해 사회적 시민권이 확립됨으로써 복지국가에 도달했다고 보았다. 이로써 포괄적인 시민권(full citizenship)이 확립되어 복지국가 구성원들이 문명화된 삶을 영위할 수 있게 되었다(Lenski, 1966). 왜냐하면 사회적 시민권의 보장은 법적 시민권과 정치적 시민권의 완전성(completedness)

1 이 절의 내용은 심상용(2011)에 바탕을 두고 있다.

을 보증하는 역할을 하기 때문이다(Andrews & Jacobs, 1999). 사회복지제도가 불완전해 사회적 시민권이 부족해지면 구성원들은 빈곤상태에 빠지고, 이들 빈곤층은 사회적 격리감을 느끼며 나의 정치참여가 내가 바라는 사회변화로 이어질 수 있다는 주관적 판단으로서의 정치적 효능감이 떨어지게 되고, 여론형성이나 정치과정에 관여할 수 있는 권력자원이 결핍되어 법적 시민권과 정치적 시민권을 온전히 행사할 수 없게 된다. 이처럼 사회적 시민권의 부족은 시민권 전체에 연쇄적으로 부정적인 영향을 끼친다(Dean, 1996).

Marshall은 사회적 시민권의 관점에서 근대 국민국가 정치공동체에서의 국가와 시민 간의 권리와 의무관계를 중심으로 복지국가발달을 설명하였다. 근대 국민국가의 시민은 정치공동체의 구성원으로서 납세·국방 등의 의무를 이행하고, 복지국가는 시민의 의무이행에 상응하는 권리로서 사회적 시민권을 확립했다고 보기 때문이다. 그의 이론은 사회복지제도가 보충적 모형에서 제도적 모형으로, 선별적 복지에서 보편적 복지로 변화해 온 과정에 대한 역사적 관점을 제공한다(Hicks & Esping-Andersen, 2005).

그러나 법적 시민권이나 정치적 시민권과는 달리 사회적 시민권을 확립하기 위한 제도적·보편적 사회복지제도의 확충은 경제적 자원의 분배규칙의 변경을 의미한다는 점을 잊어서는 안 된다. 사회복지정책은 진공상태에서 시행되지 않고 분배 몫을 둘러싼 정치적 갈등을 겪지 않을 수 없다는 점에서, 사회적 시민권은 기계적으로 형성되지 않고 갈등적인 정치과정을 통해 달성되기 때문이다.

## 2 복지국가의 발전

복지국가가 보편적으로 인식된 계기는 1945년 영국 노동당이 '요람에서 무덤까지' 국민 생활을 보장하는 사회보장 정책을 내세우면서부터이다. 당시 이 정책을 뒷받침한 것이 '베버리지 보고서'이다. '아동수당, 무료의료 시스템, 완전고용'을 통해 보편적 사회보험을 시행함으로써 빈곤을 타파해야 한다는 내용을 담은 이 보고서는 1942년 출간되어 국민의 전폭적인 지지를 받았고, 그 실현을 약속한 노동당의 집권을 가져왔다.

그러나 복지국가의 진정한 기원은 1932년부터 복지국가 체제를 구축하기 시작한 스웨덴이다. 스웨덴은 사민당의 장기집권이라는 정치적 기반 위에서, 이상적인 복지국가 체계에 가장 근접하고 사민주의 이념을 가장 잘 반영하는 복지국가 모델을 만들었다. 영국 복지국가의 목표가 빈곤 해소와 예방이라면, 스웨덴 복지국가는 불평등의 완화를 지향한다. 빈곤한 사람이 없을 뿐만 아니라 가장 소득이 낮은 사람들의 생활수준도 국민 평균 생활수준과 격차가 크지 않은 사회를 구축하는 것이 궁극적 목표이다. 그래서 스웨덴 복지 체계에서는 사회보장 제도 외에도 다양한 사회 정책이 중요하게 작동한다. 스웨덴은 케인스의 일반 이론이 발표되기 전부터 시장경제에 대한 국가의 적극적 개입을 추진했는데, 공공 일자리를 창출하는 노동시장 정책은 노동시장에서 임금의 격차를 줄여 나가는 연대임금 정책으로까지 확대된다. 연대임금 정책과 더불어 누구나 일할 수 있는 기회를 제공하는 완전고용 정책, 위기 상황에서도 정상적인 생활이 가능하도록 지원하는 보편적인 사회보장 정책이 스웨덴 복지국가 체제를 구축하는 세 기둥이다(정원오, 2010).

Pierson(2007)에 의하면 복지국가의 성장은 네 시기로 구분될 수 있다. 첫째, 1880~1914년은 주요 사회복지제도의 도입기이다. 둘째, 1918~1945년은 사회복지제도의 정착과 발전의 시기이다. 셋째, 1945~1975년은 복지국가 팽창의 시기이다. 넷째, 1975년 이후는 복지국가 위기의 시기이다.

그림 5-1 자본주의의 전개 과정과 변곡점

출처: EBSi 유튜브. https://www.youtube.com/watch?v=FiS-v_AsLd8

### 1) 주요 사회복지제도의 도입기

1880~1914년은 주요 사회복지제도의 도입기이다. 〈표 5-1〉에 의하면, 1920~1940년대에 도입된 가족수당을 제외하고 산업재해보험, 건강보험, 연금보험 등 주요 제도들이 이 기간에 도입되었으며 영국, 프랑스, 노르웨이 등 일부 국가에는 실업보험도 도입되었다.

이 시기의 사회복지제도 도입은 다음의 조건이 영향을 끼쳤다고 볼 수 있다(김태성, 성경륭, 2000). 첫째, 19세기 후반에는 많은 유럽 국가에서 자본주의의 산업화가 고도로 진행되었다. 전체 경제활동인구 중 농민의 비율은 영국은 1850년경에 20% 수준, 독일은 1871년경에 50% 수준, 스웨덴은 1880년경에 70% 수준이었다. 이처럼 1880~1890년대에 스웨덴을 제외한 주요 국가에서 산업화가 고도로 진행되었음을 알 수 있다(Hobsbawin, 1968).

산업화와 그로 인한 도시화는 빈곤과 실업, 위생과 건강, 주거 등 심각한 사회문제를 야기하였다. 이로 인해 19세기 말에는 도시빈민들의 폭동과 노동자들의 파업이 빈발하였다. 노동자 계급이 사회주의정당과 손잡고 체제 전복을 기도할 우려가 제기되

표 5-1 OECD 국가의 사회보험 도입 시기(단위: 연도)

| 구분 | 산업재해 | 건강 | 연금 | 실업 | 가족수당 |
|---|---|---|---|---|---|
| 벨기에 | 1903 | 1894 | 1900 | 1920 | 1930 |
| 네덜란드 | 1901 | 1929 | 1913 | 1916 | 1940 |
| 프랑스 | 1898 | 1898 | 1895 | 1905 | 1932 |
| 이탈리아 | 1898 | 1886 | 1898 | 1919 | 1936 |
| 독일 | 1884 | 1883 | 1889 | 1927 | 1954 |
| 아일랜드 | 1897 | 1911 | 1908 | 1911 | 1944 |
| 영국 | 1897 | 1911 | 1908 | 1911 | 1945 |
| 덴마크 | 1898 | 1892 | 1891 | 1907 | 1952 |
| 노르웨이 | 1894 | 1909 | 1936 | 1906 | 1946 |
| 스웨덴 | 1916 | 1891 | 1913 | 1934 | 1947 |
| 핀란드 | 1895 | 1963 | 1937 | 1917 | 1948 |
| 오스트리아 | 1887 | 1888 | 1927 | 1920 | 1921 |
| 스위스 | 1881 | 1911 | 1946 | 1924 | 1952 |
| 호주 | 1902 | 1945 | 1909 | 1945 | 1941 |
| 뉴질랜드 | 1900 | 1938 | 1898 | 1938 | 1926 |
| 캐나다 | 1930 | 1971 | 1927 | 1940 | 1944 |
| 미국 | 1930 | – | 1935 | 1935 | – |

주: 도입 연도는 임의적인 제도 도입 시기를 포함한 경우가 있음.
출처: Pierson (2007), p. 149, 〈표 4-1〉.

어 자본주의체제의 안정에 심각한 위협으로 간주되었다. 이에 주요 사회보험제도를 도입해 노동자 계급의 저항성을 약화시키고, 자본주의체제 내에서 사회문제를 관리할 필요성이 대두되었다.

둘째, 중앙집권적인 통치제체를 갖춘 근대국가는 국가관료제를 발달시켜 사회로부터 상대적으로 독립적인 국가역할을 수행할 수 있는 고유의 국가능력을 보유하게 되었다. 과거 봉건국가는 봉건군주들의 할거(割據)에 기반을 두고 있었기 때문에 조세징수 등 국민으로부터 자원을 추출하고 국가를 경영할 수 있는 중앙집권적인 통치체제를 갖출 수 없었다. 그러나 절대왕정과 산업혁명을 거치며 확립된 근대 국민국가는 봉건적인 할거를 해체하고 중앙집권적인 통치체제에 바탕을 둔 국가관료제를 확립할 수 있었고, 이를 바탕으로 조세징수 등 자원 수취능력을 획득하였다.

이로써 근대국가는 자본가 계급의 이익에 복무하기 위해 자본 축적, 노동 통제, 노동력 공급 등 자본주의국가로서의 고유 역할을 담당할 수 있는 기반을 갖추었다. 자본주의 산업혁명으로 인해 심각한 사회갈등과 사회문제가 빈발하자, 근대 자본주의국가는 사회주의정당과 혁명활동을 강력히 탄압하면서 사회보험제도를 통해 사회문제를 관리하고 노동자 계급의 저항성을 억제해 체제 안정을 기할 수 있었다. 이처럼 근대 자본주의국가의 중앙집권적인 국가관료제는 자본주의국가의 성격이 정복국가나 약탈국가에서 향후 복지국가로 전환될 수 있는 기반을 제공하였다(Tilly, 1990; 김태성, 성경륭, 2000).

셋째, 19세기 후반부터 정치적 민주주의가 확립되기 시작해 사회적 욕구에 대한 정치적 수용이 가능해졌다. 절대왕정시기에는 노동자 계급의 단결권과 선거권이 인정되지 않아 노동자 계급의 운동은 자발적인 폭력적 성격[예: 영국의 러다이트(Luddite) 운동, 즉 기계파괴운동]을 갖거나 사회주의정당의 혁명활동과 결부된 체제저항적인 성격(독일사민당의 혁명운동, 당시는 사민당이 혁명적 사회주의정당이었음)을 갖는 경향이 있었다.

영국보다 늦게 산업화에 착수한 독일은 군주제를 강화하려는 정치적 동기에 의해 사회복지제도를 도입한 독특한 배경을 갖고 있었다. 봉건적인 지주계급인 융커(Junker)계급의 이익을 대변하고자 했던 프로이센(Preussen)의 재상 비스마르크(Otto Eduard Leopold von Bismarck)는 신흥자본가 계급의 정치적 부상을 억제하고 노동자 대중에 대한 사회주의세력의 영향력을 줄이기 위해 노력하였다. 그 일환으로, 세계 최초로 의료보험(1883), 산업재해보험(1884), 연금보험(1889)을 도입하였다(Rimlinger,

1971). 또한 스웨덴에서도 질병보험제도(1891), 기초연금제도(1913), 강제적인 재해보험(1916) 제도가 도입되었다.

### 2) 사회복지제도의 정착과 발전의 시기

1918~1945년은 양차대전의 전간기(戰間期)로, 사회복지제도 정착과 발전의 시기이다. 이 기간 복지국가의 발전 현황은 제도 확충, 복지지출 확대, 복지수혜자의 범위 확대의 측면에서 확인할 수 있다. 첫째, 〈표 5-1〉에서 살펴본 것처럼 가족수당과 실업보험을 포함한 주요 사회복지제도가 확충되어 광범위한 사회적 위험을 집합적으로 보호하는 제도의 포괄성(comprehensiveness)이 갖추어졌다. 포괄성이란 얼마나 많은 종류의 사회적 위험을 집합적으로 보호하는가를 나타낸다. 실업보험과 가족수당을 중심으로 살펴보면, 1945년 이전에 모든 나라에서 실업보험이 도입되었고, 가족수당은 1920년부터 1950년대 초까지 미국을 제외한 대부분의 나라에서 도입되었음을 알 수 있다.

둘째, 사회복지지출이 확대되기 시작하였다. 사회복지지출이 GDP의 3~5%에 이르면, 국가의 주요 기능이 전통적인 약탈국가, 전쟁국가, 발전국가에서 복지국가로 변화하기 시작했음을 의미한다. 1914년에는 GDP 대비 사회복지지출이 3%가 넘는 국가는 7개국에 불과했지만 1940년까지는 거의 모든 국가가 GDP의 5% 이상을 사회복지에 지출하였다. 나아가 1950년대 초반에는 대부분의 나라에서 사회복지지출 비중이 GDP의 10~20%로 증가하였다.

셋째, 사회복지지출의 증가는 사회복지제도 적용 범위(coverage)의 확대로 이어졌다. 사회복지제도의 적용 범위가 확대되면 제도의 지속성 확보와 안정적인 발전의 기반이 조성된다. 즉, 국민 일반이 사회복지제도의 혜택을 받기 때문에 국민 간에는 제도에 대한 애착심이 형성되고 나아가 권리의식이 신장되어 제도의 질적 수준을 제고하려는 움직임이 나타난다. 이는 향후 안정적인 생활유지에 필요한 보장의 적절성 혹은 관대성(adequacy or generosity)을 신장할 수 있는 기반이 된다. 적절성 혹은 관대성은 복지제도의 혜택이 기본적인 삶을 유지하는 데 충분한 수준인가를 나타낸다.

이 시기의 주목할 변화는 국가적인 사회복지제도를 확립하는 데 인색했던 미국에서 일어났다. 1929년부터 1930년대 중반까지 대공황이 발생하자, 1933년 대통령에 당선된 민주당의 루스벨트(Roosevelt)는 뉴딜(New Deal)정책을 전개하였다. 1935년에는 사회보장법(Social Security Act)이 제정되었는데, 이 법의 핵심은 연금보험인 노령보험(Old-Age Insurance: OAI), 실업보험(Unemployment Insurance: UI), 그리고 공적부조제도로서 18세 이하의 요보호 아동이 있는 편모가정에 대한 부양아동부조(Aid to Depended Children: ADC), 65세 이상의 노인부조(Old-Age Assistance: OA)를 확립하는 것이었다.

### 3) 복지국가 팽창의 시기

1945~1975년은 복지국가 팽창의 시기이다. 이 시기는 사회복지제도의 포괄성, 복지 수혜자의 범위, 사회복지제도의 적절성 혹은 관대성 면에서 절정의 시기라 할 수 있다. 이 시기에 이르러서 미국을 제외한 대부분의 국가는 4대 사회보험과 가족수당제도를 완비하였다.

복지수혜자의 범위는 1970년에 이르러 거의 100%까지 확대되었다. 나아가 이 시기에는 사회복지지출이 급격히 증가해 복지국가가 팽창한 결과, 1975년에 이르러 7개 주요 OECD국가는 평균 23.0% 수준의 사회복지지출을 나타내고 있다. 복지후진국(혹은 복지지체국, welfare laggard)으로 불리는 미국조차 1975년에 이르러서는 GDP의 18.7%를 사회복지에 지출하였다.

이 시기는 복지국가의 황금기라 불린다(Pierson, 2007). 국가가 시장경제에 개입하고 재정지출을 통해 경제의 선순환을 이끄는 케인즈주의 혼합경제에 대한 폭넓은 동의가 확립되었다. 그 기반 위에서 기존 사회복지제도의 적용 범위가 확대되었고 소득비례형 사회보험제도가 확충되었다. 그 결과 국민의 사회적 시민권(복지권)이 확립되고 복지국가는 성숙되었다(감정기 외, 2002).

케인즈주의 혼합경제는 국가가 시장경제에 개입해 재정지출을 통해 노동자 계급의 구매력을 증진시키고 완전고용을 이루려는 변형된 자본주의 시장경제를 말한다(감정기 외, 2002). 국가의 재정지출에는 유효수요 창출을 위한 복지국가 지출, 공기업 설립, 상품구매, 건설 등 생산적 활동에 대한 투자를 통한 고용창출이 대표적이다. 즉,

완전한 의미의 순수 시장경제는 더 이상 존재하지 않고, 국가가 자본주의경제의 소비를 진작시키기 위해 개입한다는 것이다.

영국의 복지국가 확립에는 종전 이후 국가재건프로그램의 일환으로 작성된 베버리지보고서가 지대한 영향을 끼쳤다(감정기 외, 2002; 심상용, 2011). 베버리지는 결핍(want), 질병(disease), 불결(squalor), 무지(ignorance), 나태(idleness)를 5대 악(惡)으로 제시하고, 이 중에서 결핍, 즉 빈곤을 극복하는 데 초점을 두었다. 베버리지는 실업, 은퇴, 상해 등으로 소득이 중단, 상실되거나 같은 소득수준이라도 가족 수가 과도하면 빈곤해질 수 있다고 진단하였다.

그는 빈곤을 극복하기 위해서는 보편주의(universalism)와 국민최저(national minimum) 이념을 바탕으로 국가가 전 국민에게 최저한의 생활을 보장해야 한다고 주장하였다. 구체적으로는 정액급여와 정액기여의 원리에 따라 국민보험을 확립해 전 국민에게 최저한의 생활을 보장할 것을 제안했으며, 국민보험의 납부능력이 없는 계층을 보호하기 위해 공적부조제도를 실시하도록 하였다.

베버리지 보고서의 빈곤대책은 실업·은퇴·상해 등으로 인한 소득의 중단·상실에 초점을 맞추었다. 그는 보고서의 제안이 실효를 거두기 위해서는 세 가지 전제조건이 달성되어야 한다고 보았다. 첫째, 가족 수가 많아 발생하는 빈곤에 대해서는 보고서의 빈곤대책과는 별도로 아동수당제도를 실시해야 한다. 둘째, 포괄적인 의료 및 재활 서비스를 제공해 빈곤층의 의료비 부담을 해소해야 한다. 셋째, 완전고용이 이루어져야 근로소득이 주요 수입원이 될 수 있고 최저한의 생활보장에 머무르는 국민보험에 의존하지 않게 된다.

베버리지의 구상은 1945년 집권한 노동당에 의해 구현되었다. 노동당정부는 가족수당법(1945), 산업재해 국민보험법(1946), 국민보건서비스법(1946), 국민부조법(1948)을 제정하였다. 1951년부터 집권한 보수당정부는 기초연금 성격의 기존의 국민보험과는 별도로 소득비례연금(State Earnings-Related Pension Scheme: SERPS)을 도입하였다. 이로써 영국은 기초연금과 소득비례연금의 2층 구조 방식 연금체제를 갖춤으로써 최저소득보장 수준을 넘어 적정 수준의 보장을 지향하기 시작하였다.

## 3 복지국가의 위기

### 1) 복지국가 위기의 전개

1975년 이후는 복지국가 위기의 시기이다. 1973년 중동전쟁 이후 치솟기 시작한 국제 원유가로 인해 세계경제는 1974년에 대공황을 겪게 되었다. 이는 복지국가 경제시스템의 위기를 알리는 신호로 작용하였다.[2]

생산성 저하, 소비자 욕구 변화, 국제시장에서의 경쟁력 약화 등으로 포디즘의 대량생산체계가 위기에 처하고, 저성장에도 불구하고 심각한 인플레이션이 발생하는 스태그플레이션(stagflation) 현상이 지속되었다. 자본주의경제는 경제 성장의 둔화, 물가상승, 고실업이 동시에 발생하는 악순환을 겪게 되었다. 이는 국가의 재정지출을 통해 경제성장을 견인할 수 있으리라 보았던 케인즈주의의 혼합경제 처방으로는 극복할 수 없는 새로운 현상이었다.

국가가 경제에 개입하는 그간의 전통과는 달리 자유시장경제로 복귀하려는 신우파의 흐름이 미국과 영국을 중심으로 가시화되기 시작하였다. 우파는 다음과 같이 국가의 역할을 축소하려 하였다. 첫째, 우파정당들은 국가의 재정정책을 통한 경제개입, 즉 혼합경제에 대해 반대하기 시작하였다. 1980년대 이후 미국의 레이건정부, 영국의 대처정부 등 통화주의(monetarism)로 무장한 신우파들은 혼합경제의 전통을 무력화시키려 하였다.

통화주의는 장기적으로 통화량의 증가가 물가상승을 초래하기 때문에 재정정책을 통한 통화팽창은 바람직하지 않고, 통화정책을 통한 통화량 조절이 중요하다는 입장이다. 신우파들은 통화량은 실물경제의 크기를 반영해야 하며, 정부의 재정지출은 실물경제의 크기를 초과하는 통화량 증가를 의미하기 때문에 물가상승을 초래하고 생산적인 경제활동에는 역효과를 낳는다는 주장을 전개하였다. 이는 국가의 팽창적 재정지출에 대한 근본적인 반대를 표명한 것이었다.

둘째, 신우파가 단행한 가장 중요한 조치는 경제 활성화를 위한 공급 측면 경제정책

2 이하에서 별도의 인용이 없는 내용은 감정기 외(2002)에 근거를 둔다.

의 일환인 감세정책이었다. 미국의 레이건정부와 영국의 대처정부는 최고소득세율을 각각 70%에서 33%, 83%에서 40%로 인하하였다. 전반적인 감세는 노동자들의 실질임금을 상승시키고 전체적인 노동비용의 증가세를 둔화시키는 효과가 있었다. 반면, 이러한 감세로 인한 작은 정부는 복지에 필요한 재정능력이 제한될 수밖에 없기 때문에 전반적인 복지급여의 축소가 뒤따랐다.

셋째, 노조의 힘을 약화시키기 위해 노조활동에 대한 각종 규제를 단행하였다. 영국의 대처정부는 일련의 고용 관련법들을 제정해 노조를 약화시켰다. 예컨대, 피케팅(picketing)을 제한하고, 클로즈드숍(closed shop)의 설립이 어려워졌다. 피케팅은 노조가 파업 때 감시원을 배치하는 행위를 말하며, 클로즈드숍이란 회사가 근로자를 채용할 때에는 반드시 노조에 가입하는 자를 채용해야 하고, 근로자가 노조에서 제명되면 회사도 반드시 해고해야 하는 제도를 말한다. 즉, 사내 근로자의 지위와 노조원으로서

**7년차 워킹맘 아니타 마이스 씨의 일주일 근무시간** 합계시간 **26시간**

| | 월 | 화 | 수 | 목 | 금 |
|---|---|---|---|---|---|
| 출근시간 | 오전 8시(오전 7시까지 아이를 탁아소에 맡긴 뒤 출근) | | | | 출근하지 않음 |
| 퇴근시간 | 오후 2시 | 오후 3시 | 오후 2시 | 오후 3시 | |
| 근무시간 | 6시간 | 7시간 | 6시간 | 7시간 | |

주당 25시간 근무계약, 실제로는 1시간 초과근무를 더해 26시간 근무, 요일별 퇴근시간은 부서장에게 통보 후 자유롭게 조정 가능.

그림 5-2 독일의 고용률과 근무시간

출처: 동아일보(2015. 10. 12.).

의 자격이 일치해야 한다는 것이다. 또한 2차 쟁의행위에 대한 면책규정이 제한되었고, 노조는 노조대표자의 불법행위에 대해 책임지게 되었으며, 클로즈드숍이 폐지됨에 따라 노조원의 고용을 명시하는 계약은 불법화되었다.

넷째, 노동시장을 유연화하는 조치를 적극 단행하였다. 이는 임금부문에서 특히 두드러졌다. 임금하락은 생산성이 최저임금보다 낮은 한계계층 사람들을 위한 일자리를 마련하는 데 최선책으로 인식되었다. 대처정부의 경우, 저임금 및 미조직 노동자들을 보호하는 정책 대신 규제완화를 택하였다. 규제완화와 함께 약 300만 명 노동자의 최저임금을 규제하던 임금협의회(wage council)의 기능을 제한하였다. 그 결과 사실상 영국의 저임금 노동자들은 최저임금제도의 보호를 받을 수 없었다.

다섯째, 작은 정부를 지향하는 신우파정권은 사회복지 분야에서도 부분적인 민영화를 단행하였다. 민영화란 어떤 활동이나 재산의 소유에 있어서 정부의 역할을 줄이거나 민간부문의 역할을 증진시키는 활동을 말한다. 사회복지 분야에서의 민영화는 민간부문의 서비스 이용 장려, 예산의 축소에 따른 보조금 삭감, 이용자들의 부담 증가 형태로 나타났다.

대표적으로 영국의 경우, 대처정부 집권 후 사회복지서비스, 사회보험, 교육, 보건의료, 주택 등 다양한 분야에서 민영화가 추진되었다. 특히 민간의료보험을 장려하기 위해 세금 우대조치와 함께 NHS와의 연계조치를 취해 NHS 환자를 의뢰하고 경비를 지급하였다. 이 조치로 인해 1979년 2.2%였던 NHS에서의 이용자 부담의 비중은 1983~1984년에는 3.0%로 상승하였다. 주택 분야에서는 시영주택을 매각하고 주택보조금을 삭감하였다. 연금 또한 사적 연금과 기업의 보충연금을 장려하였고, 질병급여의 관할도 국민보험에서 고용주에게로 이전시켰다.

여섯째, 중앙정부와 지방정부 간의 역할을 조정해 복지지출을 억제하려는 경향도 나타났다. 먼저, 중앙정부의 책임과 기능을 약화시키고 지방정부의 부담을 강화하는 경향이 나타났다. 특히 작은 정부를 지향했던 레이건정부는 신연방주의를 표명하며 중앙정부에게 책임이 있던 주요 사회복지 프로그램을 주정부 및 지방정부에 이양하였다. 반대로, 영국 대처정부에서는 런던 등의 거대 도시에 대한 지방정부의 역할을 감소시키는 독특한 경향이 나타났다. 이들 지방정부에서는 노조세력 혹은 노동당의 영

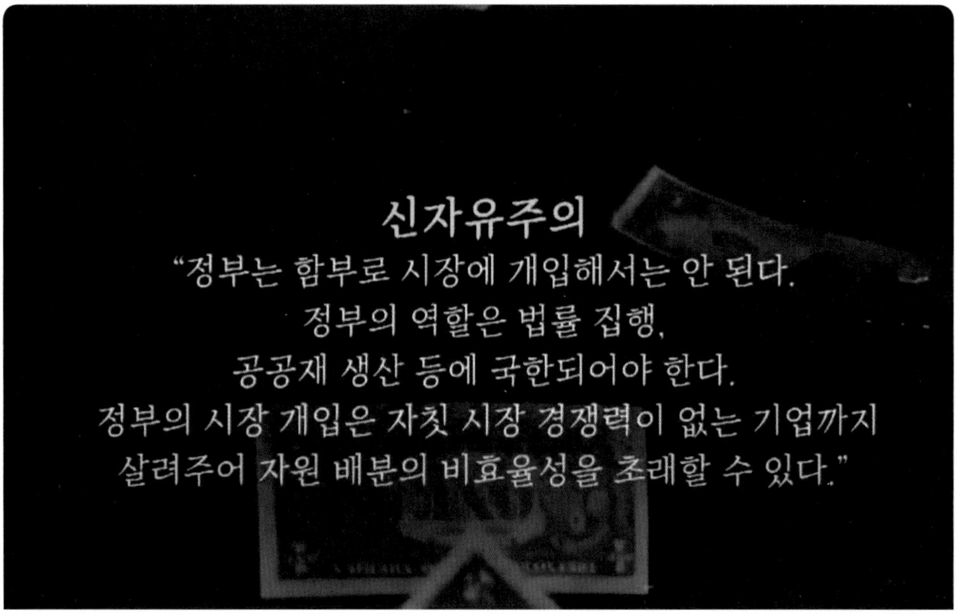


그림 5-3 **신자유주의**

출처:EBSi 유튜브. https://www.youtube.com/watch?v=FiS-v_AsLd8

향력이 강해 공공부문의 재정지출을 피할 수 없었기 때문이다. 따라서 대처정부로서는 거대 도시 지방정부의 권한을 약화시키고 중앙정부의 권한을 강화할 필요가 있었다.

일곱째, 신우파정권은 주로 표적화된 사회복지제도에 초점을 맞춰 체계적 감축을 시행하였다. 이는 보편적 복지를 축소하는 대신 선별적 복지를 통해 빈자를 보호하겠다는 신우파의 공언과는 상반된 결과이다. 영국의 대처정부는 영국 복지국가의 상징인 NHS의 근본적인 민영화를 단행할 것임을 수차례 공언하였다. 그러나 야당뿐 아니라 일반 국민의 반대에 봉착해 앞에서 언급한 부분적인 경쟁체제를 도입하는 데 만족해야 했다. 결국 세 번째 집권 때 보수당 정권은 NHS를 유지할 것임을 공언하지 않을 수 없었다. 또한 대처정부는 SERPS를 폐지하고 사적 연금으로 대체하는 구상을 냈다. 그러나 의회의 다수를 점하고 있음에도 불구하고, 국민들의 저항에 직면해 소득비례연금과 사적 연금을 선택하도록 하는 선에서 만족해야 했다. 그나마 1951년에 도입된 영국의 소득비례연금은 제도의 수명이 짧아 수급권자가 본격적으로 발생하지 않았기 때문에 축소 지향적 재편이 가능했던 예외적인 경우에 속한다(Klein & O'Hiiggins,

1988).

미국의 레이건정부는 작은 정부를 표방하고 보편적인 복지제도를 축소할 구상을 밝혔다(Dolgoff et al., 1997). 그러나 연금보험과 의료보험 등은 상당수 국민이 혜택을 받는 사회복지제도이기 때문에 어느 누구도 제도의 골격을 허물 수 없었다. 따라서 이들 제도는 신우파정권의 이념적 공세에도 불구하고 거의 훼손되지 않았다. 반면, 레이건정부에 이어 집권한 민주당의 클린턴정부는 실업보험(Unemployment Insurance: UI)에 대한 중앙정부의 재정책임을 완화하는 조치를 취하였다. 1994년에 실업보험에 대한 연방정부의 재정지원 삭감을 결정해 1997년부터 시행하였다. 1996년에는 복지개혁법을 채택해 공공부조제도인 부양아동가족부조(Aid for Families with Dependent Children: AFDC)와 직업기회 및 기초기술훈련프로그램(Job Opportunities and Basic Skills Training: JOBS)을 폐지하고 빈곤가정일시적지원제도(Temporary Assistance to Needy Families: TANF)로 대체하였다. 새 제도하에서는 수급자가 2년 내에 일하지 않으면 수혜자격을 박탈하고, 평생 수급기간을 5년으로 제한하도록 했다. 이와 연동해 의료부조인 Medicaid도 심각한 감축을 겪었다. 근로의무조건을 충족하지 못해 TANF 수급자격을 잃게 되면 자동적으로 Medicaid의 혜택도 받지 못하게 되기 때문이다.

### 2) 어떤 복지국가가 될 것인가

복지국가란 '국가가 주도하는 복지 활동, 즉 사회보장 정책을 통해 국민의 인간다운 생활수준을 보장하는 국가'이다. 정치체제 측면에서 의회민주주의 국가이고, 이념의 측면에서 중도좌파 사민주의와 가깝다. 모든 국민에게 동일한 방식이 아니라 개별적으로 국민 생활에 개입하는 특징이 있다. 그렇다면 복지국가는 국민 생활에 어느 정도로 개입해야 하는가? 최저 생활수준을 보장하는 정도인가, 아니면 평등한 수준 실현에까지 개입해야 하는가? 대한민국은 복지국가인가? 초강대국 미국이 복지 후진국이라 불리는 이유는 무엇일까?

대한민국은 복지국가의 초입에 들어선 상태라고 평가한다. 사회보장 제도의 종류와 다양성 측면에서 복지국가의 틀을 갖추었지만 질적 측면, 곧 사회보장을 위한 국가 재정 규모에서 미약한 수준(유럽 복지국가 평균 복지 지출의 32%, 영미형 복지국가의

53%)이기 때문이다. 제도의 측면에서도 개선 과제를 안고 있는데, 국민 기초생활 대상자에서 벗어나는 빈곤 계층을 어떻게 제도의 보호 속으로 포괄할 것인가, 건강보험 제도의 급여 수준을 어떻게 높여 나갈 것인가, 실업급여 대상자의 포괄 범위와 급여 수준을 어떻게 확대하고 높여 나갈 것인가를 우리나라 사회보장 제도가 직면한 대표 과제로 꼽을 수 있다.

중요한 것은 앞으로 어떤 모습의 복지국가로 발전해 나갈 것인가이다. 지체된 복지국가로 불리는 미국 유형으로 갈 것인가, 발달된 복지국가로 평가받는 스웨덴 유형으로 갈 것인가, 탈상품화 수준이 낮고 불평등이 고착된 사회보장 형태로 갈 것인가, 탈상품화 수준이 높고 재분배 효과가 높은 사회보장 형태로 갈 것인가 등의 선택이 국가 차원에서 기다리고 있다. 21세기 한국의 과제는 품위 있는 근대국가의 완성이며, 이는 '지속가능한 복지국가'로의 발전에서 찾을 수 있다(정원오, 2010).

### 3) 복지국가의 위기와 미래

자유시장 체계에 대한 복지국가 체제의 개입은 시장 실패에 대한 공공의 대응이라고 할 수 있다. 그러나 복지국가의 팽창이 국가의 실패를 불러왔다는 비판이 존재하는 것도 사실이다. 복지 영역의 확대로 인해 공공 부문에서 사회복지 지출이 과도하게 증가하고 경제 성장이 위축되며, 근로 동기가 약화되어 노동 공급이 줄어드는 부작용을 동반한다는 것이다. 또 복지 급여가 저축 동기를 떨어뜨리고, 이는 저축액 감소 및 투자 가능한 자본의 감소를 초래해 경제 성장의 잠재력을 저하시킨다는 비판이다. 이러한 복지가의 비효율성과 경제에 미치는 부정적 효과에 대한 비판은 실증적 증거가 있는가의 측면에서 논란의 여지가 많지만, 어쨌든 복지국가가 풀어야 할 과제인 것은 분명하다.

오늘날 복지국가들은 고도로 발전된 후기 산업사회라는 산업구조의 변화, 인구 고령화와 가족 구조의 변화, 복지국가의 성숙에 따른 복지 확장의 한계 등 사회구조적 변화에 직면해 있다. 혹자는 근로촉진국가, 사회투자국가 같은 새로운 이름을 부여하며 복지국가의 소멸을 주장하기도 하지만, 복지국가는 현재 진행형이며 지속될 것이라고 강조하는 사람도 있다. 그러나 복지국가가 변화하고 있는 것은 사실이다. 최근

복지국가의 변화 및 대응 양식은 복지 다원주의, 노동 연계 복지, 권리와 의무의 균형, 복지 정책과 경제 정책의 융합으로 수렴되고 있다. 특히 경제 정책과 사회 정책의 분절적 구조로는 지속가능한 복지국가를 실현하기 어렵다는 인식 아래 스웨덴을 중심으로 한 사민주의 복지 모델이 주목받고 있다. 그러나 변화의 요소들과 실천 방법들이 상승 작용을 일으킬지, 상충적으로 작용할지는 다양한 모색과 실험을 진행하고 있는 개별 국가들의 몫이다. 산업 구조가 급속하게 변화하고 전 세계가 더욱더 단일한 경쟁 구조로 통합되는 세계화 강화라는 조건 속에서 복지국가는 국가 경쟁력을 유지하면서 지속가능한 재분배 전략을 구축해야 하는 과제를 안고 있다. 경쟁과 분배, 이 두 가지 상호 모순된 과제를 동시에 해결해야 하는 과제가 복지국가의 숙명이다(정원오, 2010).

#### 4) 복지국가의 결말

복지국가 옹호론자들은 복지국가의 위기가 주로 외부요인으로 발생했고 복지국가는 이를 잘 헤쳐 나가고 있다는 실용주의적 관점을 견지하였다(George & Wilding, 1987). 복지국가 옹호론자 견해의 핵심은, 복지국가의 위기는 복지국가 자체의 근본적인 결함보다는 외부적 충격이나 복지국가 발전과정에서의 시행착오 때문에 발생하는 일시적인 현상이라는 것이다. 따라서 복지국가의 위기는 복지국가 체제 내에서 해결 가능한 문제라고 본다(감정기 외, 2002).

복지국가 옹호론자들의 주장은 다음과 같다.

첫째, 복지국가의 위기는 석유파동과 이로 인한 세계 자본주의의 전반적 위기 때문이지 결코 복지국가 자체가 위기의 주요 요인은 아니었다. 만일 복지국가가가 경제위기의 원인이라면 복지지출의 비중이 훨씬 높았던 스웨덴의 상황이 더욱 악화되었어야 하지만, 각종 거시지표(물가, 경제성장률, 실업률 등)는 오히려 스웨덴이 더 좋게 나타났다.

둘째, 복지국가 위기의 내부적인 요인은 복지국가체제 자체가 아니라 효율성과 효과성을 떨어뜨리는 복지국가 프로그램 운영상의 오류일 뿐이다. 따라서 주요 사회복지제도를 해체하는 시장만능주의는 대안이 될 수 없으며, 분권화와 민영화를 통한 복

**기존 이분법적 패러다임의 한계**

| 시장 | 국가 | 개발 | 환경 | 성장 | 분배 |
|---|---|---|---|---|---|
| 신자유주의 | 복지국가 | 개발론자 | 환경보호론자 | 성장 일변도 | 분배 일변도 |
| • 승자독식<br>• 빈부격차 | • 복지 포퓰리즘<br>• 재정건전성 악화 | • 기후변화<br>• 환경파괴 | • 미래 먹을거리 (성장동력) 창출 곤란 | • 사회통합 악화 | • 지속가능하지 못함 |

(시장 VS 국가, 개발 VS 환경, 성장 VS 분배)

**공생의 길**

| | | |
|---|---|---|
| 개인 vs 국가 | ⇒ | 공동체의 역할(개인과 사회) |
| 대기업 vs 중소기업 | ⇒ | 동반성장(협력과 경쟁) |
| 성장 vs 복지 | ⇒ | 맞춤형 복지(성장 속 복지) |
| 개발 vs 환경 | ⇒ | 녹색성장(환경의 성장동력화) |

그림 5-4 자본주의 진화 중: 경쟁을 넘어 공생으로

출처: 파이낸셜뉴스(2012. 2. 20.).

지혼합(welfare mix) 방식을 효율적으로 운영해야 한다.

그럼 복지국가 위기의 결말은 어떠한가? 복지국가의 위기와 복지국가에 대한 공격에도 불구하고, 1990년대 초반까지의 신우파 집권기의 복지국가는 급격히 해체(dismantling)되기보다는 부분적으로 재편(restructuring)되는 데 그쳤다. 신우파의 사회복지 감축 노력은 의도만큼 성공적이지 못하였다. 즉, 복지예산의 절대적 수준에서는 감소하지 않았다는 것이다.

이 시기 동안 GDP 대비 사회복지지출의 증가율은 감소했지만 지출 자체는 늘어났다. 복지국가위기론의 확산에도 사회복지지출 수준은 1975년 18.1%에서 1980년 19.6%, 1990년 21.5%로 증가하였다. 복지국가위기의 진원지라 할 수 있는 영국에서조차 사회복지지출은 감소하지 않았고, 미국은 1980년 일시적인 감소에도 불구하고 곧 이전 수준을 회복하였다(감정기 외, 2002).

그 이유는 다음과 같다. 첫째, 복지국가의 불가역성 테제(irreversibility thesis)에 의하면, 신우파의 복지국가 축소 노력에도 불구하고 복지국가는 건재하다는 것이다. 복지국가에 대한 대중의 지지가 안정적이고, 복지국가의 혜택이 일상생활화되어 축소가 쉽지 않을 뿐만 아니라, 복지국가는 확고한 지지기반을 창출하였고, 경제적·정치적·사회적 측면에서 자본주의에 순기능을 하고 있기 때문이다(Alber, 1988; Therborn, 1989).

둘째, 복지국가는 제2차 세계대전 이후부터 발달단계(developmental stage)를 거치며 급속히 확대되어 1970년대 초반에 이르러서는 복지국가 위기에도 불구하고 성숙단계(maturing stage)에 접어들었다(Heclo, 1981). 즉, 주요 복지국가들은 최대 수준까지 성장(growth to limit)하였고, 사회 구성원들의 삶의 일부분이 될 정도로 불가역적(irreversible)이기 때문에 복지국가에 대한 해체(dismantling)는 불가능하다는 것이다.

## 참고문헌


감정기, 최원규, 진재문(2002). 사회복지의 역사. 파주: 나남출판.

김태성, 성경륭(2000). 복지국가론. 파주: 나남출판.

동아일보(2015. 10. 12.). 일터로 돌아온 독일의 경단녀… 가정도 나라도 행복.

심상용(2011). 사회복지의 역사. 송정부 편. 사회복지개론(pp. 53-66). 서울: 신정.

정원오(2010). 복지국가. 서울: 책세상.

파이낸셜뉴스(2012. 2. 20.). 자본주의는 지금 진화중 (6) 경쟁을 넘어 공생으로.

Alber, J. (1988). Is there a crisis of the welfare state? Cross-national evidence from Europe, North America and Japan. *European Sociological Review, 4*, 181-207.

Andrews, K., & Jacobs, J. (1999). *Punishing the poor: Poverty under thatcher.* London: Macmillan.

Brittan, S. (1975). The economic contradictions of democracy. *British Journal of Political Sciences, 5*, 129-159.

Dean, H. (1996). *Welfare, law and citizenship.* London: Harvester Wheatsheaf.

Dolgoff, R., Feldstein, D., & Skolnik, L. (1997). *Understanding social welfare* (4th ed.). New York: Longman Publishers.

Flora, P., & Alber, J. (1981). Modernization, democratization and the development of welfare states in Western Europe. In P. Flora & A. J. Heidenheimer (Eds.), *The development of welfare states in Europe and America* (pp. 37-80). New Brunswick and London: Transaction.

George, V., & Wilding, P. (1987). *Ideology and social welfare.* London: Routledge.

Heclo, H. (1981). Toward a new welfare state. In P. Flora & A. J. Heidenheimer (Eds.), *The development of welfare states in Europe and America* (pp. 383-406). New Brunswick and London: Transaction.

Hicks, A., & Esping-Andersen, G. (2005). Comparative and historical studies of public policy and welfare state (pp. 509-525). In T. Janoski, R. Alford, A. Hicks, & Mildred A. Schwartz (Eds.), *The handbook of political sociology: States, civil societies, and globalization.* New York: Cambridge University Press.

Hobsbawin, E. J. (1968). *Industry and empire.* Middlesex: Penguin Books.

Klein, R., & O'Hiiggins, M. (1988). Defusing the crisis of the welfare state: A new interpretation. In T. R. Marmor & J. L. Mashaw (Eds.), *Social scrutiny: Beyond the rhetoric of crisis* (pp. 203-225). Princeton: Princeton University Press.

Korpi, W. (1982). *The democratic class struggle.* Boston: Kegan Paul.

Lenski, G. E. (1966). *Power and privilege: A theory of social stratification.* New York: McGraw-Hill.

O'Connor, J. (1973). *The fiscal of the state.* New York: St. Martin's.

Pierson, C. (2007). 전환기의 복지국가. 현외성, 강욱모 역. 파주: 학현사.

Rimlinger, G. V. (1971). *Welfare policy and industrialization in Europe, America and Russia.* New York: John Wiley & Sons.

Therborn, G. (1989). States, population and productivity: Toward a political theory of welfare

state. In P. Lassman (Ed.), *Political and social theory*. London: Routledge.
Tilly, C. (1990). *Coercion, capital and uropean States, AD 990~1990*. Cambridge: Basil Blackwell.

EBSi 유튜브. https://www.youtube.com/watch?v=FiS-v_AsLd8

# 제6장 진보와 보수

좌파(left)와 우파(right)라는 개념은 프랑스 대혁명 후에 나왔고, 프랑스 제3공화국 의회의 의장석에서 볼 때 왼쪽에 공산당과 사회당 의원을 앉히고 오른쪽에 왕당파 의원을 앉힌 데서 유래한다. 하지만 오늘날 이 용어는 자신을 지칭하기보다는 상대방을 지칭할 때, 특히 상대방을 부정적으로 지칭할 때 많이 사용한다. 사실 "나는 좌파다", "나는 우파다" 하다가는 볼셰비키나 네오 나치로 오해받기 십상이다. 그러나 국가안보와 자유경쟁적 경제질서에 대한 태도, 성장과 분배에 대한 관점, 문화적 다양성의 문제, 낙태와 동성애 허용 같은 사회경제적 사안에 대한 이념과 정책의 스펙트럼의 차이를 두고 말하는 경우에는 '진보'와 '보수'가 '좌파'와 '우파'보다 적절한 표현이다. 따라서 이 장에서는, 첫째, 진보와 보수의 개념, 둘째, 보수와 진보의 갈등, 셋째, 정치경제적 이념 성향 등을 중심으로 살펴보고자 한다.

## 1 진보와 보수의 개념[1]

프랑스 혁명 시기 의회에서 구체제의 옹호자인 귀족파(지롱드)와 신체제의 지지파인 애국파(자코뱅파)의 커다란 두 그룹으로 나뉘었다. 이들이 의회에서 앉은 자리에 따라 우파와 좌파로 불렸으니, 현재의 우파와 좌파의 어원이다.

### 1) 진보

'진보'는 문자 그대로 본다면 '진전하고 발전하는 것'이니 좋은 의미임이 분명하다.

1 이 절의 내용은 뉴스타운(2009. 4. 13.)을 참고하여 작성함.

그림 6-1 좌우파의 기원이 된 프랑스 대혁명 이후 의회



하지만 '보수'와 '진보'는 모두 정치적 뉘앙스를 갖고 있는 용어이다. 정치적 용어로서 '진보'가 과연 그렇게 좋은 용어인지에 대해서는 생각해 볼 점이 적지 않다. '진보'라고 부를 수 있는 '리버럴(liberal)'이란 용어가 오늘날과 같은 의미로 이해되기 시작한 것은 1960년대부터라고 할 수 있다. 서유럽과 마찬가지로 미국에서도 1960년대에는 신좌파(new left)라고 불리는 반체제 운동(anti-establishment movement)이 성행했는데, 이런 운동이 지하폭력조직의 테러행위로 발전하자 대중의 지지를 상실해 버렸다. 그러자 신좌파 운동을 했던 세대는 자신들을 진보주의자로 부르게 되었다. 신좌파 행동파였던 빌 아이어스(Bill Ayers)도 마찬가지였다. 그는 일리노이 대학교(시카고 캠퍼스)에 자리잡았는데, 커뮤니티 운동을 하던 젊은 시절의 오바마에게 많은 영향을 주었다. 미국에서 '리버럴'이란 용어에 부정적 뉘앙스가 있는 것은 뉴레프트의 잔영(殘影)이 남아 있기 때문이기도 하다.

한국에서의 '진보'라는 명칭에 대해서 살펴보면, 우리나라에서 오랫동안 금기(禁忌)였던 용어가 여럿이 있는데, '진보', '혁신', '사회주의'가 그러하다. 자유당 말기에 진보당 당수였던 조봉암은 간첩 혐의로 유죄판결을 받고 처형되는 등 당시에는 혁신세

그림 6-2 국민 10명 중 9명 "진보-보수 갈등·경제 양극화 심각"

출처: 문화체육관광부. https://www.mcst.go.kr/

력이 모진 박해를 받았다. 1967년과 1971년 대선 때에는 김철 씨가 사민당 후보로 출마해서 상징적인 표를 얻었지만 유신 후에는 그나마 없어져 버렸다. 유신정권과 5공정권 시에는 '민주화 운동'이 있었지 '진보 운동'이 있었던 것은 아니다.

우리나라에 '진보'를 표방하는 정치적 사회적 운동 기점은 1988년 총선과 1990년 3당 합당으로 보는 시각이 압도적이다. 1988년 총선 결과 제1야당으로 등장한 DJ의 평화민주당이 모든 면에서 진보적 정책을 천명했다. 반면, 민주화 세력의 또 다른 축인 YS의 통일민주당은 제2야당으로 전락했을 뿐만 아니라 정체성마저 불분명하게 됐다. 그러다가 1990년 봄 YS가 노태우의 민정당 및 김종필의 공화당과 합당했고, 그렇게 태어난 민자당이 스스로를 '보수대연합'이라고 부르자, 이에 대항하는 이념으로 '진보'가 자연스럽게 등장한 것이다.

### 2) 보수

'보수'라는 용어는 원래 매우 안 좋은 것이었다. 영국에서 왕당파를 '토리(Tory)'라고 불렀는데, '토리'는 아일랜드의 무장 폭도를 지칭하는 용어에서 유래했다고 한다. '보수(conservative)'는 문자 그대로 현상(status quo)을 유지하는 것이다. 그러나 정치철학으로서 '보수주의'는 에드먼드 버크(Edmund Burke, 1729~1797)가 1790년에 '프랑스 혁명에 대한 고찰'을 펴낸 것을 기점(起點)으로 삼아야 한다. 제임스 매디슨, 알렉산더 해밀튼 등이 기초한 미국 헌법이 포퓰리즘 민주주의의 위험으로부터 미국을 지키기 위한 반다수적(反多數的) 장치(counter−majoritarian apparatus)를 갖춘 것은 보수적 혜안(慧眼)이었다. 미국에서 보수주의의 전성기는 1920년대였다. 멜런 은행과 알코아, 걸프 석유 등 기업군(群)을 일으킨 앤드류 멜런 재무장관이 세 명의 대통령(하딩, 쿨리지, 후버)을 거느리고 추구한 작은 정부와 감세(減稅) 정책은 1920년대의 번영을 이루었다. 하지만 1929년 대공황으로 '번영의 1920년대'는 막(幕)을 내리고 말았다.

다시는 살아날 것 같지 않았던 보수주의가 미국에서 되살아난 것은 배리 골드워터와 로널드 레이건, 그리고 러셀 커크와 윌리엄 버클리 2세 덕분이었다. 공산주의와 사회주의에 반대하고, 시장자유주의와 작은 정부 그리고 감세(減稅)를 주창하는 새로운 보수주의가 등장한 것이다. 러셀 커크와 윌리엄 버클리는 도덕주의와 자유주의를 결부시킨 '미국 보수주의(American Conservatism)'를 지적 운동(intellectual movement)으로 발전시켰다. 유럽에서는 멸종되다시피 한 보수주의가 미국에서 생명력을 갖고 있는 것은 이 때문이다.

## 2 보수와 진보의 갈등[2]

21세기에 있어서 보수(conservatism)와 급진(radicalism) 혹은 혁명(revolution)의 논쟁은 중요한 의미를 갖지 않는다는 것이 일반적인 견해이다. 공산주의의 패배로 인해 공산혁명 이론은 그 실효성을 상실했으며, 세계는 지금 자유민주주의 이념을 바탕으로 한 시장경제 이론이 그 주류를 이루고 있기 때문이다. 이미 1960년대 초반에 다니엘 벨(Daniel Bell)에 의한 『이념의 종언(The End of Ideology)』이 예견되었던 것은 다 아는 바이다.

2 이 절의 내용은 김용신(2008)을 참고하여 작성함.

그림 6-3 김용신(2008). 보수와 진보의 정신분석. 살림.

현실적으로 공산혁명 이론이 더 이상 유효한 의미를 갖지 못하는 21세기에 있어서, 보수로 인식되는 자유민주주의와 급진으로 인식되는 공산주의 간의 논쟁이 의미 없게 된 것 또한 사실이다. 물론 이러한 해석은 급진 혹은 혁명이라는 용어를 보수의 상대어로 이해했을 경우에 유효한 것이다.

그런데 현재 우리 사회에서는 보수와 진보라는 이름으로 사회의 모든 분야에서 심한 갈등을 겪고 있다. 특히 서구와는 달리 보수의 상대어로 급진이나 혁명이라는 용어가 아닌 진보라는 용어가 사용되고 있는 것도 특기할 만한 일이다. 단순히 한자의 뜻으로만 보면 보수(保守)는 '보호하고 지킨다'라는 의미이며 진보(進步)는 '앞으로 나아간다'라는 의미이다. 그런데 한국 사회에 있어서 보수와 진보의 논쟁은 단어가 주는 의미 이상의 복잡성을 가지고 있기에 그 핵심을 이해하기가 사뭇 혼란스러운 것을 부인할 수 없다. 특히 보수와 급진 혁명의 논쟁이 서구 사회에서 유래된 것이라고 보면 한국 사회에서 보수와 진보의 의미는 더욱 혼란을 가져오게 한다.

따라서 한국 사회에서 일어나고 있는 보수와 진보의 갈등을 보면서 각 개념이 주는 모호성을 떨칠 수가 없고, 또 이러한 애매한 개념을 가지고 양측이 갈등하는 것이 과연 무엇을 위한 것인가에 대한 많은 의문을 가졌다. 뿐만 아니라 이러한 갈등이 합리적으로 진행되고 있는가에 대한 구체적 분석이 필요할 때이다. 인간 사회에 있어서 갈등은 불가피하다. 그리고 헤겔의 주장대로 갈등은 사회 발전의 원동력이 될 수도 있다.

그러나 그 갈등은 때로는 합리성을 상실하는 경우가 종종 있기 마련이다. 특히 갈등의 기본 논리가 약하거나 그 목적이 애매할 때는 더욱 그렇다. 그리고 그 갈등이 퇴행적(regressive) 양태를 보인다면 그것은 사회 발전에 도움이 되지 못할 뿐 아니라, 오히려 사회통합의 에너지를 소진시키고 민주주의의 질서를 파괴하는 요인이 된다.

## 3 정치경제적 이념 성향

자유민주주의와 공산주의의 대결은 1991년 소련 연방의 해체로 인해 실질적으로 종지부를 찍었다. 그럼에도 자유민주주의 체제하에서 좌파와 우파의 대결은 계속되고 있다. 아직도 칸트와 헤겔의 주장이 유효하며, 사후 125년이 지난 마르크스의 이론도 지금까지 그 명맥을 유지하고 있다. 이는 인간의 무의식 속에 자아이상이 있는 한 환상일지라도 이념적 꿈을 버릴 수 없기 때문이다.

또 한편으로는 인간의 사회생활 속에서 개인의 자유와 평등, 그리고 공익의 가치들은 서로 조화를 이루기가 매우 어렵다는 사실에 기인한다고 할 수도 있다. 따라서 개인의 자유가 우선이냐 아니면 사회의 공익 혹은 평등이 우선이냐 하는 문제는 21세기 자유민주주의 체제하에서도 정책 논쟁의 핵심을 이루고 있는 것이다.

자유민주주의는 경제적으로 시장주의를 근거로 하고 있다. 이는 바로 각 인간의 능력에 따라 시장이 활성화되는 것이야말로 한 국가의 경제적 부를 가져다주는 원천이라는 믿음 때문이다. 특히 국가에 의한 계획경제에 근거를 두고 있던 사회주의 혹은 공산주의 국가들이 모두 경제발전에 실패하였다는 역사적 사실로 인해 시장경제론은 더 크게 그 위력을 발휘하게 되었다. 그러나 시장경제론이 경제적 번영의 효율성에만 초점을 맞추고 있는 한 형평성에 관한 문제는 끊임없이 제기될 수밖에 없다(김용신, 2000).

이러한 형평성의 문제가 바로 분배 강조의 경제정책이 주장되는 근거이기도 하다. 따라서 현대 시장주의를 근간으로 하는 자유민주주의 체제하에서도 분배의 문제는 정책적 중요 이슈가 될 수밖에 없다. 한편, 시장주의 신봉자들은 경제적 성장이 있어야 분배도 가능하다는 주장을 앞세워 선성장후분배론을 내세우기도 한다.

우리는 일반적으로 경제 정책에 있어서 성장을 강조하는 사람들을 우파라고 부르고 분배를 강조하는 사람들을 좌파라고 부르는데, 이는 바로 자유민주주의와 사회주의 혹은 공산주의적 대결에서 얻어진 하나의 상징 때문일 것이다. 그렇다면 한국 사회에 있어서 보수와 진보의 경제적 시각차는 대개는 서구의 전통과 일치한다고 할 수 있다. 왜냐하면 서구에서 시장경제를 근간으로 하고 있는 자유민주주의가 성립된 이래 이들

정권들에게는 보수라는 이름표가 붙었기 때문이다. 그리고 공산혁명 세력 혹은 수정주의적 사회주의를 주장하는 세력들을 좌파라고 부른다는 사실을 상기하면 적어도 경제 정책 면에서 한국의 진보는 보수의 대칭어가 될 수 있다.

이에 덧붙여 혼합경제(mixed economy)이론도 한번 논의할 필요가 있다. 즉, 시장주의의 효율성 강조가 가져오는 형평성의 침해 문제와 계획경제의 형평성 강조가 초래하는 효율성의 저하 문제를 조화시키려는 노력으로 나타난 이론이 혼합경제이론이기 때문이다. 혼합경제란 모든 경제 활동을 시장에 맡기되 필요에 따라 정부가 개입하여 소득의 재분배를 통해 형평성을 유지시킨다는 것이니 성장과 동시에 분배의 문제를 함께 고려하는 이론이라고 할 수 있다.

혼합경제란 말 그대로 속칭 우파와 좌파의 경제 정책을 혼합한 이론이기 때문에 중도적 입장이라고 부를 수 있다. 좌파의 이념에다 개인의 독립성과 자발적 질서를 강조하는 신자유주의적 요소를 접목한 Anthony Giddens의 『제3의 길(The Third Way)』이 그 대표적인 예라고 할 수 있다.

이러한 중도적 입장을 염두에 두고 보면 현재 우리사회에서 '중도 보수' 혹은 '중도 진보'라는 용어의 출현에 대한 의미를 애매하지만 짐작할 수도 있다. 즉, 성장을 강조하지만 분배도 고려하고 있다는 입장이 중도 보수라고 할 수 있으며, 분배를 강조하지만 성장 그 자체를 반대하지도 않는다는 입장이 중도 진보로 해석될 수 있기 때문이다. 그렇다면 중도 보수와 중도 진보의 명쾌한 차이는 무엇인가? 적어도 논리적으로는 그 차이가 애매하다. 그럼에도 보수나 진보라는 용어에 중도라는 단어를 억지로 붙이는 것은 정치적 파벌을 구별하는 수사적 의미에 불과하다고 할 수밖에 없을 것 같다.

## 4 보수와 진보의 대결을 넘어서[3]

한국 사회에 있어서 보수와 진보의 구분은 다양한 사회적 변화와 국제 사회의 이념적 변화를 잘 따라갈 수 있는 바람직한 구별이 아니라는 점을 알게 되었다. 특히 우리

3 이 절의 내용은 김용신(2008)을 참고하여 작성함.

말의 뉘앙스에 따른 보수와 진보는 의미의 혼동만을 불러일으킬 뿐이라는 점도 알게 되었다. 한마디로 한국 사회의 정치적 논쟁은 보수와 진보라는 틀에서 구별될 수 없다는 것이다. 그리고 이러한 구별이야말로 시대착오적이라는 것이 분명해질 뿐이다. 그렇다면 우리 사회에 있어서 정책적 논쟁은 어떻게 구별되는 것이 바람직한가?

여기에 대한 대답은 의외로 간단하다. 다원화 사회에서 모든 정책은 양분될 수 없으며 이러한 복잡성을 양분하려고 하는 노력 자체는 논쟁의 핵심을 더욱 복잡하고 애매하게 만들 뿐이다. 이러한 복잡성과 애매성은 일반 국민의 정책적 선택 기준을 어렵게 하고 더 나아가서는 명쾌하지도 않는 구별을 근거로 상대방을 비방하는 반대를 위한 반대만을 양산함으로써 국론을 분열시키고 국가적 힘을 필요 없이 소진시키게 할 것이다. 따라서 사안에 따른 구별을 하는 명쾌함이 필요한 것이다.

예를 들면, 경제정책에 있어서 성장 우선을 강조하면, 성장주의자로 그리고 분배 우선을 강조하면 분배주의자로 부르면 된다. 또한 세계화 문제와 관련하여 세계화를 찬성하면 세계화 찬성론자, 그리고 반대하면 반세계화론자라고 부르면 된다. 문화 면에 있어서도 외래문화의 개방을 주장하면 문화개방주의자, 그리고 반대하면 반문화개방론자라고 하면 된다. 그리고 대북 정책에 있어서도 햇볕정책을 강조하면 말 그대로 햇볕정책론자, 반대하면 상호주의자라고 하면 된다.

외교 정책 면에 있어서도 한미동맹을 강조하면 한미동맹 강조론자, 민족의 자주성을 강조하면 민족자주론자라고 부르면 된다. 또한 보수나 진보를 떠나 변화의 속도를 강조하면 급진적 변화론자, 점진적 변화를 주장하면 점진적 변화론자라고 부르면 되는 것이다. 굳이 억지 논리를 세워 모든 정책을 보수와 진보로 구분할 필요가 없으며 그러한 시대도 이미 지났음을 알아야 할 것이다.

따라서 한국의 정당 구조도 억지로 보수와 진보 양 진영으로 대별할 필요가 없다. 특히 한국의 정당 구조가 이념 중심으로 되지 못하고 있기 때문에 문제가 있다고 지적하는 것이야말로 좌파와 우파의 이념적 구별이 유효하지 않은 21세기 자유민주주의 체제하에서는 의미가 없다. 더욱이 다원화 시대에 있어서 국민의 이해가 양분될 수 없는 현실에서 진부한 좌파와 우파의 이념은 정당 구별의 근거가 될 수 없다. 어차피 현대 사회에서 정당은 포괄성을 가질 수밖에 없기 때문이다. 이러한 억지 구별 때문에 그 의미마저 애매한 중도 보수 혹은 중도 진보, 그리고 합리적 보수 혹은 건전한 진보라는 용어가 생기게 되고 결국은 차별성도 명쾌하지 않은 정치 세력 간에 권력 투쟁만을 야기하여 반대를 위한 반대만이 난무하게 되는 것이다.

더불어 다양한 시민단체의 출현으로 인하여 정당의 역할이 감소되고 있는 현실을 감안하면 오히려 정당의 이념적 구별이 아닌 정당의 새로운 역할, 혹은 본질적으로 현대 자유민주주의 체제하에서 정당 정치의 위기를 논하는 것이 보다 의미가 있을 것이다. 그리고 시민 단체의 정치·사회적 역할을 논의하고 정당과 시민단체 간의 협조와 갈등의 문제를 연구함으로써 새로운 민주 제도의 창출에 관심을 가져야 할 때가 되었다. 또한 시민단체의 정치 참여가 자기 단체의 목적 달성을 위해 국민을 선동함으로써 제도권이 무시되고 민중적 집단행동을 가중시킬 수 있다는 점 등도 새롭게 연구하여 그 해결책을 찾는 노력이 필요한 때이다.

한국 사회의 현재와 같은 보수와 진보의 논쟁으로는 21세기의 변화를 분석할 수 없다. 이러한 인식을 제대로 하지 못한 채 벌어지는 현재와 같은 애매한 보수와 진보의 논쟁은 국가 발전에 아무런 도움을 주지 못한다. 한마디로 보수와 진보의 진부한 논쟁은 권력 투쟁만을 위한 반대를 위한 반대의 퇴행성을 부추길 뿐이다. 단, 여기에 하나 짚고 넘어갈 것이 있다. 이것은 자아이상과 초자아라는 인간 감성의 동적 양상이다. 인간의 무의식적 양대 감성이 존재하는 한 세상을 보는 시각은 언제나 일치하지 않는다.

초자아가 강하면 현실의 변화를 두려워할 것이고 자아이상이 강하면 무엇인가 현실에 불만족을 가지고 변화를 원할 것이기 때문이다. 이념의 갈등과 혁명의 실질적 효력이 감소된 21세기에 있어서 이러한 무의식적 갈등은 '점진적 변화냐 아니면 급진적 변화냐?' 하는 사회 변화의 속도에 따른 갈등으로 분명히 존재하고 있다. 그런데 문제는 자아이상이 초자아를 완전히 무시했을 때 일어나는 퇴행성이다. 이 경우는 자기가 주장하는 바를 진리로 인식하는 결과를 가져옴으로써 진리의 실현이라는 목적에 얽매여 수단과 방법을 가리지 않는 퇴행성을 유발하기 때문이다. 이러한 퇴행성은 현재 우리가 제일의 가치로 삼고 있는 민주주의의 가장 큰 적이 된다.

따라서 사회는 이러한 퇴행성을 억제시킬 수 있는 구조적 유동성을 가지고 있어야 한다. 이는 말할 것도 없이 각 집단과 집단, 집단과 정부, 정당과 정당, 그리고 정당과

정부 간의 원활한 의사소통의 길이 항상 열려 있도록 하는 것이다. 자신의 생각만이 진리라는 환상 속에서 다른 생각을 가진 자를 적으로 규정하는 퇴행성의 출발은 의사소통의 부재로부터 시작되기도 하기 때문이다. 또한 국가의 단기 및 중·장기의 목표에 대한 국민적 동의가 형성되는 것도 갈등의 퇴행성을 줄이는 하나의 방편이 될 수 있다.

구체적인 국가목표에 대한 동의가 부족하기 때문에 각자가 자기 나름대로의 주장만을 단순히 국가 이익을 위한다는 애매한 가정 아래 외치고 있는 것이다. 물론 각 정당은 대통령 선거를 통해 자기 당이 집권하였을 때 어떤 비전을 가지고 어떤 정부를 만들 것인가에 따른 단기 및 중·장기의 국가 목표를 제시하고 있다. 그러나 이는 다분히 표를 의식한 선거 전략일 뿐, 비현실적인 요소가 너무 많은 것이 오늘날 한국적 정치의 모습이다. 따라서 새 정부가 들어선 후에도 선거 공약과는 별개의 정책이 나오기 일쑤이다.

또한 국민의 동의가 부족한데도 공약 실천이라는 이름으로 특정 정책을 강행하려 하기 때문에 퇴행적 갈등을 부추기는 것이다. 따라서 정부와 각 정당은 세계 문명의 변화에 따른 나름대로의 선진화 목표를 구체적으로 설정하고 국민의 동의를 받는 절차가 필요하며, 이를 통해 보다 많은 동의를 얻은 목표가 그 유효한 의미를 갖게 될 것이다. 그리고 다수의 동의가 이루어진 국가의 단기 및 중·장기의 목표가 존재한다면 각 집단의 갈등은 그 목표 실현에 따른 방법으로 그 범위가 좁혀질 것이며 또한 그 논쟁들도 보다 합리성을 띠게 될 것이다.

## 5 보수와 진보의 접점

사회가 너무 빨리 변화한다고들 얘기한다. 이 말의 의미는 우리가 광복 이후 앞만 보고 달려왔기 때문이다. 해방과 건국, 6·25전쟁과 복구, 산업화, 민주화 등 역정은 각본 없는 드라마였던 것만은 분명하다. 이런 역정에는 성공과 찬사도 있었지만 실패와 비난도 있었다. 우리는 해방과 건국, 6·25전쟁을 겪는 과정에서 극심한 좌우 이념대립을 겪었다. 그 결과 올바른 이념과 가치가 뿌리내릴 수 있는 토양을 마련하지 못했을 뿐만 아니라 상대방을 색깔로 공격하는 자해소동을 벌이기도 했다. 보수는 진보를 빨갱이로 덧칠했고 진보는 보수를 수구반동으로 매도했다.

우리 모두는 갈등과 분열의 사회에서 살아가고 있다고들 불평한다. 이런 갈등과 분열의 근원은 역사적 산물일 수 있고 공간적 산물일 수 있다. 우리가 인위적으로 만든 것도 있고 외부에서 유입된 것도 있다. 이런 갈등과 분열은 정보화와 세계화라는 문명사적 대전환을 맞아 세대 간 문화의 차이를 가져왔다. 이처럼 복합적이고 중첩적인 요인으로 갈등과 분열의 골이 점점 깊어지는 것이 문제이다. 그러나 우리는 갈등과 분열을 치유하는 데 노력을 기울이기보다는 방치하거나 조장하는 데 익숙했는지 모른다.

보수와 진보는 공히 '발전을 추구한다'는 측면에서는 동일한 가치를 가지고 있다. 보수는 역사와 전통을 바탕으로 현재의 문제를 해결하고 미래를 설계하는 신중한 개혁 또는 발전지향성을 가지고 있다. 반면, 진보는 인간의 완전성의 신념에서 좀 더 빠른 개혁을 추진하려는 개혁지향성을 가지고 있다. 이처럼 사회를 개량하고 개혁하여 좀 더 나은 사회를 만들겠다는 점에서 보수와 진보는 공통의 목표를 가지고 있다.

그러나 우리 스스로 반성하고 반추(反芻)하려는 노력이 없었기에 올바른 가치마저 선동적 구호에 파묻히기 일쑤였고, 오도된 가치가 정도(正道)로 인식되어 사회와 국가를 잘못된 방향으로 인도하기도 하였다. 보수와 진보는 각자가 가진 이념과 가치로부터 야기된 차이를 차이로 인정하거나 이해하는 데 인색했다. 아니 처음부터 이해하려고 마음이 없었을지도 모른다. '우리 모두는 보수와 진보라는 이념의 울타리 속에서 갇혀 지내지는 않았는가?', '보수와 진보가 가지고 있던 본래의 가치와 원칙들을 과연 얼마나 충실하게 지켰는가?', '자신의 가치만 신성시하고 상대의 가치는 폄하하는 데 동조하거나 동참하지는 않았는가?', 나아가 '이러한 모든 것에 대해 반성하고 반추하는 기회의 자리를 마련하려고 얼마나 노력하였는가?' 등의 문제에서 우리 모두는 자유로울 수 없다.

## 한국인의 보수와 진보 가치관[1]

표 6-1 경제 사회적 가치의 요인분석 결과

| 구분 | 자유경제 가치 | 경제성장 가치 | 사회경제 가치 | 복지지향 가치 | 사회질서 가치 | 약자존중 가치 |
|---|---|---|---|---|---|---|
| 정부서비스 감소를 전제한 세금 감소 | .6788 | | | | | |
| 기업규제 완화 | .7246 | | | | | |
| 정부의 시장개입 최소화 | .7080 | | | | | |
| 분배보다 경제성장 우선 | | .7458 | | | | |
| 대기업 역할이 중소기업보다 중요 | | .6294 | | | | |
| 최선의 분배와 복지정책은 경제성장 | | .7909 | | | | |
| 노동자 이익과 권리신장 | | | .6105 | | | |
| 가난의 원인은 잘못된 정치사회체제 | | | .6798 | | | |
| 근로자 대우의 열악 | | | .8221 | | | |
| 성장보다 분배 우선 | | | | .8393 | | |
| 빈부격차 위한 소득세 증가 | | | | .8393 | | |
| 불법시위 강력 대응 | | | | | .8012 | |
| 근로자 파업 자제 | | | | | .8012 | |
| 노동조합 활동 지지 | | | | | | .7768 |
| 정부정책의 사회적 강자 위주 | | | | | | .7768 |
| 아이겐값 | 1.4871 | 1.5779 | 1.5106 | 1.4089 | 1.2837 | 1.2067 |
| 신뢰도(Cronbach's) | .5010 | .5451 | .5002 | .7619 | .6648 | .5853 |

출처: 황윤원 외(2012. 3.).

한국인의 가치에 대해 논의되어 온 진보와 보수가 한국인의 이데올로기로 대표될 수 있는지를 살펴보고, 진보와 보수 이외의 가치관이 있다면 어떤 것이 있는지를 밝히려 한 것이다. 이 과정에서 정치이념과 가치관, 개인의 사회경제적 배경이 정책선호에 어떤 영향을 미치고 있는지를 살펴보았다.

조사결과, 우선 한국인의 이데올로기로 가장 많이 사용되고 있는 응답자 스스로 판단한 보수와 진보가 다양한 가치관을 분류하는 데는 기초적인 자료로 활용될 수 있었다. 즉, 보수주의적 응답자는 전통가치 중에서 위계가치와 전통가족가치와 관련성이 높고, 물질-탈물질주의 가치와는 관련성이 약하며, 사회경제가치 중에서는 자유경제가치, 경제성장가치, 사회질서가치와 관련성이 높은 것으로 나타났다. 반면, 진보적 응답자는 전통가치와는 관련성이 낮고, 물질-탈물질주의가치 중에서는 정책참여가치와 관련성이 높고, 사회경제가치 중에서는 사회경제가치, 복지지향가치, 약자존중가치와 관련성이 높은 것으로 나타났다.

1 이 절의 내용은 황윤원 외(2012. 3.)를 참고하여 작성함.

그러나 한국인의 가치관에 대한 다양한 연구에서 제기하고 있는 보수적인 사람이 보수적 정책을, 진보적인 사람이 진보적인 정책을 지지한다는 일반적인 주장이 본 연구에서는 지지되지 않았다. 즉, 자신이 보수적이라고 한 사람들이 반드시 보수적인 정책을 지지하고, 자신을 진보적이라고 주장한 사람들이 반드시 진보적인 정책을 지지하지 않는다는 것이다. 응답자 스스로 판단하는 보수와 진보는 정책에 영향을 미치지 못하고 있다. 다시 말해, 자신이 보수적 또는 진보적이라고 하는 사람들의 자체진단이 잘못되었거나 한국인의 정치적 이데올로기를 보수주의 또는 진보주의로 구분하던 것을 수정할 필요가 있다.

이 연구결과로 경제에 관한 가치관의 차이가 정책선호에 영향을 미친다는 것에는 일관성을 보이는 측면이 나타났다. 즉, 한국인의 가치관을 자유시장가치와 사회평등가치, 즉 경제적 우파와 좌파로 구분될 가능성이 보였다. 경제성장정책을 경제적 자유를 증진시키는 것으로, 반값등록금정책을 경제적 평등을 증진시키는 것으로 본다면, 한국인의 경제에 관한 가치를 어느 정도 분류할 수 있을 것이다. 분석에서 나타나듯이 경제성장정책에는 긍정적 영향, 반값 등록금 정책과는 부정적 영향을 나타내는 가치를 자유시장가치로 명명한다면, 자유시장가치에 주로 영향을 나타내는 경제적 가치는 경제성장가치, 사회질서가치 등이 직접적인 영향을 미치는 것으로 나타났다. 반면, 경제성장정책에는 부정적인 영향, 그리고 반값등록금정책과는 긍정적 영향을 나타내는 가치를 사회평등가치로 명명한다면, 사회평등가치에 주로 영향을 나타내는 가치는 사회경제가치와 약자존중가치 등으로 나타났다.

또한 전통가치 중에서 집단가치와 전통가족가치는 자유시장가치와 긍정적인 관련이 있으며, 물질-탈물질가치 중에서 정책참여가치는 사회평등가치와 긍정적인 관련이 있는 것으로 나타났다. 하지만 전통가치 중에서 위계가치는 자유시장가치와 사회평등가치 모두에 긍정적인 영향을 미치고, 물질-탈물질주의가치 역시 자유시장가치 또는 사회평등가치로 분류할 수 없는 부분이 있다. 이것은 한국인의 다양한 가치를 하나의 차원으로 양분하는 것이 어렵다는 것을 의미한다. 즉, 한국인의 가치가 다양함을 보여 주는 것으로 판단된다.

한편, 대부분의 정부정책은 해당 정책으로 인해 이익을 보는 집단 또는 손해를 보는 집단이 발생하는 경향이 있다. 따라서 주로 정부정책은 자신의 경제적 위치를 대변하는 소득 및 연령에 따라 정책선호가 결정되는 경향이 있다. 그런데 본 연구의 대상인 4개 정책 모두 소득에 따라 선호가 결정되지 않고, 반값등록금정책만 젊은 사람일수록 선호하는 것으로 나타났다. 즉, 경제성장정책, 중소기업지원정책, 반값등록금정책, 정규직확대정책 등 이슈가 되는 정책은 한국인이라면 대부분 찬성하는 정책이라는 점에서 정권 담당자가 누가 되더라도 지속적으로 수행할 필요가 있음을 시사한다.

최근 한국인의 지역주의가 퇴조되고 있음을 다룬 연구가 다수 존재한다. 그런데 본 연구에서는 경제성장정책은 대전지역주민이 다른 지역에 비해 부정적이며, 중소기업정책은 부산과 대구지역주민이 부정적이고, 정규직확대정책은 광주지역주민이 다른 지역에 비해 긍정적으로 나타났다. 정책별로 지역성이 발견된 것이다. 정치적 이데올로기가 정책에 특별한 영향을 미치지 않는 가운데, 지역성이 정책에 영향을 미치고 있는 것은 한국의 지역주의가 새로운 변화를 맞고 있음을 말해 준다. 지역주의와 정책은 더 연구가 필요한 부분으로 지속적인 관심과 연구를 기대한다.

## 참고문헌


김용신(1998). 지방화와 지방자치. 설봉식 외. 지방자치의 경영학. 서울: 선학사.

김용신(2000a). 문명비판 I: 정치철학과 정신분석학의 만남. 서울: 명상.

김용신(2000b). 문명비판 II : 한국인의 잠재의식과 정치병리. 서울: 명상.

김용신(2002). 성리학자 기대승 프로이트를 만나다. 서울: 예문서원.

김용신(2008). 보수와 진보의 정신분석. 서울: 살림

드루 웨스턴, 편집부 역(2007). 감성의 정치학(The Political Brain). 뉴스위크 한국판.

설봉식(1998). 지방자치와 지방의 세계화. 설봉식 외 편. 지방자치의 경영학. 서울: 선학사.

이학용(2007). 알기 쉬운 정치경제. 서울: 율곡출판사.

장하수(1996). 보수와 혁신의 사회경제사상. 서울: 혜화출판사.

조지프 스티글리츠, 송철복 역(2002). 세계화와 그 불만. 서울: 세종연구원.

황윤원, 신중호, 박희봉(2012. 3.). 누가 어떤 정부정책을 선호하는가? 보수와 진보의 이념가 치인가? 한국정책학회보, 21(1).

Arendt, H. (1958). *The human condition*. Chicago: Chicago University Press.

Bell, D. (1962). *The end of ideology*. New York: The Free Press.

Benjamin, J. (1972). The end of internalization: Adorno's social psychology. *Telos, 32,* 42–64.

Bernstein, E. (1961). *Evolutionary socialism* (translated by Edith C. Harvey). New York: Schocken Books.

Bion, W. R. (1961). *Experiences in groups and other papers*. London: Tavistock.

Burke, E., & Clark, J. C. D. (Ed.). (2001). *The reflections on the revolution in France*. Stanford, CA: Stanford University Press.

Chasseguet-Smirgel, J. (1975). *The ego ideal*. New York: W. W. Norton & Co.

Chasseguet-Smirgel, J. (1976). Some thoughts on the ego ideal: Contribution on the study of the 'illness of ideality'. *Psychoanalysis and Social Science*, *45*, 345–373.

Duverger, M. (1964). *The idea of politics*. London: Methuen & Co.

Fordham, F. (1966). *An introduction to Jung's psychology*. Harmondsworth: Penguin Books.

Fukuyama, F. (1989). The end of history. *The National Interest*, *16*, 3–18.

Giddens, A. (1998). *The third way: The renewal of social democracy.* Cambridge, UK: Polity Press.

Glass, J. (1993). *Shattered selves: Multiple personality in a post modern world.* Ithaca: Cornell University Press.

Greenberg, J. R., & Mitchell, S. A. (1983). *Object relations in psychoanalytic theory*. Cambridge, MA: Harvard University Press.

Hall, C. (1954). *A primer of Freudian psychology*. New York: The New American Library.

Horkheimer, M. (1949). Authority and family Today. R. Anshen (Ed.), *The family: Its function and destiny*. New York: Harper.

Horkheimer, M. (1972). *Critical theory* (translated by M. O'Connell). New York: Continuum.

Kim, Y. S. (1992). *The ego ideal, ideology, and hallucination*. Lanham, Maryland: University Press of America.

Lasch, C. (1977). *Haven in heartless world*. New York: Basic Books Inc.

Lasch, C. (1979). *Culture of narcissism*. New York: A Warner Books.
Mitscherlich, A. (1963). Society without father. *A Helen and Kurt Wolff Book*. New York: Harcourt, Brace & World Inc.
North, D. (1990). *Institutions, institutional change and economic performance*. New York: Cambridge University Press.
Popper, K. R. (1966). *Open society and its enemies I and II*. Princeton: Princeton University Press.
Rawls, J. (1971). *Theory of justice*. Oxford, UK: Oxford University Press.
Roche, P. (1996). *The Oedipus plays of Sophocles*. New York: Penguin Group Australia.
Sandel, M. (1984). *Liberalism and its critics*. New York: New York University Press.
Scott, A. C. (1958). *An introduction to the Chinese theater*. Singapore: Donald Moore.
Solomon, R. (1971). *Mao's revolution and Chinese political culture*. Berkeley: University of California Press.
Storr, A. (1973). *Jung*. Pontan Press.
Volkan, V. D. (1998). *The need to have enemies and allies*. New York: Jason Aronson Inc.
Wright, H. (1917). *What Nietzsche taught*. New York: B. W. Huebsche.

문화체육관광부. https://www.mcst.go.kr/
위키피디아. https://ko.wikipedia.org/

# 제3부

# 사회복지의 중심축

# 제7장 사회복지실천

사회복지실천은 사회복지실천활동을 의미하며 사회복지실천활동이란 사회구성원 모두의 안녕 상태를 지칭하는 사회의 집합적, 조직적 노력이다. 사회복지실천은 사회복지사가 사회적 안녕 상태를 이루기 위해 필요한 구체적 서비스들을 그 사회가 요구되는 현장에서 실천에 옮기는 작업이다. 이 작업은 보통 사회복지사가 사회복지서비스 대상자를 직접 만나서 실천하는 일이기 때문에 직접실천이라고 불린다. 다시 말해, 사회복지실천은 다양한 사회복지실천 현장에서 사회복지사가 어떤 활동을 해야 할 것인가에 대한 내용, 즉 사회복지실천 방법에 관해 상세히 살펴보는 분야이다. 따라서 이 장에서는, 첫째, 사회복지실천의 개념, 둘째, 사회복지실천의 이념과 철학, 셋째, 사회복지실천 현장, 넷째, 실천방법: 통합적 접근 등을 중심으로 살펴보고자 한다.

## 1 사회복지실천의 개념

### 1) 사회복지실천의 정의

사회복지실천이 무엇인지 한마디로 정의하기는 어렵다. 왜냐하면 시간대와 상황에 따라 조금씩 다르게 정의해 왔기 때문이다. 그 다양한 정의는 다음과 같다(생각의 마을, 2021).

① 사회복지사가 클라이언트의 욕구와 문제해결을 돕기 위해 일정한 개입목표를 설정하고 일련의 과정을 통해 활동하는 것이다.

② 정부의 제도 안에서 개인, 집단, 지역사회를 대상으로 이들의 욕구와 문제를 해

결해 주기 위해 펼치는 전문적인 사회복지 활동이다.

③ 사회복지사가 사회적 안녕 상태를 이루기 위해 필요한 구체적 서비스들을 그 서비스가 필요한 현장에서 실천에 옮기는 활동이다.

④ 개인, 집단, 지역사회를 대상으로 이들의 문제와 욕구를 스스로 해결하도록 도와주어 사회적 기능을 향상시키고 나아가서는 이들의 삶의 질을 높이는 데 목적을 둔 종합적이고 전문적인 활동이다.

⑤ 개인, 집단, 지역사회로 하여금 그들 각자의 사회적 기능을 증진·복구시키며, 그러한 목적에 합당한 사회적 조건들을 스스로 만들어 나갈 수 있도록 돕는 전문적인 활동이다.

### 2) 사회복지실천의 목적

사회복지실천에 대한 정의가 시대에 따라 달라졌듯이 사회복지실천의 목적도 사회나 문화, 시대의 가치 등에 영향을 받아서 조금씩 달라져 왔다. 그러나 사회복지실천의 궁극적인 목적인 '인간의 삶의 질 향상'은 시대나 사회가 변해도 달라지지 않는다. 사회복지실천의 목적은 사회구성원 대다수가 동의하는 내용으로 구성되어야 한다.

#### (1) 일반적인 사회복지실천의 목적

① 개인의 문제해결능력과 대처능력을 향상시킨다.

② 개인과 환경 간 불균형이 발생할 경우 문제가 감소되도록 돕는다.

③ 개인과 환경 간의 상호작용에 초점을 두고 사회정책을 개발한다.

④ 개인과 환경 간의 상호 유익한 관계를 증진시킨다.

#### (2) 핀커스와 미나한이 제시한 사회복지실천의 네 가지 목적(Pincus & Minahan, 1973)

① 사회복지실천의 목적은 개인, 집단, 가족의 문제를 돕고 대처능력을 향상시킨다.

② 사회복지실천의 목적은 인간이 필요로 하는 사회자원, 서비스, 기회 등의 환경체계가 원활하게 상호작용하도록 돕는 것이다.

③ 사회복지실천의 목적은 자원과 서비스를 제공하는 다양한 사회복지 기관이나 조

직이 클라이언트에게 보다 나은 서비스를 제공할 수 있도록 효과적이고 효율적인 운영을 추구하는 것이다.

④ 사회복지실천의 목적은 새로운 사회정책의 개발과 향상에 기여하는 것이다.

### 3) 사회복지실천의 기능

사회복지실천의 기능은 다양하다. 그중에서 클라이언트의 사회적 기능 증진과 사회정의 향상이 대표적인 기능이다.

#### (1) 클라이언트의 사회적 기능 증진 기능

사회적 기능이란 인간의 기본 욕구를 충족하는 데 필요한 과업과 활동을 완수하고 지역사회에서 요구하는 주요 사회적 역할을 수행하는 개인의 능력을 의미한다. 따라서 사회복지실천이 클라이언트의 사회적 기능을 증진시킨다는 것은 예방, 재활, 치료 활동을 통해 욕구가 있는 개인들의 사회 기능을 높여 준다는 것을 의미한다. 즉, 개인 집단, 지역사회의 손상된 능력을 회복하도록 도와준다는 것이다.

예: 가출청소년 거리 상담, 자아존중감 향상을 위한 집단 상담, 가족 기능 회복을 위한 가족치료 등

#### (2) 사회정의 향상 기능

'정의'는 인간의 사회적 관계에서 실현되어야 할 궁극적인 가치를 말한다. 이에 따라 사회정의는 사회제도가 모든 사람의 기본적인 인권을 인정하고 지원하는 공정성과 도덕성을 발휘하는 것을 말한다.

사회복지사는 클라이언트가 권리를 찾도록 도와주는 활동, 즉 옹호활동을 하며, 공정하고 정의롭게 모든 사람의 권리가 인정되도록 사람들을 촉구하고, 권리를 박탈당하거나 무시당하는 사람들을 위해 대변자 역할을 한다. 따라서 사회복지실천이 사회정의를 향상시키는 기능을 갖는다는 것은 사회복지사가 옹호활동을 하면서 사회정의를 향상시킨다는 것이다.

예: 임금체불 노동자를 위한 옹호활동, 다문화 가족에 대한 인식개선 활동 등

### (3) 전미사회복지사(NASW)가 제시한 사회복지실천의 기능

클라이언트의 역량을 확대하고 문제해결능력과 대처능력을 향상시키도록 도우며, 클라이언트가 필요로 하는 자원을 획득할 수 있도록 돕는다. 각종 자원에는 주거, 음식, 최소한의 생활필수품 등 유형의 서비스는 물론 의료, 법률 등 무형의 서비스까지 포함된다. 또한 조직이 사람에게 반응하도록 하는데(사회복지실천 조직이 클라이언트에게 반응적인 조직이 되도록 한다), 이는 조직이 클라이언트의 인간적 존엄성을 존중하면서 적절한 절차와 기준에 의해 서비스를 제공하는지 모니터하고 문제가 있으면 시정을 요구한다는 의미이다.

한편, 개인과 환경 내의 다른 사람, 다른 조직과의 상호관계를 촉진한다. 예를 들어, 가출청소년의 문제를 해결하기 위해 청소년과 가족, 부모, 친구들과의 상호작용이 원만하게 이루어질 수 있도록 중개자 역할을 하기도 하고 촉진자 역할을 하기도 한다.

조직과 제도 간의 상호 관계에 영향력을 행사한다. 클라이언트에게 복합적인 욕구 및 서비스를 충족시켜 주고 도움을 필요로 하는 클라이언트를 위해 조정·중재하는 기능을 한다.

사회정책과 환경정책에 영향을 미치기도 한다. 물리적·사회적 환경을 개선하거나 물질적 서비스를 확보하는 데 필요한 정책 수립과 법 제정을 위해 활동한다.

## 2 사회복지실천의 이념과 철학

사회복지실천에 영향을 미친 이념과 철학은 다양하다. 사회복지실천은 한편으로는 사회를 통제하는 성격을 띠기도 하고, 다른 한편으로는 사회를 변화시키는 성격을 띠기도 하므로 이념과 철학이 상충되기도 한다. 사회복지실천에 영향을 미친 이념과 철학적 배경을 살펴보면 다음과 같다.

### 1) 인도주의와 박애사상

인도주의(humanitarianism)는 모든 인간이라는 점에서 동등한 자격을 갖추고 있다는 생각을 바탕으로 인류의 공존을 꾀하고 복지를 실현시키려는 이념이다. 박애사상(philanthropy)은 모든 사람을 차별 없이 두루 사랑해야 한다는 사상으로 인간의 인격과 인간성을 존중하고, 평등사상에 입각하여 인종, 종교, 관습, 국적 등을 초월한 인간애를 발휘하는 것을 말한다.

인도주의와 박애사상은 자선조직협회(COS)에서 실시한 우애방문원 활동의 기본 철학이 되었는데, 우애방문원은 인도주의와 박애사상의 영향을 받아 빈민 등 취약계층에게 인도주의적 서비스를 제공했다. 인도주의와 박애사상은 '타인을 위하여 봉사하는 정신'으로 실천되었다.

### 2) 사회진화론

사회진화론은 19세기에 나타난 사회발전 및 사회변동을 설명하는 이론 가운데 하나로서 다윈이 주장한 진화론의 영향을 받았다고 알려져 있다. 이 이론에 의하면 사회적합계층은 살아남고, 사회부적합계층은 자연 소멸된다. 빈부격차의 심화는 사회진화 과정에서 불가피하며, 부자는 우월해서 부유층으로 살아남고, 빈민은 열등해서 가난하게 살 수밖에 없다는 것이다.

사회진화론은 영국의 철학자 스펜서(Herbert Spencer)가 다윈의 자연도태와 적자생존을 골자로 하는 생물학적 진화론을 사회에 적용하여 사회발전을 설명한 이론이다. 이는 사회에도 자연적 진화 과정이 존재하므로 특별한 개입 없이 그냥 두면 빈민 등 상대적으로 위치가 낮은 사람들의 생활방식은 도태된다는 것이다. 그러나 사회진화론을 주장하는 사람들은 최소한의 자발적 자선은 정당화했는데, 이는 도움을 받는 이들에게 기독교적인 미덕을 장려하고자 했기 때문이다. 그들은 빈곤과 고통이 생기는 원인은 도덕성의 결여 때문이니 도덕성의 향상만이 빈곤과 고통에서 벗어나는 치료법이라고 믿었다. 사회진화론의 영향을 받은 자선조직협회는 빈민들에게 도덕성 향상 등을 강조했다.

사회진화론이 사회복지실천에 미친 영향은 자선조직협회가 사회통제적 성격의 활동을 하도록 한 것이다. 자선조직협회의 우애방문원은 빈민을 방문하여 중산층의 기독교적 도덕을 강요하고 그에 따르도록 했다. 즉, 빈민이 사회적합계층에게 위협적이거나 방해가 되지 않는 존재로만 남아 있도록 한 것이다. 이것이 사회통제적인 측면이다.

자선조직협회의 우애방문원 활동은 인도주의와 박애사상의 영향을 받아 인도주의적 서비스를 제공한 측면도 있지만, 한편으로는 사회진화론의 영향을 받아서 빈민이 부자 혹은 사회 주류 계층에 방해가 되지 않는 상태로 남아 있도록 했다.

### 3) 민주주의

민주주의는 모든 인간은 평등하고 주인이 된다고 주장하는 이념이다. 민주주의의 영향으로 클라이언트에 대한 서비스를 결정하는 데 클라이언트가 적극 참여해야 한다는 사회적 움직임이 나타났고, 이는 클라이언트의 자기결정권에 영향을 미쳤다. 민주주의는 빈곤층의 가치를 인정한 인보관운동에서 받아들여 사회개혁으로 이어졌다. 시민의식의 확산으로 사회복지실천 이념이 '주는 자' 중심에서 '받는 자' 중심의 서비스로 전환되었다. 민주주의의 등장으로 클라이언트에 대한 '선택적 봉사' 철학이 강화되었다. 즉, 모든 클라이언트에 대해 주는 사람의 입장에서 무조건적으로 서비스를 제공하는 것이 아니라 클라이언트에게 서비스 수혜 여부를 결정할 수 있도록 한 것이다(대상자의 서비스 선택권 강조). 또한 민주주의 영향으로 클라이언트가 겪는 어려움은 개인의 결함이나 책임이 아니라 사회의 책임도 있다는 것을 인정하게 되었다(빈곤에 대한 사회적 책임 중시).

### 4) 개인주의

개인주의는 개인의 존엄, 가치, 권리 등을 중요시하는 사상으로 국가나 사회보다 개인을 중요시한다. 따라서 개인의 자유와 권리를 중요시하고 개인을 기초로 하여 모든 것을 규정한다.

개인주의가 사회복지실천에 미친 영향으로는 '개인권리 존중'과 '수혜자격 축소'를 들 수 있다. 개인의 자유와 권리를 중요시하므로 클라이언트의 개인적 특성을 존중하여 클라이언트에 대한 '개별화'를 중요시하게 되었다. 개인주의는 개인의 자유와 권리를 중요시하는 만큼 의무와 책임도 중요시한다. 때문에 빈곤의 원인에는 개인의 책임도 있다는 점을 고려하여 '최소한의 수혜자격 원칙'을 낳았다. 즉, 엄격한 자격요건하에서 최소한의 서비스만 제공한다는 흐름에 영향을 주었다.

### 5) 다원주의

다원주의란 유일한 절대적인 관점이나 가치관에 따라 어떤 일을 주장하는 것이 아니라, 여러 가지 관점과 가치관의 병립과 공존을 인정하고 각각의 관점, 가치관에 따른 다양한 주장을 용인하는 입장을 말한다. 윤리, 관심, 문화, 신념, 종교의 다양성을 존중하는 것은 현대 민주주의의 중요한 원칙 중 하나이다.

사회복지실천에서도 다양한 계층에 대한 수용, 다양한 문제 및 접근방법에 대해 개방적인 입장을 보이는 등 새로운 경향이 지속적으로 발생하고 있다. 즉, 다원주의의 영향으로 다양한 계층과 문제를 인정하는 계기가 마련되었다.

예를 들어, 우리나라 사회가 다문화사회로 변화하면서 사회복지실천이 문화적 다양성에 따른 실천으로 확대되고 있는 것을 들 수 있다. 결혼이주여성, 외국인 노동자, 새터민(북한이탈주민)에 대한 실천이 이루어지고 있으며, 성적 소수자에 대해서도 사회복지 분야가 관심을 갖고 개입하고 있다. 이러한 대상은 아직까지 사회적으로 소수이며 적극적으로 권리를 주장하거나 옹호받지 못하기 때문에 사회복지실천은 이들이 자신들이 처한 삶의 조건을 향상시킬 수 있는 힘을 가질 수 있도록 역량강화 접근의 필요성을 강조하고 있다. 이러한 측면에서 다원주의는 다양한 계층과 다양한 문제를 인정하는 계기가 되었으며 역량강화 논의를 활발하게 하는 데 영향을 미쳤다.

## 3 사회복지실천 현장

### 1) 실천 현장의 분류

사회복지실천 현장은 좁은 의미로는 사회복지실천이 이루어지는 구체적 장소를 말하고(종합사회복지관, 장애인복지관 등), 넓은 의미로는 사회복지실천이 이루어지는 분야를 가리킨다. 예를 들면, 의료사회복지(영역), 장애인(대상), 약물남용(영역 혹은 문제), 교도소(장소) 등이다.

### (1) 기관의 기능 및 목적에 따른 분류

사회복지실천 1차 현장과 2차 현장으로 구분한다. 1차 현장은 기관의 주된 기능과 목적이 사회복지서비스를 제공하기에 일반적으로 사회복지사들이 중심이 되어 활동한다. 2차 현장은 기관의 1차적인 기능은 따로 있으며 필요에 의해 사회복지서비스를 제공하는 곳이다. 사회복지서비스 기관의 목표달성과 서비스 효과성에 미치는 긍정적 영향이 인정되어 사회복지실천이 부분적으로 수행되는 실천 현장이다.

### (2) 기관 설립주체 및 재원조달 방식에 따른 분류

공공기관은 정부의 지원에 의해 운영되며, 사회복지사의 업무는 정부규정이나 지침에 의해 규정된다. 민간기관은 사회복지관련 사업을 목적으로 하는 기관으로서 기부금이나 후원금, 재단, 전입금, 기타 서비스이용료 등이 주요재원이다.

### (3) 서비스 제공방식에 따른 분류

행정기관은 사회복지서비스 전달체계를 효율적으로 운영하기 위해 행정업무를 수행하고 기관 간 연계 및 협의 업무를 담당한다. 서비스 기관은 주요 대상이나 문제영역에 따라서 분류되며 이용자에게 직접서비스를 제공하는 것이 목적이다.

### (4) 주거서비스 제공 여부에 따른 분류

생활(거주)시설은 주거서비스를 포함한 사회복지서비스를 제공하는 기관이며, 이용시설은 주거서비스는 제공하지 않으며, 자신의 집에 거주하는 이용자를 대상으로 사회복지서비스를 제공하는 기관으로 구분된다.

표 7-1 개입방식에 따른 분류

| 개입방식 | 설명 | 예 |
| --- | --- | --- |
| 직접 실천 | 클라이언트를 변화시킴으로써 클라이언트의 문제를 해결하는 실천방식 | 장애아동 양육을 위한 부모 상담, 클라이언트가 필요로 하는 정보 제공, 가족치료, 기술교육 제공, 상담 |
| 간접 실천 | 클라이언트를 둘러싼 환경체계에 개입하여 사회적 지지체계나 자원을 발굴 또는 연계하는 방법을 활용하는 실천방식 | 아동학대 예방을 위한 홍보활동, 학교폭력 예방활동을 위한 자원봉사자 모집, 희귀질환 아동을 위한 모금활동, 공청회 개최, 프로그램 개발, 모금운동, 예산확보운동, 자원봉사자 확보, 캠페인, 클라이언트 옹호 |

출처: 생각의마을(2021), p. 31.

### 2) 실천 현장의 전달체계 및 인력

공공기관은 보건복지부 → 광역시·도 → 시·군·자치구 → 읍·면·동으로 이어지는 사회복지전달체계, 사회복지서비스의 지원기관으로서 간접서비스를 제공하며, 전문인력은 사회복지전담 공무원이다. 민간기관은 사회서비스 기관과 협의체로 구분되는데 사회서비스 기관은 직접적인 서비스를 제공하며, 협의체는 간접서비스나 행정지원을 담당한다. 전문인력은 일반 사회복지사이다.

### 3) 실천 현장의 발전

1947년: 이화여자대학교에 기독교사회사업학과 설치

1950년대: 한국전쟁 이후 미국식 사회복지실천방법으로 시작

1953년: 중앙신학교 및 서울대학교에 학과 설치

1980년대 후반: 지역사회복지관이 전국적으로 생겨나기 시작하면서 이용시설 증가

표 7-2 사회복지시설의 종류

| 소관 부처 | 시설 종류 | 세부 종류 | | 관련법 |
|---|---|---|---|---|
| | | 생활시설 | 이용시설 | |
| 보건복지부 | 노인복지시설 | 노인주거복지시설<br>노인의료복지시설<br>학대피해노인전용쉼터 | 재가노인복지시설<br>노인여가복지시설<br>노인보호전문기관<br>노인일자리지원기관 | 「노인복지법」 |
| | 복합노인복지시설 | 농어촌에 지역에 한해 「노인복지법」 제31조 노인 복지시설을 종합적으로 배치한 복합노인복지시설을 설치 · 운영 가능 | | 「농어촌주민의 보건복지 증진을 위한 특별법」 |
| | 아동복지시설 | 아동양육시설<br>아동일시보호시설<br>아동보호치료시설<br>자립지원시설<br>공동생활가정 | 아동상담소<br>아동전용시설<br>지역아동센터<br>아동보호전문기관<br>가정위탁지원센터 | 「아동복지법」 |
| | 장애인복지시설 | 장애유형별 거주시설<br>중증장애인 거주시설<br>장애영유아 거주시설<br>장애인단기 거주시설<br>장애인공동생활가정<br>피해장애인쉼터 | 장애인지역사회재활시설<br>장애인직업재활시설<br>장애인의료재활시설<br>장애인생산품판매시설 | 「장애인복지법」 |
| | 어린이집 | | 어린이집 | 「영유아보육법」 |
| | 정신보건시설 | 정신요양시설<br>정신재활시설 중 생활시설 | 정신재활시설 중 이용시설 | 「정신건강증진 및 정신질환자 복지서비스 지원에 관한 법률」 |
| | 노숙인시설 | 노숙인자활시설<br>노숙인재활시설<br>노숙인요양시설 | 노숙인종합지원센터<br>노숙인일시보호시설<br>노숙인급식시설<br>노숙인진료시설<br>쪽방상담소 | 「노숙인 등의 복지 및 자립지원에 관한 법률」 |
| | 사회복지관<br>결핵 · 한센시설 | 결핵 · 한센시설 | 사회복지관 | 「사회복지사업법」 |
| | 지역자활센터 | | 지역자활센터 | 「국민기초생활 보장법」 |
| | 다함께돌봄센터 | | 다함께돌봄센터 | 「아동복지법」 |

| 소관 부처 | 시설 종류 | 세부 종류 | | 관련법 |
|---|---|---|---|---|
| | | 생활시설 | 이용시설 | |
| 여성가족부 | 성매매피해지원 시설 | 일반지원시설<br>청소년지원시설<br>외국인지원시설<br>자립지원공동생활시설 | 자활지원센터<br>성매매피해상담소 | 「성매매방지 및 피해자보호 등에 관한 법률」 |
| | 성폭력피해보호 시설 | 성폭력피해자보호시설 | 성폭력피해상담소 | 「성폭력방지 및 피해자보호 등에 관한 법률」 |
| | 가정폭력보호 시설 | 가정폭력피해자보호시설 | 가정폭력상담소<br>긴급전화센터 | 「가정폭력방지 및 피해자보호 등에 관한 법률」 |
| | 한부모가족복지 시설 | 모자가족복지시설<br>(기본, 공동, 자립)<br>부자가족복지시설<br>(기본, 공동, 자립)<br>미혼모자가족복지시설<br>(기본, 공동)<br>일시지원복지시설 | 한부모가족복지상담소 | 「한부모가족지원법」 |
| | 다문화가족지원 센터 | | 다문화가족지원센터 | 「다문화가족지원법」 |
| | 건강가정지원 센터 | | 건강가정지원센터 | 「건강가정기본법」 |
| | 청소년복지시설 | 청소년쉼터<br>청소년자립지원관<br>청소년치료재활센터<br>청소년회복지원시설 | | 「청소년복지 지원법」 |

출처: 보건복지부(2021).

## 4 실천방법: 통합적 접근[1]

### 1) 통합적 접근의 대두 배경

사회복지실천은 모든 인간의 삶의 질을 향상시키기 위해 개인과 환경 사이의 상호작용을 회복시키거나 촉진하는 데 그 목적이 있다. 그렇다면 개인과 환경 간 상호작용

1 이 절의 내용은 구금섭 외(2014); 김경호(2011); 김융일 외(1995)를 참고하여 작성함.

표 7-3 실천수준에 따른 분류

| 실천수준 | 설명 | 예 |
|---|---|---|
| 미시 수준의 사회복지실천 | 개인, 가족이 직면한 문제를 해결하도록 돕는 활동<br>개인의 가장 친밀한 상호작용 과정에 개입 | 개인 상담, 정보 제공<br>개인에게 사회기술훈련 제공<br>가족치료<br>위탁가정 아동 방문<br>정신장애인 재활상담 |
| 중범위 수준의 사회복지실천 | 기관이나 조직 내부, 기관이나 조직 간 상호작용에 개입 | 자조집단이나 지지집단 운영 |
| 거시 수준의 사회복지실천 | 지역사회나 전체 사회, 국가의 복지체계에 개입 | 사회복지정책 분석 및 평가, 모금활동, 정책 대안 발굴, 제안된 법안 분석, 지역사회자원 개발, 취약계층 옹호<br>후원자 개발 및 관리, 노숙인 보호를 위한 모금활동, 직업재활 대상자를 위한 자원개발 |

출처: 생각의마을(2021), p. 29.

증진의 책임을 개인이 가질지, 아니면 환경을 변화시킴으로써 개인과 환경 간의 상호작용을 증진시킬 수 있을지는 어떠한 관점을 취하느냐에 따라 개인-환경 간 관계성과 가치판단이 달라진다. 특히 사회복지실천의 관점은 클라이언트의 어려운 생활 상황과 관련된 요인들을 어떻게 규정하고 평가하며 무엇에 의미를 둘 것인가에 영향을 미치며, 원조 관계 기간 동안의 그 내용이나 목록들을 설정하는 데 중요한 영향을 미친다.

사회복지실천의 관점은 사회복지사가 인간과 환경, 그리고 인간과 환경 간의 상호작용 양상을 관찰할 때 사용하는 기틀이라고 볼 수 있다. 사회복지실천에 있어서 사회복지사들의 독특한 실천 관점은 '환경 속의 인간(Person In Environment: PIE)'이다. '인간-환경'을 이해하는 데 있어서 전통적 사회복지실천 관점은 개별사회사업, 집단사회사업, 지역사회조직이라는 세 가지 실천분야를 독립적으로 인식하여 프로이트의 정신분석학 이론에 상당 부분 의존한 병리적이고 단선론적 관점이었다. 이러한 전통적 관점으로는 다차원적으로 복잡하게 얽힌 대상의 총체적 문제 상황을 해결하는 사회복지실천 개입에 한계가 있었기 때문에, 기존의 전통적 방법론을 융통성 있게 조합한 통합적 관점 또는 접근법의 필요성이 대두되었다. 그중에서 실천 관점의 형성과 발전에 큰 영향을 준 것이 생태체계적 관점이다.

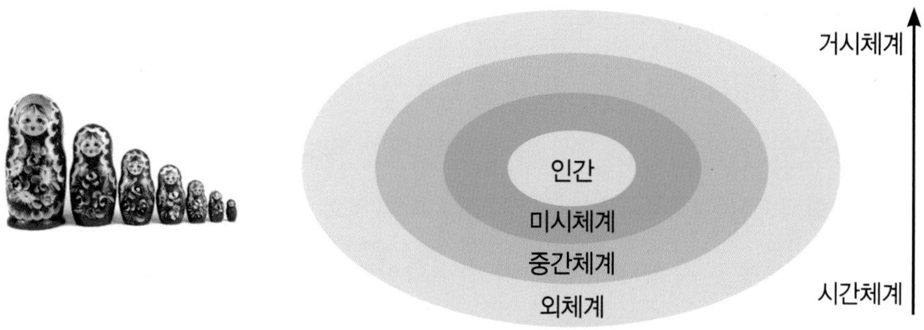


- 은유: 러시아 인형, 큰 인형 속에 점차 작은 인형들이 차례로 들어 있음
- 인간을 둘러싼 상황들도 역시 더 큰 상황 속에 담겨 있음

그림 7-1 **인간을 둘러싸고 있는 생태학적 환경을 다섯 가지로 구분**

출처: 생각의마을(2021), p. 162.

### 2) 생태체계적 관점과 접근

1970년대 들어오면서 사회복지실천은 주요한 변화를 겪는다. 심리사회적 모델, 기능주의 모델, 문제해결 모델 등의 이론적 모델에 기초해서 전개하던 사회복지실천이 체계와 환경 등의 개념을 받아들이면서 그동안의 이분법적 논리에서 개인과 환경 간의 상호작용의 다변적 개념에 눈을 돌리게 되었다.

체계이론과 생태학 이론은 사회복지실천 관점의 변화에 중요한 역할을 하게 된다. 이와 같은 연장선상에서 생태체계론적 관점은 인간과 환경 간의 끊임없는 상호교류의 상황을 조명함으로써 사람과 환경 사이의 적응과 상호작용을 강조하는 관점이다.

생태체계적 관점은 생태학과 일반체계이론이라는 두 개의 개념을 포함한다. 생태학은 유기체의 적응과 환경과 유기체가 역학적인 평형상태를 유지하면서 성장하는 방법에 관심을 둔다. 일반체계이론은 상호작용하는 요소들과 인간과 환경 같은 변수 간의 체계적인 상호 관련을 기술하는 조직적인 개념 준거 틀이다. 결국 생태체계적 관점은 인간과 다른 생물체계 그리고 그들 간의 교류를 설명하고 분석하기 위해 사용되는 체계이론이다.

이러한 생태체계이론은 사회복지사들에게 환경 속의 인간이라는 관점을 강화시켜 주고 명확하게 해 준다. 인간과 환경을 보는 것만으로는 충분하지 않다. 그 이론은 그 둘 사이에 필수적인 생명선을 강조한다. 대부분의 스트레스나 문제가 발생하는 곳은 사람과 환경이 만나는 경계선이다.

생태체계적 관점의 주요 개념 및 그 특징을 정리해 보면 다음과 같다.

첫째, 인간의 적합성이다. 행동은 상황에 대한 적응이라는 용어로 설명된다. 모든 개인과 사회체계는 그들이 살고 있는 세상과 자원과 요구에 적합해지는 방향으로 진화한다. 우리는 우리 자신과 상황에 가장 적합한 방식으로 행동한다.

둘째, 상황과 맥락 속의 인간을 가정한다. 생태체계적 관점은 인간이 매우 복잡하다고 간주한다. 인간은 생각, 감정, 그리고 관찰 가능한 행동을 지닌 생물학적, 심리학적, 영성적, 사회적 및 문화적 존재이다. 인간은 환경에서 주도적인 역할을 하기도 하고 동일한 환경에서 반응하기도 한다. 또한 문화적, 민족적 유산을 전승받기도 하지만 전통과 유산을 창조하기도 한다. 인간은 전능하지도 않고 무력하지도 않으며 인간은 그들의 삶을 형성하는 사건에서 적극적 역할을 수행한다.

셋째, 상호교류에 초점을 둔다. 교류는 사람들이 그들의 환경을 형성하고 시간에 걸쳐 지속적으로 형성되는 호혜적 상호작용 과정이다. '개인:환경(person:environment)'은 이러한 상호적 관계를 상징한다. 이 상징에서 개인과 환경의 중간에 있는 콜론(:)은 사회적 및 물리적 환경과 교류하는 사람들의 역동적 상호 관련성을 강조한다.

넷째, 진보적 변화로서의 발달이다. 생태체계적 관점은 인간의 발달을 진보적인 것으로 보며, 그것은 인간이 내적, 외적 힘에 반응하여 성장하고 변화하며 안정되어 간다고 본다. 인간이 신체적, 정서적, 지속적으로 성숙함에 따라, 그들의 행동은 이러한 내적인 변화를 드러내고 이에 반응한다. 그러나 체계 내에서의 변화가 인간행동의 유일한 결정인자는 아니다. 대신에 이러한 내적 경험은 상황적 사건에 영향을 미치고 반응한다.

다섯째, 역기능이다. 생태체계적 관점에서 볼 때 부적응적(maladaptive) 그리고 역기능적(dysfunctional)이라는 용어는 적합하지 않다. 만약 행동이 내적 욕구와 환경의 욕구를 충족시키고자 하는 적응이라고 한다면, 어떻게 행동이 부적응적일 수 있는가? 예를 들어, 슬럼지역의 동내 놀이터에 총을 들고 가는 10세 아동도 폭력으로 가득 찬 지역사회의 위협적 환경과 맥락에서는 이해될 수 있다. 이런 행동들은 용납될 수 없고 부정적 결과를 가져오기는 하지만, 모든 행동은 맥락을 고려하면 이해가 된다.

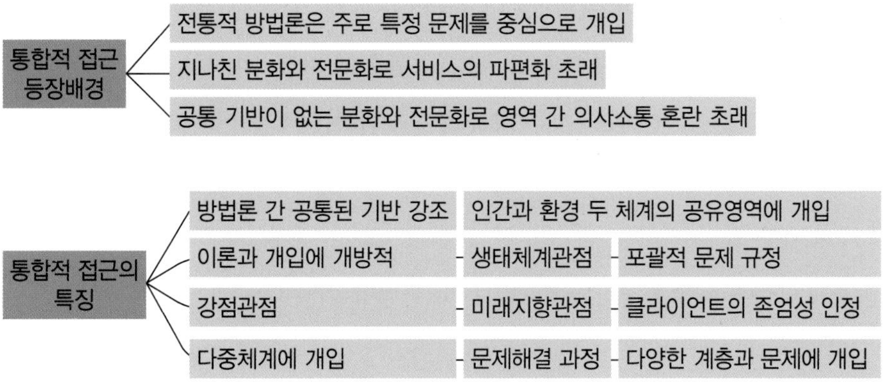


그림 7-2 **통합적 접근**

출처: 생각의마을(2021), p. 145.

### 3) 생태체계적 관점의 효과성

생태체계적 관점은 문제를 지닌 사람이 상황에 어떻게 대처하고, 생존하며, 필요한 자원을 위한 경쟁을 위해 변화하는 환경에 적응하는 다양한 방법을 이해할 수 있도록 돕는다. 또한 개인, 가족, 집단, 조직 그리고 지역사회를 상호 연계 속에서 이해한다. 사실 생태학은 생태체계 내에서 종(species)의 적응과 기능에 초점을 두지 특정 종에 속한 구성원 개인의 적응이나 기능에 관심이 있는 것은 아니다.

그럼에도 생태체계적 관점은 클라이언트를 하나의 체계로 이해하여 항상성과 경계를 통하여 긍정적으로 유지·발달하는 데 필요한 주요한 개념을 제공한다. 아울러 클라이언트와 가족, 집단, 조직, 지역사회 및 사회환경과의 적응을 위한 지속적인 교류와 상호 의존적 관계에서 클라이언트의 문제해결과 성장을 위한 지원에 다각적 방법과 접근의 틀을 제공해 주는 데 의미가 있다.

생태체계적 관점에서는 클라이언트를 둘러싸고 있는 다양한 체계에 대한 동시적인 개입을 지향한다. 따라서 클라이언트의 즉각적 환경인 가족과 집단, 조직을 비롯하여 클라이언트에게 영향을 미칠 수 있는 거시체계인 정책에 영향을 줄 수 있다. 예를 들어, 청소년 가운데 발생하는 집단따돌림은 단순히 가해-피해학생의 문제가 아니며 학교 차원에서 이러한 집단따돌림을 예방할 수 있는 프로그램을 운영하거나 가해-피해학생을 위한 적절한 상담이 이루어져야 한다. 나아가 가정에서는 자녀인 청소년이 집단따돌림을 피하기 위해 부모가 해야 할 조치들을 숙지해야 하며, 교육현장에서 집단따돌림을 방지하기 위한 학교-정부 당국의 명확한 지침이 마련되어야 할 것이다.

요컨대, 사회복지실천의 통합적 접근으로서의 생태체계적 관점은 클라이언트가 자신들의 체계를 잘 유지하는 데 필요한 외부환경과의 경계설정과 운용하는 방법을 제시해 주고 나아가 외부환경과의 상호적응적 관점을 이해하는 데 도움을 준다.

## 참고문헌

구금섭 외(2014). 사회복지실천론. 고양: 공동체.
김경호(2011). 사회복지실천론. 파주: 양서원.
김융일, 조흥식, 김연옥(1995). 사회복지실천론. 서울: 나남출판.
보건복지부(2021). 2021년 사회복지시설 관리안내.
생각의마을(2021). 에셉 사회복지실천론. 고양: 공동체.

# 제8장 사회복지정책

사회복지정책(social welfare policy)은 정부나 지방자치단체의 재정지출을 수반하는 공공정책으로 사회정책과 혼용되어 사용하는 개념이다. 사회복지정책은 공공정책의 하위개념으로 사회복지 분야의 정책에 관한 연구를 주안점으로 하는 학문이다. 사회복지정책은 사회복지와 정책이라는 개념을 합성한 용어로 사회복지와 관련된 특정 목적을 달성하기 위한 행동원칙이나 지침, 일정한 계획 혹은 조직화된 노력 등으로 정의할 수 있다. 따라서 사회복지정책은 정부나 지방자치단체가 국민의 삶의 질을 향상시키고자 하거나 혹은 하지 말아야 할 활동들을 말한다. 즉, 그 정책의 대상은 조세나 국방, 환경, 에너지관리, 주택, 건강, 소득지원, 보건, 노동, 건설 등 거의 모든 활동을 포함하는 것을 말한다.

따라서 이 장에서는, 첫째, 사회복지정책의 개념과 기능, 둘째, 사회복지정책의 가치, 셋째, 사회복지정책 분야 등을 중심으로 살펴보고자 한다.

## 1 사회복지정책의 개념과 기능

### 1) 사회복지정책의 정의

사회복지정책에 대한 정의는 다양하다. 학자마다 정책에 대한 관점의 차이나 접근방식의 차이가 있지만, 사회복지정책의 정의는 대체로 '사회복지라는 목표를 달성하기 위해 사전에 계획된 프로그램 또는 방침'이라는 내용을 포함하고 있다. 따라서 사회복지정책을 학문적인 관점에서 정의하면 국민 삶의 질이나 복지에 영향을 미치는 정부나 지방자치단체의 공공정책으로 조세나 국방, 환경, 에너지관리, 주택, 건강, 소득지원, 보건, 노동, 건설 등에 관한 일련의 행동원칙이나 지침, 일정한 계획 혹은 조직화된 노력으로 정의할 수 있다.

(1) 영국: 사회정책, 사회행정, 사회서비스

19세기 후반 사회개혁적 분위기에서 영국의 사회복지정책은 개인의 의·식·주와 관련된 생활문제와 기본 생존권을 보장하는 개별 서비스를 통해 개인의 욕구 해결에 중점을 두었고, 소득, 보건, 주택, 교육, 대인서비스의 5개 영역이 중심으로 자리하였다. 영국의 경제학자인 Alfred Marshall은 사회정책을 공공서비스나 소득 등을 제공함으로써 사람의 삶의 질, 즉 복지 수준을 향상시키는 정부의 정책이라고 정의하였다. 이때 정부가 제공할 수 있는 공공서비스나 정책으로 사회보험이나 공공부조, 건강 및 복지서비스, 그리고 주택에 관한 정책 등을 제시하였다.

개념에 있어서 사회복지정책보다 사회정책(social policy), 사회행정(social administration), 사회서비스(social service)라는 용어를 많이 사용한다. 여기에는 사회보장, 건강, 교육, 대인 사회서비스, 주택, 고용, 가족정책 등이 포함되어 우리가 일반적으로 쓰는 사회복지정책의 개념보다 범위가 넓다.

영국은 1942년 베버리지 보고서(Beveridge Report)에 제시된 '국민최저선(national minimum)'의 개념을 토대로 국민의 기본 생활을 사회보험과 관련 서비스를 통해 국가가 보장하는 것을 지향했다. 이에 따라 최소한의 생활에 필요한 재화와 서비스를 공공에서 책임지게 되었고, 여기에는 소득보장뿐 아니라 주택, 고용, 의료 등이 포함되었다. 의료에서는 모든 국민에게 비용 부담 없이 기본 의료서비스를 제공하는 보건서비스(National Health Service: NHS)를 시행했는데, 이는 지금까지도 보편적 서비스의 대표적인 예로 꼽힌다.

(2) 독일: 노동정책, 사회보험

19세기 독일은 노동력의 과잉공급, 장시간 노동, 저임금, 열악한 노동환경 등 여러 노동문제를 겪고 있었다. 당시 독일제국의 수상 비스마르크는 사회주의자들을 탄압하고 노동계급을 회유하여 사회안정을 이루고자 사회주의자 진압법의 통과(1878)와 함께 사회보험을 도입하려 하였다. 19세기 후반에 세계 최초로 사회보험의 도입 후 사회보험을 중심으로 다양한 사회복지정책을 발전시켜 왔기 때문에 독일의 사회복지정책은 여전히 노동과 복지의 연관성이 강하고, 사회보험이 중심이 되는 특징을 가지고 있다.

독일과 같이 사회보험을 중심으로 복지정책을 발전시키면 복지의 확대에도 불구하고 시장에서의 지위는 유지되는 특성이 있다. 소득비례방식의 사회보험은 시장소득에 따라 보험료를 부과하고 보험료 납입 실적에 따라 급여를 차등 지급하므로 시장소득이 높은 이의 보험급여액도 높다. 기존 생활수준을 유지해 준다는 점에서는 긍정적이지만, 계층 간 차이가 줄지 않고 노동시장에서의 성과가 복지급여로 연결된다는 점에서는 한계가 있다. 이러한 설명은 복지국가의 유형화 논의 중 Titmuss의 유형화에서는 산업성취수행 모형, Esping-Andersen의 유형화에서는 보수주의(조합주의) 복지국가 유형과 관련이 있다.

(3) 미국: 사회보장

미국은 국가가 사적 영역에 개입하는 것을 최소화하고 개인과 시장의 자유를 중시하는 분위기가 강하다. 따라서 국가의 적극적인 개입은 지체되어, 1929년 대공황 이후 대량 실업, 빈곤 등 사회문제가 심화된 1930년대에 사회복지정책이 본격적으로 도입되었다. 사회보장법 제정(1935)이 공공복지의 본격적인 출발이었으므로, 우리의 사회복지정책과 유사한 개념으로서 사회보장(social security)이라는 표현을 많이 쓴다. 복지(welfare)라는 단어는 공공부조를 지칭하는 용도로 자주 쓴다.

미국에서 사회복지정책은 공공부문뿐만 아니라 민간부문의 사회복지활동까지 포함하는 개념으로 쓰이기도 한다. 미국의 사회복지정책은 여전히 유럽 국가에 비해 공공영역이 다소 미흡하고 민간의 역할이 상대적으로 크다. 특히 사회보험 방식의 전 국민 대상 의료보험 도입이 계속 실패하면서, 공적 의료보장이 취약하다고 평가된다.

(4) 북유럽: 보편적 프로그램의 발달

스웨덴, 노르웨이, 덴마크, 핀란드 등 북유럽 국가는 모든 시민을 대상으로 한 평등한 급여와 서비스를 국가의 일반재정으로 제공함으로써 보편주의·연대주의적 사회복지정책을 발전시켜 왔다. 정부의 일반재정을 사용한 프로그램이 많아서 높은 수준의 재분배를 달성할 수 있었고, 경제성장과 소득분배의 성공적 조화를 이루어 온 것으로 평가받는다. 이들 복지국가의 발전과정에서 사회민주주의가 중요한 역할을 하며 이러한 모형을 Esping-Andersen의 논의에서 사회민주주의 모형이라고 일컫는다.

### 2) 사회복지정책의 기능

#### (1) 사회통합과 정치적 안정

사회복지정책은 모든 이가 배제되지 않고 사회구성원으로 참여하며 살 수 있게 사회통합을 도모한다. 또 사회복지정책은 사회적 약자의 욕구를 충족시켜 불만을 줄이고 사회질서 유지를 가능하게 한다. 이를 통해 정치적 안정을 이룰 수 있다. 이러한 기능에 대해 기득권을 가진 자들이 자신의 힘을 유지하고자 사회복지정책을 이용한다는 비판(음모이론)도 있다. 사회복지정책으로 혼란을 막고 사회안정을 이루는 것이 결국 약자보다는 기득권을 가진 자에게 더 이득이라는 것이다.

George와 Wilding은 사회정책의 정치·사회적 안정 효과에 대해 다음과 같이 기술하였다.

① 사회문제를 완화하여 희생자들의 고통과 불만을 해소하거나 현 정치질서의 새로운 측면을 모색
② 개인, 가족, 집단관계 속에서 나타나는 사회문제를 규정하거나 강화함으로써 현재의 정치질서에 대한 도전을 최소화
③ 특정 가치 및 행위 유형을 격려, 보상, 처벌함으로써 안정을 유지
④ 현재의 사회적 권위와 위계를 사회복지정책이나 사회복지서비스가 지지함으로써 안정에 기여
⑤ 사회복지정책을 통해 계급갈등을 집단갈등으로 대체시키면서 집단갈등을 제도화

#### (2) 사회문제 해결과 사회적 욕구 충족

사회복지정책은 사회구성원에게 보편적으로 발생할 수 있는 문제에 개입함으로써

사회문제를 완화하고 사회적 변화를 꾀한다. 욕구(need)는 원하는 것(want or desire)과 달리 충족하게 되면 객관적인 의미에서 가치가 있다고 판단되는 것을 뜻한다. 사회복지정책은 최소한의 사회적 욕구라고 인정되는 것을 충족시켜 사회구성원의 만족을 추구하고 사회적으로 바람직한 목표를 달성하고자 한다.

### (3) 소득재분배

사회복지정책은 시장에서 배분된 소득(1차적 분배)을 2차적으로 재분배하는 기능을 한다. 소득재분배는 주로 한 세대 안에서, 또는 단시간으로 보면 수평적 방향 혹은 수직적 방향으로 이루어진다. 여기서 방향은 소득이 '낮은' 사람부터 '높은' 사람까지 수직선상에 줄을 서 있다고 보면 된다. 예를 들면, 국민건강보험이나 국가장학금제도에서 '소득분위'라는 개념이 자주 쓰이는데, 이때 1분위는 저소득층을, 10분위는 고소득층을 나타내는 것으로서 저소득자부터 고소득자까지 줄을 세운 셈이 되는 것이다. 따라서 고소득자의 소득이 저소득자에게 이전되면 수직적 재분배가 된다. 수직적 재분배는 공공부조처럼 저소득층을 선별 지원하는 프로그램에서 주로 나타난다.

수평적 재분배는 같은 소득수준의 계층 내에서도 사회적 위험이 발생하지 않은 사람으로부터 사회적 위험이 발생한 사람에게 소득이 이전되는 것을 의미한다. 수평적 재분배는 사회보험에서 주로 나타난다. 예를 들어, 건강보험은 같은 소득수준 내에서도 건강한 자로부터 건강하지 않은 자에게 소득을 이전하는 효과를 낸다. 또한 사회보험은 아니지만, 아동수당에서도 수평적 재분배 효과가 나타나는데, 아동수당은 아동 양육으로 인한 추가 부담을 덜고자 하는 정책 목표를 달성하기 위해, 동일한 소득수준의 계층 내에서도 아동이 없는 가구로부터 아동이 있는 가구로 소득을 이전시키는 것이다.

세대 간에도 재분배가 나타난다. 부과방식의 연금에서는 젊은 세대에서 노인 세대로, 후세대로부터 앞세대로 소득재분배가 일어난다.

시간적(inter-temporal) 소득재분배는 시점 간 소득재분배라고도 하며, 동일한 사람의 삶 가운데 어느 한 시점의 소득이 다른 시점으로 옮겨 간다는 것이다. 예를 들어, 적립방식 연금에서는 근로연령대 시기에 적립한 연금을 은퇴 후 노년기에 받게 되는 것이다.

(4) 경제의 안정화

호황-불황의 자본주의 경제 변동에서 의도적인 경제정책을 하지 않더라도 사회복지정책이 사전에 충분히 자리하고 있으면, 경기가 과열되거나 침체되지 않도록 자동안정장치(built-in stabilizer)의 기능을 수행한다. 사회복지정책은 호황과 불황의 변동에도 상대적으로 일정한 사회보장지출(연금, 의료보장, 공공교육 등)을 통해 안정을 제공하며, 경기변동의 방향과는 상반되는 방향으로 움직여서 적극적으로 자동안정화 기능을 수행하기도 한다. 호황기에는 실업급여와 공공부조 등의 지출이 줄어 유효수요를 줄여 주고, 불황기에는 늘려 준다. 경제구조 재편이나 산업구조 변화 과정에서도 갈등과 저항을 완화해 준다.

일반적으로 보수주의·자유주의 경제학자는 사회복지가 경제성장을 저해한다고 하고, 경제정책을 복지정책보다 우선적인 위치에 놓고 복지정책을 종속시키려는 경향이 강하다. 파이를 늘려야 전체 국민의 삶을 향상시킬 수 있다는 낙수효과(trickle-down effect)를 주장하기도 한다. 그러나 인적자본론의 주장과 같이 국민의 건강과 교육 수준을 증진시키는 등 사회복지정책은 경제성장에 필요한 양질의 노동력을 확보할 수 있게 만들어 경제성장에 기여하기도 한다. 고용이나 노동시장 활성화 등 직접적인 경제과정을 원활히 작동시키기 위해서는 노동인구에 대한 보호와 가족에 대한 보호, 교육, 사회적 보장 등이 필수적인 것이다. 결국 경제정책과 사회복지정책은 서로 영향을 주며 상생의 역할을 한다. 경제 성장을 위해 사회복지정책이 필요하며, 복지정책 역시 경제적·재정적 토양이 필요한 것이다.

(5) 사회복지정책의 한계

① 빈곤의 덫

빈곤의 덫(poverty trap)이란 사회복지 급여에 의존하여 근로의욕을 잃고 빈곤에 머무르는 현상을 말한다. 즉, 급여선정기준 이하에 있게 되면 여러 혜택이 있으나 기준을 초과하면 혜택을 잃기 때문에 빈곤 상태에 있는 것이 오히려 더 이득이 되어, 공공부조 수급자로 남아 있으려고 일을 덜하거나 하지 않는 계층이 존재하는 것을 말한다.

수급자의 소득이 급여선정기준을 초과하는 수준으로 높아져서 공공부조의 혜택을 잃게 될 경우, 시장소득(자기가 일해서 번 소득)이 높아졌음에도 불구하고 총 가처분 소득(사회복지 급여를 합한 소득)은 이전보다 줄어들 수 있다. 이때 합리적인 사람은 시장소득이 급여선정기준을 넘는 것을 꺼리게 되어, 차라리 시장소득이 낮더라도 사회복지급여를 받을 수 있는 선택을 하게 된다. 이런 현상을 빈곤함정 또는 빈곤의 덫이라고 한다.

사회복지에 대해 비판적인 사람들은 이러한 현상처럼 복지정책이 국민의 자립의지와 노동의지를 약화시키고 의존성을 높인다고 비판한다. 하지만 이것은 빈곤층이 자신의 이익을 높이려고 행동하는 합리적 선택이기 때문에, 이러한 문제를 근본적으로 해결하는 방법은 보편적인 프로그램을 확대하는 것이다.

② 낙인

낙인(stigma)은 급여를 받는 사람이 수급과 관련하여 느끼는 수치감 또는 치욕감을 말한다. 낙인이 생긴다면 인간의 존엄성이 훼손될 수 있다. 따라서 낙인이 발생하지 않도록 하는 것이 중요하다. 급여의 자격조건에 따라 대상자에게 수치감을 줄 수도 있고, 급여의 형태에 따라서도 낙인의 발생 정도가 달라진다.

공공부조에 대해 아직도 많은 사람이 권리라기보다는 국가로부터 받는 시혜라고 생각하기 때문에 다른 사람들에게 공공부조 수급자라는 것이 알려지는 것을 싫어한다. 즉, 이들은 공공부조 수급자라는 사실을 다른 사람들이 알게 될 때 낙인감을 느끼게 된다. 자산조사에 기초한 공공부조는 기여에 따른 분배원리를 택하고 있는 사회보험과는 달리, 본인 스스로 생활을 유지할 수 없기 때문에 국가로부터 받는 도움의 성격이 있다. 따라서 공공부조의 급여신청, 자산조사, 급여의 사용 등의 과정에서 낙인감이 발생할 가능성이 높다. 또 급여가 현물이나 증서 형태로 제공될 때, 현금 급여에 비해 공공부조 수급자라는 사실을 노출할 가능성이 높아 낙인감을 줄 수 있다.

## 2 사회복지정책의 가치

### 1) 평등

평등은 사전적으로 '권리, 의무, 자격 등이 차별 없이 고르고 한결 같음'을 뜻한다. 어떠한 것이 평등인가와 관련하여, 자주 사용하는 평등의 개념으로 다음의 세 가지가 있다.

수량적 평등(결과의 평등, numerical equality)은 가장 적극적인 평등으로서 사람들의 욕구나 능력의 차이와는 관계없이 사회적 자원을 모두에게 양적으로 똑같이 분배하므로 결과의 평등과 같은 의미가 있다. 그러나 수량적 평등의 개념이 뜻하는 결과의 완전한 평등은 아직 인류 역사상 어느 사회에도 존재하지 않았고, 다수 구성원도 이를 원하지 않는다. 결과의 완전한 평등은 아니더라도 많은 사회복지정책이 수량적 평등의 가치를 일부 반영하고 있다. 공공부조제도가 보충급여의 원칙에 따라 대상자의 가처분소득을 동일수준까지 끌어올려 주는 것이 대표적인 예이다.

비례적 평등(proportional equality)은 개인의 욕구, 노력, 능력, 기여 등 기준에 따라 사회적 자원을 다르게 배분하는 것으로, 흔히 공평 혹은 형평성(equity)이라고도 한다. 사회보험에서 기여(보험료 납입액)에 따라 급여가 차등 지급되는 것이 대표적인 예이다. 즉, 보험료를 많이 낸 자가 보험급여도 많이 받는 것을 뜻한다. 영국의 신구빈법(1834)에서 열등처우의 원칙이 도입되었을 때 이를 정당화한 논리에서도 비례적 평등의 개념을 찾을 수 있다.

기회의 평등(equal opportunity)은 가장 소극적인 평등 개념으로서, 이 개념에 의하면 결과가 평등한가는 중요하지 않고 결과를 얻을 수 있는 과정상의 기회만을 똑같이 해주는 것에 집중하는 것이 필요하다. 따라서 과정상의 기회만 평등하다면 그로 인한 결과의 불평등은 개인이 책임져야 한다는 관점으로, 주로 아동에 대한 다양한 투자가 이러한 관점을 반영하고 있다. 기회의 평등이라는 이름 아래 수많은 결과의 불평등이 존재하는 것을 정당화한다는 비판이 있다.

### 2) 효율성

정책에서 효율은 주어진 투입에 비해 가장 큰 산출을 달성하는 것으로 어느 정도의 자원을 사용하여 목표를 얼마나 달성하였는가라는 것을 의미한다. 경제정책은 효율성 자체를 목표로 삼지만, 사회복지정책에서 효율성은 그 자체가 목표가 아니라 수단으로서의 가치를 지닌다. 사회복지정책에서도 효율성이 중요한 것은 사용되는 자원이 한정되어 있기 때문에 가능하면 같은 자원으로도 높은 효과를 얻는 것이 필요하기 때문이다.

사회복지정책에서 효율적인 수단을 선택하는 것이 중요한데, 어떤 점을 비효율적인 자원 사용이라고 보는가에 따라 목표효율성과 운영효율성의 관점으로 나뉜다. 목표효율성은 정책이 목표로 하는 대상자들에게 자원이 얼마나 집중적으로 할당되는가를 기준으로 삼는다. 이 관점에서 보자면 목표 외에 사용되는 자원은 비효율적이다. 운영효율성은 정책을 집행하고 운영하는 과정에서 대상자에게 직접 사용되는 것 외에 투입되는 비용을 기준으로 삼는다. 이 관점에서는 흔히 운영비라고 하는 간접경비를 줄이는 것이 중요하다.

### 3) 자유

자유란 자기가 원하는 것을 하는 것을 의미한다. 자유의 개념은 소극적 자유와 적극적 자유로 나눌 수 있다. 소극적 자유란 다른 사람의 간섭 혹은 의지(will)로부터의 자유를 말하고, 적극적 자유는 자신이 원하는 것을 할 수 있는 자유를 말한다. '네 마음대로 해라' 식의 간섭하지 않는 것은 소극적 자유지만, 아무리 소극적 자유가 보장되더라도 소득이 없거나 몸이 불편하여 실제로 자유를 만끽할 수 있는 능력이 뒷받침되지 못한다면 적극적 자유가 결여된 것이다. 소극적 자유를 강조하면 개인에 대한 국가의 간섭은 없거나 최소화되어야 한다. 적극적 자유를 강조하면 개인의 자아실현을 위한 자유를 보장하기 위해 국가의 적극적 개입이 요청된다. 전자는 자유의 '기회' 측면을 강조하고, 후자는 자유의 '능력' 측면을 강조한다.

현대 복지국가의 사회복지정책은 특정한 사람들의 소극적 자유를 줄이지만 다른 사람들의 적극적 자유를 증가시키는 경우가 많다. 이는 적극적 자유가 소극적 자유의 가치를 높일 수 있다는 것과, 소극적 자유로부터 감소하는 효용이 적극적 자유로부터 증가하는 효용보다 적을 수 있다는 점에서 옹호된다.

### 4) 사회적 적절성

사회적 적절성은 사회복지정책을 통해 사람들의 '욕구(need)'를 충분히 충족시켰는가를 의미한다. 즉, 사회적 적절성은 사회복지정책의 급여는 인간의 기본적 욕구를 충족시킬 만큼 일정 수준 이상으로 제공해야 한다는 것과 관련된 것이다. 시장에서는 사람들이 '원하는 것(want)'이나 '바라는 것(desire)'을 만족시키는 배분이 이루어지지만 사회복지정책에서 자원의 배분은 욕구를 만족시킴으로써 이루어진다.

욕구의 만족을 더 중요하게 생각하는 이유는 욕구의 경우 인간이 공통적으로 필요하다고 느끼는 것과 관련이 있으므로 객관적인 의미에서 가치가 있고, 주관적 이득보다는 사회적 해악을 줄일 수 있기 때문이다. 긴급성이나 가치중립성이라는 측면에서도 욕구가 중요하다. 욕구와 '원하는 것(want)'을 비교했을 때 일반적으로 자발적 선택의 여지가 적어 욕구를 변경할 수 없고 다른 대안이 적다는 점에서도 욕구를 우선적으로 해결할 필요가 있다.

사회적 적절성은 급여수준이 높을수록 실현 가능성이 높다. 이 점에서 사회보험의 사회적 적절성 실현 정도가 공공부조나 사회수당보다 높다. 사회수당은 대상자가 아주 많아서 1인당 급여가 낮다는 점에서 사회적 적절성을 달성하기에 한계가 있다. 공공부조는 최저생활수준을 감안하여 급여 수준을 정하기 때문에 사회적 적절성의 가치가 반영된다. 하지만 자본주의 사회에서는 복지에 의존하지 않고 스스로 일하는 사람에 대한 보상이 더 많아야 한다는 형평의 가치가 강조되기 때문에 공공부조에 사회적 적절성을 강조하다 보면 형평의 가치가 훼손되므로, 크게 볼 때 공공부조는 사회적 적절성의 반영에 한계를 가진다.

### 5) 사회정의

사회정의(social justice)는 사회구성원들에게 정당한 몫을 분배하고 이에 대한 권리와 책임을 바르게 부여하는, 바람직한 사회의 원리를 뜻한다. 사회복지정책은 정의로운 사회를 위해 설계되고 집행되어야 하기 때문에 사회정의는 사회복지정책의 중요한 가치가 된다. 사회정의에 대한 근대적 논의를 출발시켰던 Bentham의 공리주의는 최대다수의 최대행복을 사회정의의 원칙으로 삼았다. 이 원칙에 따르면 사회 효용의 총량은

표 8-1 사회복지정책의 영역 및 내용

| 영역 | | 사회복지정책의 내용 |
|---|---|---|
| 주요 분야 | 소득보장정책 | 사회보험, 공공부조, 각종 수당제도 등 |
| | 건강보장정책 | 국민건강보험, 의료급여, 공공보건의료서비스 등 |
| | 개별 사회서비스 | 아동복지, 여성복지, 장애인복지, 청소년복지, 노인복지 등 |
| | 주택정책 | 주택자금 대출제도, 임대료 보조, 공공임대주택 등 |
| | 교육정책 | 학자금 지원, 영유아보육 · 교육 지원, 학교급식 등 |
| 확장된 분야 | 조세정책 | 소득공제, 조세감면, 근로소득장려제도(EITC) 등 |
| | 노동정책 | 고용정책, 노사정책, 임금정책, 교육 · 훈련정책(적극적 노동시장 정책) 등 |

출처: 생각의마을(2021).

강조되지만 사람들 간의 효용의 분배는 크게 중요하지 않게 된다.

Rawls는 공리주의가 분배문제에 대해 무관심하다고 비판하면서 사회구성원 간 정의로운 분배가 가능하도록 하는 정의의 원칙을 만들고자 하였다. Rawls는 『정의론』에서 "모든 이에게 자유를 완벽하게 누릴 수 있도록 하여야 한다는 것이 정의의 첫째 원칙이고, 가장 빈곤한 사람들의 복지에 대하여 우선으로 배려하여야 한다는 것이 정의의 둘째 원칙이며, 결과의 불평등은 존재하되 모든 사람에게 균등한 기회를 주는 것이 정의의 셋째 원칙이다"라고 주장한다. 이것이 반영된 것이 최소극대화 원칙(maximin criterion), 즉 최소의 효용을 가진 사람의 효용을 극대화해야 한다는 원칙이다. 사람들은 자신이 어떤 계층에 속할지 모르는, 무지의 베일에 가려진 원초적 상황(original position)에 놓이면 최악의 경우를 피하고 싶기 때문에 최하층의 수준을 최대로 높이는 원칙에 동의한다고 Rawls는 주장한다.

## 3 사회복지정책 분야

### 1) 소득보장정책

소득보장정책은 일정 생활수준을 유지할 수 있도록 소득을 보장하는 정책이다. 실업·질병·재해에 의해 수입이 중단될 때, 또는 노령에 의한 퇴직이나 부양자의 사망 등에 의해 수입이 상실될 때, 출생·사망 등에 수반하는 지출이 발생할 때, 일정 생활수준을 유지할 수 있도록 소득을 보장해 주는 정책이다.

소득보장정책에는 ① 저소득자에 대하여 보충성의 원리에 입각, 최저생활수준을 보장하는 공적부조, ② 정형적 급부를 행하는 사회수당(사회부조), ③ 갹출원칙을 기초로 생활안정을 위해 보험사고 발생 시 일정한 급부를 행하는 사회보험 등 세 가지가 있다.

공적부조는 자산조사에 기준하여 보호·적용하는 선별주의를 취하는 데 대하여, 사회보험의 수급에는 자산조사가 아닌 보편주의 원칙에 입각하고 있다. 한편, 사회부조인 아동수당과 자산조사가 없는 무갹출제도가 도입되어 보험의 부조화라고 하는 새로운 움직임이 나타나고 있고, 사회보험의 급부수준을 둘러싸고 최저보장의 생활유지가 논의되고 있다.

소득보장의 최저선은 무기여의 공공부조제도로 이루어지며, 보장수준은 최저생활비에 입각한 법적규제형태로 이루어지고 이는 국가책임이다. 소득보장의 적정선은 사회보험형태, 무기여로 귀속적 욕구에 따른 수당형태, 법적 규제형태로 이루어지며, 보장수준은 사회경제 조건과 국가와 가족의 역할에 따른 사회적 합의에 의해 결정되고, 책임은 사회공동책임이다.

최저 소득보장수준의 설정은 생활보호법에 따라 산정된 최저생활비로 책정되며, 적정 소득보장수준의 설정은 각 대상자 소득수준에 따라 상대적으로 허용한다.

## 2021년 국민기초생활보장사업안내 주요 개정사항

### 수급자 선정기준 변경에 따른 조정

[2021년도 기준 중위소득]

(단위: 원)

| 가구규모 구분 | 1인 가구 | 2인 가구 | 3인 가구 | 4인 가구 | 5인 가구 | 6인 가구 | 7인 가구 |
|---|---|---|---|---|---|---|---|
| 기준 중위소득 | 1,827,831 | 3,088,079 | 3,983,950 | 4,876,290 | 5,757,373 | 6,628,603 | 7,497,198 |

※ 8인 이상 가구는 7인 가구 기준 중위소득에서 6인 가구 기준 중위소득의 차액을 7인 가구 기준 중위소득에 더하여 산정

[2021년도 급여 종류별 수급자 선정기준]

(단위: 원)

| 가구규모 구분 | 1인 가구 | 2인 가구 | 3인 가구 | 4인 가구 | 5인 가구 | 6인 가구 | 7인 가구 |
|---|---|---|---|---|---|---|---|
| 생계급여수급자 (기준중위소득 30%) | 548,349 | 926,424 | 1,195,185 | 1,462,887 | 1,727,212 | 1,988,581 | 2,249,159 |
| 의료급여수급자 (기준중위소득 40%) | 731,132 | 1,235,232 | 1,593,580 | 1,950,516 | 2,302,949 | 2,651,441 | 2,998,879 |
| 주거급여수급자 (기준중위소득 45%) | 822,524 | 1,389,636 | 1,792,778 | 2,194,331 | 2,590,818 | 2,982,871 | 3,373,739 |
| 교육급여수급자 (기준중위소득 50%) | 913,916 | 1,544,040 | 1,991,975 | 2,438,145 | 2,878,687 | 3,314,302 | 3,748,599 |

※ 생계급여 수급자 선정기준 기준 중위소득 30%는 동시에 생계급여 지급기준에 해당
※ 8인 이상 가구의 급여별 선정기준: 1인 증가 시마다 7인 가구 기준과 6인 가구 기준의 차이를 7인 가구기준에 더하여 산정
– 8인 가구 생계급여수급자 선정기준: 2,509,737원 = 2,249,159원(7인 기준) + 260,578원(7인 기준 – 6인 기준)

### 용어 정리

- 생계급여수급자: 생계 · 의료 · 주거 · 교육급여를 모두 받는 수급자뿐 아니라 생계 · 의료급여를 받는 수급자, 생계 · 주거급여를 받는 수급자 등 생계급여를 받는 수급자를 통칭하여 가구단위로 '생계급여수급자'라 함
- 의료급여수급자: 의료 · 주거 · 교육급여를 모두 받는 수급자뿐 아니라 의료 · 주거 급여를 받는 수급자, 의료 · 교육급여를 받는 수급자를 통칭하여 가구단위로 '의료급여수급자'라 함
- 주거급여수급자: 주거 · 교육급여를 모두 받는 수급자뿐 아니라 주거만 받는 수급자를 통칭하여 가구단위로 '주거급여수급자'라 함
- 교육급여수급자: 교육급여만 받는 가구의 교육급여 대상인 학생 개인을 개인단위로 '교육급여수급자'라 함. 학비를 직접 지급받지 않는 학생의 부모는 동일보장가구로 조사대상이나, 보장결정 시에는 보장가구에서 제외되며 교육급여수급자가 아님

※ '교육급여를 받는 수급자'란 생계급여수급자, 의료급여수급자, 주거급여수급자 중 교육급여를 받는 개인 수급자를 의미함

출처: 보건복지부(2021).

### 2) 보건복지정책[1]

보건복지정책(health and welfare policy)이란 국민의 건강과 복지에 관한 입법, 사법, 행정부의 결정이다. 국민의 질병을 치료하고 예방하며 건강을 유지, 증진하기 위한 결정과 국민의 빈곤과 사회적 소외를 해결하기 위한 결정들이다. 이러한 결정들은 인본주의 철학에 의하여 인간이면 누구나 보장받아야 할 권한으로 인정되고 있다. 우리나라에서도 의식주와 건강을 국민의 기본권으로 하고 인간다운 삶을 보장하도록 헌법이 정하고 있다. 그리고 이를 보장해야 하는 책임을 국가가 가지고 있으며 이를 실현하기 위한 노력이 정부의 보건복지정책이다. 국가의 보건복지는 국민에게 제공하는 혜택이 아니라 국민이면 누구나 누려야 할 권한이고 권리이다. 국가는 국민의 기본권을 보장하기 위하여 보건복지정책을 수립하고 이를 실천한다. 그러나 제한된 자원으로 모든 국민의 기본권을 모두가 만족할 만큼 보장한다는 것은 불가능하다. 여기에 바로 보건복지정책의 이념적 가치 기준이 영향을 미친다.

보건복지정책의 이념에는 두 가지 극단의 시각이 존재한다. 자유주의적 시각과 사회주의적 시각이다. 자유주의적 시각은 보건복지 문제 해결을 위해 국가가 개입하는 것을 최소화할 것을 주장한다. 불가피하게 개입하더라도 최저생계비 이하 빈곤계층에 대한 온정주의적 접근만을 허용하여야 한다는 입장이다. 반면, 사회주의적 시각에서는 보건복지정책은 평등원칙에 입각하여 개개인의 능력보다는 요구에 기초하여 집단의 모든 구성원에게 보편적으로 의·식·주·의료 및 교육 등을 제공하여야 한다고 주장한다.

이러한 극단의 시각 사이에 수정자유주의와 사회민주주의라는 중도적 시각이 존재한다. 이 두 가지 시각은 자본주의 경제질서에 대하여 국가가 적극적으로 개입하여 이를 개선해야 한다는 데에 동의한다는 공통점이 있으나, 수정자유주의는 사회보험제도를 통해 생활 유지에 필요한 최소한의 국가 개입으로 그칠 것을 선호하여 개인의 책임을 조금 더 강조하는 반면, 사회민주주의는 사회구성원에게 발생되는 사회적 비용에 대해 계급·소득 수준·인종 등을 불문하고 차별 없이 보편적인 사회정책을 실시해야

1 이 절의 내용은 정정길 외(2010); 김화중 외(2005)를 참고하여 작성함.

표 8-2 국민건강보험과 실손의료보험(민간보험)의 비교

| 구분 | 국민건강보험 | 실손의료보험(민간보험) |
|---|---|---|
| 보장범위 | 국민의 질병 · 부상에 대한 예방 · 진단 · 치료 · 재활과 출산 · 사망 및 건강증진에 대하여 보험급여 실시(「국민건강보험법」 제1조) | 보험회사가 피보험자의 질병 또는 상해로 인한 손해(의료비에 한정)를 보상하는 상품 |
| 가입대상 | 국내에 거주하는 국민(「국민건강보험법」 제5조)<br>제외: 의료급여 수급권자 등 | 임의가입 |
| 보장사항 | 가입자와 피부양자의 질병, 부상, 출산 등에 대하여 요양급여를 실시(「국민건강보험법」 제41조)<br>1. 진찰 · 검사<br>2. 약제(藥劑) · 치료재료의 지급<br>3. 처치 · 수술 및 그밖의 치료<br>4. 예방 · 재활<br>5. 입원<br>6. 간호<br>7. 이송 | '「국민건강보험법」에서 정한 요양급여 또는 「의료급여법」에서 정한 의료급여 중 본인부담금'과 '비급여(상급병실료 차액 제외)'를 합한 금액의 80~90%에 해당하는 금액(표준약관)<br>「국민건강보험법」 또는 「의료급여법」에 따라 보건복지부장관이 정한 비급여대상 |
| 보장일수 | 제한 없음<br>질병 완치 시까지 보장 | 입원: 발병일로부터 365일<br>통원: 연간 180회<br>처방조제비: 연간 180건 |
| 보장금액 | 제한 없음<br>법정본인부담금 및 비급여 제외<br>본인부담상한제(2020년도)<br>당해 연도 총 의료비 본인부담금 총액 81~582만 원 이상인 경우 환급(소득수준에 따라 7단계 차등적용) | 국민건강보험급여를 제외한 본인부담금 중 일부와 비급여 보상(2019년 3월 기준)<br>본인부담금+비급여 금액 합계액의 80~90% 보상<br>입원: 5천만 원 한도<br>통원(외래+처방조제비): 회당 합산하여 30만 원 이내<br>2017년 4월부터 기본형과 특약(도수치료 등)을 별도 구매하는 상품으로 개편됨 |
| 계약갱신 | 평생 의무가입 | 1년 단위 |

출처: 국민건강보험. https://www.nhis.or.kr/nhis/

한다는 입장을 선호함으로써 개인적 책임보다 사회의 책임을 조금 더 강조한다는 점에서 약간의 차이를 보인다.

현재 우리나라는 사회안전망의 기본 틀을 완성한 후 복지국가 팽창기에 진입하고 있다. 종래 보건의료분야는 개인의 책임을 강조하고 국가의 역할과 책임 확대에 소극적인 입장을 취하였으나, 오늘날 점차적으로 국가 책임을 강조하는 방향으로 나아가

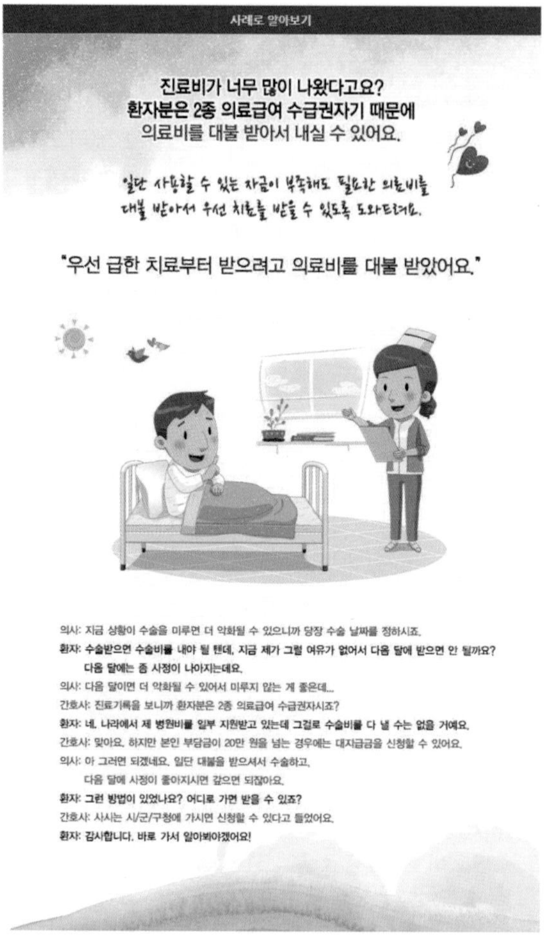


그림 8-1 2종 의료급여 수급자 사례

출처: 복지로. http://www.bokjiro.go.kr/

고 있다. 이러한 과정에서 선진 복지국가에서 나타난 팽창기 복지정책의 부정적 요소를 배제할 수 있는 발전전략을 구사해 나가는 것이 중요한 과제가 되고 있다.

### 3) 노동정책[2]

노동정책(labor policy)이란 노동자와 사용자 혹은 정부 간의 적절한 관계 설정을 규

2 이 절의 내용은 김적교(2013); 이목훈(2003); 이철수(2009); 신은종(2010); 다음 백과사전(2014. 4. 24.); 고용노동부(2014. 4. 24.); 네이버 지식백과를 참고하여 작성함.

정하여 최소한의 인간다운 삶의 질을 보장하는 관련 정책을 말한다. 이 개념에는 최저임금법, 근로기준법, 노동조합법, 그리고 노동쟁의조정법 등을 통하여 노동자의 권익 보호를 위한 정책결정과 집행, 그리고 평가가 포함된다. 자본주의 경제체제의 기본 구조는 근대 시민법을 바탕으로 이루어진다. 이에 따라 자본주의 체제 내에서 발생하는 사용자와 근로자의 불평등을 시정하기 위한 자구(自救)노력으로 노동시장에서는 근로자들의 보호를 위한 정부의 규제·개입이 여러 형태로 나타나고 있다. 정부의 규제·개입의 초기 단계는 근로시간, 임금 등에 관한 최저기준의 설정, 그다음은 단결권·단체교섭권·노동쟁의권 등 기본노동권의 행사를 보장하는 제반 법체계의 제정으로 나타난다. 노동정책의 영역을 보다 구체적으로 살펴보면, '근로자의 임금과 근로조건을 포괄적으로 규제하는 정책, 노사 간의 집단적 관계를 규정·조정하는 정책, 산업안전·재해보상·근로자복지 등과 관련된 정책, 직업훈련·직업안정 등 고용 관련 정책' 등이 있다.

다시 말하면 노동정책의 기본적인 개념 틀은 무엇보다도 경제자원의 효율적 배분의 촉진이며 동시에 생활 안정과 복지의 향상이 정책의 중심이다. 노동정책의 주요 행위자인 정부의 활동을 보면, 첫째는 최저근로기준법으로서, 최장근로시간과 최저임금의 규제이다. 이는 노동시장에서의 저임금 다취업의 악순환을 방지하는 목적이다. 둘째, 최저생활의 보장이다. 경제적인 자립능력이 없는 경우에 특별한 도움이 필요한 자들에게 소득 보장이나 의료 서비스를 제공하고, 이러한 생존의 확보와 정상적인 경쟁기능을 확보·유지하게 한다. 관련 제도로서는 생활 보장, 공적연금, 실업보험, 건강보험, 의료급여 등이 있다. 셋째, 각종 고용정책, 직업소개 기구의 정비, 직업훈련 등에 의한 인적자원개발정책의 추진이다. 이 경우 노동시장의 적절한 수급과 효율적인 자원배분의 기능을 유지할 수 있게 된다. 이러한 정부의 역할은 각 행정 분야에서 법제화되어 있다.

노동정책의 특징을 다섯 가지로 분류하면, 첫째는 정부, 노동자 그리고 사용자의 3대 당사자 관계에 있어서 정부는 노사관계의 당사자이면서 우월한 위치를 차지하는 규제자의 위치에 있다는 점이다. 둘째로 노동정책은 국가형태와 정권의 성격 여하에 따라서 달라진다. 예를 들면, 권위적인 국가인지 민주주의 국가인지에 따라 노동정책이 달라진다. 셋째로 노동자들의 질적 혹은 양적 성장에 따라 정부의 노동정책이 달라진다.

표 8-3 고용보험 업무담당기관

| 고용노동부 고용센터 | 근로복지공단 | 국민건강보험공단 |
|---|---|---|
| 실업급여 지급, 고용안정사업 관련 각종 지원 업무<br>실업급여 관련 업무는 수급자의 거주지 관할 고용센터에서 담당<br>직업능력개발 관련 각종 지원업무 | 고용보험 가입, 보험료 징수, 보험사무대행기관인가 등 담당<br>피보험자격 관리 | 보험료 고지 및 수납, 체납 관리 |

출처: 고용노동부. http://www.moel.go.kr/

**김용균법**

'위험의 외주화' 방지를 비롯해 산업 현장의 안전규제를 대폭 강화한 「산업안전보건법」(산안법) 개정안으로, 2018년 12월 27일 국회를 통과해 2020년 1월 16일부터 시행됐다. 법안은 2018년 12월 충남 태안화력발전소 협력업체의 비정규직 노동자 김용균 씨가 운송설비 점검을 하다가 사고로 숨지는 비극 이후 본격적인 논의가 이뤄지면서 「김용균법」이라는 명칭이 붙었다.

넷째로 국가 주도의 산업이나 경제정책에 따라 노동정책이 달라진다. 다섯째로 거의 항상 노동정책 과정에서 사용자와 노동자 집단 간에 심각한 갈등이 나타난다는 점이다.

노동자보호정책은 두 가지를 목표로 하고 있다. 구체적으로 노동자의 건강을 보호하고 이를 통해서 노동력을 보호 유지하는 것, 다음은 계약상 노동자들에게 불리한 근로조건을 방지하는 것, 산업재해나 직업병과 같은 사업장에 있어서의 건강위험을 제거하거나 축소하는 것, 노동시간을 적절히 제한함으로써 기업주의 부당해고, 기업주의 횡포나 전형 등으로부터 노동자를 법적으로 보호하고 근로자의 권익이 침해되지 않도록 하는 것, 마지막으로 임금이 적기에 그리고 규칙대로 지급되도록 하는 임금보호가 있다.

노동시장정책이란 노동능력이 있고 노동의지가 있는 모든 근로자가 능력이나 성향에 알맞은 일자리와 가장 좋은 조건 아래서 지속적으로 일할 수 있도록 노동시장에 영향을 주는 조치를 말한다. 이러한 노동시장정책은 노동시장 질서정책, 완전고용정책으로 나눈다. 노동시장 질서정책이란 누가, 언제, 어디서, 어떤 조건 아래서 일을 하는가에 대한 기본규칙을 정하는 것을 말한다.

### 4) 주택정책

주택정책(the housing policy)이란 근대의 큰 도시나 신생 공업도시 같은 곳에서 인구의 증가와 병행하지 않는 주택난을 해소하기 위하여 세우는 정책이다. 제2차 세계대전 이후 각국에서의 주택부족은 거의 공통된 하나의 현상이기는 하나 한국의 주택난은 매우 심각한 실정이다.

사회정책 및 사회복지의 측면에서 주택정책의 방향은, ① 공영주택(公營住宅)이나 공단 임대주택(賃貸住宅)의 건설, ② 주택자금 융자 및 주택가격(임대 포함)정책, ③ 주택수당제도, ④ 노령자의 생활에 적합한 주택건설 등이 요망되고 있다. 또한 부동산 투기에 따른 주택가격의 급등으로부터 실수요자를 보호하기 위한 정책이 반드시 필요하며, 현재 여러 가지 방안을 시행 중에 있으나 보다 합리적인 제도의 모색이 시급하다.

주택수당제도란 서유럽 선진국에서 저소득층을 구제하기 위하여 부담능력과 공정가임기준(公正家賃基準)과의 차액을 정부가 보조해 주는 제도를 말한다. 일본의 경우에도 가족 수에 따라 주택수준을 정하고 그 가임이 세대주 소득의 10%를 초과하면 초과분을 지급하는 주택수당제도가, 특히 저임금근로자들의 주택문제를 해결하기 위하여 실시되고 있다.

### ④ 대학생 기숙사

| | |
|---|---|
| 입주대상 | 대학교 재학생 |
| 우선배정 | 저소득·장애학생 최소 배정비율 30%(기존 15%) * 행복공공기숙사에 해당 |
| 기숙사비 | 행복 공공기숙사(캠퍼스내), 행복 연합기숙사(캠퍼스외)<br>: 월 24만원 이내(2인 1실 기준) * 타 유형은 여건에 따라 차이 |
| 공급물량 | 5년간 5만명이 입실 할 수 있는 행복기숙사 등 다양한 유형 기숙사 공급<br>* 행복(공공·연합) 기숙사, 국립대 BTL 기숙사, 민간기부형 기숙사 등 |

### 다양한 맞춤형 주택공급

**1 셰어하우스**
주거공간 공유를 통한 임대료 절감, 도서실·게스트룸·식당 등 공용시설 설치

**2 소호형 주거클러스터**
창업수요가 많은 지역에 창업지원시설, 예술인 작업공간, 일자리와 주거를 결합하여 공급

**3 산단형 주택**
지방산단에 취업·종사하는 청년에게 공급하고, 중소기업과 협업하여 사택으로 공급

**4 여성안심주택**
범죄예방 환경설계(CPTED) 적용 및 CCTV, 비상벨, 방범창 등 안전특화시설을 보강하여 공급

그림 8-2 다양한 맞춤형 주택공급

출처: 국토교통부(2017).

## 참고문헌

국토교통부(2017). 주거복지 사용설명서.
김적교(2013). **경제정책론**. 서울: 박영사.
김화중 외(2005). **한국 보건복지 정책론**. 파주: 수문사.
보건복지부(2021). 2021년 국민기초생활보장 안내.
신은종(2010). **노사관계역사**. 서울: 북넷.
이목훈(2003). **노동행정론**. 서울: 형설출판사.
이철수(2009). **사회복지학사전**. 서울: 블루피쉬.
정정길 외(2010). **정책학원론**. 서울: 대명출판사.

고용노동부. http://www.moel.go.kr/
국민건강보험. https://www.nhis.or.kr/nhis/
네이버 지식백과. https://terms.naver.com/
다음 백과사전. https://100.daum.net/
복지로. http://www.bokjiro.go.kr/

# 제9장 사회서비스

사회서비스란 '삶의 질' 향상을 위해 사회적으로는 꼭 필요하지만 민간기업들이 저(低)수익성 때문에 참여하지 않는 복지서비스를 뜻한다. 예를 들어, 간병·가사·간호·보육·노인수발 서비스, 외국인 주부·저소득가정 아동·장애인 등에 대한 교육 서비스, 문화·환경 관련 서비스 등이 이에 포함된다. 민간 참여가 부진하기 때문에 정부·지자체·비영리단체 등이 서비스를 제공하게 되며, 이때 사람을 고용하면서 생기는 것이 사회서비스 일자리이다(한경 용어사전).

사회서비스는 사회보장 정책의 일환으로 마련된 제도라는 점에서 사회보험이나 공적부조와 같은 기능을 한다. 그러나 사회서비스는 보험금 갹출 능력이 없는 빈곤한 사람들을 대상으로 하기 때문에 사회보험 제도와는 그 성격을 달리하며, 이런 점에서는 공적부조와 유사하다. 그리고 물질적 급여 외에 전문 사회사업 서비스를 제공한다는 점에 있어서도 공적부조와 공통된다. 그러나 사회서비스는 전문 사회사업가에 의한 전문서비스에 의해서만 소기의 성과를 기대할 수 있기 때문에 그것이 보충적으로만 그치는 공적부조와는 그 성격을 달리한다. 뿐만 아니라 사회서비스는 그 주체가 공공기관만이 아니라 민간단체도 포함되며, 또 그 대상자의 범위도 공적부조보다 광범위하다.

따라서 이 장에서는, 첫째, 사회서비스의 개념, 둘째, 사회서비스 유형 구분, 셋째, 사회서비스 제공기관 및 제공방법 등을 중심으로 살펴보고자 한다.

## 1 사회서비스의 개념

사회복지서비스는 사회서비스, 대인사회서비스 등의 용어들과 다양하게 혼용되어 사용되고 있다. 미국, 영국 등에서는 사회복지서비스보다는 사회서비스, 대인서비스라는 개념을 선호하는 경향을 보인다. Kahn과 Kamerman(1980)은 개별적이고 비물질적이며 사회심리적인 서비스를 대인사회서비스로 지칭하고, 구체적인 범주로 아동보호, 가족서비스와 상담, 지역노인복지서비스, 노인보호서비스, 가사보조 및 가사지원서비스, 지역사회센터, 주간보호, 아동·노인·장애인·일반 가족 캠프, 정보제공 및 의뢰서비스, 집단급식과 차량식사(meals on wheels) 서비스, 장애인 및 취약 집단의 자조 및 상호원조 활동, 성인상담 프로그램, 청소년 시설보호, 성인 및 아동 시설보호 등을 예로 제시하였다.

한편, 영국에서는 대인사회서비스를 아동서비스, 교육서비스, 주택서비스, 복지서비스, 지방자치단체 보건서비스, 국민보건서비스, 보호관찰 및 사후보호 서비스, 보충급여서비스, 사회보장부의 전쟁연금 수급자 복지서비스 등 지방자치단체 사회서비스국의 소관업무를 포괄적으로 나타내는 용어로 사용하였다(Seebohm Report, 1968; 이현주 외, 2003 재인용). 그러나 소득보장, 보건, 교육, 주택 등의 분야를 중심으로 국가적 사회서비스가 발달되었고, 1970년 전반에는 대인사회서비스(Personal social services)가 제5의 사회적 서비스로 추가되었다.

우리나라에서는 대인사회서비스 개념과 유사한 개념으로 사회복지서비스를 사용해왔다. 장인협(1990)은 상실의 고통 속에 있거나 개인적 기능과 적응상의 문제가 있는 가족과 개인에게 원조를 제공하는 사후적 성격에 초점을 두어 사회복지서비스를 정의하였다. 이와 달리 이창호(1991)와 박경일(2000)은 사회복지시설 및 기관의 프로그램 수행 활동을 사회복지서비스라고 정의하였다. 또한 남세진과 조흥식(1996)은 사회복지서비스를 전문적인 지식과 방법을 활용하여 이들의 제반 문제를 해결함으로써 정상적인 사회인으로 복귀시키기 위한 활동으로 보았다. 이현주 외(2003)는 사회복지서비스가 구성원의 비물질적인 사회적 관계상의 욕구에 초점을 두어 사회적응을 목적으로 하여 사회에서 제공하는 서비스라고 보았다.

한편, 이봉주와 김문근(2007)은 사회복지서비스를 '사회복지적 측면의 사회서비스'라고 하면서, 개인의 삶의 질(복지)과 일상적인 참여의 기회를 높이기 위한 사회의 집합적이고 비이윤추구적인 대인적 개입활동이라고 정의하고, 사회보장법이 규정하고 있는 '협의의 사회복지서비스'와 사회적 일자리로서의 복지적 성격이 강한 '사회복지서비스'를 모두 포괄하는 개념이라고 하였다. 강혜규 외(2007)는 사회복지서비스라는 개념 대신 '개인을 위한 사회서비스'라는 개념을 사용하고, "개인 혹은 가족의 사회적 기능이 취약한 경우 정상생활을 할 수 있도록 사람(서비스 제공자)을 통해 직접적으로 도움을 주거나, 주거·생활편의 및 활동을 위한 시설·장비를 지원함으로써 일상생활 유지와 재활·자립이 가능하도록 지원하는 것"으로 정의하였다. 이어 강혜규(2008b)는 "사회적 보호를 비롯한 다양하고 포괄적인 개인 욕구에 대한 집합적 대처의 필요성에 따라 이루어지는 사회복지–돌봄(care)–기초 의·식·주거보장–보건의료–교육–고용 관련 개입이 이루어지는 서비스"라고 사회서비스를 정의하였다. 따라서 사회복지서비스의 의미로 대인사회서비스와 유사하지만 쉽게 설명한 '개인을 위한 사회서비스'라는 개념을 사용하고, '사회서비스'는 사회복지서비스를 포함한 광의의 개념으로 사용한다고 볼 수 있다.

우리나라의 관련법에서 정의하고 있는 사회복지서비스에 대한 개념은 법에 따라 사회복지서비스를 광의의 개념과 협의의 개념으로 상당히 다양하게 사용하고 있다는 것

표 9-1 사회서비스의 법률적 정의

| 구분 | 사회서비스의 개념 |
|---|---|
| 사회보장기본법 | 국가 · 지방자치단체 및 민간부문의 도움이 필요한 모든 국민에게 복지, 보건의료, 교육, 고용, 주거, 문화, 환경 등의 분야에서 인간다운 생활을 보장하고 상담, 재활, 돌봄, 정보의 제공, 관련 시설의 이용, 역량 개발, 사회참여 지원 등을 통하여 국민의 삶의 질이 향상되도록 지원하는 제도 |
| 사회적 기업 육성법 | 교육, 보건, 사회복지, 환경 및 문화 분야의 서비스, 그 밖에 이에 준하는 서비스로서 대통령령으로 정하는 분야의 서비스 |
| 사회복지사업법 | 국가 · 지방자치단체 및 민간부문의 도움을 필요로 하는 모든 국민에게 상담, 재활, 직업 소개 및 지도, 사회복지시설의 이용 등을 제공하여 정상적인 사회생활이 가능하도록 제도적으로 지원하는 것 |
| 보건복지부(2014) | 일반적인 의미에서 개인 또는 사회 전체의 복지증진 및 삶의 질 향상을 위해 사회적으로 제공되는 서비스를 말하며 공공행정(일반행정, 환경, 안전), 사회복지(보육, 아동, 장애인, 노인 보호), 보건의료(간병, 간호), 교육(방과 후 활동, 특수교육), 문화(도서관, 박물관, 미술관 등 문화시설 운영)를 포괄하는 개념 |

출처: 국가법령정보센터. https://www.law.go.kr

을 알 수 있다. 광의의 사회복지서비스가 인간의 삶의 질 향상을 위하여 삶의 전 영역에서 제공될 수 있는 사회서비스의 의미에 가깝다면, 협의의 사회복지서비스는 「사회보장기본법」과 「사회복지사업법」에서와 같이 개별적이고 전문적으로 개입하는 대인복지서비스로서의 의미에 가깝다(강혜규, 2007; 김용득, 2008;). 따라서 사회복지서비스는 서비스 이용자의 개별적 욕구, 즉 직접 지불 방식의 현금급여로 해결할 수 없는 사회적 위험에 대한 개입으로, 개인 및 가족, 그를 둘러싼 환경과의 상호작용 속에서 발생할 수 있는 문제에 대한 개입으로 제공되는 제반 서비스라고 정의한다.

## 2 사회서비스 유형과 특성

### 1) 사회서비스 유형

#### (1) 서비스 급여형태에 따른 분류

사회서비스는 급여형태에 따라서 현금, 현물, 서비스, 바우처, 기회 및 권력으로 구분되기도 한다. 이 가운데 가장 기본적이면서 전통적인 급여형태는 현금급여와 현물급여라고 할 수 있다. 전통적으로 사회복지급여에 대하여 현금으로 할 것인가 현물로 할 것인가에 대한 문제는 오랫동안 논쟁이 되어 온 사안이다. 즉, 국가는 저소득 가구에게 필요한 서비스에 대하여 매월 현금을 지급하여 필요한 서비스를 구매하게 할 것인가, 아니면 의식주, 기타 생필품에 대하여 현물급여를 제공할 것인가를 결정함에 있어 수혜자의 선택권 혹은 전달체계상의 비용효과성 등에 따라 급여형태를 선택하여 제공하게 된다(남찬섭, 2011).

서비스와 바우처, 기회 및 권력부여와 관련된 급여형태도 존재한다. 이는 현금급여와 현물급여의 대안적 형태로서 서비스 이용자에게 더 많은 선택의 기회를 부여하고자 하는 차원의 형태라고 할 수 있다(남찬섭, 2011). 먼저, 서비스란 클라이언트를 위하여 제공되는 제반 활동으로 대상자의 속성 변화를 의도하여 특정한 서비스를 직접적으로 공급하는 방식이라 할 수 있다. 예를 들면, 취업알선, 학습지도, 사회적응력 향상을 위한 기술훈련 등과 같이 문제를 가진 집단에게 대면 관계를 통해서 무형의 서비스를 전달하는 것을 말한다(김영종 외, 2008). 사회복지서비스는 바우처의 형태로 지급되기도 하는데, 바우처는 구조화된 교환가치를 가지고 있는 급여(남찬섭, 2011)로서 일정하게 정해진 범위 내에서 소비자의 선택권을 확대할 수 있는 가능성을 갖고 있다.

바우처는 정부가 서비스 이용자에게 서비스를 제공하도록 민간 사회복지기관에게 보조금을 지원하는 방식을 택하기 때문에, 이용자는 서비스 제공기관에 대한 선택권이 상당히 제한되어 있다. 반면에 정부가 이용자들에게 바우처를 지급하게 되면 서비스 이용자는 자신이 원하는 사회복지기관을 선택하여 서비스를 이용함으로써 선택권이 확대될 수 있다. 서비스 이용자의 선택권을 가장 크게 확대할 수 있는 급여형태는 현금이다. 정부가 서비스 이용자에게 현금을 지급하여 원하는 서비스를 구입할 수 있도록 하는 것이다. 영국에서 활동보조서비스(Personal Assistance Services)를 현금으로 지급하여 활동보조서비스가 필요한 장애인이 원하는 활동보조인을 채용하도록 하는 것이 그 예가 될 수 있다. 현금을 지급하는 경우 서비스 이용자의 선택권은 가장 커지게 되는 반면에 이용자가 필요한 서비스를 충분히 구입하지 않을 수도 있다. 이에 따라 오히려 이용자의 욕구가 제대로 충족되지 않음으로써 이용자의 복리를 저해할 가능성이 높아질 수 있다.

#### (2) 서비스 개입방법에 따른 분류

서비스 개입방법이란 문제와 대상에게 어떤 방법으로 접근할 것인가를 비교적 넓게 규정한 것을 의미한다. 서비스 개입방법은 직접적 개입방법과 간접적 개입방법으로 분류할 수 있다(Lewis & Lewis, 1989). Pinderhughes(1995)는 직접적 개입방법을 사회복지실천 현장에서의 미시적이고 임상적인 개입으로 개인, 가족, 집단을 대상으로 치료, 교육, 홍보, 정보제공, 상담, 지역사회조직화를 통한 서비스 실천으로 보고 있다. 즉, 소비자에게 직접 전달이 되거나 전문가 등과의 대면 접촉을 통한 개입을 직접적인 서비스로 보고 있다.

반면, 간접적 개입방법은 서비스 계획, 정책분석, 프로그램 개발, 행정 활동 등을 의미한다고 보았다. Gilbert와 Terrell은 이를 수단적 급여(instrumental provisions)라고 하였다. 이는 개인과 집단에게 간접적인 지원을 하는 여러 가지 개입형태로, 예를 들면 장애인활동지원서비스를 제공하기 위한 프로그램 개발이나 실행을 지원하는 여러 가지 활동이 해당된다. 또한 장애인에 대한 인식개선을 위한 비장애인 인식개선 교육이나, 물리적 환경에 대한 접근 등은 간접적이라 할 수 있다. 즉, 서비스를 효과적으로 전달하기 위하여 프로그램을 기획, 평가, 홍보하며, 직원 보수교육을 실시하는 등 사회복지기관의 활동이 여기에 해당된다. 또한 Lewis와 Lewis(1989)는 지역사회에서 제공되는 서비스를 클라이언트 차원과 지역사회 차원, 직접적 접근과 간접적 접근의 네 가지로 구분하였다. 클라이언트 차원에서 직접적 개입방법은 클라이언트에게 직접 상담이나 서비스를 제공하는 것이며, 간접적 개입방법은 클라이언트에 대한 권익옹호 활동을 하는 것이라고 할 수 있다. 또한 지역사회 차원에서 직접적 개입방법은 교육, 캠페인 등으로 장애예방교육 등과 같이 잠재적 클라이언트를 대상으로 하는 서비스를 의미하며, 간접적 개입방법은 정책에 영향을 미치는 제반 활동들을 일컫는다.

한편, 김만두와 한혜경(2001)은 직접적 개입방법과 간접적 개입방법에 지원적 개입방법을 포함하여 세 가지로 분류하고 있다. 이는 사회복지실천대상을 구분하는 미시체계, 중간체계, 거시체계의 분류(김상균 외, 2010)와도 유사한데, 직접적 개입방법에는 임상사회사업, 지역복지사업을, 지원적 개입방법에는 사례관리와 사회복지조사를, 간접적 개입방법에는 사회복지행정, 정책 및 기획을 포함시켰다. 대체로 서비스 개입방법에 따른 분류는 서비스 이용자의 문제나 욕구에 대하여 직접 대면하여 개입하는 직접적인 방법과 이에 대한 해결을 위한 사회조직이나 구조에 초점을 맞추어 접근하는 간접적인 방법으로 나눈다. 이 분류는 사회복지서비스 대상자의 문제나 욕구를 해결하기 위한 직접적 활동 외에 간접 활동도 포함하는 총체적 접근으로, 서비스 제공자 중심으로 사회복지서비스를 분석할 때 활용도가 높을 것으로 예상된다.

### 2) 사회서비스 특성[1]

#### (1) 사회서비스의 공공성

사회복지의 공공성 혹은 사회복지 정책·제도의 공공성에 대한 측정에서 공공성은 형식적 차원과 실질적 차원의 정의(소영진, 2003)를 바탕으로 제시되어 왔다. 형식적 차원은 사회복지 서비스 지출비용 비율, 정부 역할의 정당성 등과 같은 정부의 역할을 의미한다. 실질적 차원은 사회권으로서 소득보장권, 건강권, 노동권, 주거권, 교육권으로 권리내용을 분류하고 각각의 지표를 상정하거나, 제도의 보장수준, 형평성, 효율성 등을 공공성의 평가지표로 활용한다(김태일, 2008; 신동면, 2010). 한편, 사회복지 제도와 관련된 '공공성'은 내용적 측면과 절차적 측면으로 구분되기도 한다. 내용적 측면에서는 서비스의 권리보장, 적용 범위의 보편성, 접근·이용상의 불평등, 절차적 측면에서는 공공부문이 차지하는 역할과 시장에 대한 규제·감독의 두 가지 측면을 파악하고 있다(이미진, 2008).

거시적 차원의 제도나 정책보다 보다 구체적인 사회서비스 영역에 초점을 둔 연구들은 주로 공공성을 규범적이고 당위론적인 차원에서 확보해야 하는 필수조건으로 제시해 왔다. 이는 사회서비스가 시장가치를 우선적으로 하는 비즈니스 관리와는 달리 공공행정의 영역이라는 관점에서(Haque, 2001) 공공성이 전제 조건이 될 수밖에 없다는 점을 강조하는 것이기도 하다.

사회서비스의 공급과 생산과정에는 공급주체로서의 정부, 생산주체로서 비영리와 영리조직들이 혼합되어 존재하고 있기 때문에 서비스 공급에 있어서의 국가나 정부에만 한정하여 공공성을 설명하는 것은 한계를 지닐 수밖에 없다(박수지, 2009). 즉, 사회복지영역에서 제시된 것과 같이 국가 또는 정부역할의 정당성을 강조하기 위해 주로 공공부문으로부터 제공되는 비용, 서비스 제공과정에서의 정부의 규제, 그리고 제도적 또는 법률적 차원에서의 권리보장 등만을 강조하는 경우, 다양한 분야에서 사회적 가치를 실현하거나 공공의 성과를 달성하기 위해 직접적으로 서비스를 생산하는 활동을 수행하는 비영리조직이나 영리조직들이 활동과 관련하여 공공성을 논의하는

1 이 절의 내용은 양성욱, 노연희(2012)를 참고하여 작성함.

것은 어려울 수밖에 없다. 또 다른 한편으로는 사회서비스 영역에서 점차 확대되고 있는 상업화 또는 시장화 전략과 관련하여, 개별 서비스 제공 조직들이 이러한 전략을 사용하는 것이 공공 또는 사회적인 목적을 보다 효과적으로 달성하기 위한 능력을 향상시키기 위한 것인지 판단해야 하는 경우(Zimmerman & Dart, 1998), 공공성의 확보를 그 기준으로 활용하기는 어렵게 된다고 할 수 있다.

따라서 사회서비스 영역에서 공공성의 의미를 보다 적절하게 이해하기 위해서는 우선 개인의 욕구를 개별적으로 충족시켜 주는 것과 동시에 사회적 목적을 달성하고자 하는 사회서비스가 지니고 있는 본질적 특성에 대해 고려해야 할 필요가 있다. 이와 동시에 사회서비스 공급주체와 생산주체가 구분되는 최근의 변화 경향을 고려하여 서비스 공급·생산주체별로 그 논의를 확대시킬 필요성이 존재한다.

구체적으로 사회서비스의 공공성은 시민의 기본권, 즉 사회권의 실현이라는 측면에서 서비스에 대한 공공소유 그리고 서비스 수혜자격의 범위와 관련된다. 다시 말하면, 사회서비스의 공공성은 사회서비스가 얼마나 많은 시민에게 제공되는냐 하는 정도와 범위에 의해 좌우된다(Haque, 2001). 이는 서비스 수혜자의 범위가 서비스에 대한 공공소유권으로서 얼마만큼 공유되는지, 서비스 수혜 자격이 시민의 자격(citizen's entitlement)에 기반하는지와 관련된다. 이러한 측면의 공공성은 전반적인 사회복지의 제공과 관련하여 국가가 역할을 수행함으로써, 사회구성원의 사회권을 실현하여 궁극적으로 그들의 삶의 질을 실질적으로 확대시킨다는 견해와 유사하다(신동면, 2010). 또한 서비스에 대한 공공의 소유권을 인정하고, 전체 사회구성원의 삶의 질을 향상시킨다는 측면은 사회서비스의 공공성을 그 행위목적이라는 측면에서 공공의 이익을 추구하는 것으로 이해될 수 있다.

### (2) 사회서비스의 시장화 경향[2]

2000년대부터 저출산 고령화를 비롯한 신사회 위험이 도래하면서 사회서비스의 필요성이 커지기 시작했다. 현금급여 중심의 4대 보험과 공적부조제도로는 사회의 구

2 이 절의 내용은 전용호, 이민홍(2018)을 참고하여 작성함.

조적인 변화에 따른 국민의 다양한 욕구를 충족할 수 없었기 때문이다. 사회서비스의 필요성이 커지면서 2000년대 중반부터 아동, 노인, 장애인 등을 위한 다양한 형태의 사회서비스가 확대되기 시작했다. 특히 전자 바우처 제도의 도입과 노인장기요양보험, 장애인활동보조 등이 도입되면서 한국 사회서비스가 제도적으로 발전하게 되었다(강혜규, 2008a; 양난주, 2015). 정부는 기존의 '사회복지서비스' 개념을 훨씬 넓은 의미와 영역의 '사회서비스'로 확대시키고, 서비스 이용자도 기존의 저소득층 중심에서 보편적인 제도로 확대하겠다고 밝혔다. 사회서비스의 보장성을 확대하기 위해 정부는 공급인프라의 확충에 정책적 노력을 기울였고 이 과정에서 공공 인프라의 확충보다 '시장화(marketization)' 정책을 채택해서 민간 영리와 비영리 기관이 주요한 공급주체로 나서도록 유도했다. 시장화는 매우 다양한 방식으로 정의되고 해석되는 개념으로 하나로 정의하기 어렵다. 하지만 이 책에서는 서구의 돌봄 시장화에서 많이 쓰이는 "정부가 영리와 비영리 제공기관의 돌봄 시장 참여를 촉진하고, 경쟁과 선택의 시장 원리를 활성화하는 조치"로 정의한다(Brennan et al., 2012).

사회서비스는 일반적으로 네 개의 영역, 즉 가족, 국가, 영리(시장) 그리고 비영리(자원) 부문에 의해 제공된다(Evers, 2005). 가족은 상호연대 그리고 도덕적 의무에 의해서, 국가는 계층 그리고 공식적 권리에 의해서, 영리 부문은 이윤 추구와 시장 가격에 의해서 그리고 비영리 부분은 가치에 기반한 자발적 행동에 의해 사회서비스의 공급자로 규정된다. 그러나 실제 사회서비스 시스템 내에서 이러한 네 개의 영역은 명확하게 구분되지 않고, 최근에는 복지혼합 혹은 복지다원주의라는 경향하에서 공급자들의 혼합이 그 특징으로 나타나고 있다(Munday, 2003). 따라서 현대사회의 제도화된 사회서비스의 생산 및 공급에 있어서 국가마다 역할과 기능에 차이는 있지만, 공공기관 및 준공공기관으로부터 민간부문의 영리 및 비영리조직 그리고 사회적 기업 등 다양한 행위자가 참여하고 있다(박수지, 2009).

전통적으로 서구 복지국가의 발전에서 사회보험, 교육 또는 건강관련 제도와는 달리, 사회서비스는 사적 영역에 남아 있었으며 가장 늦게 제도화된 것으로 여겨진다. 또한 국가 역할이 중요시되지 않던 영역으로서 사회서비스의 전달방식은 각 국가의 상황에 적합한 형태로 변화하였다. 한편에서는 민영화, 분권화, 시장화의 변화 경향하에서 민간의 비영리와 영리조직에 의한 사회서비스의 제공을 증가시키기도 하며, 반면에 사회적 보호의 제공에 있어서 전통적으로 가족과 비정부조직들에 의존했던 국가들은 국가에 의한 제공을 증가시키고 있기도 하다(박수지, 2009).

국가의 직접적인 사회서비스 제공을 증가시키는 경우에는 사회서비스의 공공성 측면의 감소를 가져오지는 않는다. 또한 국가의 직접 제공의 감소, 증가된 욕구와 자원의 한계 등으로 설명되는 서비스 복지혼합의 논의조차도 때로는 국가 역할의 약화보다는 강화를 시사하기 때문에, 사회서비스의 제공방식의 변화가 반드시 서비스의 공공성을 축소 내지 감소시키는 것을 의미하지는 않는다고 지적되기도 한다(김은정, 2008; 박수지, 2009). 그러나 이른바 시장화된 서비스 전달 방식에 대한 극단적인 관점에서는 공공관리의 영역인 사회서비스의 제공이 경쟁성, 효율성, 생산성, 수익성 등 비즈니스적인 개념의 도입을 통해 변화하는 것 자체가 서비스의 공공성을 축소시키는 것으로 보기도 한다(Haque, 2001).

사회서비스 전달에 있어서 국가 직접 제공의 축소와 관리 측면에서 비즈니스적 관리원칙의 도입이 반드시 서비스의 공공성을 축소시킨다고 볼 수는 없다. 사회서비스 제공에 투입되는 공공 자원의 효율적인 사용이라는 측면에서는 오히려 공공성을 강화시킬 수도 있다. 그러나 서비스 전달방식에서 서비스 생산주체 간의 경쟁과 선택을 중시하여, 국가가 수혜자들에게 사회서비스의 구매력과 선택권을 부여하고, 그 결과 서비스의 생산자가 이러한 수혜자들 확보를 위해 경쟁을 하는 방식으로의 변화(양난주, 2009 재인용)는 공익 추구나 공공성과적 측면의 공공성이 축소될 가능성이 있다.

사회서비스의 시장화라는 변화 경향은 민간 비영리부문에 의한 사회서비스의 제공이 점차 영리추구 그 자체를 기관운영의 제일의 목표로 하는 영리부문으로 확대됨으로써 초래되는 부정적 결과에 대한 우려가 존재한다. 뿐만 아니라 가치에 기반한 자발적 행동에 의해 서비스를 제공해 왔던 민간 비영리조직들조차도 일차적 목적이 이윤추구는 아니라고 할지라도 조직의 생존을 위해 수혜자 확보에 초점을 두고 활동하게 될 가능성을 높일 수 있다. 즉, 수혜자에게 선택권을 부여함에 따라 사회서비스에 대한 수혜자들의 권리를 향상시키기도 하지만, 서비스 생산자 간의 경쟁은 사회적 연대와 같은 사회적 가치의 창출과 사회통합과 같은 서비스 제공의 본래적인 사회적 목적

달성을 저해하는 것일 수 있다. 이러한 주장은 사회서비스 제공에 의해 이루어지는 사회적인 가치의 창출은 단지 시장기제에 의해서만 달성될 수 없고 순전히 영리를 목적으로 활동하는 영리 조직의 경우라도 실질적인 수익창출을 위한 상업적 활동만을 강조해서는 안 되며, 사회서비스가 추구하는 본질적인 미션을 달성하기 위한 사회적인 목적을 지닌 활동과 전략적으로 균형을 유지해야 한다는 지적과 그 맥락을 같이하는 것이다(Dees, 1998).

## 3 사회서비스 제공기관 및 제공방법

### 1) 사회서비스원

공공부문이 사회서비스를 직접 제공하고 지역사회 내 선도적 제공기관 역할을 수행함으로써, 사회서비스 공공성 강화 및 서비스 품질 향상을 위해 설립되는 기관이다. 2019년 서울·경기·대구·경남 등 4개 광역지방자치단체에서 시범 운영된 뒤 2022년에 17개 광역자치단체로 확대된다.

사회서비스원은 민간이 제공하던 돌봄 서비스를 공공이 직접 제공하기 위해 설립되는 기관이다. 즉, 공공 부문이 사회서비스를 직접 제공하고 지역사회 내 선도적 제공기관 역할을 수행함으로써, 사회서비스 공공성 강화 및 서비스 품질 향상을 위해 추진되는 것이다. 또한 요양보호사, 장애인 활동지원사, 보육교사 등 돌봄 종사자들의 처우를 향상시키고 노동환경을 개선하기 위한 목표도 지니고 있다.

사회서비스원은 우선 시·도지사가 공익법인으로 설립한 뒤 지방자치단체로부터 사회서비스 국공립 시설을 위탁받아 운영하고, 서비스 종사자들을 직접 고용한다. 위탁은 새로 설치되는 국공립 시설을 우선으로 하며, 특히 서비스 수요가 많은 신규 국공립 어린이집과 공립요양시설은 필수적으로 운영한다. 또한 불법이 발생하거나 평가결과가 저조한 국공립 시설, 시·군·구청장이 위탁하고자 하는 국공립 시설 등도 운영한다. 이 밖에 사회서비스원은 지역사회 통합돌봄(커뮤니티케어) 체계의 하나로 종합재가센터를 설치하여 재가(在家) 서비스를 직접 제공하는데, 종합재가센터에서는 장기요양, 노인돌봄, 장애인 활동지원 등 각종 지역사회 돌봄서비스를 통합 연계하여 제공한다.

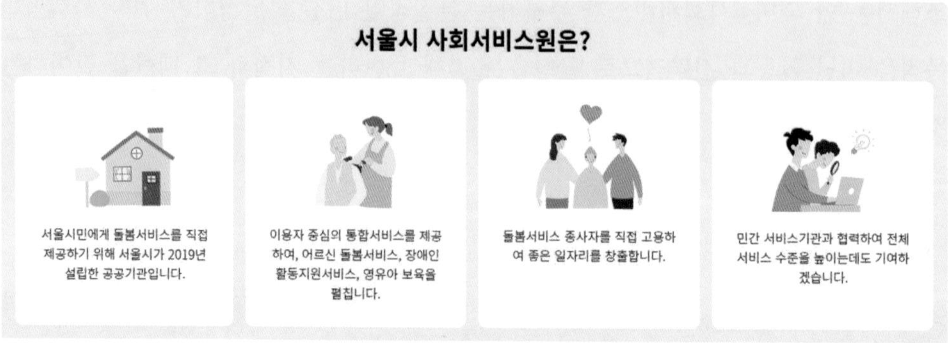


그림 9-1 서울시 사회서비스원

출처: 서울시 사회서비스원. https://seoul.pass.or.kr/greetings

그림 9-2 인천광역시 사회서비스

출처: 인천광역시 사회서비스원. https://incheon.pass.or.kr

### 2) 사회서비스 전자바우처[3]

전자바우처는 이용 가능한 서비스의 금액이나 수량이 기재된 증표(이용권)로, 서비스 신청, 이용, 비용 지불/정산 등의 전 과정을 전산시스템으로 처리하는 전달수단을 말한다. 바우처의 특징은 상품을 이용할 수 있는 구매력을 제공, 정책목적이나 취지에 따라 선택권을 조정 및 통제 가능, 구매하는 상품의 종류, 양, 범위 등 제한 가능, 이용의 합리성 제고를 위한 자부담(본인부담금) 도입, 수요자와 공급자에게 별도 자격기준 설정이 가능하다는 점이다.

시/군/구에서는 대상자와 제공기관에 대해 신청 접수, 선정, 통지를 실시하고, 한국사회보장정보원에서는 서비스 결제승인, 자금관리(비용지급, 정산업무), 결제매체(카드 및 단말기) 등의 사업을 관리하고 있다.

바우처(쿠폰형, 포인트형)는 본인부담금과 정부지원금을 합친 금액으로 구성되며, 바우처 생성이란 서비스 대상자의 바우처 카드에 일정량의 서비스를 이용할 수 있는 권한을 부여하는 바우처 카드의 기능을 활성화시키는 것을 의미한다.

바우처의 형태(2020년 기준)는 다음과 같다.

**바우처의 형태(2020년 기준)**

〈쿠폰형〉
장애인활동지원 1시간 단가(월 635,000원부터 1,593,000원까지): 13,500원,
산모/신생아 건강관리 지원사업 5일부터 25일까지: 356,000원부터 4,712,000원까지,
가사/간병 방문 지원사업 1시간 단가 (월 24시간 또는 월 27시간): 14,500원

〈포인트형〉
금액결제와 유사-단가 산정이 곤란한 경우-기본서비스 설정 자체가 곤란한 경우
※ 지역사회서비스투자사업, 발달재활서비스, 언어발달지원사업, 여성청소년 생리대 바우처 지원사업, 임신출산진료비 지원제도, 청소년산모 임신출산의료비지원사업, 기저귀조제분유 지원사업, 에너지바우처사업 해당

사회서비스 전자바우처의 도입배경은 다음과 같다. 첫째, 기존 사회복지서비스는 공급자 지원 방식으로 이루어져 수요자의 선택권이 제한되어 시장 창출에 한계가 있

3 이 절의 내용은 사회서비스 전자바우처(https://www.socialservice.or.kr:444/cmmn/index.do)를 참고하여 작성함.

다. 둘째, 수요자 중심의 직접지원 방식으로 바우처(서비스 이용권) 제도를 도입하였다. 셋째, 수요자 직접지원 방식으로 공급기관의 허위·부당 청구 등 도덕적 해이를 최소화하였다. 넷째, 자금흐름의 투명성, 업무 효율성 확보, 정보 집적 관리를 통한 사회서비스 발전기반 마련을 위해 금융기관 시스템을 활용한 전자식 바우처 추진이 필요하였다.

| 구분 | 공급기관 지원 방식 | 수요자 지원 방식 |
|---|---|---|
| 대상 | 수급자 등 저소득층<br>(수동적 보호대상) | 서민 · 중산층까지 확대<br>(능동적 구매자) |
| 서비스 비용 | 전액 국가 지원 | 일부 본인부담 |
| 서비스 시간 | 공급기관 재량 | 대상자 욕구별 표준화 |
| 공급기관 | 단일 기관 독점 | 다수 기관 경쟁 |
| 특징 | 획일적이고 정형화된 서비스 제공 | 공급자 간 경쟁을 통한 다양한 서비스 제공 |

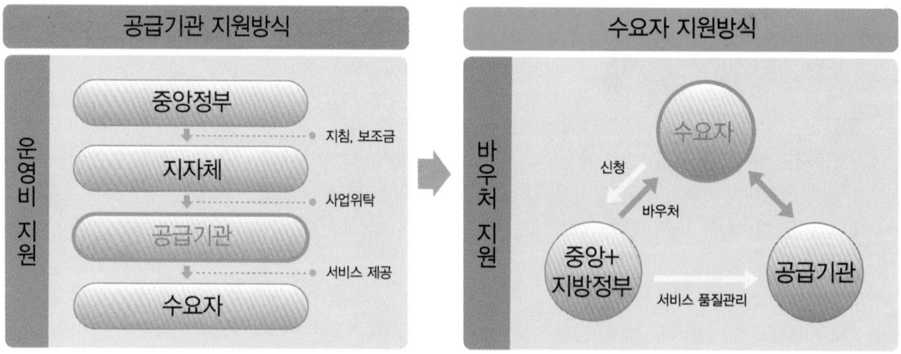


그림 9-3 사회서비스 전자바우처 제도

출처: 사회서비스 전자바우처. https://www.socialservice.or.kr:444/

표 9-2 사회서비스 전자바우처사업 현황

| 사업명 | | 바우처 시작연도 | 대상 | 선정기준 | 지원수준 | 본인 부담금 (월/원) |
|---|---|---|---|---|---|---|
| 장애인 활동 지원 | 장애인 활동 지원 | 11. 11월 | 등록1~3급 장애인<br>(만 6세 이상~만 65세 미만) | 인정점수<br>220점 이상<br>1~3급 장애인 | 등급에 따라<br>47~118시간<br>(추가급여<br>10~273시간) | 면제~<br>113,500원 |
| | 시 · 도 추가 지원 | 10. 10월 | 등록 1~6급 장애인(시도별 등급 상이) | 시 · 도별 상이 | 시도 및<br>등급에 따라<br>10~868시간 | 시도 및 등급별 상이 |
| 지역 자율형 사회 서비스 투자 사업 | 지역 사회 서비스 투자 | 07. 8월 | 사업별로 상이 | 중위소득<br>120% 이하<br>(사업별로 상이) | 사업별로 상이<br>(월 1회~<br>월 20회) | 사업별로 상이 |
| | 산모 신생아 건강 관리 지원 | 08. 2월 | 출산 가정 | 기준중위소득<br>120% 이하<br>단, 소득 기준을 초과하는 대상자에 대해 시·군·구별 예외 지원 가능 | 등급에 따라<br>5일~25일간<br>건강관리사 파견 | 기관별 상이 |
| | 가사 간병 방문 지원 | 08. 9월 | 기초수급자<br>및 차상위 계층<br>(만 65세 미만) | 생계 · 의료 · 주거 · 교육급여 수급자, 차상위 계층 중 가사 · 간병 서비스가 필요한 자 | 월 24, 27시간 | 면제~<br>22,680원 |
| 장애 아동 가족 지원 | 발달 재활 서비스 | 09. 2월 | 만 18세 미만 | 기준중위소득<br>180% 이하<br>(소득별 차등지원) | 월 14~22만 원 내에서<br>포인트 지원<br>(월 8회<br>주 2회/<br>회당 50분) | 면제~<br>최대<br>8만 원<br>(제공 기관 직납) |
| | 언어 발달 지원 | 10. 8월 | 만 12세 미만<br>비장애 아동 | 기준중위소득<br>120% 이하<br>(소득별 차등 지원) | 월 16~22만 원 내에서<br>포인트 제공<br>(월 8회 주 2회/<br>회당 50분) | 면제~<br>최대<br>6만 원 |

| 사업명 | | 바우처 시작연도 | 대상 | 선정기준 | 지원수준 | 본인 부담금 (월/원) |
|---|---|---|---|---|---|---|
| 발달 장애인 지원 | 발달 장애인 부모 상담 지원 | 14. 2월 | 발달장애인 자녀의 부모 | 발달장애인으로 (「장애인복지법」 상 지적, 자폐성 장애인) 등록된 자녀의 부모 및 보호자 | 월 16만 원 포인트 제공 (회당 50~100분, 월 3~4회 이상) | 4천 원~ 최대 4만 원 |
| | 발달 장애인 주간 활동 서비스 | 19. 3월 | 만 18세 이상 65세 미만 발달장애인 | 만 18세 이상 65세 미만의 「장애인복지법」 상 등록된 지적 및 자폐성 장애인 | 월 56, 100, 132시간 | 없음 |
| | 청소년 발달 장애 학생 방과후 활동 서비스 | 19. 9월 | 만 12세 이상 18세 미만 발달장애학생 | 만 12세 이상 18세 미만으로 일반 중 · 고등 학교 및 특수 학교(중 · 고등학교 해당 학급)에 재학 중인 발달장애학생 | 월 44시간 | 없음 |
| 임신출산 진료비지원 | | 08. 12월 | 임신확인서로 임신이 확진된 임신 · 출산 진료비 지원 신청자 | 임신확인서로 임신이 확진된 건강보험 가입자 | 임신 1회당 60만 원 (일 한도 없음) (다태아의 경우 100만 원) | 면제 (월 지원금액 소진 시 신용카드 대금으로 청구) |
| 청소년산모 임신출산 의료비지원 | | 15. 5월 | 만 18세 이하 청소년 산모 | 임신확인서상 임신확인일 기준 만 18세 미만의 청소년산모 | 임신 1회당 120만 원 | 면제 (월 지원금액 소진 시 신용카드 대금으로 청구) |
| 기저귀 조제분유 지원 | | 15. 10월 | 저소득층 영아 (24개월 미만) | 만 2세 미만 영아를 둔 저소득층 가구 | 기저귀: 월 64,000원 조제분유: 월 86,000원 | 면제 (월 지원금액 소진 시 신용카드 대금으로 청구) |

| 사업명 | 바우처 시작연도 | 대상 | 선정기준 | 지원수준 | 본인 부담금 (월/원) |
|---|---|---|---|---|---|
| 에너지바우처 | 15. 10월 | 생계급여 또는 의료급여수급자 (노인, 영유아, 장애인, 임산부, 중증/희귀/중증난치질환자, 한부모가족, 소년소녀가정) | 생계급여 또는 의료급여 수급자 가구원 중 노인, 영유아, 장애인, 임산부, 중증/희귀/중증 난치질환자, 한부모가족, 소년소녀가정을 포함하는 가구 | 1인 가구: 95,000원 (하: 7,000/ 동: 88,000) 2인 가구: 134,000원 (하: 10,000/ 동: 124,000) 3인 가구: 167,500원 (하: 15,000/ 동: 152,000) | 면제 (지원금액 소진 시 신용카드 대금으로 청구) |
| 아이돌봄지원 | 17. 1월 | 시간제: 만 3개월~ 만 12세 이하 아동 종일제: 만 3개월~ 만 36개월 영아 | 기준 중위소득 150% 이하 가구 | 소득 유형별 상이 | 소득 유형별 상이 |
| 여성청소년 생리대바우처 지원사업 | 19. 1월 | 출생연도기준 만 11세~ 만 18세 ※ '연(年)'을 기준으로 만 나이 산정 – 지원대상: 2002. 1. 1.~ 2009. 12. 31. 출생자 (2020년 기준) – 지원기간: 만 18세에 도달하는 연도 말까지 바우처 지급 | 「국민기초생활보장법」에 따른 생계 · 의료 · 주거 · 교육 급여 수급자 –「국민기초생활보장법」에 따른 법정 차상위계층 * 차상위계층: 차상위자활, 차상위본인부담경감대상자, 차상위장애인, 차상위계층확인서 발급 –「한부모가족지원법」 제5조 및 제5조의2에 따른 지원대상자 | 월 11,500원 (연간 최대 138,000원, 6개월 단위로 지원) | 없음 |

출처: 사회서비스 전자바우처. https://www.socialservice.or.kr:444/

## 참고문헌


강혜규(2007). 한국의 사회서비스 정책의 현황과 서비스 확충의 과제. 보건복지포럼, 125, 6-22.

강혜규(2008a). 사회서비스 확대정책과 지역사회 사회복지서비스 공급체계. 상황과 복지, 25, 67-98.

강혜규(2008b). 사회서비스 정책과 고용창출 정책. 보건복지포럼, 144, 34-54.

강혜규, 노대명, 박세경, 강병구, 이상원, 조원일, 이병화(2007). 사회서비스 확충방안 연구: 주요 사회서비스 수요 추계 및 정책과제. 세종: 보건복지부, 한국보건사회연구원.

김만두, 한혜경(2001). 현대사회복지개론. 서울: 홍익제.

김상균, 최일섭, 최성재, 조흥식, 김혜란, 이봉주, 구인회, 강상경, 안상훈(2010). 사회복지개론. 파주: 나남출판.

김영종, 김두례, 권순애, 이오복(2008). 부산광역시 사회복지서비스 실태조사 및 서비스 분류체계 구축 연구. 부산복지개발원.

김용득(2000). 생애주기와 장애인복지서비스. 노틀담복지관 개관 13주년 기념세미나 자료집.

김은정(2008). 사회서비스 재정지원 방식의 변화와 품질관리를 위한 정책과제. 사회복지정책, 35(12), 141-168.

김태일(2008). 공공성과 사회복지정책: 국민연금을 중심으로. 윤수재, 이민호, 채종헌 편. 새로운 시대의 공공성 연구(pp. 518-558). 서울: 법문사.

남세진, 조흥식(1996). 한국사회복지론. 서울: 나남출판.

남찬섭(2011). 민주정부 10년 복지개혁의 회고와 전망. 상황과 복지, 32, 133-180.

박경일(2000). 사회복지서비스의 질적 향상을 위한 관리기법으로서의 복지 QC 활동에 관한 사례 연구. 한국사회복지학, 40, 97-130.

박수지(2009). 복지국가의 사회서비스 제도화 및 재구조화에 대한 고찰: 독일 사례를 중심으로. 한국사회복지학, 61(3), 155-177.

소영진(2003). 행정학의 위기와 공공성 문제. 정부학연구, 9(1), 5-22.

신동면(2010). 사회복지의 공공성 측정에 관한 연구. 한국사회정책, 17(1), 214-265.

양난주(2009). 바우처 정책집행연구: 노인돌보미바우처 사례. 서울대학교 대학원 박사학위논문.

양성욱, 노연희(2012). 사회서비스의 공공성은 무엇을 의미하는가?-서비스 주체에 따른 공공성의 내용을 중심으로. 사회복지연구, 43(1), 31-57.

이미진(2008). 공공성과 고령화정책: 노인장기요양보험제도를 중심으로. 윤수재, 이민호, 채종헌 편. 새로운 시대의 공공성 연구(pp. 559-583). 서울: 법문사.

이봉주, 김문근(2007). 한국 사회서비스 공급체계의 현황과 전망. 한국사회복지행정학회 추계학술대회 자료집, 1-25.

이선우, 김두례(2011). 사회복지서비스 유형 분류에 대한 연구. 한국사회서비스학회사회서비스연구, 2(2), 5-30.

이창호(1991). 사회복지서비스 프로그램의 계량화: 프로그램 평가 및 책임성 계획의 과학적 모델을 중심으로. 사회복지연구, 3, 169-200.

이현주, 강혜규, 서문희, 정경희, 유동철, 정재훈, 이승경, 노언정, 현명이(2003). 공공부조와 사회복지서비스의 체계분석 및 재편방안. 한국보건사회연구원.

장인협(1990). **사회복지학개론**. 서울: 서울대학교 출판부.
전용호, 이민홍(2018). 사회서비스의 시장화에 대한 지방정부의 평가에 관한 연구: 지역사회 서비스 투자사업의 등록제를 중심으로. **보건사회연구**, 38(3), 521–554.

Dees, J. G. (1998). Enterprising nonprofits. *Harvard Business Review on Nonprofits* (pp. 135–166). Boston, MA: Harvard Business School Press.
Evers, A. (2005). Mixed welfare system and hybrid organizations: Changes in the governance and provision of social services. *International Journal of Public Adminstration, 28,* 737–748.
Haque, M. S. (2001). The diminishing publicness of public service under the current mode of governance. *Public Administration Review, 16*(1), 65–82.
Kahn, A. J., & Kamerman, S. B. (1980). *Social services in international perspective: The emergence of the sixth system.* New Brunswick: Transaction Books.
Zimmerman, B., & Dart, R. (1998). *Charities doing commercial ventures: Societal and organizational implications.* Trillium Foundation.

국가법령정보센터. https://www.law.go.kr
사회서비스 전자바우처. https://www.socialservice.or.kr:444/
서울시 사회서비스원. https://seoul.pass.or.kr/greetings
인천광역시 사회서비스원. https://incheon.pass.or.kr/
한경 용어사전. https://dic.hankyung.com

## 제4부

# 사회복지 현실과 전망

# 제10장 한국의 사회복지

1960년대 이후 지속적인 경제성장에 힘입어 국민생활수준은 크게 향상되었으나, 고도성장에 따른 부산물로서 소득격차의 심화와 부의 편재로 상대적 빈곤층이 증가하고, 도시화, 산업화에 따른 실업·산업재해 등 각종 사회적 위험과 문제점이 증대되었다. 나아가 인구구조의 노령화와 핵가족화 등 사회구조의 변화로 인하여 전통적 윤리관이 변질·퇴조되어 노인문제, 비행청소년문제, 장애인문제, 부녀복지문제 등 여러 가지 해결하여야 할 사회문제가 크게 대두되고 있어 시급한 정부시책이 마련되어야 하는 상황이었다. 따라서 이 장에서는 광복 이후 오늘에 이르기까지 우리 정부와 사회단체 등에서는 어떠한 방법으로 얼마만큼 복지정책에 관심을 두고 노력하였으며, 그에 대한 대비책을 강구하였는가를 고찰하고, 2000년대를 맞이하는 우리의 자세는 어떠한 가능성을 가지고 사회복지정책을 실천하여야 할 것인가를 살펴보고자 한다.

따라서 이 장에서는, 첫째, 제1, 2공화국시대의 사회복지, 둘째, 제3, 4공화국시대의 사회복지, 셋째, 제5, 6공화국시대의 사회복지, 넷째, 최근의 사회복지 등을 중심으로 살펴보고자 한다.

## 1 제1, 2공화국시대(1948~1961년)의 사회복지

당시 우리나라는 절대빈곤의 시대였다.[1] 사회경제적 혼란으로 정부 주도의 공적 복지는 기대하기 힘들었고, 두레, 향약, 계 등 전통적인 상호부조체계가 와해된 상태였

1 일부 연구에 의하면, 1945년 이후 1960년대 초까지의 정치적 변화에 의한 소득불평등 완화 효과가 있었지만, 산업화 이전 시기였기 때문에 빈곤율이 매우 높았다고 한다. 소득불평등 완화는 토지개혁, 한국전쟁을 거치며 토지중심의 기득권층이 상당수 붕괴했기 때문이다. 반면, 당시의 빈곤수준은 세계적으로 가장 높은 수준이었다. 이 때문에 당시는 한마디로 '빈곤의 평등' 시대였다고 말할 수 있다(Adelman, 1974).

표 10-1 제1, 2공화국시대(1948~1961년)의 사회복지 개요

| 내용 | 세부 내용 |
|---|---|
| 사회보험 | • 공무원연금법 제정(1960년) |
| 보훈복지 | • 군사원호법 제정(1950년)<br>• 경찰원호법 제정(1951년) |
| 사회복지서비스 | • 후생시설설치기준령 제정(1950년)<br>• 후생시설운영요령 마련(1952년) |
| 사회복지전달체계 | • 사회부 신설(1948), 보건부 신설(1949), 보건사회부 신설(1955)<br>• 국립중앙사회사업종사자훈련소 창설(1956년) |
| 사회복지실천환경 | • 인보관 성격의 사회복지관 신설(1956년)<br>• 한국사회사업연합회 창립(1954년) |
| 종합 | • 공적 복지는 비전문적인 긴급구호활동에 국한<br>• 외원기관의 역할<br>• 구호물자 배준에 주력해 전문적인 사회복지실천 부재 |

다. 한국전쟁으로 인해 북한의 점령과 수복을 반복하며 사회적 혼란을 겪었고 세계사적으로 유례가 없을 정도로 많은 민간인이 살해당했다.

1948년 8월 15일 제1공화국이 공식 출범했다. 제1공화국은 먼저 사회복지와 관련된 정부부처를 개편했다. 미군정기의 보건후생부와 노동부를 통합해 사회부로 개칭하고, 보건, 위생, 노동, 부녀행정을 관장하게 했다. 1949년에는 보건부가 신설돼 사회부가 관장하던 보건행정을 담당했다. 1955년에는 보건부와 사회부를 통합해 보건사회부를 만들었다. 이로써 보건사회부는 사회, 복지, 보건, 부녀행정을 총괄하는 부서가 됐다.

당시 한국의 상황은 정상적인 국가능력을 발휘하기에는 한계가 있었다. 극심한 빈곤상태여서 국민 일반의 담세기반은 매우 취약했고, 이는 국가의 역량을 제약하는 한계로 작용했다. 장기간의 일제강점기를 겪었기 때문에 국가를 관리하고 국정을 운영할 수 있는 기반도 약했다. 이처럼 당시에는 국민의 삶에 필수적인 영역에서 국정운영의 계획을 수립하고 집행하기에는 근본적으로 한계가 있었다. 게다가 극심한 이념 대립 속에서 국민통합에 기초해 국정을 운영할 수 있는 상황이 아니었다. 이 시기의 공적 복지는 월남피난민과 전쟁 피해자에 대한 긴급구호활동이 주를 이루었다. 이처럼 전쟁 직후의 가족해체 상황이 매우 심각하고 광범위했음에도 불구하고 1950년대에 정

그림 10-1 **한국전쟁 당시 종군기자가 찍은 사진**

© John Rich.

그림 10-2 **한국민사원조사령부 포스터**

출처: 대한민국역사박물관. http://www.much.go.kr/

부가 취한 정책적 대응은 실로 미미한 것이었다.

한편, 1960년 4·19 혁명으로 제1공화국이 붕괴된 후 1960년 8월 19일 제2공화국이 출범했다. 그러나 제2공화국은 1961년 5·16 군사정변 때까지 짧은 기간만 존속했다. 따라서 제2공화국은 사회복지에 관한 별다른 시책을 가시화하지는 못했다. 이처럼 당시에는 공공영역뿐 아니라 민간사회복지조직도 비전문적인 긴급구호 위주로 활동했다. 따라서 실천 현장에서는 전문적인 사회복지실천의 필요성이 거의 제기되지 않았다고 볼 수 있다. 실제로 당시 사회복지조직들은 외국원조기관의 지원을 받아 구호사업을 전개하는 데 몰두해야 하는 상황이었다. 따라서 구호물자의 효과적인 배분이 주요 관심사였다.

## 2 제3, 4공화국시대(1961~1979년)의 사회복지

제3공화국은 급속한 경제성장 추진과 관련이 없는 지출은 최대한 억제했다. '선성장

후분배'의 기조에 따라 사회복지정책은 우선순위에서 배제된 것이다. 그러나 사회복지제도에도 진전이 있었다. 체제의 정당성을 강화하거나 경제활동에 기여할 수 있는 제도를 위주로 추진했던 것이다.

제3공화국의 사회복지시책은 다음의 몇 가지로 정리할 수 있다. 첫째, 군정은 국가를 위해 헌신한 희생자들과 재해피해자들에 대한 지원책을 신속히 마련했다. 둘째, 1961년에 「생활보호법」이 제정됐다. 이 법은 근로능력이 없는 저소득층에 대한 최초의 제도적인 공적부조라고 할 수 있다. 셋째, 사회보험을 도입하기 위한 시도가 있었다. 1963년에 「군인연금법」을 제정했다(손준규, 2004). 넷째, 사회복지 분야에 대한 법률들이 1961년에 제정됐다. 다섯째, 1963년에 「사회보장에관한법률」이 제정됐다. 여섯째, 1970년에 「사회복지사업법」이 제정됐다.

유신헌법이 제정돼 1972년 12월 27일 제4공화국이 출범했다. 제4공화국은 제3공화국의 수출지향적 고도성장과 '선성장 후분배'의 기조를 이어받았다. 그러나 이전과는 다른 환경이 생겨나고 있었다. 급속한 고도성장의 결과 산업구조가 현대화되고 도시화가 이루어져 도시산업 인구가 형성됐다. 또한 산재보험 이외에는 질병, 노령, 실업 등의 사회적 위험에 대한 대처가 부족하게 되자 사회문제의 해결을 바라는 국민의 욕구가 증가했다.

제4공화국의 사회복지시책은 다음의 몇 가지로 정리할 수 있다. 첫째, 취약계층을 보호하고 필요한 서비스를 제공하는 입법이 몇 가지 이루어졌다. 둘째, 이 시기에는 사회보험 도입이 정책적 이슈로 제기됐다. 제3, 4공화국시대에는 산재보험과 의료보험이 보편적인 사회보험제도로 도입되기 시작했고, 생활보호제도가 정비돼 노동능력이 없는 저소득층에 대한 제도적 보호에 착수했다. 따라서 이 시기 공적 사회복지에서는 「생활보호법」 등 법령에 따른 시행계획 수립과 법정급여 제공에 국한될 뿐 개별화된 서비스는 전혀 고려하지 않았다. 민간 사회복지현장에서도 여전히 시설보호와 비전문적인 구호활동이 대부분이었다. 공공 및 민간 영역에서 모두 전문적인 사회복지서비스가 제공되지 않았다.

표 10-2 제3, 4공화국시대(1961~1979년)의 사회복지 개요

| 내용 | 세부 내용 |
|---|---|
| 사회보험 | • 군인연금법 제정(1963년)<br>• 산재보험법 제정(1963년): 500인 이상 광업 · 제조업분야 적용<br>• 의료보험법 제정(1963년): 사업장 세 곳에 시범사업 실시<br>• 사립교원연금법 제정(1973년)<br>• 의료보험법 개정(1976년): 500인 이상 사업장에서 조합주의방식으로 강제 적용 |
| 보훈복지 | • 군사원호보상법 제정(1961년)<br>• 재해구호법 제정(1962년)<br>• 국가유공자및월남귀순자보호법 제정(1962년) |
| 공적부조 | • 생활보호법 제정(1961년): 근로무능력자에게 생계보호 제공<br>• 자활지도사업임시조치법 제정(1968년): 근로빈곤층 자활근로사업 실시<br>• 의료보호법 제정(1977년) |
| 사회복지서비스 | • 고아의후견직무에관한법 제정(1961년)<br>• 고아입양특례법 제정(1961년)<br>• 윤락행위등방지법 제정(1961년)<br>• 아동복리법 제정(1961년)<br>• 사회복지사업법 제정(1970년)<br>• 입양특례법 제정(1976년)<br>• 특수교육진흥법 제정(1977년) |
| 사회복지전달체계 | • 사회보장법 제정(1963년) |
| 사회복지실천환경 | • 한국사회사업학교협의회 창립(1965년)<br>• 한국사회사업가협회 결정(1967년)<br>• 사단법인 한국사회복지사업연합회 설립(1977년) |
| 종합 | • 보편적인 사회보험제도 도입 및 생활보호제도 정비<br>• 사회복지서비스는 취약계층 시설보호와 비전문적인 구호활동이 주종<br>• 외원기관의 활동 지속<br>• 개별화된 사회복지실천 부재 |

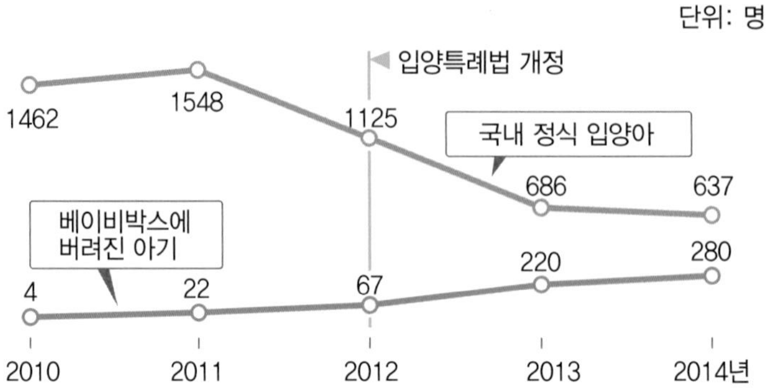


그림 10-3 「입양특례법」 개정 전후 정식 입양아와 버려진 아기

출처: 보건복지부. http://www.mohw.go.kr/

표 10-3 한국의 공적 사회보험 발달과정

| 종류 | 주요 내용 |
|---|---|
| 의료보험제도 | • 1976 의료보험 실시(근로자 500인 이상 사업장)<br>• 1979 공무원 · 교사 의료보험 도입<br>• 1988 의료보험 확대(근로자 5인 이상 사업장, 농어촌지역)<br>• 1989 의료보험 확대(도시지역자영자, 전 국민 의료보험 달성)<br>• 2000 국민건강보험 도입(직장 및 지역통합)<br>• 2002 국민건강보험 재정통합 |
| 산재보험제도 | • 1964 산재보험 실시(근로자 500인 이상 사업장)<br>• 2000 산재보험 확대(근로자 1인 이상 사업장) |
| 실업보험제도 | • 1995 고용보험 실시(근로자 30인 이상 사업장)<br>• 1998 고용보험 확대(근로자 5인 미만 사업장 및 비정규직)<br>• 2004 고용보험 확대(일용직 근로자) |
| 노후소득보장제도 | • 1960 공무원연금 실시<br>• 1963 군인연금 실시<br>• 1973 사립학교교직원연금 실시<br>• 1988 국민연금 실시(근로자 10인 이상 사업장)<br>• 1991 국민연금 확대(근로자 5인 이상 사업장)<br>• 1995 국민연금 확대(농어민)<br>• 1999 국민연금 확대(도시지역 거주자)<br>• 2008 기초노령연금 실시 |

출처: 심상용(2010a), p. 15 〈표 6〉; 심상용(2010b), p. 502 〈표 7〉; Sim(2018), p. 133 〈표 1〉에서 재구성.

## 3 제5, 6공화국시대(1979~1998년)의 사회복지

1979년 10·26 사태로 신군부가 실권을 장악한 뒤 1981년 3월 3일 제5공화국이 출범했다. 당시 우리나라는 급속한 고도성장의 결과 이미 최빈국에서 탈피한 상태였다. 정치적 불안정 속에 성립된 제5공화국은 '선성장 후분배' 정책의 부산물인 불평등, 지역간 격차, 각종 사회문제에 대처해야 하는 상황에 놓였다.

제5공화국의 사회복지시책은 다음의 몇 가지로 정리할 수 있다. 첫째, 근로능력이 없는 국민을 위한 공적부조제도로서 1982년에 「생활보호법」을 전면 개정했다. 둘째, 사회보험을 확대하는 획기적인 조치가 취해졌다. 셋째, 사회복지 입법이 이루어졌다.

1988년 2월 25일 제6공화국이 출범했다. 이 시기는 과거의 고도성장이 둔화되기 시작하고 산업화가 완성되는 상황과 밀접한 관련이 있다. 민주주의가 실현되고 국민의

표 10-4 제5공화국시대(1979~1988년)의 사회복지 개요

| 종류 | 세부 내용 |
|---|---|
| 사회보험 | • 국민연금법 제정(1986년) 및 시행(1988년): 10인 이상 사업장 대상<br>• 의료보험법 개정(1987년): 농어촌지역 및 도시자영자 적용 |
| 공적부조 | • 생활보호법 전면 개정(1982년): 근로무능력자에게 6종의 급여 제공 |
| 사회복지서비스 | • 사회복지사업기금법 제정(1980년)<br>• 아동복지법 제정(1981년)<br>• 심신장애자복지법 제정(1981년)<br>• 유아교육진흥법 제정(1982년): 새마을유아원 설치 · 운영 규정<br>• 사회복지사업법 개정(1983년): 사회복지관 유형 구분 및 지원근거 마련<br>• 주택건설기준등에관한규제 마련(1986년): 주택단지에 사회복지관설치 의무화<br>• 사회복지관운영 · 국고보조사업지침 수립(1986년): 사회복지관 운영에 대한 규정과 국고보조사업 관리지침 마련<br>• 남녀고용평등법 제정(1987년) |
| 사회복지전달체계 | • 국민연금관리공단 운영(1987년)<br>• 별정직 사회복지전문요원 채용(1987년) |
| 사회복지실천환경 | • 사회복지사 윤리강령 제정(1982년)<br>• 사회복지사 명칭(구 사회사업가) 변경(1983년)<br>• 사회복지협의회(구 사회복지사업연합회) 법정 단체화(1983년) |

표 10-5 노태우·김영삼 정부시대(1988~1998년)의 사회복지 개요

| 종류 | 세부 내용 |
|---|---|
| 사회보험 | • 도시자영자 의료보험 실시(1989년)<br>• 고용보험법 제정(1993년): 30인 이상 사업장 대상으로 1995년부터 적용, 직업능력개발사업 실시<br>• 국민연금 기여율 인상(1993년): 3% → 6%<br>• 국민의료보험법 시행(1998년): 통합주의방식 적용 |
| 사회복지서비스 | • 모자복지법 제정(1989년)<br>• 장애인복지법 제정(1989년): 기존 심신장애자복지법 대체<br>• 주택건설촉진법 개정(1989년): 영구임대아파트 사회복지관 의무화<br>• 사회복지관설치및운영규정 마련(1989년): 사회복지관 위탁운영 규정<br>• 장애인고용촉진법 제정(1990년)<br>• 영유아보육법 제정(1991년)<br>• 고령자고용촉진법 제정(1991년)<br>• 사회복지사업법 개정(1992년): 사회복지법인의 설립 허가업무는 시 · 도, 시설설치 허가는 시 · 군 · 구청장에 위임<br>• 성폭력처벌및피해자보호법 제정(1994년)<br>• 정신보건법 제정(1995년)<br>• 사회복지사업법 전문개정(1997년): 사회복지시설 설치 신고제 도입, 사회복지시설 위탁운영 규정 마련<br>• 사회복지공동모금회법 제정(1997년)<br>• 청소년보호법 제정(1997년)<br>• 장애인 · 노인편의증진법 제정(1997년)<br>• 가정폭력및피해자보호법 제정(1997년)<br>• 여성발전기본법 제정(1997년) |
| 사회복지전달체계 | • 사회복지전문요원직무및관리운용에관한규정 마련(1991년): 사회복지전문요원의 직무 및 관리운용에 대한 근거규정 마련<br>• 사회복지사업법 개정(1992년): 사회복지전담공무원 및 복지사무기구 도입 근거 마련<br>• 지방공무원임용령 개정(1992년): 사회복지직렬 5급까지 설치<br>• 지방공무원임용령 개정(1993년): 사회복지전담기구 설치 근거 마련<br>• 사회복지전문요원직무및관리운용에관한규정 개정(1995년): 생활보호업무 이외에 사회복지서비스 업무까지 확대<br>• 사회보장법 제정(1995년)<br>• 국민의료보험관리공단 출범(1998년) |
| 사회복지실천환경 | • 사회복지사협회 법정 단체화(1997년)<br>• 시 · 도사회복지협의회 독립 법인화(1997년)<br>• 사회복지사 1급 국가시험에 대한 규정 마련(1997년) |
| 종합 | • 주요 사회보험제도 확립 및 별도의 전달체계 구축<br>• 공공 사회복지전달체계 구축<br>• 정부지원–민간공급의 사회복지서비스 전달체계 확립<br>• 지역사회 중심의 사회복지서비스 제공 확대<br>• 민간영역을 중심으로 전문적인 사회복지실천 발전 |

기본권이 신장되면서 과거의 '선성장 후분배' 논리로는 삶의 질에 대한 국민의 요구를 억누를 수 없는 현실적인 상황이 전개됐다.

1995년에는 지방자치제도가 전면 실시돼 사회복지환경이 변화했다. 1991년에 지방의회선거가 실시된 데 이어 1995년부터 지방자치단체장선거가 실시된 것이다. 이로써 지방정부가 스스로 지역의 사회문제를 해결하고 지역주민의 욕구를 충족시킬 수 있도록 사회복지시책을 개발할 필요가 제기되었다. 나아가 지역주민의 복지수요를 충족시키기 위해 공공 및 민간 사회복지전달체계를 구축해야 하는 현실적인 과제가 부여됐다.

이 시기의 사회복지시책은 다음의 몇 가지로 정리할 수 있다. 첫째, 이전 시기와 마찬가지로 사회보험은 지속적으로 발전해 왔다. 둘째, 사회복지 입법이 대거 이루어졌다. 셋째, 공공분야 사회복지전달체계가 마련되기 시작했다. 넷째, 1980년대부터 사회복지서비스 제공이 본격화돼 민간사회복지 영역이 확충되기 시작했다. 기존의 시설수용에서 탈피해 사회복지서비스를 확대하는 변화가 이루어졌다.

## 4 최근의 사회복지

우리 사회는 1990년대 말부터는 이전 시기와는 다른 사회적 환경에 처하게 된다. 첫째, 1997년 말의 IMF 외환위기는 고용불안과 실업사태에 대한 대처기제가 부족한 우리 사회의 한계를 여실히 드러냈다. 실업부조 등 저소득 근로자가구에 대한 소득보장정책이 부재했고, 고용보험제도는 1996년부터 실업급여를 지급하기 시작했지만 30인 이상 사업장의 상시근로에게만 적용돼 자영업자, 실업자, 중소기업근로자, 비정규근로자들에게는 적용되지 않았기 때문이다. 둘째, 경제적 여건이 악화돼 고도성장기와는 다른 경제상황이 전개됐다. 과거에는 경제성장에 따라 가구소득이 증가하는 선순환 효과를 거두었지만, 경제의 저성장, 탈산업화, 비정규직 증가, 소득분배 악화, 근로빈곤 확대의 악순환구조가 자리 잡았다. 셋째, 저출산·고령화 대책이 강조되기 시작했다. 이에 따라 이전 시기에는 소홀히 했던 보육정책, 여성의 일·가정양립정책, 노후소득보장정책, 장기요양제도 등이 정책과제로 부각됐다. 넷째, 다양한 욕구에 대한 정

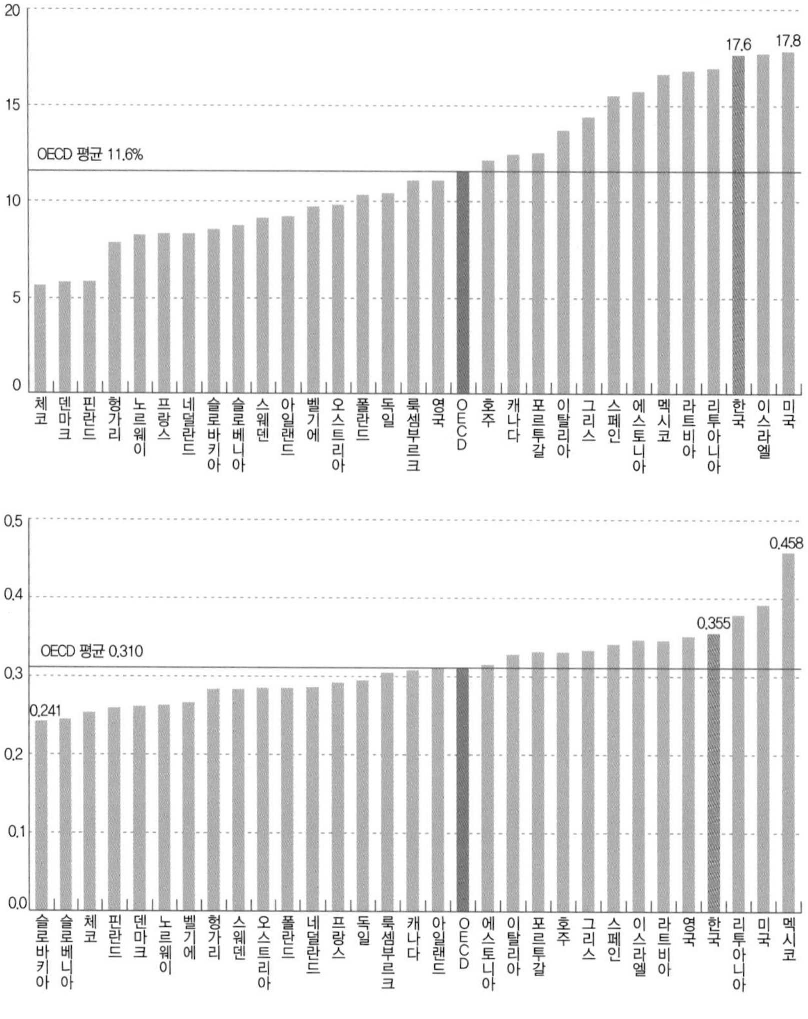


그림 10-4 빈곤율 및 지니계수 국제비교(단위: %)

주 1) 2016년 기준이며, 가처분소득을 적용함.
2) 빈곤율은 중위소득 50% 기준 상대빈곤율임.
출처: 보건복지부(2020g), p. 241 [그림 7-5] 및 p. 246 [그림 7-8]에서 인용.

책적 대처가 불가피해졌다. 노인, 장애인, 여성, 아동, 청소년, 다문화가정 등 다양한 욕구에 대해 사회수당 및 사회복지서비스 지원을 확대해야 했다.

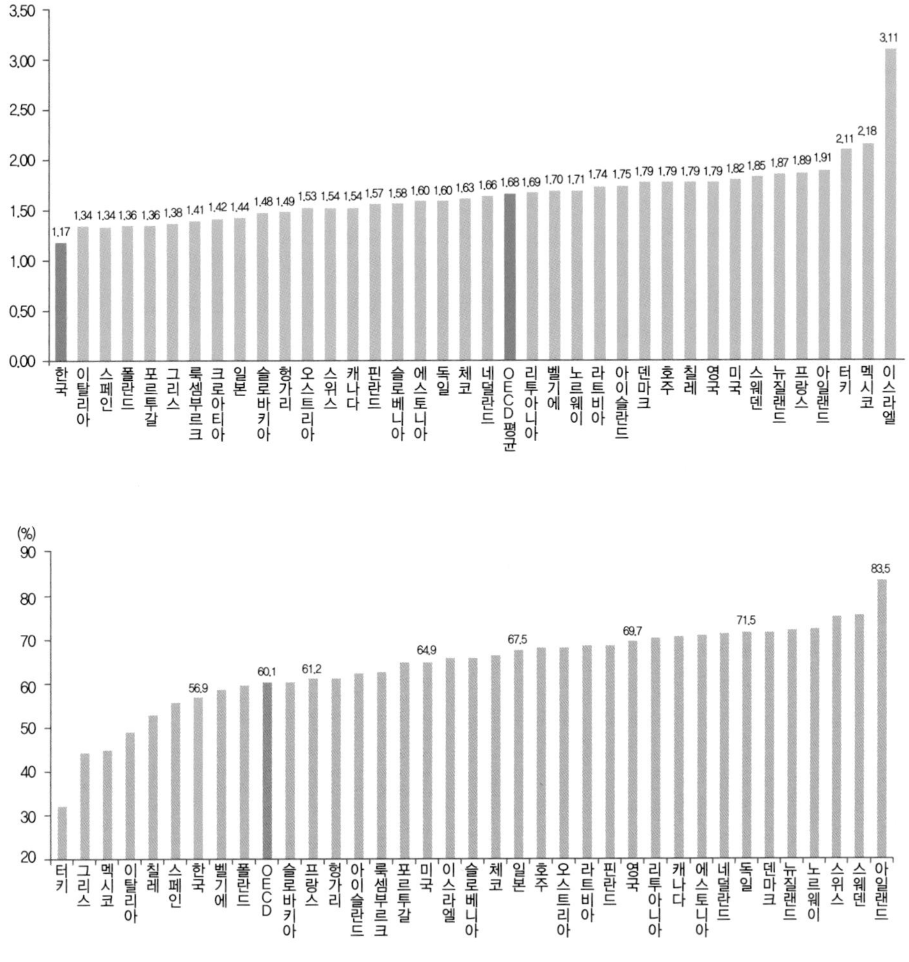


그림 10-5 **합계출산율과 여성고용률 국제비교(단위: 명, %)**

주 1) 합계출산율은 2016년 기준임.
2) 여성고용률은 생산가능인구(15~64세) 대상이며, 2017년 기준임.
출처: 김경수 외(2018), p. 16 [그림 4] 및 p. 98 [그림 31]에서 수정.

표 10-6 최근 사회복지의 변화 개요(1998~2020년)

| 내용 | 세부 내용 |
|---|---|
| 사회보험 내실화 | • 국민연금 개혁: 기여율 인상(1998년), 소득대체율 인하(1999년, 2008년)<br>• 고용보험 상시근로자에게 적용(1998년)<br>• 국민건강보험법 제정(1999년): 의료보험조직 통합, 국민건강보험공단 출범<br>• 특수직역연금과 국민연금 간의 형평성 제고 노력(2000년)<br>• 국민연금 상시근로자에게 적용(2006년)<br>• 완전노령연금 지급 시작(2008년): 20년 가입자 대상<br>• 특수직역연금과 국민연금 간의 형평성 제고 노력(2009년, 2015년)<br>• 국민연금과직역연금연계에관한법률 제정(2009년): 두 연금의 가입기간이 20년 이상이면 연금 지급<br>• 산재보험 상시근로자에게 적용(2010년)<br>• '두루누리'사회보험료 지원사업 시작(2012년): 10인 미만 사업장 대상<br>• 건강보험 보장성 강화 노력 강화(2018년): 선택진료비 폐지, 비급여부담 완화, 급여적용부담 확대, 본인부담상한액 조정, 희귀질환 본인부담 완화 등<br>• 건강보험을 소득중심 부과체계로 개편(2018년)<br>• 실업급여 지급수준 상향 조정 및 지급기간 확대(2019년)<br>• 고용보험법 개정(2020년): 예술인 당연적용 |
| 공적부조 및 근로연계복지 | • 한시적 생활보호제도 운영(1998)<br>• 국민기초생활 보장법 제정(1999년): 근로능력과 관계없이 7종의 급여 제공, 자활지원서비스 실시<br>• 긴급복지지원제도 실시(2006년): 위기가구에 생계비 지원<br>• 근로장려금제도 도입(2008년)<br>• 국민기초생활보장제도의 급여방식 변경(2015년): 통합급여 → 맞춤형 급여방식<br>• 자녀장려금제도 도입(2015년)<br>• 취업성공패키지사업 실시(2015): 즉시 취업 적합자 대상<br>• 자산형성사업 실시: 희망키움 I (2010년), 내일키움(2013년), 희망키움 II (2014년), 청년희망키움(2018년), 청년저축계좌(2020년)<br>• 부양의무자기준 완화: 생계 · 의료급여 완화(2017년), 주거급여 폐지(2018년), 노인 · 중증장애인가구 적용 제외(2019년), 수급자가구에 중증장애인 포함 시 적용 제외(2020년)<br>• 구직촉진수당 지급(2019년): 50만 원씩 최대 6개월간 지급<br>• 구직자취업촉진법 제정(2020년): 구직촉진수당의 법적 근거 마련 |
| 저출산 · 고령화 대응 | • 육아휴직급여제도 실시(2002년)<br>• 차등보육료지원사업 실시(2004년)<br>• 저출산 · 고령사회기본법 제정(2005년)<br>• 제1, 2, 3, 4차 저출산·고령사회기본계획수립(2006년, 2010년, 2015년, 2019년)<br>• 남녀고용평등법을 남녀고용평등과 일·가정 양립 지원에 관한 법률로 개정(2007년)<br>• 가정양육수당 지급(2009년)<br>• 영유아 보육료 100% 지원(2013년)<br>• 육아휴직정률제 도입(2011년): 통상임금의 40%<br>• 육아기 근로시간단축 청구권 시행(2012년)<br>• 아빠 육아휴직 보너스제 시행(2014년): 1개월<br>• 아빠 육아휴직 보너스제 확대(2016년): 3개월<br>• 3세 미만 보육률 56.3% 달성(2017년) |

| 내용 | 세부 내용 |
|---|---|
| 저출산 · 고령화 대응 | • 아동수당제도 실시(2018년): 상위 10% 제외<br>• 아동수당제도 확대(2019년): 전체 아동 대상<br>• 육아휴직정률제 확대(2019년): 통상임금의 80%, 50%<br>• 육아휴직 최장 2년 실시(2019년)(1년+1년) |
| 노인분야 | • 노인일자리사업 시작(2004년)<br>• 기초노령연금법 제정(2007년): 60% 노인에게 일률 지급<br>• 노인돌봄종합서비스 실시(2007년)<br>• 노인장기요양제도 실시(2008년)<br>• 기초노령연금 확대(2014년): 70% 노인에게 차등지급<br>• 독거노인 대상 사회복지서비스 실시: 독거노인 사랑 잇기 사업(2012년), 노인돌봄 기본서비스(2013년), 독거노인 응급안전서비스(2013년), 독거노인 사회관계 활성화 지원사업(2014년)<br>• 치매국가책임제에 따라 치매안심센서 설치(2017년)<br>• 지역사회 통합 돌봄 기본계획 수립(2018년)<br>• 노인맞춤돌봄서비스 실시(2020년): 6개 노인돌봄사업 통합 |
| 장애분야 | • 장애인복지법 개정(1999년, 2001년, 2003년): 장애범위 확대<br>• 장애수당 지급(2000년)<br>• 지역사회중심 재활사업 시작(2000년)<br>• 장애아동부양수당 지급(2002년)<br>• 장애인차별금지 및 권리구제 등에 관한 법률 제정(2007년)<br>• 장애인활동보조지원제도 실시(2007년)<br>• 장애아동 발달재활서비스(2009년): 바우처사업<br>• 장애아동수당 실시(2007년): 장애아동부양수당 대체<br>• 장애인일자리사업 시작(2007년)<br>• 장애인연금제도 실시(2010년)<br>• 장애인활동지원제도 실시(2011년): 기존 장애인활동보조지원제도 재편<br>• 장애인복지법 개정(2011년): 거주시설 기능별 분리, 이용정원 30명 이하로 규정, 거주시설 서비스 최저기준 마련 등<br>• 학대 신고 의무화(2012년)<br>• 장애아동복지지원법 실시(2012년)<br>• 발달장애인권리보장법 시행(2015년): 발달장애인지원센터 설치<br>• 편의증진법 시행(2015년): 장애물 없는 생활환경 인증제도(Barrier Free) 실시<br>• 장애인복지법 개정(2017년): 장애인 쉼터 설치, 인권지킴이단 운영, 불법적 시설운영 처분 법적 근거 마련<br>• 장애인건강권보장법 실시(2017년)<br>• 성인 발달장애인 주간활동서비스 실시(2019년)<br>• 장애인연금 인상(2019년): 30만 원<br>• 행동발달증진센터 운영(2020년) |
| 여성·가족 분야 | • 건강가정지원법 제정(2004년): 건강가정지원센터 운영<br>• 성매매방지법 제정(2004년)<br>• 한부모가족지원법 제정(2007년): 기존 모자복지법 폐지<br>• 다문화가족지원법 제정(2008년): 다문화가족지원센터 운영 |

| 내용 | 세부 내용 |
|---|---|
| 여성·가족 분야 | • 경력단절여성등의 경제활동 촉진법 제정(2008년): 여성새로일하기센터 운영<br>• 노숙인복지법 제정(2011년): 종합지원시스템 구축<br>• 아이돌봄서비스 제공(2013년): 맞벌이가정 및 다자녀가정 대상<br>• 성매매방지 및 피해자보호 등에 관한 법률 전면 개정(2014년)<br>• 양성평등기본법 제정(2014년): 기존 여성발전기본법 전면 개정 |
| 아동·청소년 분야 | • 지자체 주관 학교복지사업 실시(2003년)<br>• 교육복지투자우선지원사업 실시(2003년)<br>• 아동복지법 개정(2004년): 지역아동센터 정부지원<br>• 지역사회청소년통합지원체계(CYS-Net) 구축(2006년): 청소년상담복지센터 운영<br>• 아동발달지원계좌 시행(2007년)<br>• 희망스타트사업 실시(2007년): 아동통합서비스 지원사업<br>• 위(Wee)프로젝트 실시(2008년)<br>• 자립지원 표준화 프로그램 실시(2011년)<br>• 교육복지투자우선지원사업을 교육복지우선지원사업으로 명칭 변경(2011년) |

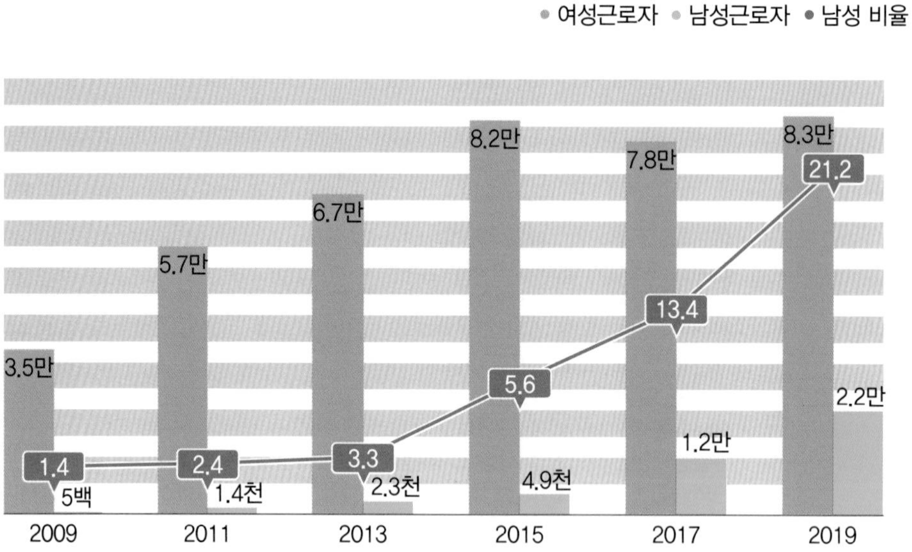


그림 10-6 성별 육아휴직 사용자 수

출처: 고용노동부. http://www.moel.go.kr/index.do

### 1) 사회복지 전문인력의 확충 및 복지정책 DB 구축

2000년 초 공공 사회복지의 주된 변화는 전문인력의 확충이었다. 2000년 당시 전문요원은 지방 사회복지직 7급, 8급 또는 9급으로 시·군·구의 장이 임용하였으며, 최일선에서 생활보호대상자 조사 및 선정 등의 공공부조와 노인, 장애인, 소년소녀가장, 편부모가정 등에 제공하는 각종 사회복지서비스를 담당하고 있었다. 2001년에는 전문요원에서 전담공무원으로 신분이 변화되었다. 이 밖에 자활사업의 전담조직을 설치한다는 계획이 있을 뿐 공공 사회복지에 대한 정책 추진은 거의 없었다(이현주, 유진영, 2015). 2002년에도 보건복지부의 공식 기록인 백서에 따르면, 공공 사회복지와 관련하여서는 주로 사회복지전담공무원의 확대 배치와 복지정책 DB 구축이 중심이 되었다.

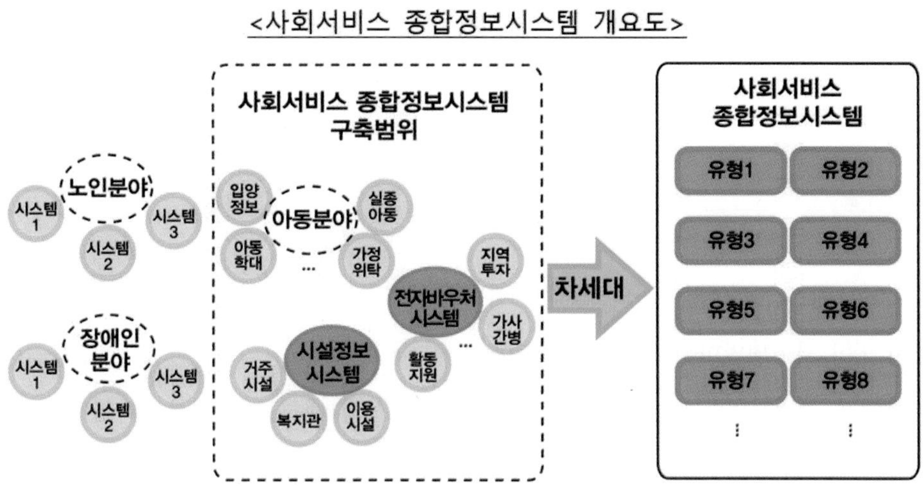


그림 10-7 사회서비스 종합정보시스템 개요도

출처: 보건복지부. http://www.mohw.go.kr

### 2) 사회복지 전달체계의 변화

참여정부가 들어서면서도 여전히 사회복지사무소 안은 논의가 진행 중이었다. 전담조직의 신설과 전문인력의 확보라는 전달체계의 과제가 계속 유지되었다. 내용을 구체적으로 보면 다음과 같다. 첫째, 시·군·구에 사회복지사무소를 설치하여 전달체계를 단순화하고, 사회복지공무원을 증원한다. 둘째, 민간 중심의 지역사회복지협의체를 구성하여 정책과정에 주민참여를 활성화하고 맞춤형 복지서비스를 제공한다. 셋째, 복지 민원전화, 인터넷 포털 등 보건·복지 통합정보망을 구축하여 서비스 접근성을 제고한다(보건복지부, 2019d).

한편, 지방분권이 본격화되면서 복지사업의 상당 부분이 보조금사업에서 변화하여 지방으로 이양되었다. 2005년에는 보건복지콜센터 설치 및 운영이 중요한 정책으로 추진되었다. 전국 어디서나 129번으로 전화만 하면 보건복지 관련 모든 상담 및 지원요청이 가능한 체계를 마련한다는 목적으로 추진된 것이었다(보건복지부, 2019d). 2000년 중반은 바우처 방식의 사회서비스 확충도 전달체계의 지평 변화를 이끌었다.

2005년에는 지방분권도 본격화되었다. 이 변화는 공공복지의 전반에 영향을 주는 것으로, 매우 중요한 사안이었다. 2003년 이후 복지재정의 지방분권과 함께 「사회복지사업법」 개정 등을 통해 지역복지의 강화를 명시적으로 천명해 오고 있었다. 기초자치단체 차원에서의 지역사회복지협의체 설치나 지역사회복지계획 수립 등을 법적 의무사항으로 규정한 것도 이러한 의도에서 비롯된 것이라 해석할 수 있다.

### 3) 사례관리시스템 구축

2009년에는 '수요자 중심의 맞춤형 서비스'를 제공하기 위한 '위기가구 통합사례관리사업'이 시행되었다. 2009년 하반기에 서울 마포, 경기 남양주, 충남 당진 등 10개 지역에서 시범사업을 실시하였으며, 행복e음 시스템 내 보건복지콜센터와 시·군·구 간 상담 연계 시스템 구축(2009. 9.), 대상자 초기상담 및 사례관리시스템 구축(2009. 12.)이 추진되었다. 당시 핵심과제 중 하나가 '어려운 국민을 신속하게 발굴하고 지원하겠습니다'이고, 다른 하나는 '수요자 중심의 복지전달시스템을 구축하겠습니다'이다. 이러한 관심의 발단으로 복지체감도는 중요한 동기를 제공하였다. 이는 '복지사업 및 복지예산은 점차 확대·발전되어 오고 있으나 그에 비하여 수혜자의 복지체감도는 낮은 상황이었다'는 지적에서 출발한 것이다(이현주, 유진영, 2015).

### 4) 공적부조제도 및 근로연계복지의 변화

1999년 「국민기초생활 보장법」을 제정하고 2000년부터 시행했다. 이 법은 근로능력에 관계없이 빈곤선 이하의 모든 저소득층에게 생계급여, 주거급여, 의료급여, 교육급여, 해산보호, 장제보호, 자활보호를 제공하기 위한 것이다. 자활보호의 경우, 근로능력자 중 즉시 취업 부적합자에 대해서는 체계적인 자활지원서비스를 제공하고 있다. 전국적으로 249개의 지역자활센터와 15개의 광역자활센터를 운영하고 있다(2020년). 즉시 취업 적합자는 2015년부터 고용노동부의 취업성공패키지사업을 통해 취업 등 노동시장에 진입할 수 있도록 지원하고 있다.

국민기초생활보장제도는 근로유인을 강화하고 욕구별 지원 대상을 확대하기 위해 2015년부터는 기존의 통합급여방식에서 맞춤형 급여방식으로 바뀌었다. 생계급여(중위소득의 30% 미만), 의료급여(40% 미만), 주거급여(45% 미만), 교육급여(50% 미만)에 대해 선정기준을 다층화해, 수급자가 소득이 증가해 생계급여의 기준을 초과하더라도 가구 여건에 맞게 필요한 다른 급여를 계속 지원받을 수 있도록 하였다. 2006년부터는 긴급복지지원제도가 실시되고 있다. 이 제도는 생계곤란 등의 위기상황에 처해 도움이 필요한 사람에게 1개월간의 생계비(최장 6회)를 신속하게 지원하려는 것이다.

### 5) 저출산 · 고령화에 대한 대응 확대[2]

2005년에는 「저출산·고령사회기본법」이 제정돼 같은 해부터 시행됐다. 이 법은 저출산·고령사회위원회를 구성하고 5년마다 저출산·고령사회기본계획을 수립하도록 하고 있다. 이에 2006, 2010, 2015년, 2019년에 제 1, 2, 3, 4차 계획이 각각 수립됐다.

2004년부터 시작된 차등보육료지원사업은 2013년부터 영유아에 대해 보육료를 100% 지원하는 정책으로 바뀌었다. 국공립어린이집을 지속적으로 확충해 2018년 기준 3,604개소에 달하고, 공공보육 이용률은 25.2% 수준에 도달했다. 3세 미만 아동에 대한 보육률은 2010년 38.2%에서 2017년 56.3%로 급속히 증가했다(OECD. https://stats.oecd.org).

2 저출산 · 고령화 영역에서는 보육사업, 아동수당제도, 일 · 가정 양립정책만 포함시켰다.

표 10-7 육아휴직제도 개요(2020년)

| 개요 | 세부 내용 |
|---|---|
| 재원 | • 고용보험기금 |
| 부모휴가 적용기간 | • 아동이 8세가 될 때까지 1회 분할 사용 가능 |
| 부모휴가기간의 원리 | • 부부 최대 24개월(2년)<br>• 부모 각각에게 12개월(1년)씩 분할: 양도 불가능 |
| 부분근로 여부 | • 육아기 근로시간 단축제 시행(1년 이내) |
| 육아휴직 급여 | • 1년+1년(3개월은 100%)<br>• 부모 중 한 명이 사용할 때<br>– 3개월: 통상임금의 80%(월 70~150만 원)<br>– 9개월: 통상임금의 50%(월 70~150만 원)<br>• 부모 중 다른 배우자가 사용할 때(부모가 같은 자녀에 대해 순차적으로 사용하는 경우 두 번째 육아휴직을 사용하는 배우자에게 지급되는 방식)<br>– 3개월: 통상임금의 100%(월 70~250만 원)<br>– 9개월: 통상임금의 50%(월 70~150만 원) |

출처: 「고용보험법」, 「남녀고용평등과 일 · 가정 양립 지원에 관한 법률」에 기초해 구성.

2018년부터 아동수당제도를 실시해, 만 6세 미만의 아동에게 월 10만 원을 소득 상위 10% 계층을 제외하고 지급했는데, 2019년부터는 만 7세 미만의 전체 아동으로 지급대상이 확대됐다. 2013년부터 만 84개월(만 7세) 미만의 가정 양육 아동에게 가정양육수당을 지급하고 있고, 2019년부터는 만 86개월(만 7세 4개월) 미만의 취학 전 아동까지 확대했다. 보육료, 육아학비, 종일제 아이돌봄서비스 지원을 받고 있지 않은 영유아에게 지급되는데, 영유아의 월령에 따라 월 10~20만 원이 지원된다. 2007년에는 여성의 일·가정 양립을 위한 시책들을 법제화하기 위해 기존 「남녀고용평등법」을 「남녀고용평등과 일·가정 양립 지원에 관한 법률」로 개정했다. 육아휴직급여제도는 2002년부터 실시됐는데, 1세 미만 영아를 대상으로 정액제로 실시됐다.

### 6) 사회복지 환경의 변화

#### (1) 지방정부의 책임성 강화 및 지역복지 활성화

지방자치단체의 복지 기획 및 실행 능력을 제고해 지역사회복지를 활성화하기 위한 노력이 이루어지고 있다.[3] 2003년 개정된 「사회복지사업법」은 지역사회복지체계 구축을 주요 목표로 설정하고, 2007년부터 사회보장기본계획 및 지역보건의료계획과 연계해 4년마다 지역사회복지계획을 수립할 것을 의무화했다(1기: 2007~2010년, 2기: 2011~2014년, 3기: 2015~2018년, 4기: 2019~2023년). 이와 함께 2005년부터 시·군·구에서 민관협력기구인 지역사회복지협의체를 구성해 지역사회복지계획의 심의

표 10-8 최근 사회복지 환경의 변화 개요(1988~2020년)

| 개요 | 세부 내용 |
|---|---|
| 사회보장기본법 개정 및 중앙·지방 간 협의·조정 | • 사회보장기본법 개정(2005년): 장기발전계획 수립 및 연간 계획 수립<br>• 사회보장기본법 전부개정(2012년): 사회보장 범위 확대, 사회보장기본계획 수립, 지역계획 수립, 중앙 · 지방 간 협의 · 조정 제도화<br>• 제1, 2차 사회보장기본계획 수립(2013년, 2019년)<br>• 중앙·지방 간 협의·조정 실시(2013년)<br>• 중앙·지방 간 협의·조정 시 지방정부 자율성 확대(2018년)<br>• 사회보장기본법 시행령 개정(2018년): 조정의 적시성 및 예측 가능성 확보 |
| 지방정부의 책임성 강화와 지역복지 활성화 | • 중앙 및 시·도, 시·군·구에 사회복지협의회 구성(1998년)<br>• 사회복지사업법 개정(2003년): 지역사회복지계획 수립, 지역사회복지협의체 구성 등 의무화<br>• 국고보조금 정비방안 마련(2004년): 일부 국고보조사업 지방이양<br>• 지방교부세법 개정(2004년): 지방이양사업 재원으로 분권교부세 시행<br>• 지역사회복지협의체 구성(2005년)<br>• 제1, 2, 3, 4기 지역사회복지계획 수립(2006년, 2010년, 2014년, 2018년)<br>• 사회보장급여법 제정(2014년): 지역사회보장계획, 지역사회보장협의체로 명칭 변경, 참여 범위 확대 등<br>• 지방교부세법 개정(2015년): 분권교부세를 보통교부세로 통합<br>• 5개 지방이양사업 국고보조사업 환원(2015년) |
| 사회복지전달체계 개선노력 | • 사회복지전문요원일반직전환 지침 마련(1999년): 별정직에서 사회복지직으로 전환, 사회복지전담공무원으로 명칭 변경 등<br>• 국민생활서비스 전달체계 개편(2006년): 8대 서비스 중심 개편<br>• 사회보장정보시스템(행복e음) 개통(2010년) |

3 한편, 정부는 지방의 자율성과 책임성을 강화하기 위해 2004년 '국고보조금 정비방안'을 확정했는데, 사회복지 분야에서는 138개 국고보조사업 중 67개 사업(5,959억 원, 12.1%)을 지방이양하고, 71개 사업(4조 3,409억 원, 87.9%)은 국고보조사업으로 계속 유지하기로 했다. 2004년에는 「지방교부세법」을 개정해 지방이양사업 추진에 필요한 재원인 분권교부세(내국세의 0.83%, 2006년에는 내국세의 0.94%로 개정)를 신설해 2009년까지 한시적으로 운영한 뒤 2010년부터 보통교부세로 통합하기로 하고, 2005년부터 국고보조사업을 지방이양했다. 복지수요 증가로 인한 지방 재정부담과 지역 간 불균등에 대한 문제제기가 커지자, 2009년에는 분권교부세를 2014년까지 5년 연장하기로 했다. 최종적으로 지방이양사업은 2015년부터 보통교부세로 통합됐다. 한편, 경기, 전남, 경북 3개 도에 편중된 정신요양시설(35.6%), 장애인생활시설(39.8%), 노인요양시설(42.0%), 노인양로시설(53.9%), 아동보호전문기관(42.3%)은 국고보조사업으로 환원됐다.

| 개요 | 세부 내용 |
|---|---|
| 사회복지전달체계 개선노력 | • 보건복지급여 및 서비스 관리 규정 마련(2010년): 사회복지사업 기준의 표준화 착수<br>• 시·군·구에 희망복지지원단 구성(2012년)<br>• 사회복지전담공무원 확충(2014년): 1만 6,475명으로 증원<br>• 사회보장정보원 출범(2015년)<br>• 읍·면·동을 행정복지센터로 개편해 복지허브화(2016년) |
| 공공부문 중심의 전문적 사례관리 체계 구축 | • 위기가구 공공사례관리 시작(2008년)<br>• 희망복지지원단 중심의 통합사례관리체계 도입(2009년)<br>• 사회보장급여법 제정(2014년): 공공부문 중심의 전문적 사례관리체계의 법적 근거 마련<br>• 시 · 군 · 구당 평균 4명의 통합사례관리사가 통합사례관리 수행(총 928명)(2019년)<br>• 공공부문 사례관리사업 연계 · 협력체계 운영(2019년) |
| 복지 사각지대 해소 노력 | • 사회보장급여법 제정(2014년): 시·군·구 및 읍·면·동 지역사회보장협의체의 주요 과제로 지원대상자 발굴 과제 부여<br>• 사각지대 관리시스템 구축(2015년) |
| 사회서비스 이용 활성화 및 공공성 강화 추진 | • 사회서비스 전자바우처시스템 구축(2007년)<br>• 사회서비스 이용 및 이용권 관리에 관한 법률 제정(2011년): 바우처사업의 법적 근거 마련<br>• 사회서비스이용권(바우처)사업 시작(2012년)<br>• 지역사회서비스 투자사업 시작(2012년)<br>• 사회서비스원 시범사업 실시(2019년) |
| 사회복지현장의 윤리, 인권, 전문성 강화 노력 | • 사회복지사업법 전문개정(1997년): 사회복지시설 평가제 도입<br>• 사회복지사업법 개정(1999년): 사회복지시설 종사자 지도훈련의 근거규정 명시<br>• 사회복지시설 평가 실시(1999년)<br>• 사회복지사 윤리강령 전면 개정(2001년)<br>• 사회복지사 1급 자격시험 시행(2003년)<br>• 사회복지사업법 개정(2007): 지역복지계획에 사회복지시설 종사자 처우개선에 관한 사항을 반영하도록 규정<br>• 사회복지사 보수교육 실시(2009년)<br>• 사회복지사 등의 처우 및 지위 향상을 위한 법률 제정(2011년)<br>• 사회복지사업법 개정(2011년): 사회복지서비스 최저 기준 마련<br>• 성폭력범죄의 처벌 등에 관한 특례법 개정(2011년): 일명 도가니법<br>• 사회복지사업법 개정(2012년): 인권보장을 기본이념에 추가, 복지와 인권증진의 책임 및 인권존중과 최대봉사 원칙 제시, 사회복지 조직운영에 대한 공적 통제 강화 등<br>• 사회복지사업법 개정(2018년): 학교사회복지사, 정신건강사회복지사, 의료사회복지사 법제화 |

및 건의, 사회복지 및 보건의료서비스의 연계 등을 담당하도록 했다.

2014년 제정된 「사회보장급여의 이용·제공 및 수급권자 발굴에 관한 법률」(이하 「사회보장급여법」)은 4년마다 지역사회보장계획을 수립하고 연차별 시행계획을 수립하는 한편, 시도사회보장위원회, 시·군·구 및 읍·면·동 지역사회보장협의체 등을 운영하도록 하고 있다. 지역사회복지협의체를 지역사회보장협의체로 확대 개편해 보건, 복지 이외에 고용, 주거, 문화 등 참여 범위를 전 분야로 확장하고 연계·협력의 기반을 마련하고 있다.

(2) 사회복지전달체계 개선 노력

정부는 사회복지제도의 기본적인 사회안전망의 틀은 구축됐으나 국민의 복지체감도는 낮아 사회복지서비스의 효율적인 전달체계 구축이 필요하다는 판단하에, 읍·면·동 복지깔때기 문제[4]를 극복하기 위해 노력해 왔다.[5] 사회복지전달체계를 개편해 국민의 복지 체감도를 증진시키고 밀착 사례관리를 본격적으로 전개하려는 것이다. 2012년 지역단위 수요자 중심의 사회복지전달체계의 일환으로 시·군·구에 통합사례관리를 담당하는 희망복지지원단이 구성됐다. 희망복지지원단은 통합사례관리, 지역 공공·민간 자원관리, 긴급복지, 개별사례관리 및 방문형 서비스 연계체계를 운영한다. 이후 수요자 중심의 맞춤형 전달체계 개편을 추진해 왔다. 2016년에는 읍·면·동을 행정복지센터로 개편하는 등 복지허브화해 찾아가는 서비스, 통합사례관리, 보건·복지 연계 등의 기능을 갖춘 맞춤형 통합서비스 담당기관으로 재편하고 있다. 한편, 정부 각 부처에서 분산되어 운영되고 있는 복지사업과 지원대상자의 정보를 통합 관리하고자 2010년 사

4 중앙부처 사회복지사업 360여 개 중 50~70%, 지방자치단체 사회복지사업 6천여 개가 시·군·구와 읍·면·동을 통해 전달되고 있다.

5 기존의 사회복지전달체계 개편 노력은 성과가 부족했다. 보건복지사무소 시범사업(1995~1999년), 사회복지사무소 시범사업(2004~2006년)을 실시했지만 지역주민의 접근성 부족, 담당공무원의 이해 부족, 부처 간의 이해관계 상충 때문에 제도화되지 못했다. 2006~2007년에는 복지, 보건, 고용, 주거, 교육, 문화, 체육, 관광 등 8대 서비스를 중심으로 주민생활지원서비스 전달체계 1, 2, 3차 개편이 이루어졌다. 그러나 지역주민의 접근성 부족, 통합서비스 및 사례관리를 위한 인력 부족, 민관 협력체계 미흡 등의 한계가 지적돼 왔다.

회복지통합관리망인 사회보장정보시스템(행복e음)을 개통했다.[6] 사회보장정보시스템(행복e음)은 국가나 지방자치단체의 지원대상자의 자격과 지원내역을 통합적으로 관리하는 정보시스템이다.

(3) 공공부문 중심의 전문적인 사례관리체계 구축

공공부문 사회복지 전달체계에서는 행정적 전략에 기초해 전문적인 사례관리체계를 구축하고 있다. 앞으로 사회복지현장의 사례관리체계는 공공부문을 중심으로 구축될 전망이다.

2008년부터 시군구 희망복지지원단에서 위기가구 사례관리사업이 도입되고 표준매뉴얼이 배포되면서 본격적인 공공사례관리가 시행됐다. 2009년 '시·군·구 복지전달체계 개선대책'이 발표된 뒤에는, 이를 바탕으로 희망복지지원단을 중심으로 통합사례관리체계를 도입하고 있다. 복합적이고 다양한 욕구를 가진 대상자에게 복지, 보건, 고용, 주거, 교육, 신용, 법률 등의 서비스를 제공하고, 대상자 접수, 욕구조사, 사례회의 개최, 서비스계획 수립 및 제공을 거쳐 사후관리를 시행한다.

2014년 제정된 「사회보장급여법」에서는 공공부문 중심의 전문적인 사례관례체계의 법적 근거를 마련하였다. 지원대상자에게 보건·복지·고용·교육 등에 대한 사회보장급여 및 민간 법인·단체·시설 등이 제공하는 서비스를 종합적으로 연계·제공하는 통합사례관리를 실시하고, 이를 위해 시·군·구에 통합사례관리사를 둘 수 있도록 하고 있다. 2018년에는 민관 공동사례관리체계의 일환으로 종합사회복지관, 장애인복지관, 노인복지관 등 3대 복지관과 행복e음 시스템을 공유하도록 했다.

6 이와 함께 2010년 「보건복지 급여·서비스 기준 관리 및 정보시스템 운영에 관한 규정」 제정을 시작으로, 복지사업의 기준을 표준화하기 위한 노력에 착수하고 있다. 복지사업의 규모가 확대됨에 따라 지나치게 복잡한 기준들이 사업의 형평성과 효율성을 저해하고, 복지급여의 중복과 특정 집단에의 중복을 초래할 수 있다는 판단에 따른 것이다. 복지사업 기준이란 복지사업 운영에 필요한 대상, 수준, 형태와 대상자 선정, 급여지급, 사후관리 등과 관련되는 각종 규정을 의미한다. 복지사업 기준 표준화는 제반 복지사업의 기준들을 체계적으로 조정하는 노력을 말한다. 즉, 기준의 단순화 및 명확화라는 기본 전제하에 제도의 목적성, 대상자의 유사성, 행정의 편의성 등을 고려해 유형별 가이드라인에 해당하는 공통기준을 마련하는 것이다. 첫째, 복지제도 자체에 대한 표준화는 대상자, 선정기준, 전달체계 등에 대한 것이다. 둘째, 정보시스템 표준화는 통합업무 프로세스를 구축하는 것이다. 셋째, 정보의 표준화는 업무처리에 활용되는 소득, 재산, 인적 정보 등 각종 데이터의 표준을 마련하는 것이다. 2018년까지 총 87개 항목에 대한 표준화를 진행했다.

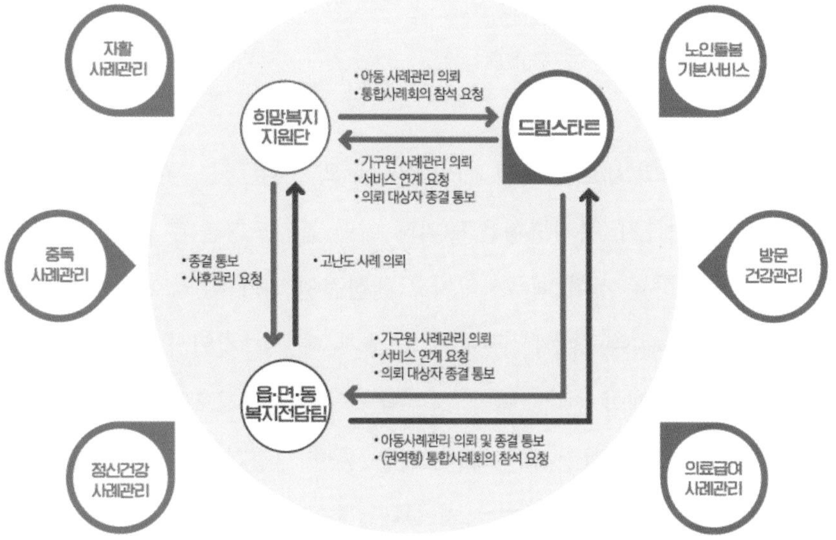


그림 10-8 **공공부문 사례관리 연계·협력의 예(아동통합보호의 경우)**

출처: 사회보장정보원 사례관리정책지원센터(2019), p. 10에서 인용.

### (4) 지속가능한 복지[7]

최근 우리 사회가 직면해 있고 또한 가까운 장래에 본격적으로 경험할 것으로 예상하는 복지환경의 변화로는 인구고령화와 사회적 부담의 증가, 고용 없는 성장으로 인한 일자리 부족, 생활양식 변화에 따른 단독가구의 증가와 전통적 가족기능의 급격한 쇠퇴 등이 있다. 이러한 환경 변화로 인해 발생하는 다양하고 복잡한 사회적 욕구를 기존의 복지 패러다임에 기반을 둔 접근으로 해결하기에는 상당한 어려움이 존재한다. 왜냐하면 기존 국가주의적 복지 패러다임은 과거 산업사회의 특성에 따른 구조를 형성하고 있어 변화하는 복지환경하에서의 새로운 변화에 유연하게 대응할 수 없을 뿐만 아니라 국가체계가 내포하고 있는 행·재정적 한계 때문이다. 따라서 새로운 사회적 위험에 적극적이고 효과적인 대응을 위해서는 현행 국가주의 복지 패러다임을 새로운 형태로 전환할 필요가 있다. 새로운 복지 패러다임을 구성하는 주요 요소로는 권리와 책임의 균형, 공공과 민간의 역할 재배분과 민간 활성화, 생계보호를 위한 구빈

7 이 절의 내용은 복지저널 2020년 4월호를 참고하여 작성함.

으로부터 기회보장 확대, 현금 또는 현물이 아닌 서비스로의 급여 형태 전환, 복지의 효율성 제고와 산업화 등을 들 수 있다.

① 복지환경의 변화와 새로운 복지 패러다임으로의 전환

현재의 '저부담-저복지' 복지모형을 탈피해 어떤 복지모형을 추구할 것인가에 관한 사회적 합의를 도출하는 것이 최우선적이고 핵심적인 과제이다. 이를 위해서는 사전적인 복지 확대를 통해 누구에게, 무엇을, 어떻게 제공할 것인가에 관한 복지공학에 기초한 청사진을 제시해야 한다. 만약 '중부담-중복지' 복지모형을 지향한다고 했을 때 가장 핵심적인 과제는 안정적인 재원조달을 통한 재정건전성 확보인데, 합리적인 재원 확보방안을 마련하지 못한다면 복지 확대는 '가짜 어젠다(pseudo agenda)'로 남을 수밖에 없을 것이다. 이 과정에서 국민들 간의 이해관계를 합리적으로 조정하고 동의를 유도할 수 있는 국가의 신뢰성이 전제되어야 하며, 또한 복지확대에 대한 국민들의 '공짜' 심리와 '눔프(Not Out Of My Pocket: NOOMP) 현상'을 극복할 수 있는 방안을 찾아야만 할 것이다. 또한 정치권의 포퓰리즘에 입각한 공약이나 일부 계층 또는 미래 세대의 일방적 희생을 강요하는 방식의 재원 확보 전략은 장기적으로 사회복지체계의 지속가능성을 위협할 뿐만 아니라 더 나아가 계층 간, 세대 간사회통합을 저해하는 결과를 초래할 것이다.

② 사회복지정책 통합관리기구 설치

지난 10여 년 동안 복지예산과 사회복지제도는 양적 측면에서 급증하고 있다. 2020년 복지예산(고용 등 포함)은 전체 예산 510조 원의 약 3분의 1에 달하는 181조 5000억 원 수준에 달하고 있으며, 중앙부처별로 각종 사회복지 관련 정책을 경쟁적으로 실시하고 있다. 이에 복지 관련 예산과 정책의 집행과정에서 요구되는 통합성과 합리성의 제고를 위한 통합관리기구의 설치가 필요한 시점이다. 통합관리기구 설치를 통해 막대한 복지예산의 집행과정과 정책성과를 관리하는 기능을 강화하고, 사회복지정책의 실효성과 체감도를 증가시킬 수 있는 정책 개발도 가능할 것이다. 특히 노인빈곤, 청년실업 등과 같은 정책문제에 효과적으로 대응할 수 있는 정책결정구조의 형성, 사회복지체계 혁신 개선 방안 마련, 복지와 고용의 연계, 사회복지전달체계 효율화 등과 같은 과제를 적극적으로 해결해 나갈 수 있을 것이다.

③ 지역복지생태계 조성을 위한 나눔 테크놀로지 개발과 사회서비스 고용

지난 40여 년 동안 공공복지의 확대가 지속적으로 이뤄졌음에도 불구하고 국민의 복지체감도가 향상하지 못하는 원인 중의 하나가 바로 복지사각지대와 같은 제도의 구조적 문제와 지역사회 내에서의 복지네트워크 부족이다. 이를 통해 국민 개개인의 복지욕구를 해결하기 위한 맞춤형 서비스의 제공과정에서 공공부문의 역할에는 한계가 있으며, 지역사회 차원에서의 접근과 민간부문의 역할이 중요하다는 사실을 확인할 수 있다. 특히 사회복지서비스체계의 구심 축을 중앙정부로부터 지역사회로 이동해야만 복지 4.0시대에 부합하는 복지생태계를 구축할 수 있다. 이를 위해서는 유기적인 민관협력을 기반으로 하여 지역사회 중심으로 개인, 단체, 기업 등과 같은 민간의 참여를 제도적으로 보장하는 정책 마련이 필요하다.

④ 기존 사회복지시설의 유형과 기능 그리고 운영방식의 개선

우선, 사회복지시설의 전문화가 필요하다. 현재에 이르기까지 동일 또는 유사한 기능의 사회복지시설을 양적으로 확대해 왔으나 새로운 복지환경의 변화에 따라 고유기능이 쇠퇴 또는 상실하고 있다. 또한 국가보조금방식의 재원 체계하에서 한정된 기능만을 수행할 수밖에 없어 새로운 욕구의 등장에 유연하게 대응하는 데에 일정한 한계가 존재한다. 그리고 다원화하고 있는 복지욕구 특성에 따른 전문서비스 제공을 위해서는 기존 사회복지시설의 기능과 구조를 전면적으로 개편해야 하는데, 이러한 개편 방향과 내용에는 유형별 시설의 전문화와 다기능화를 핵심 가치로 삼아야 한다. 즉, 사회복지시설의 전문화는 보다 효과적인 서비스의 개발과 제공을 가능하게 할 것이며, 다기능화는 단편적인 서비스 제공체계로부터 통합서비스 제공을 가능하게 할 것이다.

⑤ 민간복지 전문화와 운영방식 개편

사회복지서비스의 제공은 국민들에게 새로운 기회를 부여하고 생활상의 위험으로부터 개인과 가족을 보호한다는 측면에서 향후 그 기능이 더욱 확대될 것이다. 따라서 이들 사업을 수행하는 민간복지부문의 질적 성장을 위한 정책적 노력은 사회적 효과성을 증진하는 데에 절대적으로 필요하다. 특히 민간복지부문의 전문화와 전달체계의 효율성 제고를 위해서는 현행 개별 공급주체들의 역할을 재구성하고 전달체계를 획기적으로 개편해야 하는데, 이를 위해서는 「사회복지사업법」의 전면 개정이 필요하다. 「사회복지사업법」의 전면 개정은 기존의 규제 방식에서 지원과 육성을 강화하는 방향으로 이뤄져야 하며, 공공과 민간 간의 협력관계 명시, 사회복지협의회의 민간복지 조정 역할 강화, 통일된 사회복지사업의 기준 제시 등의 내용을 반드시 포함해야 한다. 또한 「사회복지사업법」의 법적 위상을 강화함으로써 이를 기준으로 사회복지서비스 관련 법체계를 정비하고, 「사회복지사업법」의 적용 범위를 범부처의 관련 정책에도 확대 적용할 수 있는 체계로의 이행을 통해 '규모의 경제' 효과를 거둘 수 있을 것이다.

## 참고문헌


강인철(2015). 해방 후 종교사회복지와 국가: 복지 재원과 정치적 자율성의 상관성을 중심으로. 김병섭, 강인철, 김수현, 김연명, 김인숙, 문진영, 백종만, 성경륭, 양재진, 이진석, 이혜경, 임채원, 정광호, 조흥식 공저. **우리 복지국가의 역사적 변화와 전망**(pp. 435-489). 서울: 서울대학교출판문화원.

고용노동부(2019a). 2019년 고용노동통계연감. 세종: 고용노동부.

고용노동부(2019b). 2019년판 고용노동백서. 세종: 고용노동부.

고용노동부(2020). 2020년 고용노동부 업무보고. 세종: 고용노동부.

고용노동부, 보건복지부(2018). 두루누리 사회보험지원사업 운영지침. 세종: 고용노동부 · 보건복지부.

고재욱, 전선영, 황선영, 박성호, 이용환(2013). **사회복지행정론**. 파주: 정민사.

교육부, 고용노동부, 보건복지부, 여성가족부(2016). 2016년 국민행복 분야 업무계획. 미간행 보도자료.

교육부, 문화체육관광부, 보건복지부, 환경부, 고용노동부, 여성가족부(2015). 2015년 국민행복 분야 업무계획. 미간행 보도자료.

구인회, 양난주(2008). 사회보장 60년: 평가와 전망. **사회보장학회 학술대회 자료집**, 151-184.

국민연금공단(2019). **2018 국민연금 생생통계: Facts Book**. 전주: 국민연금공단.

국세청(2020). **2020 생활세금 시리즈**. 세종: 국세청.

김경수, 허가형, 김윤수, 김상미(2018). 우리나라 저출산의 원인과 경제적 영향. **경제현안분석 94호**. 서울: 국회예산정책처.

김수정(2013). **사회복지법제론**. 서울: 학지사.

김영종(2010). **사회복지행정론**(제3판). 서울: 학지사.

김영종(2019). **한국의 사회서비스: 정책 및 실천**. 서울: 학지사.

대한민국정부(2015). 제3차 저출산, 고령사회 기본계획. 미간행 보도자료.

박석돈, 김병찬, 박연희, 우혜숙, 이정미, 정윤수(2019). **사회복지법제론**(제3판). 파주: 양성원.

보건복지부(2015a). 2014 보건복지백서. 세종: 보건복지부.

보건복지부(2015b). 2015 보건복지통계연보. 세종: 보건복지부.

보건복지부(2019a). 2018 보건복지백서. 세종: 보건복지부.

보건복지부(2019b). 2019 보건복지통계연보. 세종: 보건복지부.

보건복지부(2019c). 2019년 업무계획. 세종: 보건복지부.

보건복지부(2019d). 제2차 사회보장기본계획(2019~2023). 세종: 보건복지부.

보건복지부(2019e). 제3차 중장기 사회보장 재정추계. 세종: 보건복지부.

보건복지부(2020a). 2020 자활사업안내(Ⅰ). 세종: 보건복지부.

보건복지부(2020b). 2020년 국민기초생활보장사업안내. 세종: 보건복지부.

보건복지부(2020c). 2020년 업무계획. 세종: 보건복지부.

보건복지부(2020d). 2020년 장애인복지시설 사업안내(제Ⅰ권). 세종: 보건복지부.

보건복지부(2020e). 2020년 장애인복지시설 사업안내(제Ⅳ권). 세종: 보건복지부.

보건복지부(2020f). 2020년 희망복지지원단 업무 안내. 세종: 보건복지부.

보건복지부(2020g). 통계로 보는 사회보장 2019. 세종: 보건복지부 · 한국보건사회연구원.

사회보장정보원 사례관리정책지원센터(2019). 공공부문 사례관리 연계 · 협력업무 안내. 서

울: 보건복지부, 사회보보장정보원 사례관리정책지원센터.
사회복지교육연구센터(2016). 1급 사회복지사 기본서: 사회복지행정론. 서울: 나눔의집.
생각의마을(2020). 에쎕 사회복지행정론. 고양: 공동체.
소득보장정책연구실(2019). 2019년 빈곤통계연보. 세종: 한국보건사회연구원.
손준규(2004). 한국의 사회보장. 신섭중 편. 세계의 사회보장: 역사, 현황, 전망(전정판, pp. 483-535). 서울: 유풍.
신복기, 박경일, 이명현(2008). 사회복지행정론. 고양: 공동체.
심상용(2009). 여성의 일-가정 양립을 위한 사회적서비스정책의 발달과 전망: 근대화관점, 계급동원관점, 신제도주의관점의 적용. 사회복지정책, 36(4), 27-54.
심상용(2010a). 한국 발전주의 복지체제 형성 연구: 억압적 발전주의 생산레짐과 비공식 보장의 복지체제. 사회복지정책, 37(4), 1-15.
심상용(2010b). 한국에서의 자유주의적 베버리지모델의 형성과 작동에 대한 시론적 연구: 생산레짐, 복지체제의 연계를 중심으로. 사회보장연구, 26(4), 489-523.
심상용(2017). 사회복지행정론. 서울: 학지사.
안병영, 정무권, 신동면, 양재진(2018). 복지국가와 사회복지정책. 서울: 다산출판사.
양재진(2008). 국민연금제도. 양재진, 김영순, 조영재, 권순미, 우명숙, 정홍모 편. 한국의 복지정책 결정과정: 역사와 자료(pp. 103-159). 서울: 나남출판.
여성가족부(2015). 2014년도 여성정책 연차보고서. 서울: 여성가족부.
여성가족부(2018). 2019년 여성가족부 업무보고. 세종: 여성가족부.
여성가족부(2020a). 2020년 여성가족부 업무보고. 세종: 여성가족부.
여성가족부(2020b). 2020년 청소년사업 안내. 세종: 여성가족부.
오정수, 류진석(2016). 지역사회복지론(제5판). 서울: 학지사.
이수천(2020). 2021 사회복지사 1급 기본 핵심이론서. 서울: 메인에듀(주).
이준상, 박애선, 김우찬(2018). 사회복지발달사. 서울: 학지사.
이현주, 유진영(2015). 공공 사회복지 전달체계의 변화와 정책적 함의. 세종: 한국보건사회연구원.
장지연(2018). 사회적 위험과 격차 심화에 대응하는 중장기 정책 과제. 경제 · 인문사회연구회.
장천식(2006). 사회복지행정의 이해. 서울: 창지사.
주재선, 이동선, 송치선, 한진영(2019). 2019 한국의 성인지 통계. 서울: 한국여성정책연구원.
한국노동연구원(2019a). KLI 노동통계. 세종: 한국노동연구원.
한국노동연구원(2019b). KLI 비정규직 노동통계. 세종: 한국노동연구원.
한국복지행정학회(2014). 사회복지행정론(개정판). 파주: 양서원.
한국사회복지관협회(2015). 사회복지관과 지역사회복지실천. 고양: 공동체.
한국사회복지협의회(2020. 4.). 복지저널.
홍나미(2019). 학교사회복지서비스. 한국복지연구원 편. 2018-2019 한국의 사회복지(pp. 511-530). 서울: 학지사.
황성철, 정무성, 강철희, 최재성(2014). 사회복지행정론(제3판). 파주: 학현사.

Adelman I. (1974). Redistribution with growth: Some country experience: South Korea. In H. Chenery, M. S. Ahluwalia, C. L. G. Bell, J. H. Duloy, & R. Jolly (Eds.), *Redistribution with growth: Policies to improve income distribution in developing countries in the context of economic growth* (pp. 285-290). New York: Oxford University Press.

OECD (2019). Pensions at a Glance 2019: OECD and G20 Indicators. Paris: OECD Publishing. https://doi.org/10.1787/b6d3dcfc-en.

Sim, Sang-Yong (2018). Critical review on the conservative welfare regime theory: Applying deviant case studies on Korea and Taiwan. *Social Welfare Policy & Practice*, *4*(2), 119-153.

SSA (2018). *Social security programs throughout the world: Europe, 2018*. Washington: SSA Publication.

SSA (2020). *Social security programs throughout the world: The Americas, 2019*. Washington: SSA Publication.

4대 사회보험 정보연계센터. https://www.4insure.or.kr

OECD. https://stats.oecd.org

고용노동부. http://www.moel.go.kr/index.do

고용보험. https://www.ei.go.kr

국민건강보험. https://minwon.nhis.or.kr

노인장기요양보험. http://www.longtermcare.or.kr

대한민국역사박물관. http://www.much.go.kr/

보건복지부. http://www.mohw.go.kr

사회서비스 전자바우처. https://www.socialservice.or.kr:444

장애인활동지원. http://www.ableservice.or.kr

# 제11장 사회복지사

사회복지사는 무슨 일을 하는 사람인가? 사회복지사의 직업적 소명과 역할을 묻는 이 질문에 대해 확신에 찬 답변을 하기는 쉽지 않다. 사회복지학계와 실천가집단도 사회복지사의 역할, 과업, 정체성 등에 관한 다양한 연구와 논의의 과정을 통해 정답을 찾기 위해 노력하고 있지만, 질문은 반복되고 있다. 개인의 적응부터 사회 변화까지 개입 범위가 넓은 사회복지는 근본적으로 다양한 역할과 과업을 수반하게 된다. 역할과 과업에 대한 정확한 기준이 존재하지 않는 상황은 사회복지사의 실천과 역할 수행에 대한 '자기 의심'을 가져오게 한다. 사회복지 전문가로서 무슨 일을 어떻게 해야 하는지를 고민하게 하며, 조직과 사회에서 부과하고 기대하는 다양한 역할 간 긴장과 혼란에 부딪히게 된다. 더욱이 국내·외 복지환경의 급격한 변화도 사회복지사의 역할 혼란을 가중시키고 있다. 사회복지에 대한 필요와 요구가 높아짐에 따라 서비스의 확장과 분화가 촉발되었으며, 관련 정책과 법령의 제/개정이나 지방정부 차원의 적극적인 사회서비스 제공 노력 등이 사회복지 현장에 막대한 영향을 미치고 있다. 따라서 이 장에서는, 첫째, 사회복지사의 직무, 둘째, 사회복지사 역할, 셋째, 사회복지실천 현장의 과제, 넷째, 해외 사회복지사: 호주의 사례, 다섯째, 사회복지 노동조합 등을 중심으로 살펴보고자 한다.

## 1 사회복지사의 직무[1]

사회복지사는 계속해서 새로운 과업과 역할을 부여받으며 낯선 서비스 영역에서 적

1 이 절의 내용은 임정기 외(2017)를 참고하여 작성함.

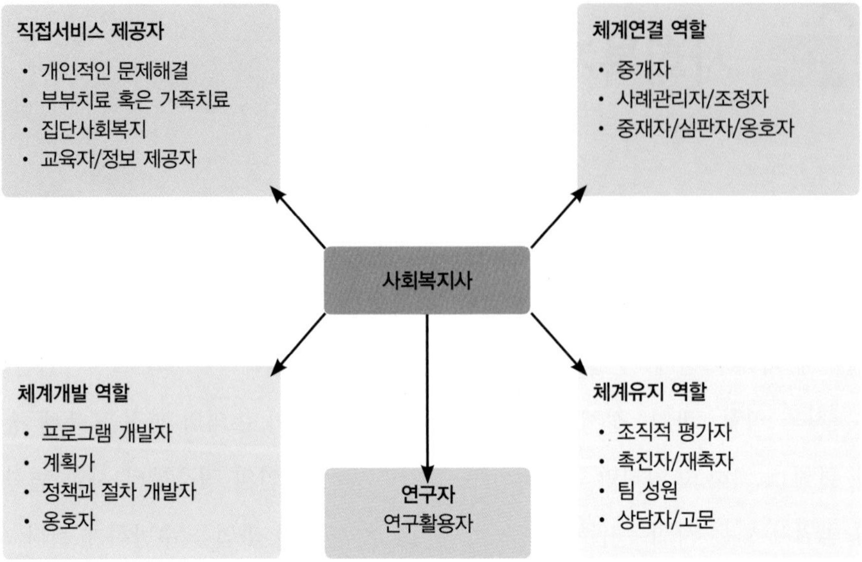


그림 11-1 사회복지사의 역할

합한 능력과 기술을 발휘하도록 요구받고 있다. 이러한 상황은 최근 우리 사회에 팽배한 신자유주의적 사고에 의해 더욱 어려운 국면을 맞이하고 있다. 경쟁과 효율성의 가치를 강조하는 담론은 공공 서비스의 효율적 사용을 위한 관리와 감독을 강화하고 있으며 사회복지 영역도 이에 포섭되고 있다. 사회복지 전문직이 전통적으로 고수해 온 실천 원칙, 전문 지식과 기술, 전문가의 역할과 태도는 도전과 재구성을 촉구받고 있다(한인영, 김성천 역, 2007).

사회복지사들은 점점 더 대면 서비스보다 서류 작업과 같은 행정 업무에 많은 시간과 노력을 기울이고, 성과 중심의 시설 평가로 인해 무한 경쟁에 내몰리며, 전문직의 자율성은 축소되면서 책임은 증대되는 어려움을 토로하고 있다. 무엇보다 기관의 이익을 우선시하고 보호와 원조보다는 관리와 통제의 의도를 가진 서비스 제공의 기제는 사회복지실천의 본질과 정체성에 의문을 던지게 한다(김기덕, 최명민, 2014; 김소정, 2015; 김인숙 2010; 이인숙, 2016; 최명민 외, 2015). 그러한 질문은 현장의 사회복지사에게 '지금 우리는 무슨 일을 하고 있는지' 혹은 '무슨 일을 해야 하는지'와 같은 중대한 고민으로 귀결되고 있다.

### 1) 제도적 규정 직무

사회복지사는 인간을 대면하며 서비스를 제공하는 직업군으로 다양한 환경 속의 인간을 개별화하여 접근한다. 그러나 제도 속에서 사회복지사의 역할은 주어지는 자원에 따라 매우 표준화된 양식을 따를 수밖에 없는 한계를 가지게 된다. 따라서 현재의 사회복지사의 역할에 가장 크게 영향을 미치는 것은 조직적 환경과 제도적 규정이라고 할 수 있다.

보건복지부의 사업 지침 규정에 의하면 사회복지관은 세 개의 대표적 기능 관련 사업을 실시하도록 되어 있는데 사례 발굴, 사례 개입, 서비스 연계 등의 사례관리 기능과 지역사회보호, 교육문화, 지활 지원 등의 서비스 제공 기능 그리고 복지네트워크 구축, 주민조직화, 자원개발 및 관리 등의 지역조직화 기능이 사회복지관의 대표적 기

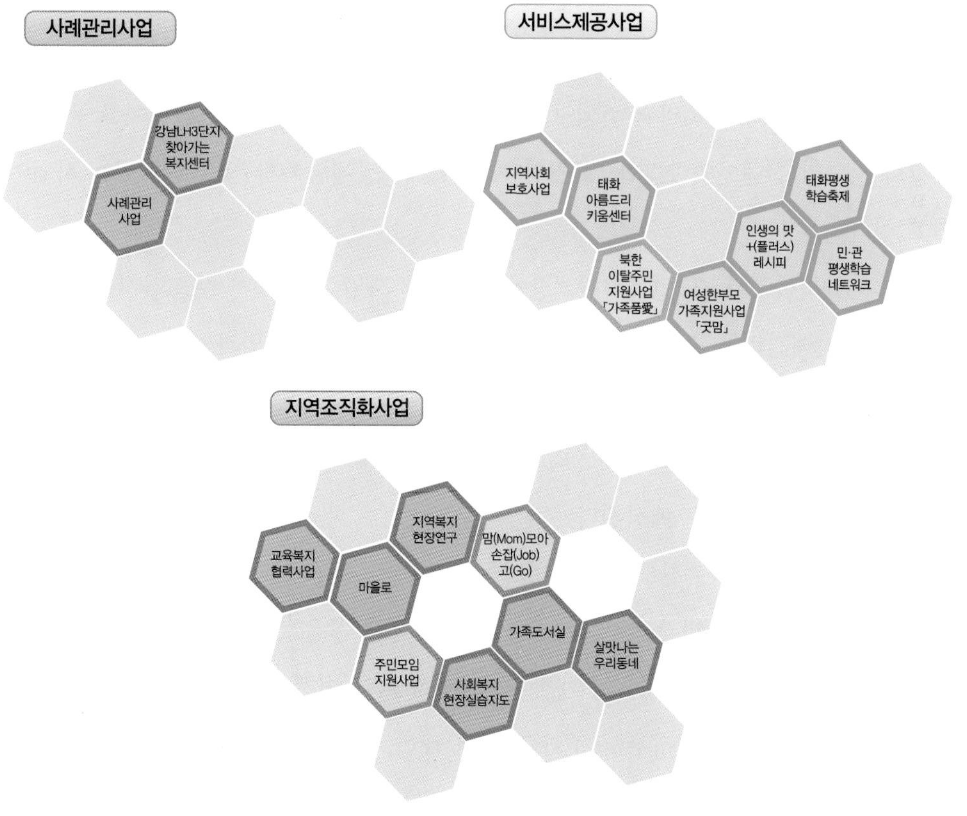


그림 11-2 사회복지의 대표적 기능 관련 사업: 서울 T 사회복지관

능이다(보건복지부, 2015a). 기존에 중점적으로 이루어지던 서비스 제공 기능 외에 사례관리와 지역조직화가 최근 사회복지관의 대표 기능으로 규정되면서 사회복지관 종사 사회복지사도 이와 관련된 업무 수행에 더욱 치중할 것으로 기대된다.

노인복지관의 사업은 기본 사업과 선택사업으로 구분되는데, 기본사업으로는 평생교육지원사업, 취미여가지원사업, 상담사업, 정서생활 지원사업, 사회참여지원사업, 위기 및 독거노인 자립지원 사업, 취약노인보호 연계망 구축 사업 등이 포함되며, 선택사업에는 건강생활지원사업, 주거지원사업, 고용 및 소득지원사업, 가족기능지원사업, 지역자원개발사업, 노인권익증진사업 등이 있다(보건복지부, 2015b). 사업규정을 통해 볼 때, 노인복지관 사업은 노인의 여가 운용 지원과 불우 취약 노인 보호에 집중되어 있어 사회복지사의 주요 업무 역시 이 두 가지 사업과 관련될 것을 짐작할 수 있다.

장애인복지관의 경우 상담 및 사례관리, 기능강화 지원, 장애인 가족지원, 역량강화 및 권익옹호지원 기능, 직업지원, 지역사회 복지서비스 개발 및 네트워크 기능, 문화여가 지원, 사회서비스 지원 등 총 9개의 중요 기능이 권장되고 있다(보건복지부, 2015c). 사례관리나 가족지원 등의 사업은 다른 기관과 유사하지만, 물리치료 등의 기능강화 사업과 장애인역량강화 및 권익옹호 사업은 장애인복지관의 특색 있는 사업이 되고 있다.

이상의 사회복지관, 노인복지관, 장애인복지관 사업 지침에서 두드러지는 공통적 기능은 ① 사례관리를 중심으로 한 개별 클라이언트에 대한 개입과 ② 서비스 제공 기능에 포함될 수 있는 기타 부가적이며 실제적인 서비스, 그리고 ③ 자원개발과 지역사회 연계 등의 간접적 실천으로 요약할 수 있으며 실제 사회복지사들에게 이와 관련된 업무 비중이 높을 것으로 예상된다.

최근 정부의 적극적 추진으로 이루어지는 사회복지 분야의 국가직무능력표준(NCS)은 사회복지교육이나 현장 업무에 파급효과가 적지 않을 것으로 예상된다(이기영, 2014). 2007년도에 시작된 NCS 개발 사업은 2014년 기준 2차 개발이 진행 중으로 이전에 개발된 사회복지 직무 표준화 작업에 대한 수정 및 보완이 이루어지고 있다. NCS 분류에서 직무는 세분류로 과업은 능력단위로 명명되고 있는데, 보육, 직업상담, 청소년분야 등을 제외한 사회복지 분야 일반의 직무(세분류)는 공공복지, 지역사

그림 11-3 **사회복지공무원의 지향 정신**

출처: 채수훈(2021).

회복지개발, 사회복지기관운영, 사회복지프로그램운영, 일상생활기능지원, 사회복지면담, 사회복지사례관리의 7개 분야로 구분되었으며 이에 따른 63개의 세부과업(능력단위)이 제시되었다. 국가적 차원에서 적용되는 직무능력표준은 사회복지사 역할과 역량에 대한 보편적 기준을 제시함으로써 업무 혼란이나 사회복지사 전문성 관련 논란을 잠재우는 데 일정 부분 기여할 것이다. 지금까지 살펴본 정부의 사업 규정과 국가직무능력표준은 사회복지사 업무의 범위를 설정하고 수행해야 할 과업을 제시한다는 점에서 일선 사회복지사들에게 유용한 지침이 될 수 있으나, 한편 다양하고 유동적인 사회복지실천의 상황적 특징을 담보하는 데 한계가 있으며, 경우에 따라서는 업무 규정이 사회복지사의 실천 행위를 제약할 수 있다는 위험을 함께 가지고 있다.

### 2) 직무분석으로 본 직무

사회복지사 직무와 관련하여 사회복지사의 직무를 ① 사례발견과 개별 상담, 집단 프로그램과 같은 클라이언트에 대한 직접적 서비스 제공, ② 의뢰, 재정적 지원과 같은 자원 개발과 연계 직무, ③ 지역사회 교육, 사회행동 등의 지역사회 대상 활동, ④ 행정업무처리, 기관홍보, 조사연구, 교육 등의 행정업무와 조사연구의 4개 직무군의 23개 직무과업으로 분류하였다(이상균, 이현주, 1998). 지역사회복지관 사회복지사의 업무는 크게 실천과 행정활동으로 나뉘며, 실천은 개인, 가족 대상의 미시실천과 지역사회조직과 사회정책 등의 거시실천으로, 행정활동은 슈퍼비전, 기획 등의 실천관련 행정과 기타 회계와 같은 일반 행정으로 분류되었다(강철희, 이민영, 2000). 따라서 사회복지사의 업무는 전체적으로는 실천 활동에 비해 행정 활동이, 그리고 거시실천

보다는 미시실천의 비중이 더 높은 것으로 나타났다. 이러한 결과는 사회복지사의 업무에서 이른바 '잡무'에 소요되는 시간과 노력이 지나치다는 우려와 불만을 실증적으로 확인해 주었으며 실천 활동도 미시적 차원에 치중됨으로써 사회복지의 중요한 사명 중 하나인 사회환경 변화 업무가 상대적으로 등한시되는 문제점을 보여 주었다.

종합사회복지관 사회복지사의 주요 과업을 분석한 조성우(2007)는 과업의 수행빈도, 과업중요도, 조직치명도 측면에서 분석하였으며 사회복지사의 직무는 직접 서비스, 지역사회 서비스, 조직전략 및 인적자원관리, 간접서비스 영역으로 간결하게 구분되었다. 직접 서비스 영역에서 발견된 주요 과업으로 클라이언트 모집과 욕구규명 등의 일상적 업무와 더불어 클라이언트가 차별받지 않게 하기 등의 옹호 및 권익증진 관련 실천 활동이 포함되었다는 점이 주목된다. 제미자(2010)는 최근 급변하는 사회복지환경을 고려하여 변화된 과업내용과 직무요소를 분석하고 있는데, 여기에는 접수, 사정, 목표설정 및 사업계획, 사회복지서비스 제공, 서비스 평가 및 종결, 문서관리, 기획 및 프로그램 관리, 인력관리, 시설관리 및 홍보, 전문성 개발, 자원봉사자 및 후원자 관리, 지역사회 관계 및 기타 업무 등 12개 직무 영역이 포함되어 있다.

한편, 한국사회복지사협회에서 수행한 직무분석은 개별 연구자가 수행한 연구보다는 좀 더 체계적 방법과 절차를 통한 사회복지사 직무 표준화의 목적을 가지고 이루어졌다(윤현숙, 강흥구, 2004). 종합사회복지관 포함 여섯 개의 사회복지기관을 선정하여 직무의 수행빈도와 중요도 등에 대한 조사 결과를 토대로 접수, 사정, 직접 서비스 수행, 점검, 평가 및 종결, 사후관리, 간접서비스 수행, 자기개발, 업무형성과 유지, 인력관리, 기획 및 재정관리, 시설관리, 문서관리 등의 총 13개의 사회복지사 공통 표준 직무를 제시하였다. 수행빈도와 중요도 분석에서 문서관리와 같은 행정적 업무의 수행빈도가 높았으며, 평가와 종결, 사후관리 등의 직접적 실천관련 업무는 수행빈도는 낮았으나 중요도는 높게 나타나 사회복지사 역할 수행의 이상과 현실의 괴리를 어느 정도 확인해 주었다.

## 2 사회복지사 역할

### 1) 사회복지사 역할의 특성

인간 삶에 대한 전인적이며 포괄적 접근을 수행하는 사회복지실천은 다른 전문직에 비해 접근하는 문제의 범위와 유형, 실천의 수준과 개입의 범위, 근무 기관과 서비스 대상 집단 등이 매우 광범위하다. 이러한 사회복지의 특징은 사회복지사의 과업과 역할 규정을 어렵게 만든다. 더욱이 사회복지실천에 대한 이해는 그 사회의 주요 가치와 정치·경제적 환경에 의해 크게 변화되며, 그로 인해 사회복지사가 하는 업무의 범위와 방식도 크게 달라진다(Austin, 1983; Gibleman, 1999).

Thompson(2009)은 다른 원조전문직과 비교하여 사회복지 전문직이 가지고 있는 독특한 역할과 정체성의 특징을 제시하였다. 크게 다섯 가지로 구분할 수 있는데, 첫째, 사회복지사는 법에서 규정한 업무를 수행하는 특수한 상황에 놓여 있으며, 이로 인해 사회복지사는 법적 책임을 지고 법의 맥락에서 실천해야 하는 의무를 가진다. 둘째, 사회복지실천에는 항상 보호와 통제 사이의 긴장이 존재한다. 사회복지는 보호와 원조를 위한 전문직이지만 다른 한편으로 사회 통제의 요소를 가지고 있어야 한다는 의미이다. 개인뿐만 아니라 사회의 복지를 동시에 보호하고 증진시켜야 하기 때문에 발생하며, 보호와 통제라는 이중의 책임은 사회복지사들을 항상 긴장시키고 갈등하게 하는 주요 요인으로 작용한다. 셋째, 사회복지실천은 항상 '사이에 낀(caught in the middle)' 입장에 처해 있다. 보호와 통제의 긴장과 더불어 사회복지사는 개인과 사회 사이에 끼여 있으며, 이 외에도 여러 상황에서 서로 상충하는 사회적 힘과 행위자 사이에 끼여 있는 상태를 경험하게 된다. 사회복지사의 행위가 정답에 의존할 수 없으며 상황과 맥락에 따라 행동하고 대처하는 경우가 많다는 의미이다. 넷째, 사회의 '지저분한 일'을 '청소'하는 역할을 주요한 기능 중 하나로 수행한다. 경제·사회정책이나 사회체계의 실패로 발생하는 문제를 처리하는 역할이 사회복지사에게 분명히 존재한다. 다른 원조전문직과 비교할 때 사회복지의 두드러진 마지막 특징은 바로 사회정의에 대한 헌신이다. 사회와 사회문제에 대한 비판적 관점은 사회복지의 근본적 부분이며 사회정의를 위한 실천은 사회복지의 정체성과 사회복지실천의 성격을 규정하는 중

표 11-1 기능에 따른 사회복지사의 역할

| 기능 | | 내용 | 예 |
|---|---|---|---|
| 직접 서비스 제공 기능 | | 클라이언트에게 직접 서비스를 제공하는 역할 | 상담가, 가족치료사, 집단 사회복지지도자, 정보제공자 및 교육자 |
| 체계 연결 기능 | | 클라이언트를 다른 체계와 연결하는 역할 | 중개자, 사례관리자, 옹호자, 중재자, 조정자 |
| 체계 유지 및 강화 기능 | 체계 유지 기능 | 기관 및 공공기관에서 팀의 일원으로 기능하는 역할 | 팀 성원 |
| | 체계 강화 기능 | 서비스 전달 시 효율성을 떨어뜨리는 기관의 구조, 정책, 기능적 관계를 평가하는 역할 | 조직분석가, 조직 내 촉진자, 자문가/자문대상자, 슈퍼바이저 |
| 체계 개발 기능 | | 기관의 서비스를 확대, 개선하기 위해 체계 개발에 관련된 역할 수행 | 프로그램 개발자, 기획가, 정책 및 개발 참여자 |
| 연구자/연구활용자 기능 | | 연구를 직접 수행하는 역할과 연구된 내용을 학습하고 연구의 결과를 반영하는 연구소비자 역할 | 개입 평가자, 프로그램 평가자 |

출처: 생각의마을(2021), p. 133.

심 특징이다.

사회복지 전문직의 특징에 대한 이러한 견해는 사회복지실천의 본질에 관한 중요한 숙고의 지점을 지적하고 있다. 사회복지 전문직에 관한 가장 독특한 특징은 항상 명료하지 않은 불확실성과 긴장된 상황에 '끼여서' 지속적으로 실천적 도전에 부딪힌다는 점과 사회복지실천의 가장 큰 존재 기반이 사회정의를 향한 가치에 있다는 점에서 부각된다. 여러 상황과 입장, 권력 사이에 끼여 있고, 법적 책임 등으로 인해 자신의 권한이 제한된 조건에서도, 사회복지사는 사회정의의 실현을 위해 노력해야 한다는 의미이다.

국내에서도 최근 맥락적 수행의 개념을 통해 사회복지사 역할수행에 관한 새로운 접근이 시도되고 있다(조성우, 2006; 조성우, 엄명용, 2009). 맥락적 수행이란 조직의 기술적 핵심에 직접적으로 관계된 행동인 과업수행과 구분되는 개념으로 조직을 위해 충성하고 동료를 돕는 자발적이고 이타적 행동을 의미한다. 맥락적 수행은 과업수행과 마찬가지로 조직의 성과 향상에 간접적으로 기여하는 사회복지사의 실천 활동으로 유동적이고 불확실성이 높은 사회복지 현장의 특성을 고려할 때, 사회복지사의 실천과 업무수행을 실제적으로 이해하는 데 요긴하다. 국내 연구에서 사회복지 종사자의 맥락적 수행의 내용은 조직에 헌신하고 충성하는 '조직지향' 수행, 동료와의 협력과 원조와 관련된 '동료지향' 수행, 클라이언트와 관련된 '클라이언트 지향' 수행, 그리고 전문성 개발 등과 관련된 '자기지향' 수행의 네 가지 요소로 구성되어 있다. 구체적 행동 차원을 살펴보면, ① 조직지향의 수행에는 불편감수, 조직문화 이해, 도덕적 책임성, 이미지 관리, ② 동료지향의 수행에는 솔선수범, 이타적 행동, 인간관계 형성, ③ 클라이언트 지향의 수행에는 클라이언트에 대한 헌신과 존중, 그리고 ④ 자기지향의 맥락적 수행에는 자기학습과 도전정신 등의 행동이 포함된다(조성우, 2006). 맥락적 수행은 사회복지사의 실천 행위에서 공식적 분담 업무가 아님에도 상황에 따라 자의적이며 자발적으로 수행하는 일들을 설명해 줌으로써, 사회복지사의 실천을 다른 각도에서 더욱 심층적으로 이해하는 데 도움이 된다.

### 2) 사회복지사 정체성 위기

사회복지환경의 변화와 함께 사회복지사의 역할과 정체성에 관한 관심과 우려도 더욱 높아지고 있다. 남기철(2016)은 사회복지의 동향으로 시장화된 서비스로 인한 영리성의 확산, 금융 및 주택 같은 새로운 사회적 욕구의 부각 등을 지적하며, 이에 따라 사회복지사들이 경영관리의 업무나 주택, 금융과 같은 분야에 대한 지식을 요구받고 있다고 주장한다. 이처럼 사회복지환경의 변화는 사회복지사의 역할과 지식, 기술의 재구성을 추동하고 나아가 사회복지 정체성에 혼란과 도전을 가져오고 있다. 급변하는 시대적, 환경적 요구 속에서 프로그램 관리, 면접기술, 문서작성처럼 단순 기술된, 파편화된 실천역량의 획득만으로는 문제와 필요를 충분히 해결하기 어려운 실정으로 사회복지사의 핵심 역량에 대한 보다 근본적 고민이 필요하다.

최근 지역사회복지관 사회복지사의 핵심역량을 탐색한 연구에서 사회복지사들의 효과적 수행을 위해서는 건강한 가치와 철학의 성찰역량, 경험을 통한 실천 지혜 획득을 토대로 한 실천역량, 의사소통과 네트워크 능력과 관련된 관계역량, 그리고 상황과 맥락, 다양성을 이해할 수 있는 통찰역량이 매우 중요하다(장수미 외, 2015). 이러한 논의들은 사회복지사들의 역할 요구와 이와 관련된 실천역량에 대한 고민 해결에 있어, 도구적 지식과 기술의 차원에 머물러서는 안 되며 보다 본질적 차원에서 사회복지사 역량에 접근해야 함을 그리고 현장의 사회복지사들은 이미 이를 체득하고 있음을 알려 주고 있다. 사회복지환경의 변화 가운데서도 신자유주의와 신관리주의의 확산은 사회복지사의 역할과 정체성 혼란과 관련된 주요한 요인으로 인식되고 있다(김인숙, 2005). 신자유주의 환경에서 사회복지사의 경험을 탐색한 이인숙의 연구(2016, 2017)에 따르면 그 경험은 '사회복지 정체성 침식'으로 요약된다. 'A4 사회복지'를 하는 자신들에 대해 사회복지사들은 실천가에서 '전달자, 관리자'로 역할이 변모했다고 평가하고 있다. 신자유주의적 서비스 제공 방식인 바우처 도입 역시 사회복지실천방법과 사회복지사의 역할에 변화를 가져오고 있는데, 사업 자체가 기본적으로 사회복지사들의 자율권의 축소와 사회복지실천의 관료화, 영리화를 촉진하고 있다(김인숙, 2010). 사회복지사들은 대면 서비스가 아닌 관리와 중개 중심의 업무를 수행하고 '중개적 관리자'로 주요 역할이 변화하였으며, 이러한 변화들은 사회복지 정체성의 혼란으로 귀결되고 있다.

여러 분야에 종사하는 사회복지사 중에서도 사회복지전담공무원은 '관리자' 역할 수행으로 인한 혼란과 갈등을 보다 직접적으로 경험하며 이를 극복하기 위해 고민하고 있다. 김소정(2015)에 따르면 국가 관료와 사회복지전문가라는 이중의 역할 정체성을 가지며 역할 괴리를 경험하는 사회복지전담공무원은 관료로서 공식적이고 표준적인 절차에 따른 업무를 수행하는 한편, 그 절차의 한계를 인지하고 자율적으로 개입하는 영역을 확보하고자 노력한다. 그리고 이 자율적 개입 영역을 통해 사회복지전문가로서 정체성을 확인하고 있다. 다른 연구에서도 사회복지 전담공무원은 공무원으로서의 권위를 적절히 이용하는 동시에 유연함과 개방성을 가지고 업무에 임함으로써 자기 역할을 찾아가며 정체성을 재구성하는 것으로 나타나고 있다(김창희, 이정희, 2015).

전문직업적 자율성이 관리자 역할의 한계 극복과 실천가로서의 정체성 확립에 중요함을 보여 주고 있으며, 사회복지전담공무원을 비롯한 현장의 사회복지사들이 제한된 상황에서도 사회복지사실천가로서의 역할과 정체성을 찾기 위해 노력하고 있음을 입증하고 있다. 전문직 교육훈련을 통해 내면화된 전통적인 '전문가' 역할은 현재 변화의 요구 속에서 혼란을 경험하며 재검토되고 있다. 무엇보다 최근의 연구에서 토로되는 사회복지사의 역할 변화와 정체성의 위기는 신자유주의적 거시환경을 통해 조형되는 사회복지환경에서 야기되는 것으로 사회복지사가 사회복지 가치 실현의 주체로 자율적 권한을 가진 실천가이기보다는 표준화된 체계의 부속품으로 기능하는 현상에 대한 우려와 비판이다. 격변하는 내·외부 환경과 이에 대한 상책을 발견하기 어려운 현실 아래서 사회복지사의 역할과 정체성을 향한 변화 요구와 도전이 부정적 결과로 귀착되지 않도록 관심을 기울여야 한다. 현재 사회복지사가 수행하는 역할과 과업을 사회복지사로서의 자기 인식과 연관하여 돌아보고 성찰하는 작업은 그 출발의 토대가 될 것이다.

## 3 사회복지실천 현장의 과제

사회복지를 둘러싼 환경의 변화는 사회복지사에게 낯선 과업과 역할을 부과하고 있다. 이러한 환경 속에서 사회복지사들은 우리 사회에서 복지 전문가에게 요구하는 그리고 필요로 하는 모습에 최선을 다해 응대하고자 노력하고 있다. 이에 사회복지사가 자신의 실천행위에 대해 어떻게 인식하고 있는지, 특히 사회복지사의 실제적 업무수행의 실태와 그 중요성을 어떻게 평가하고 있는지 분석해 보았다(임정기 외, 2017).

첫째, 사회복지사의 업무 중 과잉 투자되어 있는 영역이 행정 및 서류 작업으로 나타나, 사회복지사의 업무가 상당히 관료주의적인 측면으로 변화되고 있음을 알 수 있다. 특히 정부와 행정기관의 지시나 평가 등으로 인한 서류중심의 행정업무가 상당 부분을 차지하고 있다. 물론 행정적인 업무도 사회복지사가 능력을 인정받고 역량을 발휘할 수 있는 전문영역 중 하나이다. 그러나 정해진 틀과 절차 속에서 수행되는 행정업무가 과다하게 요구되면, 사회복지사가 전문가로서 발휘할 수 있는 역량은 제한될 수밖에 없다. 특히 최근의 신자유주의적 관리와 통제 속에서 사회복지사들은 더 많은 행정과 관리 업무의 속박을 강하게 체험하고 있으며 이는 사회복지 전문직의 정체성 혼란으로 이어지고 있다(김기덕, 최명민, 2014; 이인숙, 2016). 사회복지 업무의 효율적 관리와 책무성 측면에서 서류 작성과 행정 처리 등은 반드시 필요하지만, 사회복지사의 전문성과 직업정체성에 부정적 영향을 미치지 않는 수준으로 적절히 조절될 필요가 있다. 사회복지사의 시간과 역량 역시 서비스 이용자를 위해 활용될 귀중한 자원임을 고려할 때, 사회복지 전문직 내부에서 이를 개선하기 위한 적극적 논의와 대안 모색이 이루어져야 할 것이다.

둘째, 사회복지사는 업무가 포괄적이고 다양하여 모호한 영역에서 정체성을 유지하기 위해 힘들게 노력하고 있지만, 만족도는 낮지 않으며 정체성에 부합하는 일을 한다고 응답한 비율도 일정 수준 이상으로 나타나고 있다. 다만, 자율성을 가지고 창의적으로 할 수 있는 일이 중요함에도 불구하고 수행력이 낮게 나타나, 이에 대한 집중 개선이 필요하다. 사회복지실천의 특성은 매우 개별화된 상황에 대하여 전문가적인 판단과 지원이 필수적이다. 다양한 환경과 욕구에 대한 유연성을 반영하고 그에 대한 인정이 수반될 수 있도록 담당자의 역량을 최대한 발휘할 수 있는 체계를 마련할 필요가 있다. 전제조건은 사회복지사의 전문적 역량의 발전과 그에 대한 인정이며, 사회복지 전문직 공동의 노력이 필요하다. 대학교육과 사회복지사 보수교육 등 사회복지사를 위한 제반 공식교육의 강화와 경험이 사회복지사의 역량 향상으로 이어질 수 있도록, 현장 중심의 교육훈련 체계도 다양하게 고안될 필요가 있다. 사회복지사의 역량과 능력이 충분히 발휘될 수 있는 여건 조성을 통해 밝고 신나게 일할 수 있는 비전을 제시하는 것도 매우 중요하다. 동시에 관료적이거나 권위적이지 않은 민주적 조직문화 개선을 통해 구성원의 적극적이고 창의적인 참여가 보장되어야 할 것이다.

셋째, 임정기 외(2017)의 연구에서 응답자들로 하여금 현재 수행하는 과업의 비중과 이에 대한 기대 수행 정도, 사회복지사가 되기 전에 기대하던 역할과 현재 수행하는 역할 그리고 사회에서 기대하는 역할 등 사회복지사의 과업과 역할을 다양한 관점에서 평가하도록 하였다. 그 결과, 응답자들은 사회복지사가 되기 전의 기대와 다르게 서비스 연계 등의 간접 지원의 업무를 더 많이 수행하고 있는데 이 역시 사회가 원하는 역할이며, 사회변화나 정의를 위한 더 많은 역할을 부여받고 있다고 생각하였다. 또한 상담이나 치료, 돌봄, 자활이나 자조, 교육이나 문화적 욕구 관련 업무는 상대적으로 과잉 수행하고 있으며, 사회적 약자에 대한 옹호나 불평등 개선과 같은 구조적 변화를 위한 활동은 다소 미흡하다고 평가하고 있다. 이는 사회복지사의 역할에 대한 논의가 좀 더 풍부하게 이루어져야 할 필요성을 제기하는 결과이다. 사회복지사 앞에 놓여 있는 역할과 과업은 매우 광범위하고 다양하며, 주된 역할과 과업들은 사회복지의 가치와 밀접히 관련되어 있다. 사회복지사가 무엇을 해야 하는지에 대한 각자 다른 의견이 충분히 논의되어야 할 것이다. 그럼에도 사회복지사의 역할과 과업에 대한 논의는 주로 사회복지조직과 기관을 기반으로 다소 협소한 범위 내에서 이루어지고 있다. 그러나 응답자들은 사회복지사의 다양한 역할과 과업에 관심과 책임을 가지고 있음을 보여 주고 있다. 따라서 구체적 역할에 대한 현장의 업무를 직무의 수준이 아닌 목적과 가치, 기능과 역할 등에 기반하여 세심하게 분석하고, 이에 대해 전문직 내부 및 사회와 충실히 의견을 교류하며, 사회복지사의 역할과 과업을 새롭게 찾아가야 할 것이다.

## 4 해외 사회복지사: 호주의 사례

### 1) 전문사회복지사 인증제도와 이수항목

호주사회복지사협회에서는 회원가입뿐 아니라 전문사회복지사 자격인증제도를 시행하고 있는데 일반사회복지사와 정신보건사회복지사로 나뉘며 최근에는 전문가정폭력 사회복지사 인증제도도 추가하였다. 협회에서 전문성을 인증한 사회복지사가 되기 위해서는 매년 정해진 '지속적 전문성 강화활동' 시간을 이수하고 협회 윤리강령을 준수해야 한다. 지속적 전문성 강화활동은 사회복지사가 그들의 기술, 지식, 전문성을 유지, 개선, 확장하고 전문적 임상실천의 질적 향상을 지속적으로 도모하는 과정을 의미한다. 회원은 매년 자신의 전문성 강화 활동을 위한 목적과 계획을 세우고 협회 웹사이트에서 제공하는 전문성 강화 기록(My CPD Record) 섹션을 이용하여 참여한 교육, 훈련, 활동을 기록하여 관리하도록 되어 있다.

### 2) 전문성 강화 교육 또는 훈련

① 슈퍼비전: 슈퍼비전을 자기성찰과 배움을 위한 토론이라고 정의한다. 사회복지사가 실무와 관련된 슈퍼비전을 받는 것은 전문성을 향상시키는 매우 중요한 방법 중 하나이며 슈퍼비전에는 멘토링, 코칭 그리고 윤리와 활동강령에 대한 토론 등이 포함된다.

② 기술과 지식: 주기적이고 지속적인 기술과 지식 강화과정은 변화하는 현대에 부합되는 사회복지실무를 실행하는 데 필수적이다. 이 항목에는 학문적 연구, 조사, 컨퍼런스, 세미나, 심포지엄, 워크숍, 자기주도적 배움, 온라인훈련, 실무집단토론, 견학 그리고 학술지를 읽거나 사회복지 윤리강령에 대한 자기성찰보고 등을 포함한다.

③ 사회복지 정체성: 사회복지 전문가적 정체성을 유지하고 발전시키는 것은 전문성 강화과정에서 매우 중요한 부분이다. 이 항목에 관련된 활동으로는 협회에서 주관하는 회의 참석, 실무자그룹 참여, 컨퍼런스나 세미나 프레젠테이션, 네트워킹, 다른 사회복지사들을 위한 슈퍼비전 제공 또는 멘토링, 사회복지저널 게재, 사회복지 정책과 연구에 기여 등이 있다.

사회복지사협회에서는 사회복지사가 기록하는 '전문성 강화 기록'을 무작위로 감사한다. 이 감사의 목적은 협회 회원의 전문성 강화 활동 참여를 촉진하기 위한 것이다. 감사 결과 '전문성 강화 기록'에 문제가 있는 회원이 있을 경우 필요시 기록을 수정할 기회를 제공하거나 관련 교육과 훈련에 관한 정보를 제공하여 참여를 장려한다. 감사 중 개인적 이유나 업무적 상황으로 인해 자신이 설립한 전문성 강화 목표를 이루지 못하는 사례가 발견될 경우 참여하지 못하는 사유와 이에 대한 증빙서류 그리고 교육일자를 첨부하여 협회에 제출하도록 권고하고 있다. 일반적으로 인정되는 사유는 사례에 따라 다르나 질병, 가족과 관련된 의무, 경제적 어려움 그리고 이직 등을 들 수 있다. 그러나 정신보건사회복지사의 경우 전문성 강화 이수 항목 중 심리치료기법에 관련된 의무사항은 이유를 불문하고 반드시 이수해야 한다.

## 5 사회복지 노동조합[2]

### 1) 사회복지 노동조합이 있기까지

1987년 6월 항쟁을 계기로 사회복지현장에도 노동조합이 결성되었다. 홀트아동복지회의 노동자들이 1988년 7월에 노동조합을 결성하였다. 1988년에 삼육재활원, 1989년에 대한사회복지회, 한국시각장애자복지회(현 사회복지법인 한국시각장애인복지재단), 사회복지법인 명지원, 사회복지법인 한국복지재단(현 어린이재단), 대구장애자복지회관(현 대구장애인종합복지관), 보라매청소년회관, 서울시남부장애인종합복지관에 노동조합이 결성되었다.

1990년대에는 정립회관, 한빛맹아원, 감리회 사회복지관재단(현 사회복지법인 기독교대한감리회사회복지재단), 태화기독교복지관(현 태화기독교사회복지관), 한국장애인재활협회, 사랑의전화종합사회복지관, 삼전종합사회복지관, 장애우권익문제연구소, 에바다복지관(현 에바다장애인종합복지관), 군포장애인종합복지관, 삼정복지회관(현 부천시 삼정종합사회복지관), 부산맹인복지회관(현 부산시각장애인복지관), 한국시각장애인연합회 부산지부, 사회복지법인 계산원 등에 노동조합이 설립되었다.

특히 1990년에는 사회복지 노동조합을 중심으로 '사회복지단체 노동조합 협의회(준)'가 결성되어 활동을 하였으나 노동조합 와해 등으로 지속적인 활동을 하지 못하다가 1996년에 '사회복지노동조합 연대모임'을 구성하였다. 그러나 사회복지노동조합 연대모임 또한 오랫동안 활성화되지는 않았다. 2000년대 초반에도 안산장애인종합복지관, 사회복지법인 영락원, 성남지역사회복지시설단체, 안양시장애인종합복지관, 부천장애인종합복지관, 서산 사회복지시설노동조합, 대전중촌종합사회복지관, 군산나운종합사회복지관등 여러 사회복지시설에서 노동조합이 결성되기 시작하였다.

그리고 사회복지노동조합 연대의 재건과 성공적인 사회복지노동조합 건설을 위해 대부분 민주노총 공공연맹 소속이었던 서울남부장애인종합복지관노조, 안양시장애인종합복지관노조, 중앙대사회복지관노조, 정립회관노조를 주축으로 사회복지노동조합

2 이 절의 내용은 부산복지개발원(2019)을 참고하여 작성함.

준비위원회 모임이 시작되었고, 2001년 9월 '사회복지노동조합준비위원회'를 출범하여 2년여 동안의 준비 끝에 2003년 1월 서울남부장애인종합복지관에서 '서울경인사회복지노동조합'을 정식 출범시켰다.

서울경인사회복지노동조합은 전국사회복지노동조합대표자회의를 통해 사회복지공공투쟁본부를 조직하였으며 공공투쟁본부 조직과정에서 사회복지노동조합의 단일노조 결성의 필요성이 재기되었고, 사회복지노동조합 단일노조를 민주노총 공공연맹 소속으로 단일화하자는 합의가 도출되어 전국 단위의 산별노조인 사회복지노동조합을 설립하기 위하여 2년간의 논의를 진행하였으나 아쉽게도 전국 단위의 노동조합 설립은 이루어지지 못하였다. 2007년 서울경인사회복지노동조합이 속해 있던 민주노총 공공연맹이 공공노조로 전환함에 따라 서울경인사회복지노동조합은 민주노총 공공노조 사회복지지부로 전환하여 지금까지 이르게 되었다.

**서울경인사회복지노동조합 창립선언문(일부 발췌)**

사회복지비리와 사회복지기관의 비민주적인 운영에 분노하고 그 속에서 고민하며 갈등하면서도 흐름에 편승해 왔던 우리 사회복지노동자들의 침묵에 반성한다. 또한 우리는 협소한 관점으로 사회복지의 구조적인 모순을 눈감으면서 현실을 은폐하고 있는 전문가주의를 경계하고 우리의 정당한 노동이 봉사와 희생이라는 미명하에 저임금–장시간 노동으로 왜곡되는 현실을 거부한다. 우리는 임금노동자로 살아갈 수밖에 없는 현실을 직시하고 삶의 질을 향상시키며 사회복지를 개혁하기 위한 우리 사회복지노동자들의 투쟁이 곧 이 땅의 모든 노동자 민중의 복지에 기여하는 일임을 알리고자 한다. 또한 우리는 수급권자의 권리를 옹호하며 사회복지의 양적, 질적 발전을 추구하는 노동자의 자주적 조직으로서 사회복지의 축소와 고용불안에 정면으로 맞서 노동자와 민주의 복지권을 확보해 나가는 사회복지 개혁의 선봉으로 우뚝 설 것이다.

### 2) 사회복지 노동현장

2000년대 초까지 사회복지실천 현장의 문제점은 사회복지시설 노동자의 열악한 노동조건과 사회복지시설 운영의 비민주적, 비전문적 운영을 들 수 있다. 특히 비전문적 운영의 원인으로 사회복지시설장이 법인 이사장의 친인척이거나, 종교기관 소속 법인인 경우 종교인들로 임명되는 것을 꼽을 수 있다. 20여 년 전에도 사회복지노동조합의 필요성이 대두되었으나, 사회복지의 윤리성, 전문성, 비생산적 노동은 복지노동자라

그림 11-4 **사회복지 노동조합**

는 인식을 갖는 데 저해요인이 되었고, 사회복지 노동조합을 결성할 수 있는 적정규모의 사회복지시설이 많지 않은 점, 사회복지시설 종사자 간의 가부장적인 인간관계와 제3자와 연관이 된 친분 등이 노동조합 결성 및 활동에 장해 요인이 되었다. 아울러, 사회복지시설 업무량이 너무 과중하여 복지노동조합 활동을 위한 시간을 마련하는 것이 어려운 점이 노동종합 가입률이 저조한 요인으로 분석이 됐다.

그리고 20여 년이 지난 현재에도 사회복지실천현장의 문제점과 노동조합 가입이 저조한 현실 및 원인은 변하지 않았다. 지금도 사회복지실천 현장 안에서는 수직적이고 불평등한 관계, 감정노동에서 오는 소진과 갈등, 차별과 따돌림 등 사회복지노동자의 인권침해, 성추행과 폭력, 폭언 등의 자유와 안전을 침해하는 문제에 이르기까지 임금과 노동조건을 넘어 노동자의 인권과 존엄섬을 침해를 당하는 일이 비일비재하다.

그래도 희망은 있다. 이제 사회복지 노동운동 역사의 전환이 필요하다. 사회복지계 노동현장의 고질적인 문제점이 난무했던 지난 역사의 반복이 아닌, 2021년을 기점으로 사회복지계 역사의 전환점이 이루어져야 한다. 20여 년 전이나 지금이나 사회복지계의 문제점과 노동환경의 어려움이 크게 변하지는 못하였지만, 사회복지 노동현장에서 노동자들의 목소리가 커져 가고 있으며, 이 목소리가 모여 노동현장에 변화를 일으키고 있다. 여기서 우리가 침묵하면 사회복지현장은 여전할 것이지만, 목소리를 모으면 우리의 노동현장에 변화가 일어날 것이다. 그리고 이제 조금씩 사회복지현장의 어려움 해결을 위해 노력하고자 하는 사회복지노동자들이 생기고 있다. 용기를 내어 사회복지현장의 이야기를 전하는 사회복지노동자들이 생기고 있는 것이다.

지난날 노동조합도 시설 비리에 맞서 싸웠고, 정부를 대상으로 사회복지 노동조건 개선을 요구하며 사회복지시설의 공공성 강화를 위한 운동에 앞장섰다. 지금도 위탁시설 노동자에 대한 노동권 보장, 연장근로수당 정상 지급, 종교행위 중단, 후원 강요 철폐 등의 이슈를 지자체와 정부, 사회복지 현장에 제기하며 행동하고 있다. 그렇기에 이럴 때일수록 사회복지사, 보육교사, 요양보호사, 활동지원사 등 사회서비스산업에 종사하는 노동자들의 연합과 연대가 절실히 필요하다.

일터에서 억울하게 피해 입은 사회복지 노동자를 보호하고, 기득권의 횡포에 대항하며, 기댈 곳 없는 노동자를 위로하고 함께 행동할 수 있는 곳, 바로 노동조합뿐이다. 그리고 우리가 앞으로 나아가야 할 그 출발점은, 바로 이 순간 용기를 내어 노동조합에 가입하는 것이다.

### 3) 사회서비스 노동자 실태[3]

#### (1) 사회서비스 노동자의 개념

사회서비스 노동자란 사회서비스 노동을 제공하면서 임금 등의 대가를 받는 노동자이다. 사회서비스산업 취업자 수는 통계청 2019년 상반기 지역별 고용조사에 따르면 470만 명을 넘어선다. 이 중 임금노동자는 86% 수준으로 400만 명에 이른다. 사회서비스산업을 특수분류에 따라 좁은 의미(돌봄서비스업)로 접근했을 때 취업자 수는 약 194만 명 수준이며, 임금노동자는 170만 명(91.2%) 수준이다(윤정향 외, 2020).

코로나19 감염병으로 인해 많은 노동자가 고통받고 있다. 고용이 불안정한 중소영세 사업장 노동자나 비정규직처럼 경제적으로 취약한 노동시장 지위에 있는 노동자들은 일자리 상실 위협과 노동 소득 감소로 힘겨운 시기를 보내고 있다. 다른 한편으로

3 이 절의 내용은 윤정향(2021)을 참고하여 작성함.

그림 11-5 사회서비스 제도 개선 요구

사회서비스를 이용하는 노인, 장애인, 영유아와 초등학생 등은 코로나19로 인해 대면 접촉 서비스가 제한되고 단절됨으로써 돌봄 공백 위기를 겪고 있다. 그리고 학교돌봄과 지역사회 돌봄이 멈추자 자녀나 돌봐야 할 가족을 가진 많은 여성이 휴직·퇴사·이직을 하고 돌봄분담을 둘러싼 가족 갈등도 격해졌다. 코로나19는 사회서비스가 멈추면 모든 게 멈출 수 있고 재난을 넘어 재앙이 될 수 있다는 것을 체감하게 해 주었다. 그러나 사회서비스를 제공하는 요양보호사, 생활지원사, 장애인활동지원사, 베이비시터, 사회복지사 등의 돌봄노동자들은 실직, 임금감소, 감염의 위험이라는 이중, 삼중의 고통을 감내하고 있다. 또한 감염의 위험 등 사회서비스 노동자의 '산업안전'은 지역사회와 가정의 건강안전에 영향을 미치는 중요한 문제가 되었다.

### (2) 사회서비스 노동자의 실태

협의적 의미의 사회서비스 노동자 보호는 최근 '필수노동자'에 대한 사회적 보호 대책이 나오기 이전부터, 좀 더 거슬러 올라가 사회서비스 노동자의 열악한 노동조건이 불거지기 이전부터, '보호 사각지대'와 '저평가된 노동가치'가 문제였다. 특히 요양보호사, 보육교사, 간호조무사, 초등돌봄전담사, 방과후교사 등 여성 집중 직종에서 두드러졌다.

첫째, 사회서비스가 정부의 일자리사업에서 상당한 비중을 차지하고 있기에 요양보호사가 그러했듯이 생활지원사 등 새로운 직업군이 비정규직 일자리로 계속 만들어져 왔다. 기간제, 시간제, 혹은 기간이 정해져 있지 않거나 일용직으로 채용되어 수개월에서 수년간 반복 고용되어 왔다. 재정지원일자리사업의 경우 기간제법 적용 예외 대상이라 2년 근무 후 정규직 전환을 요구하거나 다툴 수도 없다. 민간시장도 시간제,

호출형, 야간·주말 전담 등 일자리의 안정성이 취약하다.

둘째, 사회서비스 노동자의 임금은 공공기관 정규직이거나 보건의료 전문직이 아닌 이상 임금수준이 높지 않고 상당수 노동자가 최저임금이 기준이 되는 수준이다. 임금체계도 부실하거나 없다. 가장 큰 규모인 보육교사의 경우 표준보육비용체계에, 장기요양기관 노동자들은 보험수가체계에, 장애인활동지원사들은 바우처 수가에 맞춰 급여가 결정된다. 그 외 「사회복지사업법」 적용을 받는 시설은 사회복지종사자 임금 가이드라인을 준용한다. 고용조건 개선은 이용자의 비용부담을 높이거나 정부의 재정계획의 변화를 살펴야 하는 중차대한 일이다. 사회적으로 문제가 커질 수 있으니 적정선에서 개선하자고 넘길 수도 있다. 그런데 이용자(소비자)는 사회서비스 노동자와 가족의 '생애' 어느 시점의 모습일 수 있다. 마찬가지로 이용자는 자신과 가족의 돌봄이 필요한 어느 시점에서 사회서비스 노동자의 서비스를 받았거나, 받고 있거나 받을 것이다. 그 시점과 상황은 나의 통제력을 벗어나기 마련이다. 우리는 사회적 동물이고 타인과 관계적으로 묶여 있기 때문이다. 사회적 연대로 사회서비스 노동자의 노동조건 문제를 접근해야 하는 이유가 여기에 있다.

셋째, 산업재해와 예방에 대한 관점도 민간 사회서비스 영역에서는 부재한 것이나 다름없다. 국가의 사회보험보다 민간 상해보험이 더 친숙하다. 그런데 사고나 질병이 발생하면 일을 계속하기 어렵다. 치료비는 해결할 수 있으나 일을 계속하기 위해 필요한 재활훈련과 휴업급여 등의 '노동자 자신'에 대한 보호는 뒷전이다. 코로나19는 산업재해가 특정산업 노동자에 한정된 것이 아니라 우리의 일상생활 반경 안에 있다는 것을 증명했다. 산업재해와 사회적 재해를 가려내고, 인정하고, 지원하려면 매우 복잡하고 지난한 절차가 필요할 수도 있다. 어떻게 처리하는 것이 바람직한 것일까. 가치판단을 하기 어려우니 사법적 절차를 통해 가려내야 할까. 상상만으로도 긴급하고 중대한 사안이다. 코로나19는 상병수당과 유급돌봄휴가가 왜 절실한지도 보여 줬다. 돌봄실태 조사 결과, 유급병가가 '있다'는 응답은 재가요양보호사 9.5%, 시설요양보호사 92%, 장애인활동지원사 68%, 보육교사 52.9%, 기타 55.7%로 직종과 시설유형 간 편차가 크게 나타났다(윤정향 외, 2020).

### (3) 사회서비스 노동자 보호와 노동조합의 과제

사회서비스가 비영리 민간영역에서 영리시장으로 확장되면서 이들에 대한 보호가 새로운 국면에 진입할 수 있게 된 측면이 있다. 시기적 차이가 있지만 하나는 사회서비스 노동자들이 주체로서 노동조합 조직을 통해 성장하고 있는 것이며, 다른 하나는 사회서비스원으로 대표되는 공공 서비스 전달체계가 등장한 것이다. 전자와 관련하여 노인돌봄 서비스를 제공하는 노동조합이 양노총의 산별단위에서 빠르게 조직되고 있으며, 이들은 임금과 근무조건 전반의 개선을 강도 높게 요구한다. 사회서비스 노동자의 보호 해법도 결국은 이에 상당한 영향을 받기 때문이다. 실태조사에서 확인된 돌봄노동자들이 희망하는 노동조건 개선 방안은 다음과 같다.

첫째, 노동자 조직화는 노동자의 노동기본권을 지키고 보호하는 기본 전략이다. 조합원의 일터를 감시·견제·고발할 수 있고 개선을 요구할 수 있다. 특히 사회서비스 노동자 조직화는 노동조합이 보편복지 담론의 전면에 서기 위해서라도 필수적이다. 이와 관련하여 조직화 전략을 치밀하게 수립할 필요가 있다.

둘째, 지역사회 내 미조직된 사회서비스 노동자도 적용받을 수 있도록 단체협약 효력확장방안을 구체적으로 고민해야 한다. 지역사회 돌봄의 허브가 되려면 중심에 있되 우위에 있어서는 안 될 것이다. 소통과 신뢰가 구축된 통합서비스가 되려면 최소한의 고용과 임금 조건은 유사해야 한다. 어쩔 수 없이 공공성 내실화와 확대를 동시적으로 진행해야 한다.

셋째, 단기적으로는 수가체계에 돌봄노동 가치가 반영될 수 있도록 혁신적인 개혁방안을 마련해야 한다. 그 안에서 숙련 정도, 고강도 노동 등의 보상이 검토되어야 한다. 현재 조건에서는 동시에 사회서비스 노동자의 임금체계를 총체적으로 검토·재설계하도록 총연맹 수준에서 노정 간 정책협의나 노사정 대화를 모색할 필요가 있다.

**사회복지사 윤리강령**

윤리강령(code of ethics)은 전문직(profession) 성립의 조건으로 전문직단체가 그 중핵적인 가치관을 명문화해서 스스로가 향할 자아상, 자기의 책무, 최소한의 행동준칙 등을 들어 자기규제의 기준을 제시한 것이다. 그 기능으로서는 가치지향적 기능, 교육·개발적 기능, 관리적 기능, 제재적 기능을 들 수 있다. 사회복지사 윤리강령은 사회복지사 협회에서 제정하여 그 회원인 사회복지사가 준수토록 하는 것을 말한다. 현재의 사회복지사 윤리강령은 2001년 개정된 것으로 전문에는 사회복지의 이념과 사회복지사의 사명을 밝히고 이를 달성하기 위해 사회복지사가 준수해야 할 준칙들을 6개의 조문으로 명시하고 있다.

한국사회복지사협회
KOREA ASSOCIATION OF SOCIAL WORKERS

출처: 한국사회복지사협회. http://www.welfare.net/site/ViewMoralCode.action

## 한국사회복지사협회 사회복지사 윤리강령

**전문**

사회복지사는 인본주의 · 평등주의 사상에 기초하여, 모든 인간의 존엄성과 가치를 존중하고 천부의 자유권과 생존권의 보장활동에 헌신한다. 특히 사회적·경제적 약자들의 편에 서서 사회정의와 평등·자유와 민주주의 가치를 실현하는 데 앞장선다. 또한 도움을 필요로 하는 사람들의 사회적 지위와 기능을 향상시키기 위해 저들과 함께 일하며, 사회제도 개선과 관련된 제반 활동에 주도적으로 참여한다.

사회복지사는 개인의 주체성과 자기결정권을 보장하는 데 최선을 다하고, 어떠한 여건에서도 개인이 부당하게 희생되는 일이 없도록 한다. 이러한 사명을 실천하기 위하여 전문적 지식과 기술을 개발하고, 사회적 가치를 실현하는 전문가로서의 능력과 품위를 유지하기 위해 노력한다.

이에 우리는 클라이언트·동료·기관 그리고 지역사회 및 전체사회와 관련된 사회복지사의 행위와 활동을 판단 · 평가하며 인도하는 윤리기준을 다음과 같이 선언하고 이를 준수할 것을 다짐한다.

**윤리기준**

Ⅰ. 사회복지사의 기본적 윤리기준

**1.전문가로서의 자세**

사회복지사는 전문가로서의 품위와 자질을 유지하고, 자신이 맡고 있는 업무에 대해 책임을 진다.

사회복지사는 클라이언트의 종교·인종·성·연령·국적·결혼상태·성 취향·경제적 지위·정치적 신념 · 정신, 신체적 장애·기타 개인적 선호, 특징, 조건, 지위를 이유로 차별 대우를 하지 않는다.

사회복지사는 전문가로서 성실하고 공정하게 업무를 수행하며, 이 과정에서 어떠한 부당한 압력에도 타협하지 않는다.

사회복지사는 사회정의 실현과 클라이언트의 복지 증진에 헌신하며, 이를 위한 환경 조성을 국가와 사회에 요구해야 한다.

사회복지사는 전문적 가치와 판단에 따라 업무를 수행함에 있어, 기관 내외로부터 부당한 간섭이나 압력을 받지 않는다.

사회복지사는 자신의 이익을 위해 사회복지 전문직의 가치와 권위를 훼손해서는 안 된다.

사회복지사는 한국사회복지사협회 등 전문가단체 활동에 적극 참여하여, 사회정의 실현과 사회복지사의 권익옹호를 위해 노력해야 한다.

**2. 전문성 개발을 위한 노력**

사회복지사는 클라이언트에게 최상의 서비스를 제공하기 위해, 지식과 기술을 개발하는 데 최선을 다하며 이를 활용하고 전파할 책임이 있다.

클라이언트를 대상으로 연구하는 사회복지사는 저들의 권리를 보장하기 위해, 자발적이고 고지된 동의를 얻어야 한다.

연구과정에서 얻은 정보는 비밀보장의 원칙에서 다루어져야 하고, 이 과정에서 클라이언트는 신체적, 정신적 불편이나 위험·위해 등으로부터 보호되어야 한다.

사회복지사는 전문성을 개발하기 위해 노력하되, 이를 이유로 서비스의 제공을 소홀히 해서는 안 된다.

사회복지사는 한국사회복지사협회 등이 실시하는 제반교육에 적극 참여하여야 한다.

**3. 경제적 이득에 대한 태도**

사회복지사는 클라이언트의 지불능력에 상관없이 서비스를 제공해야 하며, 이를 이유로 차별대우를 해서는 안 된다.

사회복지사는 필요한 경우에 제공된 서비스에 대해, 공정하고 합리적으로 이용료를 책정해야 한다.

사회복지사는 업무와 관련하여 정당하지 않은 방법으로 경제적 이득을 취하여서는 안 된다.

**II. 사회복지사의 클라이언트에 대한 윤리기준**

**1. 클라이언트와의 관계**

사회복지사는 클라이언트의 권익옹호를 최우선의 가치로 삼고 행동한다.

사회복지사는 클라이언트에 대하여 인간으로서의 존엄성을 존중해야 하며, 전문적 기술과 능력을 최대한 발휘한다.

사회복지사는 클라이언트가 자기결정권을 최대한 행사할 수 있도록 도와야 하며, 저들의 이익을 최대한 대변해야 한다.

사회복지사는 클라이언트의 사생활을 존중하고 보호하며, 직무 수행과정에서 얻은 정보에 대해 철저하게 비밀을 유지해야 한다.

사회복지사는 클라이언트가 받는 서비스의 범위와 내용에 대해, 정확하고 충분한 정보를 제공함으로써 알 권리를 인정하고 존중해야 한다.

사회복지사는 문서·사진·컴퓨터 파일 등의 형태로 된 클라이언트의 정보에 대해 비밀보장의 한계·정보를 얻어야 하는 목적 및 활용에 대해 구체적으로 알려야 하며, 정보 공개 시에는 동의를 얻어야 한다.

사회복지사는 개인적 이익을 위해 클라이언트와의 전문적 관계를 이용하여서는 안 된다.

사회복지사는 어떠한 상황에서도 클라이언트와 부적절한 성적관계를 가져서는 안 된다.

사회복지사는 사회복지 증진을 위한 환경조성에 클라이언트를 동반자로 인정하고 함께 일해야 한다.

**2. 동료의 클라이언트와의 관계**

사회복지사는 적법하고도 적절한 논의 없이 동료 혹은 다른 기관의 클라이언트와 전문적 관계를 맺어서는 안 된다.

사회복지사는 긴급한 사정으로 인해 동료의 클라이언트를 맡게 된 경우, 자신의 의뢰인처럼 관심을 갖고 서비스를 제공한다.

**Ⅲ. 사회복지사의 동료에 대한 윤리기준**

**1. 동료**

사회복지사는 존중과 신뢰로서 동료를 대하며, 전문가로서의 지위와 인격을 훼손하는 언행을 하지 않는다.

사회복지사는 사회복지 전문직의 이익과 권익을 증진시키기 위해 동료와 협력해야 한다.

사회복지사는 동료의 윤리적이고 전문적인 행위를 촉진시켜야 하며, 이에 반하는 경우에는 제반 법률규정이나 윤리기준에 따라 대처해야 한다.

사회복지사가 전문적인 판단과 실천이 미흡하여 문제를 야기시켰을 때에는, 적절한 조치를 취하여 클라이언트의 이익을 보호해야 한다.

사회복지사는 전문직 내 다른 구성원이 행한 비윤리적 행위에 대해, 제반 법률규정이나 윤리기준에 따라 조치를 취해야 한다.

사회복지사는 동료 및 타 전문직 동료의 직무 가치와 내용을 인정·이해하며, 상호간에 민주적인 직무관계를 이루도록 노력해야 한다.

**2. 슈퍼바이저**

슈퍼바이저는 개인적인 이익의 추구를 위해 자신의 지위를 이용해서는 안 된다.

슈퍼바이저는 전문적 기준에 의해 공정하게 책임을 수행하며, 사회복지사·수련생 및 실습생에 대한 평가는 저들과 공유해야 한다.

사회복지사는 슈퍼바이저의 전문적 지도와 조언을 존중해야 하며, 슈퍼바이저는 사회복지사의 전문적 업무수행을 도와야 한다.

슈퍼바이저는 사회복지사·수련생 및 실습생에 대해 인격적·성적으로 수치심을 주는 행위를 해서는 안 된다.

**Ⅳ. 사회복지사의 사회에 대한 윤리기준**

사회복지사는 인권존중과 인간평등을 위해 헌신해야 하며, 사회적 약자를 옹호하고 대변하는 일을 주도해야 한다.

사회복지사는 필요한 사회서비스를 개발하기 위한 사회정책의 수립·발전·입법·집행에 적극적으로 참여하고 지원해야 한다.

사회복지사는 사회환경을 개선하고 사회정의를 증진시키기 위한 사회정책의 수립·발전·입법·집행을 요구하고 옹호해야 한다.

사회복지사는 자신이 일하는 지역사회의 문제를 이해하고, 그것을 해결하는 일에 적극적으로 참여해야 한다.

**Ⅴ. 사회복지사의 기관에 대한 윤리기준**

사회복지사는 기관의 정책과 사업 목표의 달성·서비스의 효율성과 효과 성의 증진을 위해 노력함으로써, 클라이언트에게 이익이 되도록 해야 한다.

사회복지사는 기관의 부당한 정책이나 요구에 대하여, 전문직의 가치와 지식을 근거로 이에 대응하고 즉시 사회복지윤리위원회에 보고해야 한다.

사회복지사는 소속기관 활동에 적극 참여함으로써, 기관의 성장발전을 위해 노력해야 한다.

**Ⅵ. 사회복지윤리위원회의 구성과 운영**

한국사회복지사협회는 사회복지윤리위원회를 구성하여, 사회복지윤리실천의 질적인 향상을 도모하여야 한다.
사회복지윤리위원회는 윤리강령을 위배하거나 침해하는 행위를 접수받아, 공식적인 절차를 통해 대처하여야 한다.
사회복지사는 한국사회복사협회의 윤리적 권고와 결정을 존중하여야 한다.

## 참고문헌


강종수, 류기형(2007). 사회복지사의 경력몰입 결정요인 및 직무태도에 미치는 효과. **한국사회복지학, 59(3)**, 201-227.

강철희, 이민영(2000). 지역사회복지관 사회복지사의 실천 및 행정 활동에 관한 연구: 서울 지역 J복지관 사회복지사들의 업무 내용 분석에 기초하여. **한국사회복지행정학, 3**, 1-36.

강혜규, 김형용, 박세경, 최현수, 김은지, 최은영, 황덕순, 김보영, 박수지(2007). **사회서비스 공급의 역할분담 모형개발과 정책과제**. 세종: 한국보건사회연구원.

강흥구(2006). 사회복지사의 직무특성이 직무만족에 미치는 영향에 관한 연구. **한국사회복지학, 58(2)**, 355-375.

강흥구, 윤현숙(2005). 사회복지사의 직무분석과 표준 직무 개발에 관한 연구. **한국사회복지행정학, 14**, 33-62.

권승, 김두례, 채종현, 황소진(2010). **사회복지시설 종사자 직무분석연구**. 부산: 부산복지개발원.

권지성, 김교연, 김지혜(2004). 종합사회복지관 초임 사회복지사의 직업경험에 대한 현실기반 이론적 접근. **사회복지연구, 24**, 5-44.

권찬호, 김종진, 김진석, 김철, 남기철, 송인주, 안현미, 정창수, 김수진(2018). **서울시 사회서비스원의 효율적 운영과 서비스 품질 제고 방안 연구용역**. 서울: 상명대학교 산학협력단.

김기덕, 최명민(2014). 바우만(Bauman)의 근대성 이론을 통한 한국사회복지실천의 유동성분석. **한국사회복지학, 66(4)**, 53-75.

김기환, 서진환, 최선희(1997). 의료사회사업가의 직무표준화를 위한 연구. **한국사회복지학, 33**, 1-28.

김성경(2009). 종합사회복지관 사회복지사의 사회복지교육의 충분성 인식과 사회복지실천기술 수행의 관계. **한국사회복지교육, 10**, 69-92.

김소정(2015). 동사무소 사회복지전담공무원의 역할 딜레마. **사회복지연구, 46(1)**, 315-342.

김연명(2017). 사회서비스 질 향상을 위한 사회서비스공단 설립 및 운영 방안. **월간 복지동향**. 참여연대.

김연명, 김진석, 백선희, 송인주, 이태수, 정창수, 홍영준, 이성희, 윤승희, 이선영(2016). **서울시 사회서비스재단 설립 타당성 검토 연구**. 서울: 중앙대학교 산학협력단.

김용석(2012). 사회복지실천기술 척도의 예비적 개발. **한국사회복지학, 64(4)**, 57-87.

김인숙(2005). 한국 사회복지실천의 정체성: 정치사회적 관점에서. **상황과 복지, 20**, 119-152.

김인숙(2010). 바우처 도입에 따른 사회복지전문직 정체성의 변화와 그 의미. **한국사회복지학, 62(4)**, 33-58.

김종해(2004). 보육서비스의 공공성 확대방안. **보육재정의 공공성 확대방안 마련을 위한 토론회** (pp. 5-23). 참여연대 · 한국여성단체연합.

김진석, 민소영, 유동철, 홍영준, 황경락(2015). **서울시 복지인프라 공공성 강화 방안**. 서울: 서울시복지재단.

김진석, 양난주, 이동석, 이호선(2020). **서울시사회서비스원 종합재가센터 운영모델 보완 연구**. 서울: 서울시사회서비스원, 서울여자대학교.

김창희, 이정희(2015). 사회복지전담공무원들의 사회복지직 수행 경험에 대한 연구: 근거이론 방법 접근. **사회복지정책, 42**, 1-29.

김태성, 최일섭, 조흥식, 윤현숙, 김혜란(1998). 사회복지 전문직과 교육제도. 서울: 소화출판사.
김혜원, 박찬임, 황덕순, 김영용, 박종현, 전승훈 외(2009). 제3섹터 부문의 고용창출 실증연구. 세종: 한국노동연구원.
김희강, 나성원 역(2014). 돌봄민주주의. Tronto, J. 저. 서울: 아포리아. (원저는 2013년에 출간).
남기철(2016). 사회복지사의 역할과 역량 다양화의 쟁점. 한국사회복지행정학회 학술대회 자료집, 3-26.
노대명, 강혜규, 원일, 이은혜(2008). 보건복지부문 제3부문에 대한 연구. 세종: 한국노동연구원, 한국보건사회연구원.
백선희(2017). 보육서비스 공공성 확보 방안-사회서비스공단을 중심으로-. 한국사회보장학회 정기학술발표논문집, 1호, 한국사회보장학회.
백완기(2008). 공공성 논의의 필요성. 윤수재, 이민호, 채종헌 편. 새로운 시대의 공공성 연구. 파주: 법문사.
보건복지부(2015a). 2015 사회복지관 운영관련 업무처리 안내. 세종: 보건복지부.
보건복지부(2015b). 2015 노인보건복지 사업안내. 세종: 보건복지부.
보건복지부(2015c). 2015 장애인복지 사업안내. 세종: 보건복지부.
보건복지부(2019). 사회서비스 공공성 강화 및 품질 향상을 위한 2019년 사회서비스원 시범사업 추진계획.
부산복지개발원(2019). 부산복지 이슈공감 제4호
생각의마을(2021). 에쎕 사회복지실천론. 고양: 공동체.
석재은(2010). 공급자관점에서의 노인장기요양보험제도의 개선 방안. 보건복지포럼, pp. 34-44.
송인주, 이순성, 안기덕, 이경란, 이형미, 한규희(2019). 서울시사회서비스원 종합재가센터 표준운영모델 개발 연구. 서울: 서울시복지재단.
신재은, 안정선, 박미경, 박지영, 서창현(2013). 사회복지사의 경력개발 방안 연구: 종합사회복지관 직무전문성 육성방안을 중심으로. 수원: 경기복지재단.
안정선, 조성우(2010). 교과과정 개선을 위한 학교사회복지사 직무분석. 학교사회복지, 19, 1-35.
안현미(2013). 서울시 보육교사 근로환경 개선방안 연구. 서울시여성가족재단.
양난주(2010). 한국 사회복지서비스의 변화: 행위자간 관계의 분석. 한국사회복지학, 62(4), 79-102.
양난주(2015). 사회복지관의 역할 정체성을 찾아서: 제도적 맥락에서 본 정체성 확립의 방향. 사회복지정책, 42(2), 245-270.
엄명용(2005). 한국 사회복지실천 현장 내 기본 실천기술의 실증적 확인 및 분류. 한국사회복지학, 57(1), 61-91.
윤자영(2012). 사회서비스 산업 노동시장 분석: 아동보육. 황덕순, 윤자영, 윤정향 외(2012). 사회서비스 산업 노동시장 분석. 세종: 한국노동연구원.
윤정향(2012). 사회서비스 산업 노동시장 분석: 노인돌봄. 황덕순, 윤자영, 윤정향 외(2012). 사회서비스 산업 노동시장 분석. 세종: 한국노동연구원
윤정향(2021). 사회서비스 노동자의 실태와 노동조합의 과제. http://news.inochong.org/detail.php?number=3106&thread=14

윤정향, 안현미, 이은주(2020). 사회서비스분야 노동자 현황과 과제. 한국노총중앙연구원 연구보고서.

윤현숙, 강흥구(2004). **사회복지사의 직무 표준화를 위한 연구**. 서울: 한국사회복지사협회.

이기영(2014). 사회복지분야 국가직무능력표준(NCS) 개발현황의 분석과 논의. **한국사회복지교육**, 27, 135-168.

이상균, 이현주(1998). 사회복지사의 직무분석을 위한 시론. **상황과 복지**, 3, 127-150.

이은주(2003). 사회복지실천의 전문성과 정체성 확립에 대한 고찰: 간접적 개입과 관련하여. **상황과 복지**, 16, 203-245.

이인숙(2016). 신자유주의 거시환경과 사회복지실천현장: 사회복지사의 경험에 대한 현상학적 연구. **사회복지연구**, 47(2), 61-87.

이인숙(2017). 사회복지 실천 현장의 신자유주의적 성과주의 역설: 사회복지사의 경험을 중심으로. **한국사회정책**, 24(1), 239-275.

이주희, 박순희, 윤종성(2007). 사회복지사의 개인 및 환경특성이 이직의사에 미치는 영향에 관한 연구. **한국지역사회복지학**, 23, 283-308.

임정기, 김교성, 이현주(2017). 사회복지사는 무슨 일을 하는가?: 사회복지사의 과업과 역할에 대한 지향과 현실. **한국사회복지행정학**, 19(2), 209-242.

장혜경, 김영란, 조현각, 김고은, 박경희(2007). **공식영역의 돌봄노동 실태조사**. 세종: 한국여성정책연구원.

전선영(2005). 사회복지 교육과 사회복지 가치 및 옹호의 관계에 관한 연구. **2005년 추계 한국사회복지학회 학술발표대회지**, 677-702.

제미자(2010). 사회복지사의 직무와 실천기술의 관련성 연구: 지역사회 복지관을 중심으로. **인적자원관리연구**, 17(1), 337-364.

조성우(2006). 사회복지사의 맥락적 수행에 대한 개념타당성 연구. **한국사회복지학**, 58(2), 87-118.

조성우(2007). 사회복지사 훈련프로그램의 내용개발을 위한 직무분석: 종합사회복지관의 종사자 훈련에 대한 적용. **한국사회복지학**, 59(2), 115-142.

조성우, 엄명용(2009). 사회복지 종사자의 직무수행에 관한 다수준 연구. **한국사회복지학**, 61(4), 137-161.

채수훈(2021). **지역사회복지 플랫폼: 사회복지공무원의 지역사회복지 이야기**. 고양: 공동체.

최명민, 임정기, 김승연, 김교성(2015). 사회복지시설 평가제도, 사회복지사는 무엇을 경험하고 무엇을 바라는가. **한국사회복지행정학**, 17(3), 1-26.

최옥채, 구가히로토(2009). 한국 사회복지사의 실천경험: 사회복지실천 환경을 중심으로. **사회과학연구**, 33, 105-129.

한국장애인복지관협회(2007). **장애인복지관 사회복지사 직무분석을 위한 연구**. 서울: 한국장애인복지관협회.

한인영, 김성천 역(2007). **세계화와 사회복지실천**. Dominelli, L. 저. *Social work: Theory and practice for a changing profession.* 서울: 학지사. (원저는 2004년에 출간).

홍선미, 최명민(2010). 사회복지교육실태진단 및 사회복지교육의 질 관리방안에 관한 탐색적 연구. **한국사회복지교육**, 11, 1-32.

황덕순, 윤자영, 윤정향 외(2012). **사회서비스 산업 노동시장 분석**. 세종: 한국노동연구원.

Austin, D. M. (1983). The flexner myth and the history of social work. *Social Service Review, 57*(3), 357–377.

Dominelli, L. (2009). *Introducing social work*. Cambridge: Polity Press.

Gibleman, M. (1999). The search for identity: Defining social work–past, present, future. *Social Work, 44*(4), 298–310.

Mackay, T., & Zufferey, C. (2015). A who doing a what?: Identity, practice and social work education. *Journal of Social Work, 15*(6), 644–661.

Payne, M. (2005). *Modern Social work theory* (3rd ed.). London: Palgrave.

Staniforth, B., Fouche, C., & O'Brien, M. (2011). Still doing what we do: Defining social work in the 21st century. *Journal of Social Work, 11*(2), 191–208.

Thompson, N. (2009). *Understanding social work* (3rd ed.). UK: Palgrave.

Ugo, A., & Ranci, C. (2002). Changes in the welfare mix: The European path. *Dilemmas of the welfare mix: The new structure of welfare in an era of privatization.* Kluwer: Academic/Plenum Publishers.

한국사회복지사협회. http://www.welfare.net/site/ViewMoralCode.action

# 제12장 사회복지 네트워크

네트워크(network)는 사람들을 연결시키고 사회학적 지위나 집단 또는 조직을 연결시키는 관계의 묶음이다. 네트워크에 초점을 두면, 사람들이 권력을 획득하고 집단이 움직이는 이유 등의 문제를 설명할 수 있다고 네트워크론자들은 주장한다. 네트워크론에서는 개인적 경험이나 행동, 성과 등이 어떤 네트워크에 위치하느냐에 따라 달라진다고 본다. 네트워크는 구속력을 갖고서 선택에 제한을 가하고, 여러 가지 행동을 가능하게 하는 자원을 공급한다. 따라서 사람들의 차이는 네트워크가 다르거나 같은 네트워크에서의 차이 나는 위치 때문이라고 이해된다.

네트워크에서 중심에 있을수록 커뮤니케이션을 더 많이 소유하게 되고, 따라서 더 많은 권력을 가질 수가 있는 것이다. 또한 어떤 네트워크 분석가들은 행위자들이 서로 직접적으로 연결되었기 때문이 아니라, 사회적 정체성이 각 행위자에 의해 유지되는 연대의 조합의 산물이기 때문에 관심을 공유하고 있다고 한다. 행위자들은 종종 서로 직접적으로 연계되어 있기 때문이 아니라, 제3자에 대한 유사한 연대를 공유하고 있기 때문에 공통의 관심을 가지게 된다(고영복, 2000).

네트워크의 구조는 오늘날 한국 사회복지 영역에서 많은 관심을 받고 있는 것으로 보인다. '지역사회 내 존재하는 다양한 문제에 대한 지역사회 차원의 적극적 대응'이라는 부분이 강조되고 있는 것으로 보인다. 중앙정부에서 나타나는 일방향적이고 획일적인 서비스들은 오늘날 지역 내 다양한 문제에 대해 그 효과가 나날이 떨어지고 있는 것이 사실이며, 이러한 상황은 결국 중앙이 아닌 또 다른 적극적 대응 주체가 필요하다는 인식으로 이어질 수 있을 것이다. 이러한 적극적 대응주체가 바로 지역사회라고 볼 수 있으며, 민과 관이라는 고정화된 틀을 벗어나 다양한 기관의 연계는 바로 이러한 필요를 더욱 잘 실체화시킬 조직으로 보고 있다는 것이다. 따라서 이 장에서는, 첫째, 사회복지 네트워크, 둘째, 거버넌스와 사회자본, 셋째, 비정부조직, 넷째, 주민조직 등을 중심으로 살펴보고자 한다.

## 1 사회복지 네트워크

### 1) 사회복지 네트워크 중요성

오래전부터 지역 내 다양한 기관의 연계나 협력이라는 용어를 통해 네트워크적 특성은 강조되고 있었으며, 이를 통해 지역에서 사회복지 네트워크의 효과에 대한 논의는 자연스럽게 확보된 것처럼 인식되고 있는 것이 사실이다. 하지만 담당자와 기관을 중심으로 하는 개별적이고 비공식적 연계가 아닌 공식적 구조의 지역사회복지 네트워크는 이전과는 상당히 다른 모습을 가지는 바, 이에 대한 논의 역시 새롭게 이루어져야 하는 것은 너무나 당연한 일로 볼 수 있다. 결국 사회복지 네트워크의 등장은 지역 내 발생한 문제들에 대한 직접적인 해결노력이다. 네트워크를 통해 얻을 수 있는 효과에 대한 가장 대표적인 전제는 바로 '부분의 합은 전체보다 크다'라는 명제이다. 즉, 지역의 사회복지 네트워크 전체를 이해하기 위해서는 단순히 개별 요소들의 합을 살펴보는 것을 넘어서, 다양한 개별 요소의 상호간의 관계까지 포함하는 실질적 전체를 확인할 수 있는 방법이 필요하다는 것이다(손지현, 2014).

### 2) '이웃 관계망'으로서의 네트워크

커뮤니티 케어(community care)란 '돌봄이 필요한 주민이 살던 곳에서 개개인의 욕구에 맞는 서비스를 누리고 지역사회와 함께 어울려 살아갈 수 있도록 주거, 보건의료, 요양, 돌봄, 독립생활 등을 통합적으로 지원하는 지역주도형 정책'(보건복지부, 2020)을 의미한다. 핵심은 돌봄이 필요한 주민이 자기가 살던 곳에서 지낼 수 있도록, 다양한 서비스를 욕구에 맞추어 제공한다는 점이다.

이러한 목표를 달성하기 위해 보건복지부는 세 가지 중점과제를 제시하고 있다. 첫째, 주거지원 인프라의 대거 확충이다. 둘째, 찾아가는 방문건강 및 방문의료 실시이다. 셋째, 재가 장기요양 및 돌봄서비스의 확충이다. 요컨대, 주거와 건강 그리고 돌

## 미개하지 않은 사회가 되려면 무엇이 필요할까요?

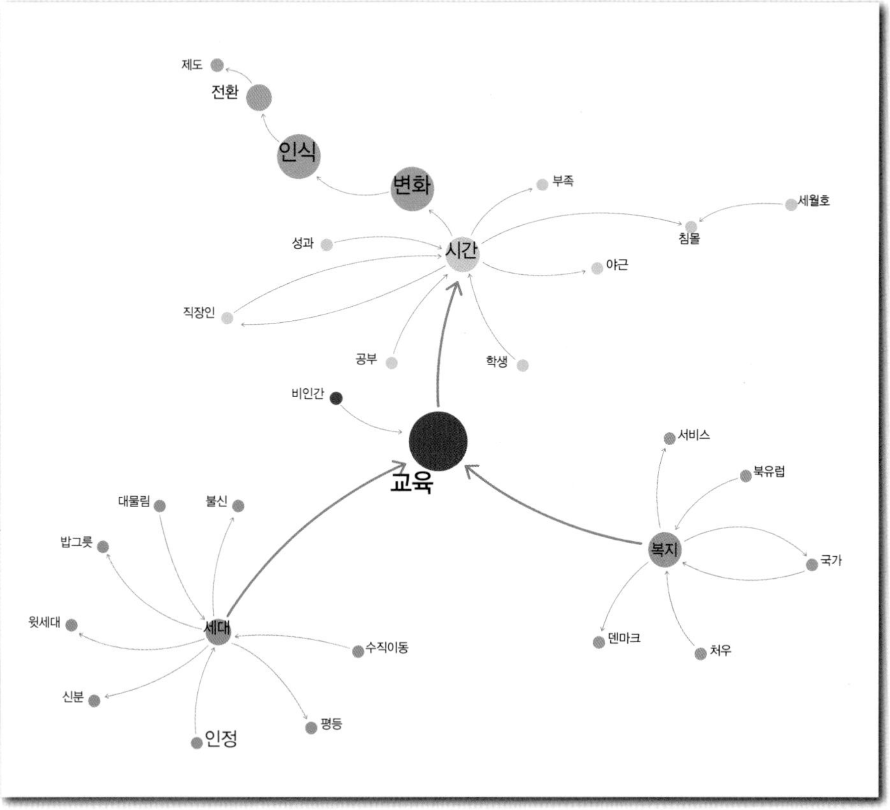


청년들은 이상적인 사회의 요소로 청년이라는 존재에 대한 '인정'을 꼽았다. 스스로 생각하는 힘을 기르는 교육과 돈이 없다는 이유로 생존의 위협에 처하지 않을 만한 국가의 복지시스템을 원했다. 의미망 분석 속 화살표 방향은 단어가 이어지는 앞뒤 순서를 가리키며, 단어를 잇는 화살표가 굵을수록 한 문장에서 함께 쓰이는 빈도가 높은 것이다.

출처: 경향신문(2016. 3. 21.).

봄 지원이 핵심적인 과제이다. 하지만 정부가 주도적으로 제공하는 지원만으로 커뮤니티 케어의 당면 목표인 지역사회와 '어울려 살아간다'는 것을 이루기란 쉽지 않다. 그렇게 하기 위해서는 생계보장을 위한 물질적 지원 외 이웃 간 관계 확장이 반드시 필요하기 때문이다(안기덕, 2021).

## 복지관의 네트워크 구조(대전지역)

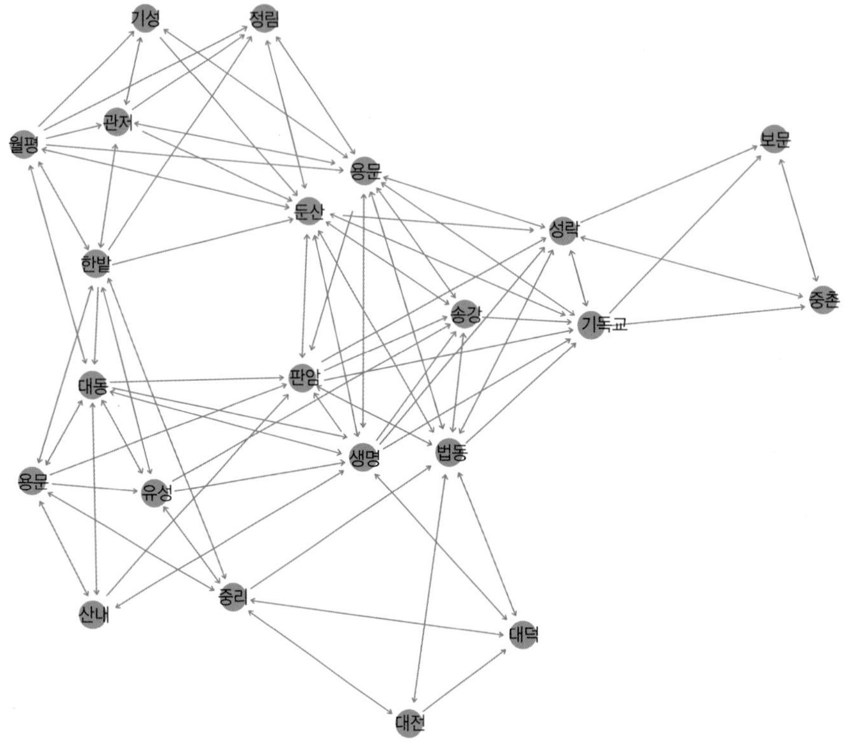


대전지역 22개 복지관의 네트워크 구조를 살펴보면 모든 가능한 연결에서 약 1/3 정도로 연결되어 있는 밀도를 가진 연결망이다. 개별 조직체의 다선중앙성은 한 행위자와 인접한 다른 행위자들의 수를, 관계망 속의 행위자 전체의 수에 대한 비율로 표시하므로 해당 조직이 어느 정도로 중심적인 성격을 갖는지 대변한다. 생명, 대동, 둔산, 법동복지관이 높은 연결 정도를 보이고, 따라서 스타의 위치에 있다고 볼 수 있다. 사이중앙성은 개별행위자가 중개자 또는 매개자로서 또는 문지기로서 활동함으로써 관계망에 영향을 줄 수 있는 수준을 의미한다. 사이중앙성은 관계망 속의 두 행위자를 연결하는 가장 짧은 선 중 행위자를 포함하는 선의 수로 계산된다. 법동복지관과 용문복지관이 중요한 매개자 역할을 하는 것으로 볼 수 있다. 인접중앙성은 연결망의 한 결점으로부터 다른 결점에 도달하려면 필요한 최소 단계의 총합으로 정의된다. 본 연구에서는 생명, 판암, 기독교, 성락, 둔산, 한밭, 송강복지관이 비교적 높은 인접중앙성 값을 가지며, 특히 용문, 법동복지관이 가장 높은 인접중앙성 값을 가진 것으로 나타났다.

출처: 박현주(2015).

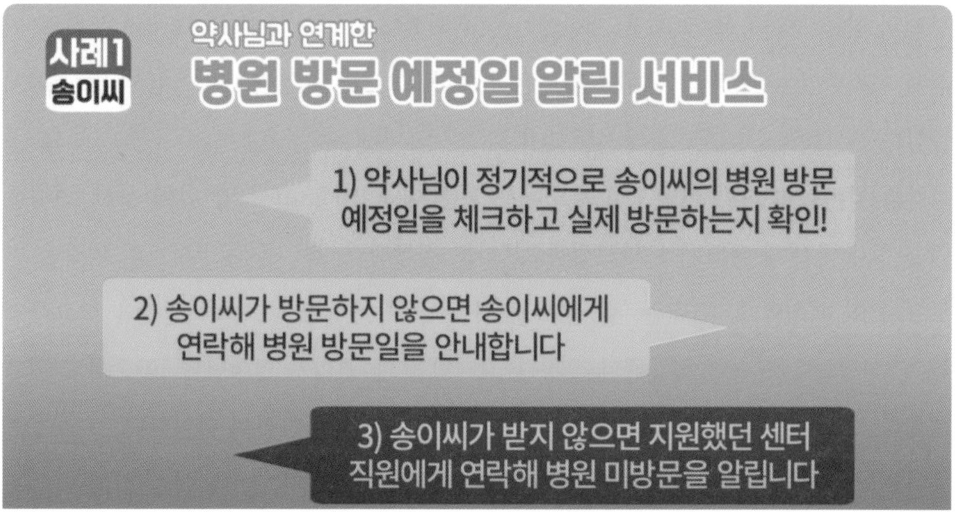


그림 12-1 지역 네트워크 실천 사례

출처: 장봉혜림원. http://www.jbhl.or.kr/

또한 지원을 받을 만한 조건이 확인되면 서비스 제공자를 보내는 방식이 아니라 자연스럽게 주민 간 관계를 강화하는 영역이다. 이러한 이웃 간 관계에 기초하여 작동하는 영역은 결사체(주민모임), 마을 만들기 등의 방식으로 나타난다. 이러한 지역사회를 기반으로 하는 돌봄(사회)서비스 영역은 주민이 설정한 욕구를 해결하기 위해서 주민이 주도하는 지역사회의 자원과 기술을 동원하는 방식의 전략을 활용한다. 예컨대, 돌봄 욕구가 있는 당사자가 이웃주민과 함께 하는 텃밭공동체, 연극 활동, 공방(工房) 작업, 등산 모임 등 여러 가지 정체성의 결사체에 참여한다(김형용, 2013).

'이웃 관계망' 강화의 영국 사례를 살펴보면, 영국은 제2차 세계대전 이후 사회보장의 기틀을 닦은 대표적인 국가이다. 그 시발점이 바로 '베버리지 보고서(Beveridge Report)'이다. 그런데 Beveridge는 1936년 작성한 한 보고서에서 자신이 시민과 지역사회의 힘을 경시하고 그 힘을 제한했음을 후회했다고 한다. Hilary Cottam은 바로 이 점을 지적한다. 사람과의 관계를 빼놓은 점이다. 그러면서 인간적인 돌봄의 방식을 제안한다.

기존 서비스 방식인 어떻게 고치느냐는 질문 대신, 바로 그 사람 곁에 서서 '변화를 만들어 내기 위해 어떻게 도와드릴까요?'라고 질문한다. 즉, 돌봄 당사자의 역량을 기르는 것이 핵심이다. 이러한 접근은 사람과 사람 사이의 맞닿음, 즉 연결을 중요하게 본다. 사람들은 단단한 인간관계를 통해 지지받을 때 변화가 일어난다. 단순하고 쉽게 협력하고 관계를 맺을 수 있는 시스템을 만들 때 사람들은 기꺼이 참여한다.

대표적인 사례가 Hilary Cottam이 고안한 '서클(circle)'이다. 50대 이상 성인이면 누구나 참여 가능하며 호혜성에 기초한 모델이다. 서클은 그저 사람들이 할 수 있다고 여기는 어떤 것을 제안하고 그것을 시도할 수 있도록 지원한다. 플랫폼을 통해 주민이 좋아하는 것(산책, 요리, 미술, 음악 등) 그리고 그들이 줄 수 있는 것을 기록하게 한다. 기본적으로 좋아하는 것을 기반으로 주민 모임을 결성해 운영한다. 이러한 이웃 간 만남은 관계에 기초하여 소소한 돌봄을 서로 간에 제공할 수 있는 구실이 된다. 사다리를 타고 올라가 전구를 고치는 것과 같은 사소한 일을 돌봐 줄 사람, 관심사가 비슷하고 같이 있으면 마음이 편한 친구 같은 사람들이 삶을 풍요롭게 한다.

몸이 불편한데 도와줄 사람이 없을 때 정기적이고 일상적인 공적 돌봄서비스는 매

표 12-1 복지에서 근본적 돌봄으로

| 20세기 복지 → 21세기 근본적 돌봄 | |
|---|---|
| 문제와 해결 | 좋은 삶의 성장 |
| 필요의 관리 | 역량 개발 |
| 매매와 거래의 문화 | 모든 관계를 포괄 |
| 돈의 흐름을 관리 | 다양한 형태의 자원을 연결 |
| 위험을 진정시킴 | 가능성을 창출함 |
| 폐쇄적: 대상의 표적화 | 개방적: 모두를 돌보기 |

출처: 복지타임즈. http://www.bokjitimes.com/

우 긴요하다. 그러나 이러한 서비스만으로 일상의 행복을 누리기란 쉽지 않다. 국가중심의 사회보장시스템은 인간의 문제와 욕구를 보편적인 것으로 인식하여 사회구성원들의 집합적 연대와 참여를 제도화하는 데 성공했다. 하지만 문제와 욕구의 다양성과 다면성을 간과함으로써 지역의 자발적이고 자생적인 회복능력을 해체했다(한동우, 2013)는 비판을 받기도 한다. 이러한 '회복능력'은 쉽게 풀자면, 주민들이 동네에서 재미있고 즐겁게 주체적으로 살 수 있고 서로를 돌볼 수 있는 능력일 것이다.

'새로운' 돌봄은 이렇듯 기존의 돌봄에 더해, 주민의 역량과 이웃의 힘을 믿는다. 주민의 역량을 강화하고 강점을 발견하는 것, 이웃과 동네 활동을 통한 재미와 즐거움을 키우는 것, 결국 이렇게 '이웃관계망'을 확장하고 강화하는 것이 우리 삶을 풍요롭게 한다. 그런데 이런 이웃관계망은 저절로 강화되는 것이 아니다. 이 지점에서 복지관의 역할을 살펴볼 필요가 있다. 복지관은 복지 욕구에 대한 프로그램 개발과 운영보다는 지역사회의 역량을 키우기 위해 주민의 역량을 강화하고, 정보를 제공하며, 상호성을 증진하기 위한 교류의 장을 제공해야 한다(한동우, 2013). 지역사회의 역량을 강화하기 위한 실천은 전문가의 관점에 따른 일방적 개입으로 이루어질 수 없다. 생활의 관점 또는 주민의 관점에 따라 지지와 참여를 촉진하는 것이 실천을 위한 관건이다.

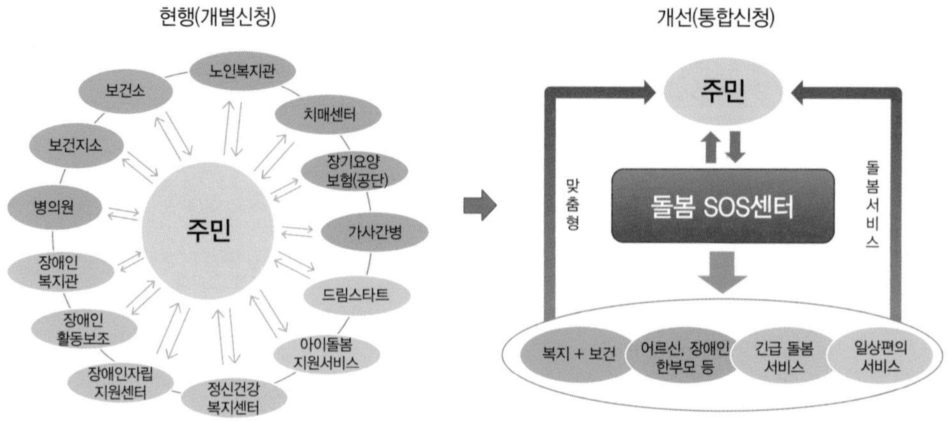


그림 12-2 맞춤형 돌봄 서비스 모형

출처: 서울시 복지본부(2018. 10.).

## 2 거버넌스와 사회자본

### 1) 거버넌스의 개념

거버넌스(governance)의 개념은 신공공관리론(新公共管理論)에서 중요시되는 개념으로서 국가·정부의 통치기구 등의 조직체를 가리키는 'government'와 구별된다. 즉, 'governance'는 지역사회에서부터 국제사회에 이르기까지 여러 공공조직에 의한 행정서비스 공급체계의 복합적 기능에 중점을 두는 포괄적인 개념으로 파악될 수 있으며, 통치·지배라는 의미보다는 경영의 뉘앙스가 강하다. 거버넌스는 정부·준정부를 비롯하여 반관반민(半官半民)·비영리·자원봉사 등의 조직이 수행하는 공공활동, 즉 공공서비스의 공급체계를 구성하는 다원적 조직체계 내지 조직 네트워크의 상호작용 패턴으로서 인간의 집단적 활동으로 파악할 수 있다(하동석, 유종해, 2010).

최근 들어 거버넌스 내지는 신공공관리에 대한 논의는 복지 분야의 민영화와 분권화 그리고 민간분야의 활성화를 통하여 결국 복지서비스의 탈시설화, 생산적 복지정책의 추진, 그리고 사회복지의 적극적인 추진정책으로 나타났다. 이러한 지역복지의 변화는 사회복지공급방식의 새로운 전환을 의미한다. 특히 근로연계복지로서의 생산적 복지정책, 사회복지서비스의 민영화 확대, 정책네트워크를 활용한 민간부문의 활성화에 대한 활발한 논의와 실천은 복지거버넌스의 차원의 접근이 필요하다.

복지거버넌스는 지역의 복지서비스 공급과정에 거버넌스적 정책결정구조의 핵심인 관-민 공동참여의 가치와 거버넌스 정책집행의 장점인 공동협력 및 공동자원부담의 책임성을 접목시키고 있다. 또한 복지행정기관과 민간부문이 각각 제공해 온 복지서비스의 중복을 막아 복지자원의 효율성을 제공한다. 또한 지역사회의 복지거버넌스는 시장의 저렴한 비용, 아이디어 등 민간영역을 공급의 표준화된 복지서비스 생산능력에 결합시킬 수 있다(이동형, 2004). 이러한 복지거버넌스의 개념은 결국 사회정책의 지방화와 지역단위 중심적 조직화의 구체적 형태로 발전이 가능하며, 복지서비스의 통합적, 다차원적 접근을 가능하게 하여 지역복지서비스 증진에 중요한 역할을 하게 된다.

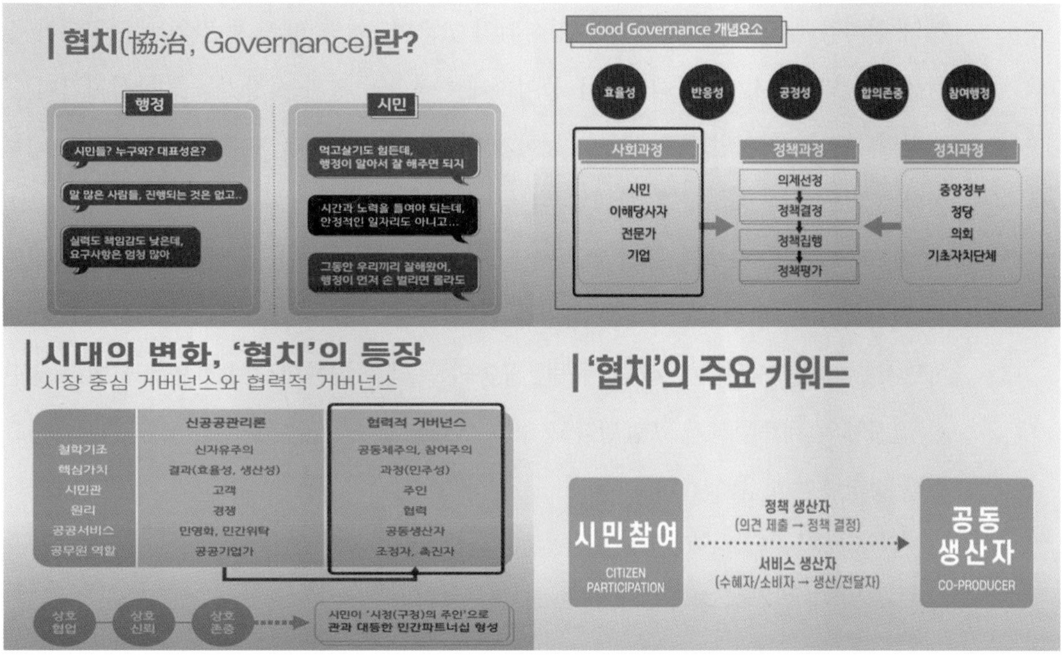


그림 12-3 시대의 변화 '협치'의 등장

출처: 함께 살아가는 가치 유튜브. https://www.youtube.com/watch?v=OGAbYRCBc0Y

### 2) 사회자본의 개념[1]

사회자본(social capital)이란 용어는 Judson Hanifan에 의하여 1916년에 처음 사용되었다(DeGraaf, 2003). 그는 민주주의와 개발을 지속시키기 위해서는 지역사회가 적극적으로 관여해야 할 필요성 및 중요성에 대해 주목했다. 그는 이웃다움(neighborliness)과 시민관여의 종말에 대해 언급하면서 지역 내 사회생활들이 가족의 고립과 지역사회 정체를 야기하게 되었다고 주장하고 있다(최영출, 2004).

사회자본은 전통적인 자본과 달리 개인재산이 아니라 공공재이며, 사회자본은 축적되고, 사회자본의 합은 자기 강화를 증대하는 경향이 있다. 즉, Putnam은 모든 인간관계에 발생하는 신뢰, 규범, 연결망이 그 구성원이 소속한 집단 및 사회에 긍정적인 영향을 미치는 것이 아니라 '수평적(horizontal)' 단체에 의한 민주적 사회자본이 진정한 사회자본이라고 보고 있다(박희봉, 2005). 일반적으로 사회자본이 높은 곳은 구성원 간의 신뢰가 높고, 일련의 규범이 형성되어 있으며, 개인 및 단체 간의 네트워크가 잘 형성되어 의사결정 및 정책결정을 용이하게 하고, 이 결과 시장기능을 향상시키며 구성원의 자발적 거버넌스 확립을 가능하게 하고, 제고와 법률적 틀을 발전시키기 때문이다. Coleman과 Putnam은 사회자본은 사회 내에 관계에 의해 형성되는 세 가지 요소(신뢰, 네트워크, 사회적 규범)로 구성된다고 주장하고 있다. 오석홍(2002)은 사회자본을 사회관계 내에서 잠재하는 특정한 목적 또는 행동을 끌어내는 자원이라고 정의하면서, 이러한 자원에는 신뢰, 규범, 공통의 목적을 위하여 지속적으로 모이는 집단인 결사체의 네트워크가 포함된다고 보고 있다. 따라서 사회자본에 대한 핵심구성요소를 정리하면 다음과 같다.

① 사회 내 인간의 활동을 통해 축적되는 것이고
② 개인과 사회의 공식과 비공식적 모든 활동과 가치관에 영향을 주며
③ 사회의 규범, 신뢰, 네트워크를 형성하고
④ 사회의 발전과 퇴보에 영향을 주며
⑤ 사회의 변화에 따라 변화하고 축적될 수 있는 것이라는 공통된 점을 지닌다.

1 이 절의 내용은 김용민(2007)을 참고하여 작성함.

### 3) 사회자본과 거버넌스와의 관계

지역사회 거버넌스와 관련하여 사회자본은 '지역사회 내 모든 관계를 통해 형성된 사회자본의 존재가 건전한 지역사회를 형성하기 위한 필수 불가결한 구성물'이라는 차원에서 시민의 문제해결 및 공공선의 성취능력을 증진하기 위한 도구로 조명을 받고 있다(박희봉, 2005). 사회자본요인로서 신뢰는 경제발전, 효과적인 정치제도, 낮은 범죄율, 미성년자 임신 및 음주 등과 같은 집단 복지문제 해결 수준과 집단행위의 결과 등에 영향을 미친다(Brehm & Rahn, 1997). 사회자본은 개인 이익과 공동의 사회이익을 함께 풀어 줄 수 있는 개념적 연결 끈이며, 개인적 이익과 공익의 갈등을 조화시킬 수 있는 개념이기도 하다. 한편, 사회자본이 부족하면 협력을 필요로 하는 공동사회를 유지하기 어렵다. 그리고 사회자본을 전체로 한 네트워크의 활성화는 개인으로 하여금 단기적 관점에서 개인이익을 추구하기보다는 장기적 관점에서 개인이익을 추구하도록 만들어 준다. 따라서 사회자본이 부재할 경우에 불가능한 것으로 여겨졌던 공동체가 필요로 하는 집단행위를 가능하도록 만들어 주고 사람들 사이의 이견을 조정할 수 있는 기초를 제공하여 준다. 사회네트워크는 지금 다른 사람들에게 호혜를 베푸는 것이 결국에는 다시 되돌려 받게 될 것이라는 기대감을 높여 줌으로써 사람들 사이에 강한 상호호혜의 원칙이 자리 잡도록 한다. 또한 사회자본은 정부성과와 제도의 효과적인 작동을 촉진시킨다. 사회자본이 풍요로운 사회에서는 유권자들은 세련된 정치 소비자들이며 전체 사회의 정치적 책임성이 증가된다. 그리고 사회자본은 강제와 규제를 통한 정부개입을 통한 공공재의 해결에 드는 비용을 절감하게 해 준다(박희봉, 2005).

사회자본은 인간관계 속에서 발생하는 것으로서 개인, 집단, 사회, 국가 등의 목표를 달성하는 데 영향을 미치는 무형재로, 거버넌스는 정부와 민간조직, 지역주민을 포함한 각 지역사회 주체가 공동목표를 달성하기 위해 행하는 제반노력과 협력이다. 논리적으로 생각하면 개념상 사회자본이 거버넌스를 위한 전제가 됨을 쉽게 알 수 있다. 사회자본이 형성되지 않은 곳에서는 민주적 거버넌스를 위한 사회의 각 주체 간의 협력이 이루어지기 어려울 것이기 때문이다. 즉, 거버넌스는 국가 및 사회를 형성하고 있는 행위자 간의 상호작용 과정으로서 다양한 형태의 파트너십과 관련되고(Stoker,

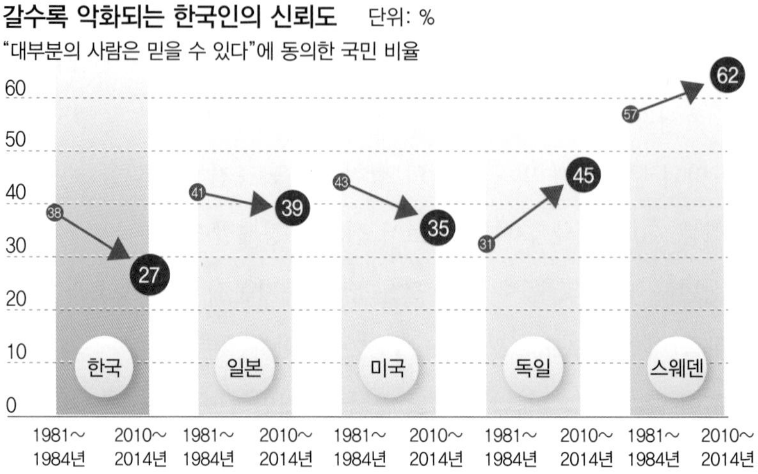


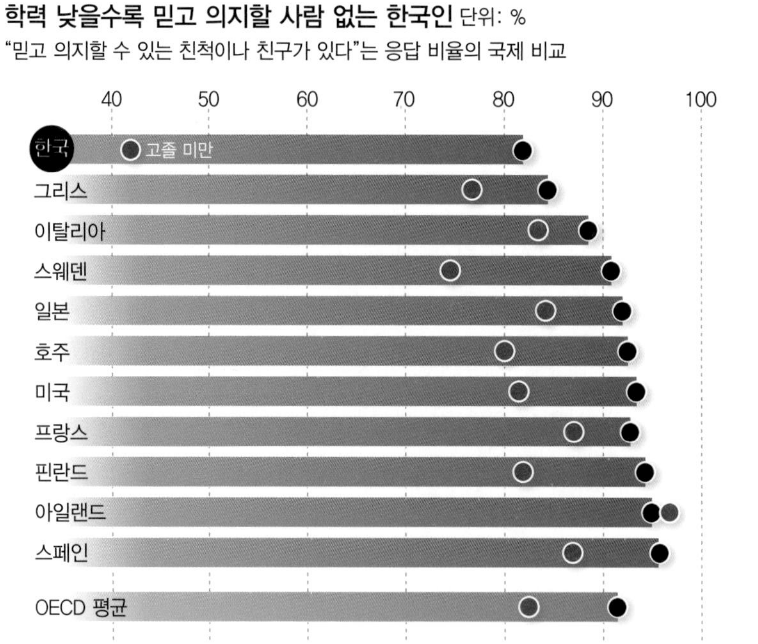


그림 12-4 한국의 사회자본

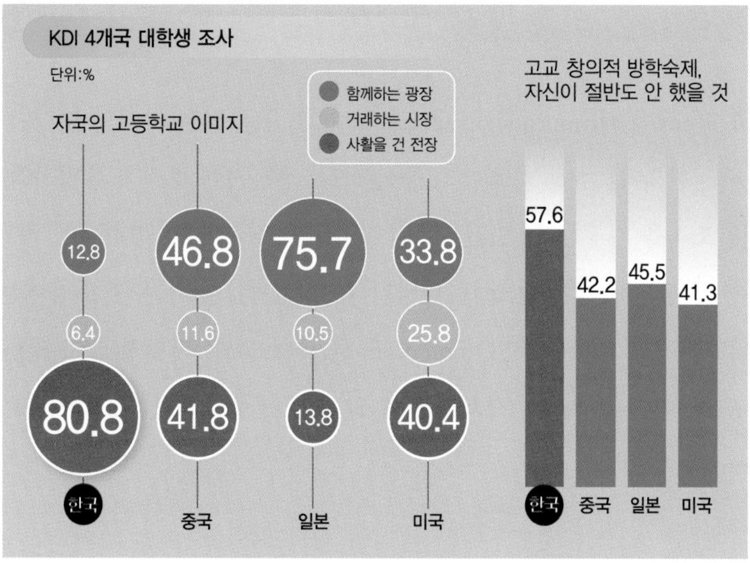


그림 12-5 사회자본이 부족한 대한민국에서 생기는 일

1998), 행위자의 자율성에 의한 상호협동을 의미하는 것으로 사회자본이 형성되어 있는 지역사회에서는 협력하여 일하기 쉬울 뿐 아니라(Putnam, 1993b), 신뢰를 확산시켜 네트워크를 강화시킬 수 있다. 따라서 사회자본의 형성은 민주적 거버넌스의 형성 및 발전을 위한 전제가 되는 것이다(성도경 외, 2004).

요컨대, 사회자본이 거버넌스 형성에 긍정적인 영향을 미친다는 것은 일반적으로 받아들여지고 있다. 사회자본이 강한 사회는 구성원 간의 신뢰와 네트워크, 사회규범이 형성됨에 따라 거버넌스 형성에 긍정적 영향을 미치는 것은 자연스럽게 받아들일 수 있다. 또한 사회자본의 어떤 관점을 강조하든 간에 사회자본이 경제적 성과에 영향을 준다는 것과, 현실적으로 사회자본이 성장, 형평성, 빈곤탈출 등을 포함하는 경제발전에 영향을 준다는 연구결과와 같은 사회자본의 긍정적 측면에는 대부분의 학자가 동의한다. 따라서 사회자본은 복지거버넌스 구축에 긍정적인 영향을 미칠 것으로 생각되며, 사회자본 형성을 복지거버넌스 구축의 전제로 논의한다면 사회자본 형성에 대한 구체적인 논의가 필요하다 할 수 있다.

## 3 비정부조직[2]

비정부조직(non-governmental organization: NGO)은 정부 이외의 민간단체와의 협력관계를 규정한 유엔 헌장 71조에서 공식적으로 사용함으로써 고유명사화되었으며, 비영리 민간조직을 지칭한다. 민간부문의 자율적인 결사체를 의미하며, 종교단체, 학술단체, 취미활동단체, 직능단체 등 다양한 유형을 포함한다. 유사한 용어는 NGO의 특성 중 비영리성을 강조한 NPO(non profit organization), 자발성과 자원성을 강조한 VO(voluntary organization), 사회경제적 약자인 민중조직을 지칭하는 PO(people organization) 등이 있다.

### 1) 시민사회의 조직: 비정부조직

지금의 세계는 시민 참여의 르네상스 시기이다. 시민사회가 국가의 의사결정, 정책결정, 자원 분배에 참여함으로써 지속적인 인간·사회발전의 동반자가 되어 가고 있다. 한편으로는 간접민주제, 대의민주제에서 발생할 수 있는 문제점을 비정부조직의 직접민주제, 참여민주제에 의해 보완해 가고 있다. 더욱이 비정부조직의 비영리적이고 독립적이고 자원적인 직접적 참여에 의해 보완되고 있다. 상명하달의 관료제에서 발생할 수 있는 문제점들을 비정부조직의 직접 문제 제기와 직접 해결 방안의 제시로 보완해 가고 있는 것이다. 다른 한편에서는 산업사회에서 발생하고 있는 기업과 개인에 의한 사적인 이익 추구와 그로 말미암은 공공 이익의 파괴를 비정부조직이 보완해 가고 있다(민영, 1995). 이는 기업과 개인의 사적인 이익 추구의 장인 시장을 넘어서서 '보편화될 수 있는 이익'을 위한 주체로서 등장하고 있다. 이 역할은 지금까지는 주로 국가의 역할로 간주되어 왔으나 요즈음은 비정부조직이 그 주체의 하나로서 등장하고 있는 것이다.

시민사회는 정치나 경제의 강제력에 포섭되지 않은 시민들의 공간이 있음을 전제하고 있다. 곧 창의성, 자발성, 의지 등의 영역이 그것이고, 그것이 '사회적 삶'을 지키

2 이 절의 내용은 이홍균(1997)을 참고하여 작성함.

고, 만들어 나갈 수 있는 원천이라는 것이 시민사회론의 이론적 배경을 이루고 있다. 시민사회론의 논의는 대부분 '사회적 삶'의 형성, 곧 정치와 경제의 논리에만 휩쓸리지 않는, 사회구성원들의 의지와 바람이 실현될 수 있는 사회적 참여 공간의 존재에 대하여 그리고 그 공간의 확보에 대하여 말하고 있다. 시민사회는 민주적 가치의 실현이고 시민규범의 진전을 꾀하는 것이다. 그것은 시민 사회가 공공재화의 분배와 운영과 관련된 정책적인 사안에 참여함으로써 그리고 사회봉사와 자연자원의 운영에 참여함으로써 행하고 있는 것이다(이홍균, 1997).

비정부조직은 시민사회의 조직이라고 볼 수 있다. 이때 시민사회의 조직은 참여적 시민운동을 지속적으로 펼쳐 나가는 시민운동조직을 말한다. 그리고 이 조직은 환경과 인권과 발전을 위한 '자발적이고 참여적인 시민들의 요구'가 '지속적으로 결집되어 있는 공간'이고 이것이 바로 비정부조직을 형성한다. 다시 말하면 시민사회는 독립적이고 자발적이고 비영리적이고 박애적인 집단이며, 이 시민사회의 지속적인 조직이 비정부조직인 것이다.

시민들은 자신들의 이념을 위해, 어려운 이웃을 돕기 위해, 자신들의 정체성을 확보하고 동등한 권리를 확보하기 위해, 사회 정의를 위해 그리고 동등한 직업에 종사하는 사람들끼리의 연대를 위해서 조직을 구성하고 있는 것이다. 권력이나 자본에 의해서 희생될 수 있는 일반시민들의 권리, 평등, 자유를 보호하고 성차이에 의한 불평등의 구조에 저항하고, 환경 파괴를 막기 위해서 노력하고 있다. 과거에는 그 역할을 주로 국가가 맡는 것으로 생각해 왔지만, 이제는 비정부조직이 그 일들을 점차 기꺼이 맡아 나아가고 있다.

이제 정부의 정책 결정에는 비정부조직이라는 비제도적인 정치조직이 갖고 있는 정보들이 필수불가결한 요소가 되고 있고, 따라서 비정부조직은 의사·정책 결정 과정에서 빠뜨릴 수 없는 파트너가 되어 가고 있는 것이다. 정부는 더 이상 모든 정보의 중심지일 수 없게 되었고, 수많은 시민사회의 요구를 파악하거나 수용할 수 없게 되었다. 정부의 입장에서는 항상 시민사회의 요구를 반영하고 있는 비정부조직의 도움이 필요하게 된 것이다.

이러한 점에서 비정부조직은 정부조직의 경쟁자나 대항자로서 존재하는 것이 아니라, 또는 정부조직은 통제자나 지배자로서 군림하는 것이 아니라, 비정부조직과 정부조직은 상호 의존적인 조직이라는 것을 의미한다. 이 두 조직이 상호 의존적·협력적일 때, 사회적인 것(공공선, 공동체적인 것, 삶의 질의 향상, 사회복지 등)이 발전할 수 있게 되는 것이다.

곧 비정부조직과 정부의 상호 의존성 도출은 한편으로 비정부조직은 정부조직이 필요로 하는 정보와 인적자원 그리고 물적자원을 갖고 있을 뿐 아니라, '아래로부터의 요구'를 알려 준다는 사실에서 가능해진다. 그럼으로써 비정부조직은 정부조직의 정당성을 높여 주게 된다. 반면에 다른 한편으로 정부조직은 비정부조직이 필요로 하는 자원과 강제력을 갖고 있다. 정부조직은 비정부조직의 요구를 정책 입안 과정에서 받아들임으로써 비정부조직의 요구를 실현하게 된다.

이렇게 정부조직과 비정부조직의 관계는 상호 의존적이며, 이는 '사다리 내려가기'(scaling down)와 '사다리 올라가기'(scaling up)의 관계로 표현할 수 있다. 곧 비정부조직은 시민사회와 국가의 사이에서 의사소통의 채널 역할을 맡게 된 것이다. 국가는 시민사회의 요구를 파악해야 하는데 그것을 이제는 비정부조직을 통해서 하고, 시민사회는 자신들의 요구를 국가에 전달해야 하는데, 그 일을 비정부조직을 통해서 할 수 있게 된 것이다(이홍균, 1997).

### 2) 복지국가의 위기와 비정부조직의 등장

이 비정부조직(NGO)의 출현으로서 구복지국가는 국가와 시민사회 사이에서 발생할 수 있는 문제들에 대해 보다 높은 효율성과 정당성을 획득할 수 있게 되었다. 복지국가는 폭증하는 시민사회의 요구를 파악해야 했고, 그 요구에 상응하는 서비스를 국가가 제공해야 했는데, 그 과정에는 많은 어려움이 따랐던 것이 사실이다. 곧 일정한 복지재정이 확보되어 있다고 할 때, 그 복지재정을 어떻게 분배하느냐의 문제를 해결하는 것 역시 쉽지 않은 문제였던 것이다. 그것은 시민사회 쪽으로부터의 요구 증가와 국가행정기관 조정능력 사이의 균형과 조화를 요구하는 문제이고, 그 문제에는 국가의 조정능력을 향상시키거나, 아니면 요구를 축소시키는 두 가지의 해결 방법이 제시되었다. 그러나 두 가지의 방법 모두 많은 비용이나 희생이 뒤따랐다. 복지국가는 민주주의적 합의를 전제로 하고 있지만, 시민사회와 국가 사이에 직접적인 합의를 이루어 내는 것은 결코 쉽지 않은 일이었던 것이다.

비정부조직의 출현은 국가와 시민사회 사이에 새로운 중재자의 출현을 의미한다. 비정부조직의 출현으로 국가와 시민사회는 이제 직접적으로 접촉하지 않아도 된다. 행정 시스템과 그 행정 시스템을 둘러싸고 있는 시민사회 환경이라는 복지국가의 구도에 변화가 생긴 것이다. 다시 말하면, 비정부조직의 등장으로 행정 시스템에 대한 합리화의 요구가 줄어들 수 있게 되었고, 과부하 상태의 국가로부터 벗어날 수 있게 되었으며, 그럼에도 보다 높은 합의의 토대를 확대할 수 있게 되었다.

비정부조직의 국가와 시민사회 사이의 위치는 국가에게뿐 아니라 시민사회에게도 많은 변화를 가져다주었다. 비정부조직은 시민사회의 요구를 지속적으로 반영하고 있는 항시적인 조직의 역할을 맡았기 때문이다. 정부의 입장에서 늘어만 가는 시민사회의 요구를 모두 파악하는 것은 불가능에 가깝고, 잘못된 복지기금의 낭비는 국가의 정당성의 문제를 야기시킬 수 있다. 서구의 복지국가에게 비정부조직은 저항 세력이 아니고, 정부의 부담을 덜어 주는 협력조직인 것이다.

### 3) 비정부조직에 대한 정부의 역할

시민사회를 표출하는 조직으로서 그리고 시민운동의 지속적인 조직으로서 비정부조직이 있고 그 비정부조직과 정부조직의 관계는 원래의 의미에서는 협조적일 수 있다는 가정을 하고 있다. 그것은 복지국가와 정경유착 국가의 차이를 막론하고 보편적으로 가능할 것이다. 풀뿌리의 요구를 조직화하고 있는 비정부조직의 요구는 사회에서 '보편화될 수 있는 이익'을 대변하고 있기 때문이다.

한국은 산업화 이후 수많은 사회문제를 해결하지 못한 채 안고 있는 것이 사실이다. 무엇보다도 공공선, 공공재의 파괴가 심각하고 그 보완이 시급한 실정이다. 그럼에도 정경유착·부정부패 정부는 풀뿌리 민주주의의 요구를 파악하고 수용하는 공공선의 중심 주체가 되지 못하고 있다. 정부는 비정부조직의 요구를 수용함으로써 정당성을 확보하고, 비정부조직은 정부의 활동에 동참함으로써 민주화에 기여하는, 새로운 민주주의의 형태를 발전시켜야 할 것이다. 그에는 무엇보다 비정부조직의 연합이 중요한 역할을 수행 할 수 있을 것이다. 한국의 상황에서 비정부조직은 각 비정부조직의 사안의 실천에만 관심을 가질 것이 아니라, 우선 비정부조직의 의미와 역할을 정부와 사회에 알리는 것이 선결과제라고 할 수 있을 것이다. 그를 위해서 비정부조직은 '보편화될 수 있는 이익'을 대변하는 행위의 주체자들로서 연대가 필요할 것이다.

## 4 주민조직

### 1) 지역사회에서의 주민조직의 의미[3]

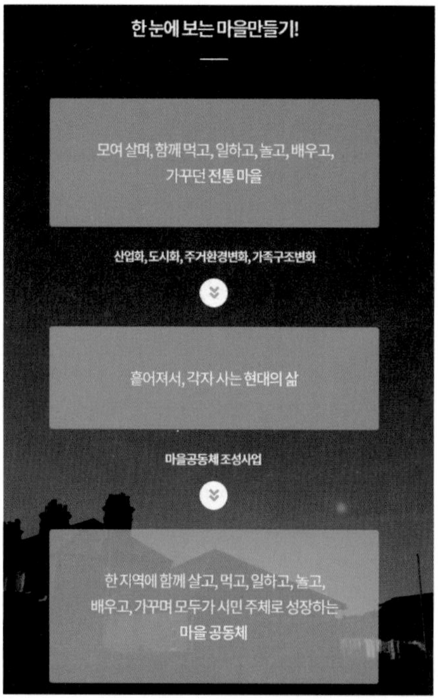


그림 12-6 **한눈에 보는 마을 만들기**

출처: 성북마을. https://sbnet.or.kr/community-intro/

주민조직(community organization)은 일정한 행정 지역에 거주하는 사람들이 일정한 기능을 수행하기 위하여 만든 집단이나 단체를 말한다. 결국 주민조직이라는 것은 주체적이고 자발적인 주민의 참여와 조직활동으로, 궁극적으로는 지역사회의 욕구나 문제해결을 위한 것이라고 할 수 있다. 지역사회 내에서는 매우 다양한 주체가 주민조직을 하고 있다. 공공에서는 주민자치회를 비롯한 조직, 민간에서는 부녀회, 청년회 등을 비롯한 각종 모임, 최근에는 온라인 매체를 통한 이해관계별 공동체가 다수 있다. 특히 지역별 맘카페가 규모와 영향력 측면에서 영향력을 미치고 있다. 사회복지 영역에서는 사회복지관의 3대 기능사업 중 하나가 바로 지역조직화인데, 이는 각 기관마다 지역별 특수성에 맞는 지역조직화를 위하여 고민과 활동을 하고 있다. 관할 지역이 넓은 복지

3 부산시사회복지협의회 복지사업팀. 2020. 1. 20(월)

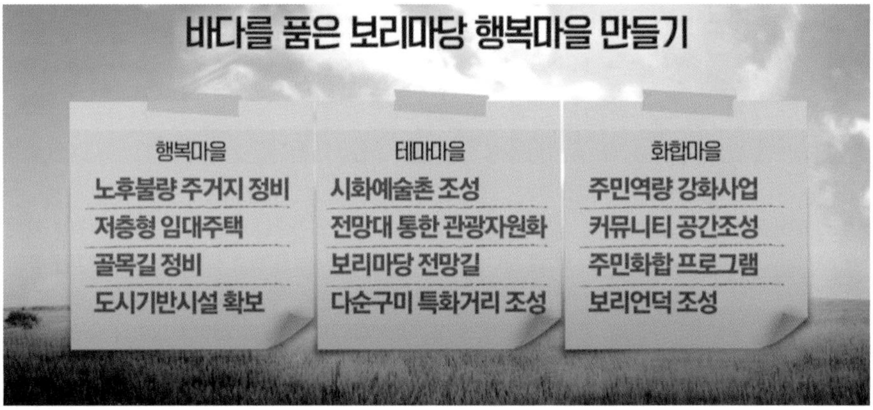


그림 12-7 주민이 주도하는 도시재생 추진

출처: 여수MBC News+ 유튜브. https://www.youtube.com/watch?v=Clt6ktX1luY

관에서는 매일매일 차량을 돌리며 주민들을 독려하기도 하며, 경우에 따라서는 너무나 많은 시설과 사람이 밀집되어 있어 이용자가 지역의 소외계층에 한정되기도 하며, 또 어떤 곳은 지역주민들이 스스로 필요에 의해 복지관에 모임에 대한 지원을 요청하기도 한다.

아무튼 앞장서서 끌고 나가는 '누군가'가 있을 때, 그리고 지역주민들이 만나서 이야기 나눌 수 있는 '거리'가 있을 때, 주민조직이 성과를 냈다는 것은 확실했다. 그 안에서 사회복지실천가는 주도하는 자라기보다는 지원하는 자로서 기능하면 더욱 활성화된다.

### 2) 마을 만들기 사례[4]

**정릉 508단지에서 만나는 환경이야기-'업다운(updown)클래스' 네트워크 파티**

마을 만들기 사례

출처: 성북구마을사회적경제센터(2017. 12. 19.).

성북구 정릉동 508단지는 도심 한복판에서 보기 드물게 한적한 지역 중 하나이다. 1162번 지선버스를 타고 구불구불한 고갯길을 올라야 하는 이 독특한 지역에 아주 특별한 파티가 열린다는 소식이 전해져 직접 찾아가 보았다. 2020년 7월 25일 토요일, 정릉 508단지에 위치한 복합문화공간 〈북악하늘 작은도서관〉(서울 성북구 북악산로1다길 26)에서는 특별한 네트워크 파티가 열렸다. 코로나로 잠시 주춤했던 마을 공동체 모임이지만, 생활 방역을 통해 조심스레 주민들과의 만남을 열고 철저한 위생수칙을 지키며 다양한 활동을 진행하고 있던 것이다.

이곳 〈북악하늘 작은 도서관〉이 진행한 마을 만들기 공모사업은 '업다운(updown) 마을만들기' 모임이다. '업다운 마을'은 재활용품을 가공하여 새로운 가치를 담는 upcycling(업사이클링)과 '흥분을 가라앉히다'는 뜻의 'calm down'의 합성어이다. 환경 문제에 대한 인식을 제고하고 재생 활동을 통해 인간의 욕망으로 뜨겁게 달궈진 지구를 진정시키자는 의미를 담고 있다. 그에 따라 다양한 공예 클래스와 강좌, 환경 문제 나눔을 진행했으며, 2020년에는 총 두 개의 시즌 클래스와 모임으로 지역주민들을 만났다.

종강 파티를 진행한 시즌 1 프로그램은 바로 '양말목 공예' 클래스이다. 양말을 제조하고 남은 산업 폐기물인 '양말목'을 손으로 직접 다듬어 방석, 텀블러 파우치, 안마봉 등을 만드는 활동이다. 오늘은 그 최종 결과물을 공유하며 후기를 나누는 네트워킹 파티로, 지역의 다양한 세대 참여자가 모여 상반기를 회상하는 시간을 가졌다.

12시, 도착하자마자 아주 맛있는 냄새가 풍겼다. 행사 참여자들을 위한 건강하고 맛있는 메뉴의 음식들이 준비되었고 이를 함께 나누는 즐거운 시간을 가졌다. 입구 공간 한쪽에는 구성원이 자유롭게 가져가 활동할 수 있는 '양말목' 재료가 준비되어 있었다. 참여자들은 맛있는 점심을 먹으며 그간의 안부를 묻고 오늘 진행될 파티에 대해 삼삼오오 이야기를 나누며 즐거운 시간을 보냈다.

전체 식사가 끝난 후에는 그간 만들었던 '양말목' 공예품 제작기를 담은 영상을 시청하였다. 또한 자신이 만든 공예품에 대해 직접 설명하고 수업에 대한 후기를 나누며 한껏 친밀도를 높이는 시간을 가지기도 했다. 참여자들은 자신의 손으로 직접 만든 작품을 뿌듯해했고, 환경에 대해 좀 더 깊은 관심을 두게 된 결과에 대해 만족스러운 후기를 전했다. 또한 동네에 이렇게 비슷한 취향과 뜻을 가진 이웃들을 만나 무척 좋았고 앞으로도 더 많은 '함께하는' 활동을 진행해 보고 싶다는 의견도 다수 전했다.

이어서 이 사업의 기획자인 장유진 활동가(에코온 실천커뮤니티 디렉터)의 환경 강좌가 이어졌다. 수업을 듣는 수강생들의 얼굴은 사뭇 진지했고, 자연스레 업사이클링 클래스와 강좌를 들으며 느낀 활동 소감을 나누는 자리로 이어졌다. 한 수강생은 '평소 생각지 못했던 환경 문제에 대해 깊이 나누는 경험이 새로웠고 이런 문제에 대해 깊이 공감하는 지역 이웃을 만날 수 있어 무척 뜻깊은 자리였다.'는 소감을 남기기도 했다.

4 이 절의 내용은 성북구마을사회적경제센터(2017. 12. 19.)를 참고하여 작성함.

## 사업의 기본 전략

**사업명칭** 어르신 안심돌봄 종합(토탈케어)서비스

**사업전략** 지역화, 탈표준화, 융합화를 통한 **지역사회어르신복지서비스 혁신**

- 지역 고유의 지역밀착형 노인복지서비스 모델 개발
- 수요자별 필요에 맞춘 맞춤형 통합 서비스 제공
- 지역 내 다양한 사회적 경제 조직들을 최대한 활용한 어르신 돌봄 서비스 네트워크 구축
- 기획과 실행에 이르기까지 민관협력에 의한 추진
- 지역사회의 신뢰에 바탕한 다중이해관계자 협동조합에 의한 사업모델 구축
  (궁극적으로는 사회적협동조합으로의 전환이 바람직 할 것으로 보이며 초기 및 안정화 되기까지는 네트워크나 컨소시엄 형태로 사업을 진행하는 것이 좋을 것 같음)
- 다양한 수익모델 개발에 의한 사업의 지속가능성 제고
- 생활권을 중심으로 우선 시범사업 지역 선정 (장위동, 석관동)
  ⇒ 성과를 피드백하고 개선하여 타지역으로 확대

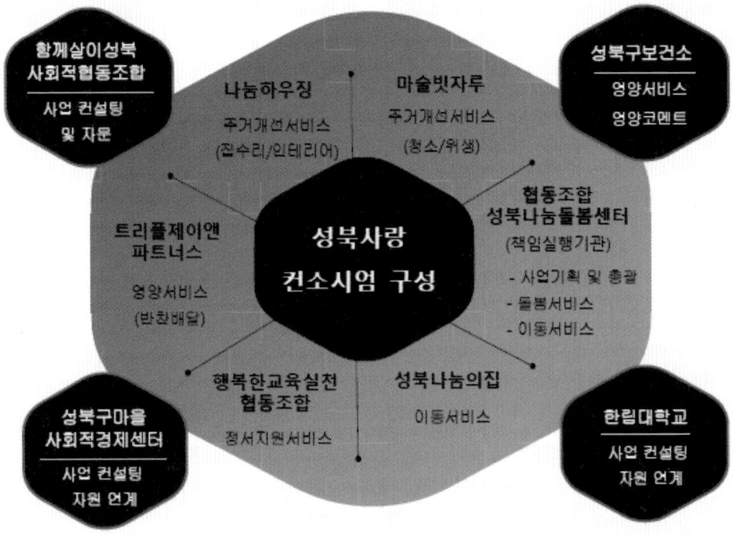


그림 12-9 안심돌봄 서비스를 위한 네트워크

출처: 성북구마을사회적경제센터(2017. 12. 19.).

## 참고문헌

강문규(1996). 민주적 사회 창출을 위한 정부와 시민조직과의 바람직한 관계 모색. 한국시민단체협의회 발표문.

경향신문(2016. 3. 21.). "노력만큼 알아달라"… 불평등에 지친 청년에 필요한 건 '인정'.

고영복(2000). **사회학사전**. 서울: 사회문화연구소.

김승철(2021). **숭년인 당신과 모임으로 만나다**. 서울: 구슬꿰는실.

김용민(2007). 지역사회의 복지거버넌스 구축전략에 관한 연구–사회자본 형성을 중심으로–. **한국거버넌스학회보**, 14(3), 249–284.

김용학(1992). **사회구조와 행위**. 서울: 나남출판.

김혁래, 문태훈, 정영국(1997). 한국 이익갈등의 양태와 조정제도. 김영래 편. **이익집단 정치와 이익갈등**(p. 307). 서울: 한울.

김형용(2013). 지역사회기반 사회서비스와 사회복지관–사회서비스 공급체계에 대한 비판과 대안 찾기–. **한국사회복지행정학**, 15(1), 169–195.

문순홍 역(1995). **합리적 세계지배 질서**. Altvater, E. 저. 서울: 나라사랑. (원저는 1994년에 출간).

박경현 외 역(2020). **레디컬 헬프–돌봄과 복지제도의 근본적 전환–**. Hilary, C. 저. *Radical help*. 서울: 착한책가게. (원저는 2018년에 출간).

박재창(1996). 1세기 한국시민운동의 전개 방향과 과제. 한국시민단체협의회 발표문.

박현주(2015). 사회복지관 네트워크의 구조적 특성에 관한 연구: 대전시 종합사회복지관의 네트워크의 중앙성과 구조적 공백성을 중심으로. **한국사회복지행정학회 학술대회 자료집**, 197–199.

박희봉(2005). 거버넌스 증진의 전체로서의 사회자본과 한국사회자본 특징. **국가정책연구**, 19(2), 69–103.

보건복지부(2020). **지역사회 통합돌봄 자체 추진 가이드북**. 세종: 보건복지부.

부산시사회복지협의회(2020). 사회이슈 '주민조직화'.

서울시 복지본부(2018. 10.). 돌봄 SOS센터 추진 기본계획.

성북구마을사회적경제센터(2017. 12. 19.). **주민 주도 지역사회 혁신방안 모색 토론회 자료집**.

손지현(2014). 사회복지 네트워크 효과성에 관한 연구. 신라대학교.

손지현(2016). 사회복지네트워크 효과성에 관한 연구: 사회복지네트워크 참여자들의 인식을 중심으로. **사회복지정책**, 215–239.

안기덕(2021). 커뮤니티케어(community care) 정착을 위한 이웃관계망 강화의 의미. http://www.bokjitimes.com/news/articleView.html?idxno=31388

오석홍(2002). 조직의 사회자본형성요인에 관한 연구. **지역사회개발학술지**, 12(2), 25–42.

유팔무(1993). 한국의 시민 사회론과 시민 사회 분석을 위한 개념틀의 모색. 경남대극동문제연구소 편. **한국정치·사회의 새흐름**. 서울: 나남출판.

이가영(2020). **동네이웃과 모임으로 만나기**. 서울: 구슬꿰는실.

이동형(2004). 로컬복지거버넌스 전략: 자활사업을 중심으로. **한국행정학보**, 38(3), 221–238.

이윤희 역(1995). **현대 사회이론의 흐름**. Jeffrey, A. 저. 서울: 민영.

이홍균(1997). 국가와 시민 사회 그리고 비정부 조직: 서구와 한국의 비교 연구. **동서연구**, 9(2), 139–163.

정수복(1966). **참여 시민사회를 위한 시민단체의 역할과 정책 과제**. 서울: 박영률출판.
정수복 편역(1993). 노동 운동의 제도화와 새로운 사회운동의 전개. **새로운 사회운동과 참여 민주주의**. 알렝 뚜렌 저. 서울: 문학과지성.
정택진(2021). **동자동사람들**. 서울: 빨간소금.
최영출(2004). 로컬 거버넌스의 성공적 구현을 위한 정책과제: AHP방법론의 적용. **지방행정연구**, 18(1), 19-50.
클라우스 오페(1985). 새로운 사회운동: 제도 정치의 경계에 대한 도전. 이병천, 박형준 편저. **후기자본주의와 사회운동의 전망**. 서울: 의암.
하동석, 유종해(2010). **이해하기 쉽게 쓴 행정학 용어 사전**. 서울: 새정보미디어.
한동우(2013). 지역기반의 복지공급체계: 사회복지기관의 역할과 네트워크. **한국사회복지행정학**, 15(3), 285-311.
한상진 편(1988). 통치 불가능성의 명제와 보수주의적 위기이론의 르네상스. **국가이론과 위기분석**. 서울: 전예원.

Bowden, P. (1990). NGOs in Asia: Issues in development. *Pubilic Administration and Development*, *10*(12), 141-152.
Brehm, J., & Rahn, W. (1997). Individual-level evidence for the causes and consequences of social capital. *American Journal of Political Science, 41*(3), 999-1023.
Brett, R. (1987). The role and limits of human rights NGOs at the United Nations. *Political Studies*, *43*(1), 96-110.
Brodhead, T. (1987). Ngos: In one year, out the other? *World Development*, *15*(1), 1-6.
Charlton, R., & May, R. (1995). NGOs, politics, projects and probity: A policy implementation perspective. *Third World Quarterly*, *16*(2), 237-256.
DeGraaf, D. (2003). Social capital. *Parks and Recreation, 38*(12), 20-27.
Domini, A. (1995). The Bureaucracy and the free spirits: Stagnation and innovation in the relationship between the UN and NGOs. *Third World Quarterly, 16*(3), 421-440.
Fox, L. M. (1996). Sustaining civil society: Identifying funding strategies & mechanism. *International Task Force on Enhancing the Resource Base.* Washington, DC: CIVICUS
Fox, T. H. (1987). NGOs from the United States. *World Development*, *15*(1), 11-19.
Garliao, E. D. (1987). Indigenous NGOs as strategic institutions: Managing the relationship with government and resource agencies. *World Development, 15*(1), 113-120.
Ghils, P. (1992). International civil society: International non-governmental organisations in the international system. *International Social Science Journal*, *44*(133), 417-431.
Gordenker, L., & Weiss, T. G. (1995). Pluralisierung global governance: Analytical approach and dimension. *Third World Quaterly*.
Nogueria, R. M. (1987). Life cycle and learning in grassroots development organizations. *World Development, 15*(1), 169-177.
Putnam, R. D. (2000). *Bowling alone: The collapse and revival of American community.* New York: Simon & Schuster.
Sollis, P. (1996). Partners in development? The state, NGOs, and the UN in the central America, NGOs The UN, & Global Governance. Weiss.

Stoker, G. (1998). *Governance as theory: Five propositions.* Oxford, UK: Blackwell Public.

Uvin, P. (1995). Scaling up the grassroots and scaling down the summit: The relations between third world and the UN. *Third World Quarterly*, *16*(3), 495-512.

Wiggins, S., & Cromwell, E. (1995). NGOs and seed provision to smallholders in developing countries. *World Development*, *23*(3), 413-422.

Wolch, J. R. (1990). *The shadow State, governemnt and voluntary sector in transition*. New York: Foundation Center.

복지타임즈. http://www.bokjitimes.com/

성북마을. https://sbnet.or.kr/community-intro/

여수MBC News+ 유튜브. https://www.youtube.com/watch?v=CIt6ktX1luY

장봉혜림원. http://www.jbhl.or.kr/

함께 살아가는 가치 유튜브. https://www.youtube.com/watch?v=OGAbYRCBc0Y

# 제13장 한국 사회복지 전망[1]

우리나라 사회복지에 영향을 줄 것으로 전망되는 여러 가지 다양한 환경 변화가 예상되지만 주로 고령화·저출산, 노동방식의 변화를 중심으로 사회복지의 환경을 전망할 것이다. 이유는 다른 어떤 환경과 대비하여 가장 큰 영향을 줄 것으로 논의되는 환경 변화이기 때문이다. 기술발전은 고령화를 더 빠르게 촉발하고 있으며 노동방식의 변화를 불러오고 있다. 또한 기술발전은 고용방식의 변화를 초래하고 사회보험 등의 기반에 영향을 줄 뿐 아니라 소득의 변화로 소득보장의 필요성에 대해서도 적지 않은 영향을 줄 것으로 전망된다. 한편, 사회복지에 영향을 줄 것으로 전망되는 여러 가지 다양한 환경 변화가 사회보장에서 서비스 제공방식의 변화, 전산망의 강화, 정보처리의 변화 등으로 사회보장의 집행 방식에도 영향을 줄 것으로 판단된다. 고령화 저출산은 보건의료, 사회보험 등 사회보장의 기반에 영향을 주고 있으며 그 자체로 사회보장의 출발인 사회적 위험과 욕구의 구성과 규모의 변화를 초래하고 있다. 따라서 이 장에서는, 첫째, 고령화 저출산의 심화, 둘째, 기술의 발전과 고용불안, 셋째, 사회보장제도의 한계, 넷째, 사회보장제도 개편등을 중심으로 살펴보고자 한다.

## 1 고령화 저출산의 심화

우리나라는 매우 빠르게 인구 고령화를 경험하고 있다. 2018년 이미 고령사회로 진입하였고, 고령화는 저출산과 함께 작용하여 2031년 5,296만 명을 정점으로 감소가 시작될 것이고 노인인구의 비율이 크게 증가할 것으로 전망된다. 장기적으로 보면 저

1 이 장의 내용은 장지연 외(2018)를 참고하여 작성함.

출산으로 인하여 2065년 4,302만 명으로 1990년 인구 수준으로 감소하고 노인인구의 증가도 2050년 정도를 고비로 조금씩 감소할 것으로 추계되고 있다. 고령화 저출산은 노인과 장애인 등 돌봄서비스 대상을 증가시킬 것으로 보인다. 노인은 질환 발생률과 장애 발생률이 높아서 노인인구 증가는 의료보장과 장애인 지원의 필요성을 증가시킬 것으로 예상된다. 한편, 아동인구의 규모는 계속 감소하고 있다. 아동인구의 감소는 두 가지 양면적인 과제를 낳고 있다. 하나는 미래의 부양 부담이 가중될 위험에 대한 대응이고 다른 하나는 아동 출산을 선택할 수 있는 안정 사회의 구현이다.

노인 빈곤율이 높은 상황에서 고령화는 불평등 심화에도 부정적 영향을 줄 것으로 예상된다. 한편, 청년의 빈곤이 심화되면서 사회적 부담은 더 가중될 것으로 추정된다. 우리나라의 노인 빈곤율은 2010년 기준 45.1% 수준으로 OECD 평균인 13.3%보다 3배 이상 높아 회원국 가운데 최고 수준이며, 일본은 22.0%, 영국 10.3%, 독일 9.9%, 미국이 23.6% 수준이다(조준모 외, 2016).

1인 가구 및 맞벌이 가구 증가, 인구 고령화 등 가족이 돌봄 기능이 떨어지면서 이용시설, 생활시설 등 사회복지서비스 시설의 역할이 커지고 있는 상황이다. 고령화와 더불어 만성질환이 증가하고 사회경제적 부담이 가중될 것으로 전망된다. 노인인구 증가는 만성질환 유병률의 위험을 증가시켜 건강증진과 예방적 서비스 욕구가 증가한다. 고령화와 만성질환 증가 등 다양한 환경 변화로 보건의료시스템에서 예방 및 공중보건 정책의 중요성이 증가하고 이에 대한 대응이 요구되고 있다. 따라서 서비스 이용자의 가치 향상을 위한 예측적(predictive), 예방적(preventive), 참여적(participatory), 개인맞춤형(personalized) 서비스로 대표되는 미래의료(4P)가 실현되도록 제도개선과 시스템 개혁이 지속될 것이다. 보건의료는 서비스뿐 아니라 시스템을 포괄하는 용어로 개념이 확장되고 질병치료에서 건강증진, 질병의 예방 및 관리로 역할이 확대될 것이다(배종면, 2014).

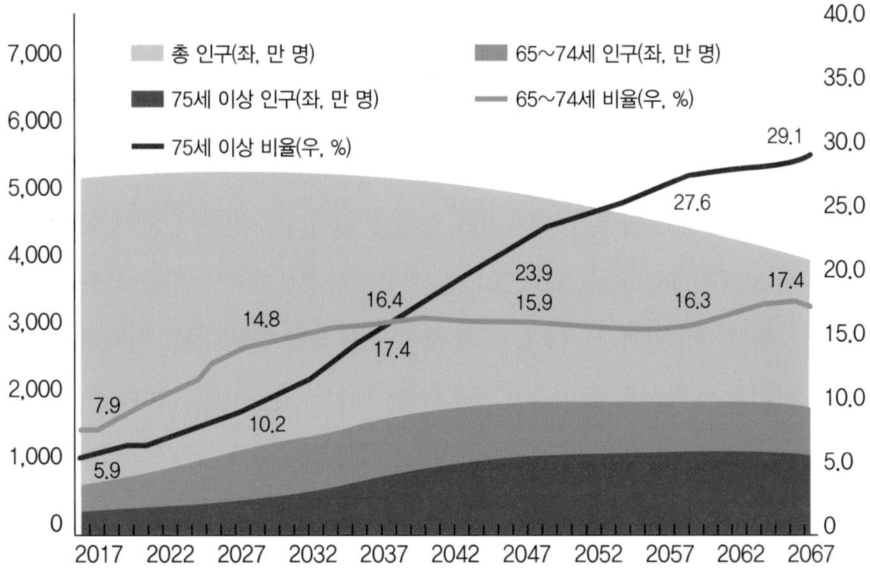


그림 13-1 고령층 내 연령 구성 변화

출처: 통계청. https://kostat.go.kr/

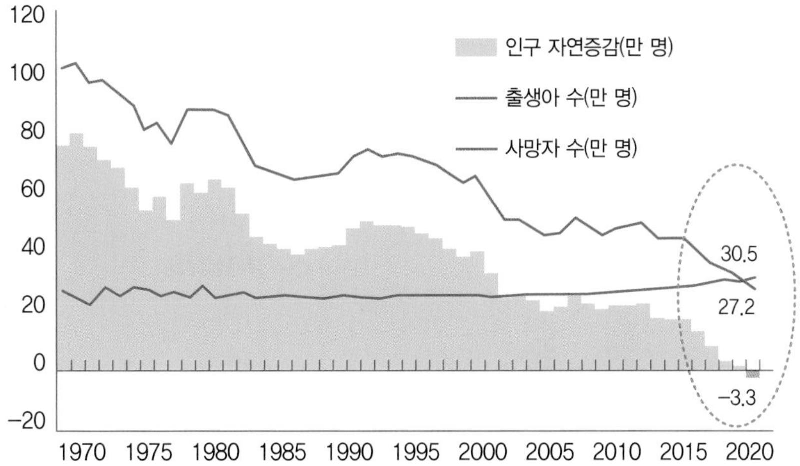


그림 13-2 인구 자연증감, 출생아 수 – 사망자 수

출처: 통계청. https://kostat.go.kr/

## 2 기술의 발전과 고용불안

기술발전으로 인해 향후 노동시장이 어떻게 변화할 것인지에 대해서는 상반되는 입장이 존재한다. 노동수요에 대한 입장은 크게 둘로 나뉘어 노동수요가 줄고 불평등이 악화될 것이라는 전망과 새로운 일자리가 늘어날 것이라는 전망이 혼재하고 있다(이현주, 2017). MIT의 Brynjolfsson은 2011년부터 지능정보기술에 의한 고용감소를 우려하였다. 기술이 제조업과 서비스업 모두에서 인간 노동력을 대체, 일자리와 소득양극화 현상을 더욱 심화시킬 것이라는 주장이다(조준모 외, 2016). 2016년 다보스 포럼 보고서는 선진 15개국에서 2020년까지 710만 개의 일자리가 사라지고(그중에 2/3는 사무행정직 일자리) 200만 개의 일자리가 생겨, 일자리 510만 개가 순 감소할 것으로 전망한 바 있다(WEF, 2016). 컨설팅 그룹 매킨지는 정보지능기술에 의한 일자리의 대체 가능성이 극히 미미할 것으로 진단하였고, 4차 산업혁명도 앞선 세 차례의 산업혁명이 그러했듯이 결국 일자리를 늘릴 것이라고 예측하였다(조준모 외, 2016). 혹자는 새로운 일자리 등장 가능성에 긍정적 입장이지만 어느 영역에서 일자리가 생성할

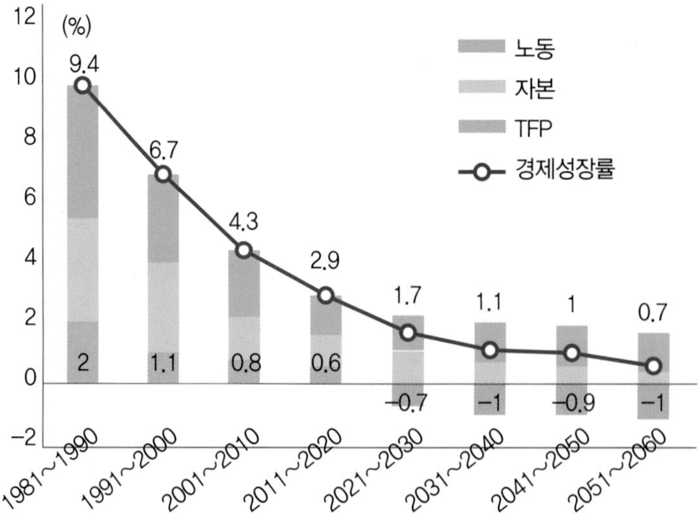


그림 13-3 잠재 성장률 전망

출처: 국회예산정책처. https://www.nabo.go.kr/

표 13-1 인공지능, 로봇으로 대체 가능한 직업

| 순위 | 대체 비율 높은 직업 | 대체 비율 | 대체 비율 낮은 직업 | 대체 비율 |
|---|---|---|---|---|
| 1 | 청소원 | 1.000 | 회계사 | 0.221 |
| 2 | 주방보조원 | 1.000 | 항공기조종사 | 0.239 |
| 3 | 매표원 및 복권판매원 | 0.963 | 투자 및 신용 분석가 | 0.253 |
| 4 | 낙농업 관련 종사원 | 0.945 | 자산운용가 | 0.287 |
| 5 | 주차 관리원 및 안내원 | 0.944 | 변호사 | 0.295 |
| 6 | 건설 및 광업 단순 종사원 | 0.943 | 증권 및 외환 딜러 | 0.302 |
| 7 | 금속가공기계조작원 | 0.943 | 변리사 | 0.302 |
| 8 | 청원경찰 | 0.928 | 컴퓨터하드웨어 기술자 및 연구원 | 0.323 |
| 9 | 경량철골공 | 0.920 | 기업고위임원 | 0.324 |
| 10 | 주유원 | 0.908 | 컴퓨터시스템 및 네트워크보안 전문가 | 0.338 |
| 11 | 펄프 및 종이 생산직(기계조작) | 0.905 | 보건위생 및 환경 검사원 | 0.345 |
| 12 | 세탁원 및 다림질원 | 0.902 | 기계시험원 | 0.349 |
| 13 | 화학물 가공 및 생산직(기계조작) | 0.902 | 보험 및 금융 상품개발자 | 0.354 |
| 14 | 곡식작물재배원 | 0.900 | 식품공학 기술자 및 연구원 | 0.367 |
| 15 | 건축도장공 | 0.899 | 대학교수 | 0.370 |
| 16 | 양식원 | 0.898 | 농림어업시험원 | 0.371 |
| 17 | 콘크리트공 | 0.897 | 전기 · 가스 및 수도 관련 관리자 | 0.375 |
| 18 | 패스트푸드원 | 0.890 | 큐레이터 및 문화재보존원 | 0.379 |
| 19 | 음식 배달원 | 0.888 | 세무사 | 0.379 |
| 20 | 가사도우미 | 0.887 | 조사 전문가 | 0.381 |

출처: 한국고용정보원, https://www.keis.or.kr/main/index.do

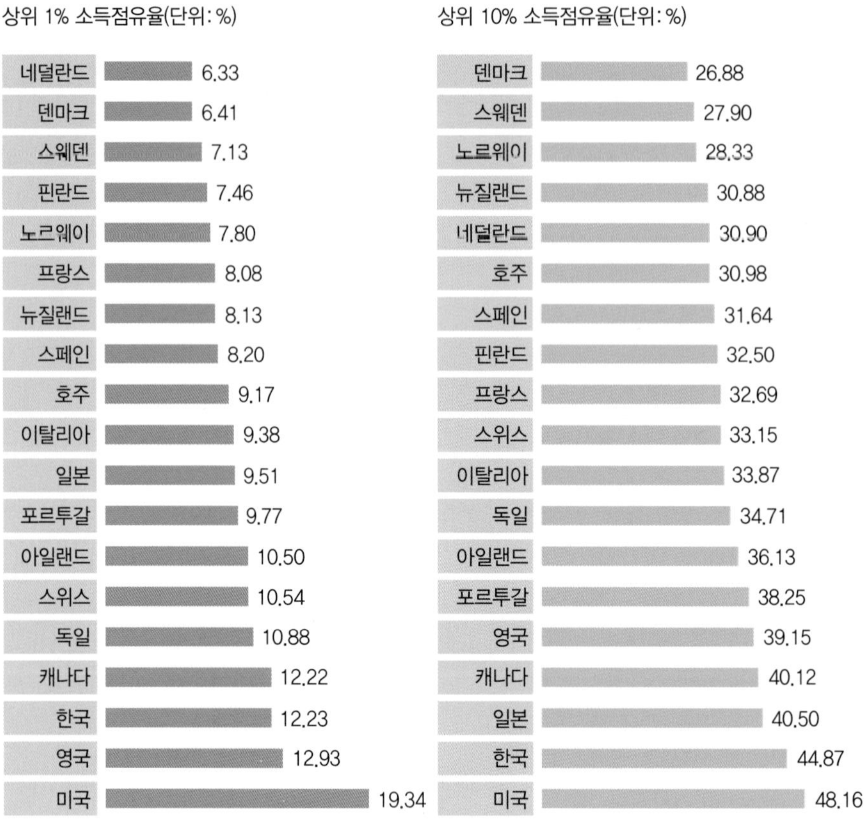


그림 13-4 상위 1% 소득점유율과 상위 10% 소득점유율

출처: 장지연(2018).

것인지를 미리 알기는 어렵다고 언급하고 있다(ONE HUNDRED YEAR STUDY ON ARTIFICIAL INTELLIGENCE, 2016, p. 38). OECD의 2015 보고서에 따르면 한국은 자동화로 인한 위험수준이 낮은 국가로 분류되어 있다(OECD, 2015). 2018년 초반의 발표에서도 한국은 미래 일자리 규모가 어둡지 않다고 전망된 바 있다.

노동수요에 대한 전망은 감소, 유지, 또는 증가로 입장이 다양하지만 일 방식에 대해서는 변화가 클 것이라고 전망하는 것이 대세이다. 기술진보의 기반 위에서 단기 비정규직 일자리가 광범위하게 활용되는 기그경제(gig economy)가 만연하게 될 것으로 전망된다(Huws, 2014).

기술혁신에 수반되는 사회경제적 효과에 대한 우려, 특히 '고용의 종말'과 기그경제의 확산에 따른 소득 양극화 및 불평등 심화에 대한 우려가 가중되고 있다(정준호,

2018). 4년째 10%대를 유지하고 있는 청년 실업률, 전체 연령층의 두 배 수준인 청년의 체감실업률은 고용불안을 시사하고 있다. 기술실업과 기그경제의 확산은 기존 복지국가 형성의 물적 토대에 대해 근본적인 문제를 제기하고 있다. 기존 복지국가는 완전고용과 정규직 노동을 기반으로 질병, 연금, 노후 등의 사회적위험에 대해 집단적으로 대처한다. 하지만 비정규직, 1인 자영업자의 증가, 그리고 고용형태의 다양성으로 '노동권'에 대한 재정의가 요구되고 있다(Sundararajan, 2017). 디지털 기반의 자동화는 일과 사생활 간의 구분을 무너뜨리고 노동강도의 강화와 노동시간 관련 스트레스의 증가를 야기하고 있다. 저녁이나 밤, 그리고 주말에 일하는 사람들이 증가, 일과 여가시간의 계획을 세우기가 사실상 어렵게 되었다는 비판도 존재한다(Bussemer et al., 2016).

디지털 경제에서 공정한 이익의 배분은 복지국가의 앞에 놓여 있는 긴박한 과제 중 하나이다. 일 방식의 변화가 사회경제적 격차 또는 불평등, 사회적 갈등의 심화를 초래할 수 있다는 우려도 상당한 수준에 이르렀다. 향후 저숙련/저임금, 고숙련/고임금으로 이분화되는 현상이 더 강화될 것이라 확신하기도 한다(Schwab, 2015). 기존의 복지국가는 소득분배의 '정규분포'를 가정, 노동자의 정치적 시민권을 획득한 기반 위에서 이루어진 노사정 간의 정치·경제적 타협의 산물이다. 기술발전으로 소득분배가 양극화를 가정하는 경우 노사정 간의 새로운 정치·경제적인 타협을 모색할 수밖에 없으며, 노동의 발언권이 약화된 상태에서 이러한 타협은 복지국가의 기반을 약화시킬 수가 있다. 한편, 일 방식 변화로 소득 파악의 어려움이 가중되고 이로써 행정비용이 증가할 위험도 있다. 안정적 임금 확보가 어렵고 근로연령층의 임금 기반 기초 소비가 위협받을 수 있으므로 소득보장의 재구성이 고안될 필요가 있다. 불안정한 자영 근로자의 증가에 따라 기존 사회보험 체계에 사각지대가 크게 발생할 수 있다.

2000년대 이후 인터넷과 컴퓨터로 상징되는 IT 시기에 일반 근로자의 실질 임금이 정체되고 있지만, 노동을 대체하는 자본의 소유자는 엄청난 소득을 점유하고 있다. 신기술 도입에 따른 생산성 이득의 확산이 정규분포를 따르지 않는, 즉 '파레토 분포'를 따르는 소위 '양극화' 현상이 나타나고 있다. Arthur(2011)의 예상대로 '부의 생산문제가 아니라 부의 분배문제'가 전면적으로 등장하고 있으며(정준호, 2018), 고실업, 총

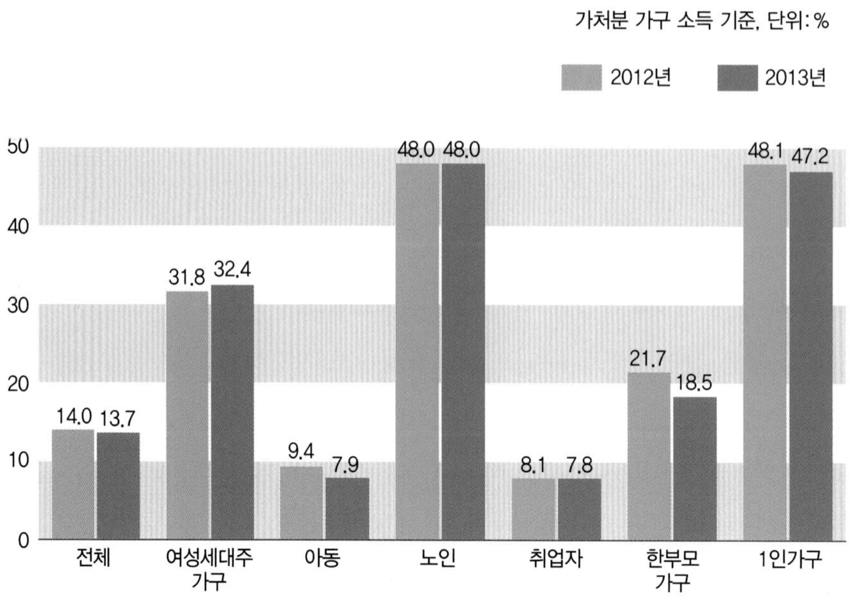


그림 13-5 **인구 유형별 상대적 빈곤율**

출처: 한국보건사회연구원. https://www.kihasa.re.kr/

수요 부족의 문제도 고려되어야 하는 상황이다. 우리나라의 최근 노동형태 및 임금변화도 기술발전의 영향이 존재함을 암시하고 있다(이현주, 2017). 과거 10여 년간 시간제 비정규직이 증가하고, 정규직과 비정규직의 임금 격차가 커지고 있는 상황이다. 즉, 임금격차의 상당 부분은 일자리, 고용안정의 문제임을 시사한다. 기술발전과 더불어, 그리고 기술의 발전과 무관하지 않은 또 다른 현상 중 하나는 삶의 질을 강조하는 인식이 확산되는 것이다. 이러한 상황에서 사회복지제도의 과제는 과거와 달리 더 높은 수준의, 더 효과적인 방식의 기제가 되기를 요구받을 것이다(이현주, 2017). 10년 후 중요한 이슈 간의 연관분석을 한 결과, 높은 연관관계를 맺고 있는 첫째 이슈는 삶의 질을 중시하는 라이프 스타일이었다. 다음이 고용불안, 불평등문제였다(미래창조과학부 미래준비위원회 외, 2017). 일과 여가를 공히 중요시하는 문화가 확산 중에 있다.

## 3 사회보장제도의 한계

한국 사회의 불안은 저급한 사회보장제도와 무관하지 않을 것으로 판단된다. 사회보장제도의 최소주의 형식주의적 확충이 한계를 노정한 것으로 이해할 필요가 있다. 앞서 언급한 바와 같이 우리나라의 사회보장제도를 보면 기초욕구 중 주거, 의료, 교육 분야의 사회적 보장은 저급한 수준으로 한국 사회는 고비용 사회, 불안 사회로 남아 있다. 가구, 개인 단위 근로와 소득의 안정성 약화는 이러한 문제를 더 심화시킬 위험을 가지고 있다.

시장에서의 고용상 지위를 전제로 하는 사회보험 중심으로 사회보장제도를 운영하여 온 우리나라에서는 고용불안, 일 방식 변화에 대응하는 준비가 더 절실할 수 있다. 한국의 사회지출은 2016년 GDP 대비 10.4%인데, OECD 평균 21%와 비교하여 낮은 수준이다. 우리나라의 사회지출을 제도별로 추정하여 보면 2014년 기준 공공지출이 총 지출 중의 80.7%이고, 이 중 61.2%가 사회보험이며, 사회서비스는 18.1%로 사회보험을 위한 지출의 비율이 매우 높다(고경환 외, 2015). 아동수당의 도입, 기초연금의 급여 수준을 높이는 등 최근 소득보장에 제도적 보완이 빠르게 진행 중이다. 반면, 사회서비스에 대한 정책 추진은 상대적으로 여전히 지체 중이지만 그럼에도 과거와 대비하여 많은 확충이 이루어지고 있다. 현금 급여와 현물 급여를 포함하여 우리나라의 공적 사회지출이 GDP에서 자치하는 비율은 2014년 기준 9.7%이다. 2013년 기준 OECD 평균 21.1%, 스웨덴 27.4%, 프랑스 31.5%, 이탈리아 28.6%, 미국 18.8%와 비교하여도 낮은 수준이다(강신욱 외, 2017). 결국 사회복지·안전망의 확충에도 불구하고 아직 우리나라의 사회복지는 국민 스스로의 임금소득과 근로를 기반으로 하는 사회보험에 크게 의존하고 있다. 전체 사회지출에서 민간의 법정지출이 매우 높은 현상은 이러한 특징을 반영한 것이다. 사회보장제도의 확충과 발전에도 불구하고 아직 제도의 포괄성과 충분성, 질에서는 미흡하고 많은 과제를 남기고 있다. 우리나라의 사회보장은 소득과 연령을 고려할 때 일종의 환형(ring shape) 보호를 하는 형국에 있다. 극빈층과 영유아, 노인에 대한 지원이 그나마 상대적으로 포괄성을 갖추고 있고 안정적 임금근로자는 사회보험 가입으로 사회적 위험을 대비하고 있다. 반면, 기타 저소득층이나 근로연령층, 사회보험으로 보호를 받기 어려운 불안정, 비전형 근로자 집단은 제도적 보호 밖에 놓일 위험이 높다.

### 1) 기초보장의 저급성

사회보장의 한계와 관련하여 가장 먼저 저급한 의료·주거·교육 서비스 보장과 그 결과 중 하나로 추정되는 낮은 삶의 질을 거론하여야 한다. 사회서비스에 대한 강조가 없지는 않았지만 결과적으로 미진한 정책 추진으로 주거, 의료, 교육 분야의 사회보장은 저급한 수준을 극복하지 못한 상태이다. 사회서비스 분야는 2007년을 전후로 쟁점화된 사회투자국가의 중요 정책 기제로 부각되면서 핵심적인 복지 부문의 주요 사회서비스가 다수 제도화되었고, 그 필요성에 대한 인식과 공감대도 확산되었다(박세경, 2018). 2007년 도입된 노인돌봄서비스, 장애인활동지원서비스, 산모신생아도우미서비스, 지역사회서비스투자사업 등은 각각 성장·정착되어 사회서비스의 핵심 제도로 자리하며 서비스의 양적 확대에 기여했다. 하지만 아직 아동돌봄 분야 외 서비스 보장의 포괄성은 낮은 상태이다.

### 2) 고령화와 건강보장의 취약성

#### (1) 건강보험 보장성의 불충분성

2016년 기준으로 1인당 GDP 수준으로 정렬해서 OECD 국가들의 기대수명과 가구부담 의료비 지출 비중을 비교해 보면, 비슷한 경제수준을 가진 국가들 사이에서 한국은 유독 가구 부담 지출 비중(40.8%)이 높은 것을 확인할 수 있다. 대상인구의 포괄성은 달성되었다고 평가되고 있으나 급여하고 있는 서비스가 불충분해 상대적으로 개인이 부담하는 비용이 높아지는 것이다. 지난 10년간 건강보험 보장성 확대를 추진해 왔지만 건강보험으로 인한 낮은 비용 인식, 민간보험 가입의 증가, 빠른 속도로 확대되는 비급여 서비스가 결합되어 공적 보장제도 밖에서의 의료서비스 이용이 지속적으로 증가하고 있다.

#### (2) 재정적 위험 대비의 불충분성

질병 발생으로 인한 의료비 지출과 소득상실에 대한 개인책임서비스 보장성이 충분하지 않은 상황에서 중증질환의 고액 의료비 발생은 가구 빈곤화의 주요한 원인이 될 수 있다. 재난적 의료비(catastrophic health expenditure)는 의료비로 인한 가구의 경제

### ○ 국민기초생활보장제도 및 부양의무자 기준 관련 안내

국민기초생활보장제도는 생활이 어려운 분들에게
필요한 급여를 지급하여 최저생활을 보장하고
자립을 지원합니다.
수급자 선정 기준(❶, ❷ 모두 충족)은
다음과 같습니다.

❶ **가구 소득인정액**(소득평가액 + 재산의 소득환산액)이 급여별 **선정 기준을 충족**하여야 합니다.

❷ 부양의무자(1촌의 직계혈족 및 그 배우자)가 없거나 부양의무자가 있어도 **부양능력이 없거나 또는 부양을 받을 수 없는 경우**여야 합니다.

### ○ 급여별 선정기준 ('21년도)

| 구분 | 1인 | 2인 | 3인 | 4인 | 5인 | 6인 |
|---|---|---|---|---|---|---|
| 생계급여 | 548,349 | 926,424 | 1,195,185 | 1,462,887 | 1,727,212 | 1,988,581 |
| 의료급여 | 731,132 | 1,235,232 | 1,593,580 | 1,950,516 | 2,302,949 | 2,651,441 |
| 주거급여 | 822,524 | 1,389,636 | 1,792,778 | 2,194,331 | 2,590,818 | 2,982,871 |
| 교육급여 | 913,916 | 1,544,040 | 1,991,975 | 2,438,145 | 2,878,687 | 3,314,302 |

그림 13-6 국민기초생활보장제도 및 부양의무자 기준

출처: 보건복지부. http://www.mohw.go.kr/react/index.jsp

적 부담을 측정하는 개념으로서 한 가구의 의료비 지출이 일정 수준을 넘어서는 경우를 의미한다(김우림, 박은철, 2017). 세계보건기구는 가구의 지불능력 중 40% 이상을 의료비를 지출한 경우 재난적 의료비가 발생한 것으로 정의하고 있으며 각 국가의 상황에 맞게 10~40% 사이의 값을 사용할 수 있다. 과도한 의료비 지출은 빈곤화의 원인이 될 수 있으며, 이는 삶의 질 하락으로 이어진다. 특히 4차 산업혁명으로 인한 노동환경의 변화와 사회보험 사각지대에 놓이는 새로운 근로 유형의 출현은 질병으로 인한 의료 빈곤(medical poor)의 위험을 높이고 있다.

### 3) 고용관계 변화와 사회보장 기반 약화

고용불안 상황에서는 불평등 완화에 기여하는 요인으로 정부의 재분배 정책이 더욱 중요해질 것이다. 고용불안과 일 방식의 변화는 사회보험과 같이 종래 노동시장에서의 지위에 근거한 사회보장의 기반을 약화시킬 우려가 있다. 과거 10여 년간 시간제 비정규직이 증가하였다. 2003년 이후 비정규직 비율은 증가하지 않는 것으로 보이나 비정규직의 절대적 규모는 증가 중이다(한국노동연구원, 2016). 근로형태별 국민연금 가입률 추이를 보면 전체 가입률이 증가하지만 비전형근로는 오히려 낮아지고 있다(한국노동연구원, 2016). 고용보험의 경우는 전체적으로 가입률이 높아지고 있지만 특수형태근로는 예외이다. 고용형태의 변화가 사회보험의 포괄성을 높이는 데 있어 큰 장애요인이 될 것으로 전망된다.

고용불안은 그 자체로 소득불평등에 부정적 영향을 줄 위험이 크다. 우리나라의 경우도 정규직과 비정규직의 임금격차가 커졌다. 정규직을 100으로 할 때 비정규직의 상대임금 추이를 보면 2003년 61.3에서 2016년 53.5로 감소하였다(한국노동연구원, 2016). 우리나라는 조세를 기반으로 하는 사회보장제도의 규모가 작아서 노동시장의 변화, 고용불안과 관련이 깊은 사회보험의 사각지대가 사회보장에 미치는 부정적 영향이 더욱 중요한 문제가 될 것으로 예상된다(이현주, 2017).

표 13-2 4차 산업혁명 적응 준비 한국 25위

| | |
|---|---|
| 1위 스위스 | 6위 영국 |
| 2위 싱가포르 | 7위 홍콩 |
| 3위 네덜란드 | 8위 노르웨이 |
| 4위 핀란드 | 9위 덴마크 |
| 5위 미국 | 10위 뉴질랜드 |

※ 일본(12위), 대만(16위), 중국(28위), 러시아 (31위)
한국이 4차 산업혁명에 적응할 수 있는 국가 25위라는 조사 보고서가 나왔다. 스위스 최대 은행 UBS는 '4차 산업혁명의 이해'라는 주제로 열리는 세계경제포럼(WEF) 연차총회(일명 다보스포럼) 개막(2016. 1월) 보고서에서 전 세계 139개국을 대상으로 4차 산업혁명에 적응할 수 있는 준비가 얼마나 잘 돼 있는지 순위를 매겼다.

출처: UBS.

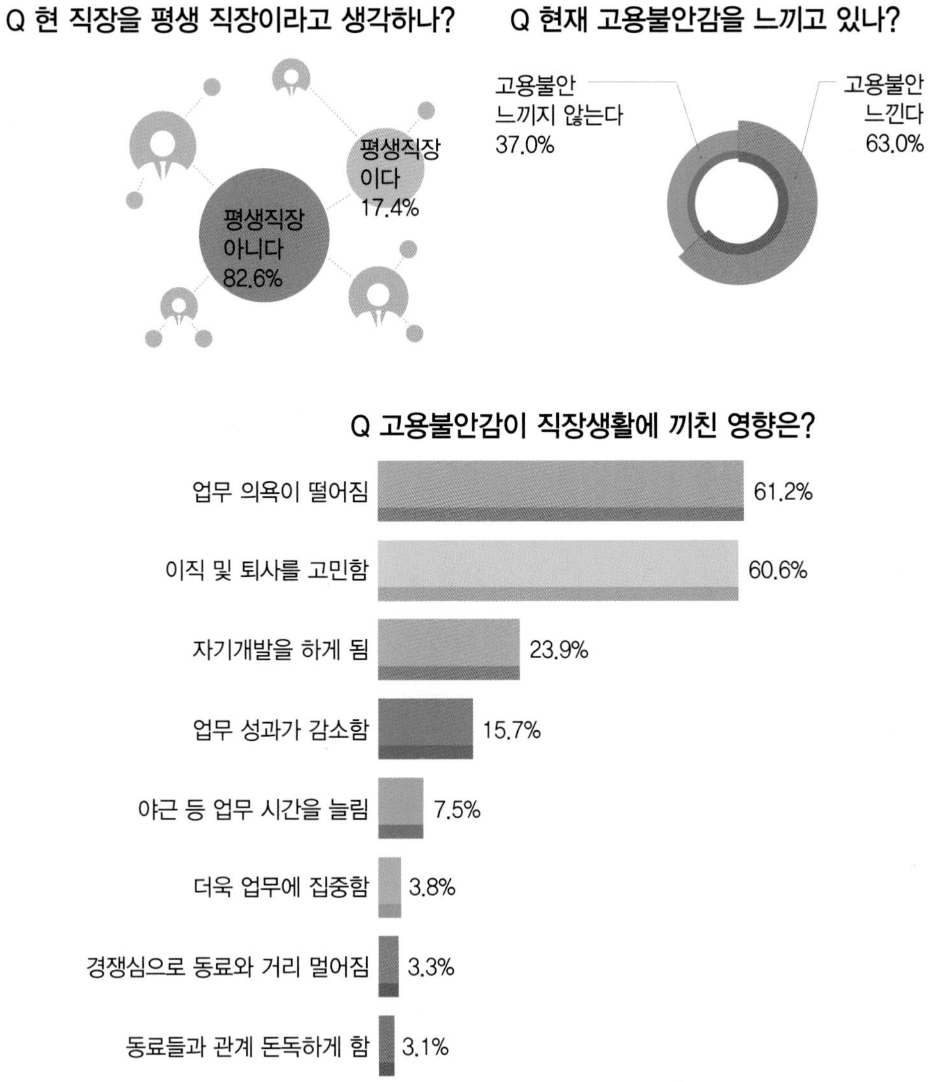


그림 13-7 고용불안감이 직장생활에 끼친 영향

출처: 사람인. https://www.saramin.co.kr/

사회보험인 고용보험에 가입할 기회 자체가 없었던 청년층에게는 거의 아무런 보장 체계가 없는 상황이다. 질병이나 사고로 인하여 노동할 수 없는 기간 동안 소득을 지원하는 제도도 마련되어 있지 않아서, 이것도 빈곤으로 빠지는 경로가 되고 있다(장지연, 2018).

## 4 사회보장제도 개편

### 1) 사회보장 개편의 방향

우리나라가 지향하는 사회는 사회불안을 극복하고, 삶의 질을 높이는 실질적 사회보장이 구현된 사회로 보아야 할 것이다. 이에 가족과 시장에만 의존하던 사회안전망에서 사회가 사회구성원의 삶을 돌보는 사회적 보장으로 전환되어야 한다. 가장 대표적으로 가족의 기능 저하에 대한 대응이 적극 개발, 확충되어야 한다. 고령화와 가족구조의 변화에 대응하는 서비스 강화가 시급한데 가장 대표적으로 의료서비스의 가구부담을 줄이는 것, 돌봄서비스 확충과 가구의 경제적, 신체적 부담을 줄이는 정책 개편이 필요하다. 가족임금의 유지 가능성이 약해지면서 개인 단위의 보장이 강조될 것으로 전망된다. 최근 가구 내 가구원 간의 소득의 공유 정도 등에 대한 연구주제가 중요한 연구주제로 부상하고 있는 현상도 이러한 사회적 변화를 반영하는 것으로 이해할 수 있다. 따라서 미래에는 기존의 정책 구성과 비교하여 개인 단위 소득보장을 목적으로 하는 수당의 강화가 고려될 것이다. 각종 수당의 가구 단위 차감방식을 폐지 또는 완화하여야 할 것이다. 가구규모를 고려한 균등화지수를 적용하여 급여를 조정하는 것은 비용을 기반으로 한 급여 지급이 될 수 있지만, 한편 가구를 구성하고 건강한 관계 유지의 기반이 될 다인 가구에게는 부정적인 영향을 줄 수 있으므로 이를 고려할 수 있을 것이다. 기초연금과 같이 수당이면서 가구규모를 고려하여 부부가구일수록 손해를 본다는 인상을 주는 급여방식은 재검토가 필요하다.

가구구성의 변화, 여성 취업의 증가 등으로 돌봄 여력이 줄면서 돌봄의 공백이 커지고 있다. 핵가족화가 심화된 환경에서 가구 내 돌봄을 유지하는 가구라 하여도 돌봄자의 고립과 신체적, 심리적 부담은 매우 크다. 따라서 사회적 돌봄의 기반을 강화하는 것은 급선무이다. 과거 사적이전소득에 의존하였던 노인들의 생계도 연금을 통한 독립적인 생계로 변화될 것으로 전망된다. 충분한 연금소득을 확보하기 어려운 노인이 적지 않고 앞으로도 사회보험의 기반이 약화될 것을 고려하면 기초연금의 강화를 보편적 수당으로 확대하고 연금 고소득자에 대하여 징세하는 방식으로 연금 합리화, 노후소득보장 강화를 고민하여야 할 것이다.

한편, 고용불안, 일 방식 변화에 대응하는 방향으로 기초보장을 강화하여야 한다. 근로연령층의 빈곤이 악화되고 있고 사회보험의 기반이 약화 중이며 일 시간 등 과거 전형적인 사회서비스 공급이 대응하기 어려운 노동형태들이 증가하고 있다. 사회보험은 개인의 위험을 대비하는 사회보장 중 기본적으로 기여(contribution)에 기초하여 수급권이 발생하는 보장 방식이다. 권리성이 강하고 사회적 낙인은 거의 없는 사회보장 방식이며 중산층의 지지를 얻으면서 복지국가의 안정성을 견인하는 사회보장제도이다. 사회보험 방식의 소득보장체계가 지니는 장점이 분명히 존재하므로 사회보험 방식의 사회보장은 계속 그 포괄성과 안정성을 높이는 방식으로 정책적 보완이 이루어져야 한다. 하지만 기존의 사회보험과 같이 전일제 안정적인 근로를 전제로 하는 사회보험 방식은 향후 사회적 위험에 대응하기 어려울 것이다. 해외의 사회보험이 검토 중인 각종 보완 방식을 우리도 심도 있게 검토하여 사용주의 부담방식 변경, 비전형 근로를 포괄하는 보험 가입대상의 확대 등이 도입되어야 할 것이다.

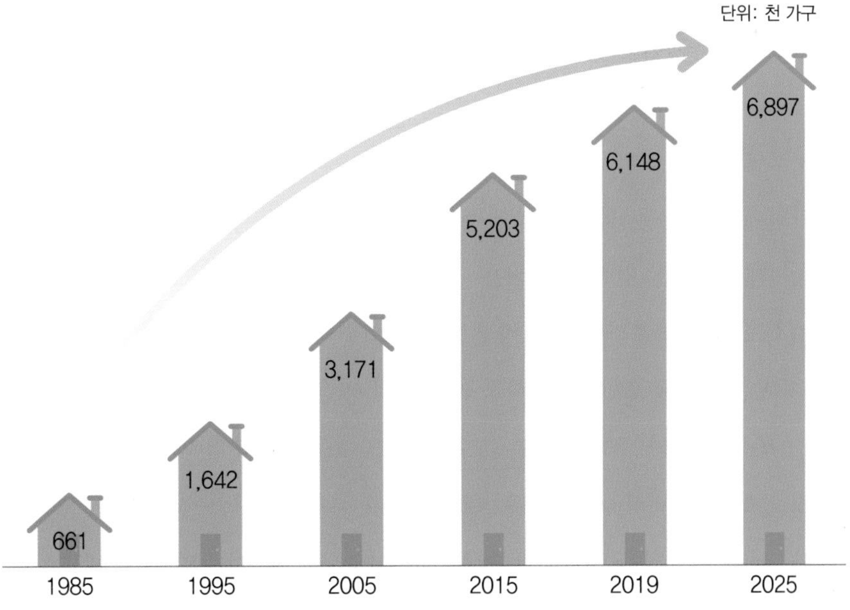


그림 13-8 1인 가구 수

출처: 통계청. http://kostat.go.kr/

한편, 기존 사회보장제도 밖의 집단인 근로연령층의 빈곤과 구직 어려움에 대응하는 사회보장제도의 도입도 빠르게 검토되어야 한다. 사회서비스의 경우 비전형적인 근로시간, 주말, 야간 근로시간에 대응하는 서비스 공급에 대해서도 검토가 이루어져야 할 것이다. 사회보장제도가 다수의 제도로 구성·발전하여 오면서 전문화와 함께 분화도 심화되어 왔다. 이러한 상황에서 사회보장제도의 개편이 쉽지 않아졌다. 미래 대응은 개별 제도의 개선으로 완수되기 어렵다. 사회보장제도에 대한 종합적 평가와 이해, 그리고 기획이 이루어져야 한다. 이러한 종합적 정책기획을 위해서는 안정적 사회보장 논의 기반이 확보되어야 한다. 거버넌스는 최근 각종 정책 권고 중 빠지지 않는 영역이다. OECD도 회원국의 다양한 정책환경을 고려하여 중요한 지표를 중심으로 회원국들이 종합적 기획을 하도록 기반을 제공하는 것을 중요한 역할로 설정하고 있다. 사회보장 전반에 대한 실효성이 있는 거버넌스 구조를 갖추고 이러한 논의에서 중요한 기초정보가 될 수 있도록 국가 관리지표를 선정, 지속적이고 종합적인 정책모니터링이 이루어져야 할 것이다. 미래 사회보장은 국민의 권리보장으로 인식되어야 한다. 국민의 권리는 국민의 제도 이해, 참여를 통하여 구현될 수 있을 것이다. 따라서 제도 확충과 더불어 제도 합리화, 단순화를 통하여 국민의 제도 인지 수준을 높여야 할 것이다. 이러한 개선은 정부 신뢰를 높이는 데에도 기여할 것이다.

### 2) 사회보장 개편 전략

미래 사회에 대응하는 사회보장 개편 전략으로 다음과 같은 전략을 우선 고려하여야 한다. 첫째, 서비스 강화로 저비용 사회를 구현한다. 둘째, 고용방식의 변화에 대응하는 사회보험의 개편과 소득보장제도를 강화한다. 셋째, 사회정책의 종합적 기획을 위한 거버넌스를 구조화한다. 사회적 불안의 많은 부분은 필수재인 서비스 공급의 부족, 기초욕구 영역인 주거, 의료, 교육 부분의 가구 부담 과중에서 비롯된다. 따라서 서비스 강화로 저비용 사회를 구현하는 것이 실질적 소득보장이자 안정사회로 가는 길이다. 서비스의 질을 보증하는 것을 포함하되 서비스 보장의 대상 포괄성 확대는 시급한 과제라고 할 수 있다.

고용방식의 변화에 대응하는 사회보험의 개편과 소득보장제도의 확충이 요구된다.

특히 근로연령층 소득보장제도의 확충은 그 중요성이 더 커지고 있다. 사회보험의 유인을 강화하되 기초수준의 보장이 역시 강화되어야 할 것이다. 그리고 국민연금의 합리화로 노후소득보장을 강화하면서 형평성을 높이고, 미래 노인 구매력을 유지하는 것이 우선 과제 중 하나이다. 사회보험의 적용대상을 확대하여 가입, 보험료 납부의 동기를 강화하는 기제가 고안되어야 하며, 기여를 할수록 유리한 급여구조를 갖추도록 연금구조를 개편하여야 소득 파악이 어려운 일 방식에 대응할 수 있을 것이다. 예를 들어, 소득, 이익이 발생하는 곳에 사회보험료 납부 의무를 강화하고 특히 과거 대비 고용주의 기여를 강화하는 방안도 고려할 수 있을 것이다. 고용주 기여분은 기업 등 고용주의 이익에서 일정 비율을 기여하도록(고용인 1인당 기여보다)하고 이를 전체 노동자로 확대 분배하는 방식도 검토될 수 있을 것이다. 근로연령층의 소득보장에

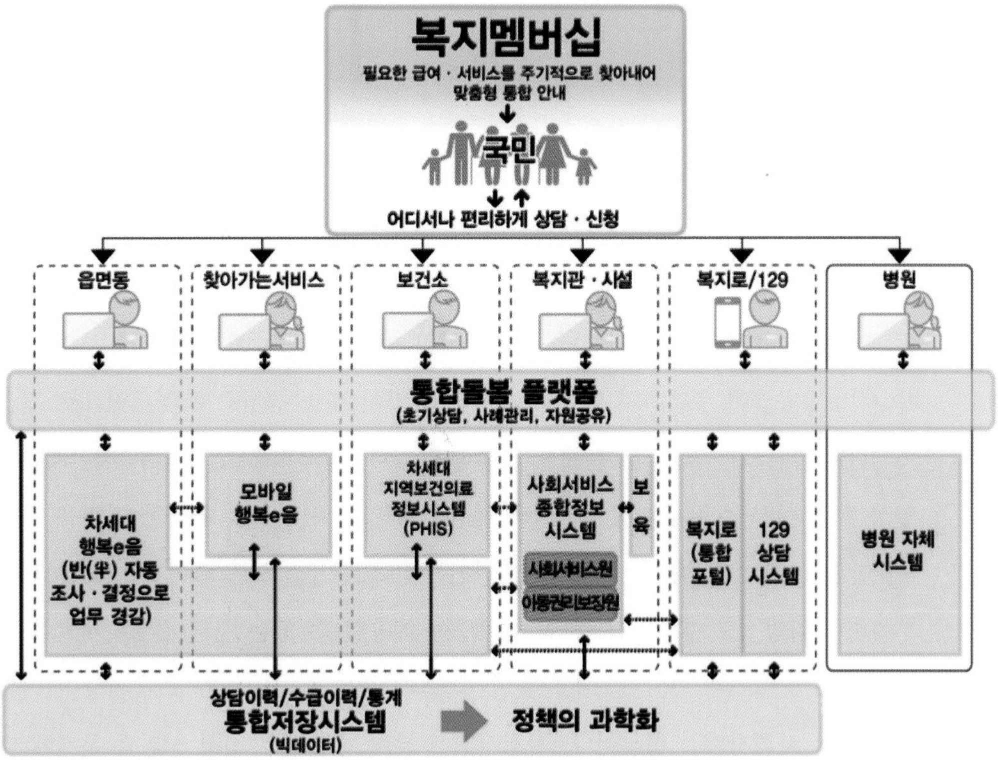


그림 13-9 차세대 정보시스템 구축 개요도

출처: 복지타임즈. http://www.bokjitimes.com/

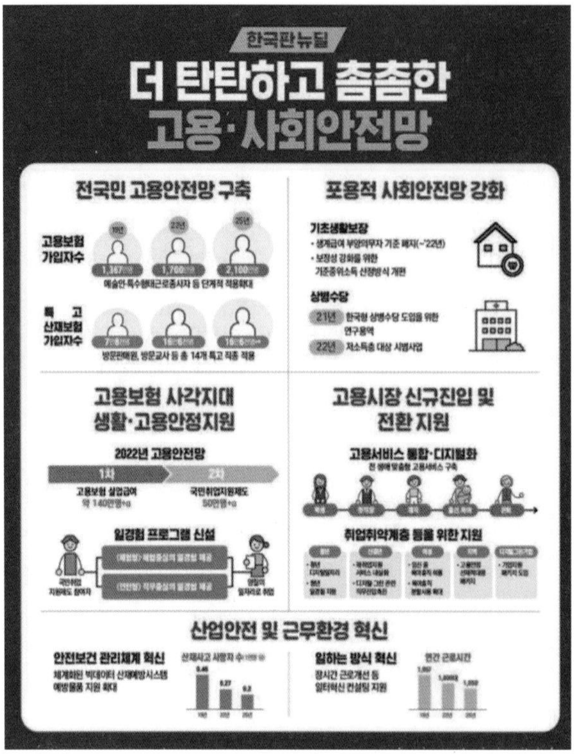


그림 13-10 한국판 뉴딜

출처: 고용노동부. http://www.moel.go.kr/index.do

영향을 줄 수 있는 기초수준의 소득보장으로 아동수당, 장애수당, 구직수당 등을 강화하는 안도 적극 논의하여 갈 필요가 있다.

### 3) 돌봄서비스 보장

고령화로 인한 수요 외에도 가족구조의 변화, 현대 사회의 특성으로 인하여 서비스 수요는 증가할 것으로 전망된다. 2017년 8월 노인인구가 전체의 14%를 넘는 고령사회에 진입하였다. 현대사회의 특성으로 알코올 중독, 우울증, 가정폭력 등 다양한 사회문제가 야기되고 있다. 2015년 고령자 가구 중 1인 가구의 비율이 32.9%, 여성 취업 증가 등 가족 내 돌봄이 가능한 가구의 비율이 낮아지고 있다. 가장 수요가 긴요한 서비스의 경우 서비스 공급이 충분하지 않거나 민간의 고가 서비스 공급으로 경제적으로 접근성이 낮은 서비스가 공급되는 문제에 직면하고 있다. 경제적으로 가격이 비싼 서비스는 일정 수준 이하 소득계층에게는 결국 제공되지 않는 서비스와 유사한 결핍을 초래한다. 한편, 서비스의 범위도 주로 사후적인 서비스를 중심으로 하여 예방적 서비스가 부족하며 다양성도 부족하다. 다양한 욕구에 대응할 수 있는 사회서비스 개발이 이루어져야 한다(이인재, 2017). 예를 들면, 다음과 같은 서비스들은 보완·확충이 이루어져야 하는 사회서비스 종류이다. 사회서비스 분야 종사자의 정서 심리적 문제에 대응하기 위한 서비스, 4대 중독(알코올, 게임, 도박, 인터넷) 예방, 상담, 치료, 학교 밖 청소년, 학교 폭력 등 위기청소년 문제의 해결, 노인 대상 운동치료를 통한 노인 건강증진, 문화, 여가, 환경, 관광(social tourism) 분야의 욕구 등이 바로 그것이다. 한편, 시설 중심의 서비스를 재가 중심의 서비스로 전환하고 서비스의 선택지를 넓히는 다양성 확보가 이루어져야 한다.

돌봄서비스 강화 방안으로는 우선 대상 포괄성을 확대하여야 한다. 대상 포괄성을 넓히려면 제공 서비스 확충이 필요하다. 더불어 서비스 대상 판정의 관대성과 전문성·객관성을 높여야 한다. 서비스의 시장의존성을 줄이고 서비스 공급과 서비스 관련 정책의 안정성을 확보하는 것도 관건이다. 이를 위해서는 서비스 공급 중 공공의 공급 비율을 높여 나가야 한다. 새로운 공급분의 서비스를 공공이 공급 주체로 설계하고 민간의 부실서비스 공급자로부터 서비스 공급 주체를 인수받는 방식으로 민간과 공공의 갈등을 최소화하면서 공공의 서비스 공급을 늘려 가는 안도 바람직한 대안이 될 것이다. 위탁계약이 만료된 민간 서비스 공급의 경우에도 각 지역의 상황에 따라 공급주체의 전환이 가능할 것이다.

#### 4) 소득보장 체계의 개편

미래 소득보장의 과제는 사회보험제도의 보완, 근로연령층의 빈곤과 불평등 문제 등에 대응하는 제도의 신설 및 확충과 같은 새로운 정책 과제와 함께 기존의 노인 빈곤에 대응하는 소득보장 제도로 구성될 것이다. 비전형 노동의 증가와 향후 기술변화에 따른 일자리 감소 위험을 고려할 때 과거의 고용관계를 전제로 한 사회보험을 대체, 보완할 수 있는 사회보장기제를 고민하여야 한다. 시간제근로, 재택 근로 등 탄력근무 등이 확산되면 사회보험의 기여분 책정과 보험가입자 간의 재분배 등이 과거와 다른 방식으로 이루어지도록 보완이 필요해질 가능성이 크다(이현주, 2017). 근로형태가 다양해지고 고용과 퇴직을 반복하는 고용 현상이 일반화될 때 사회보험을 운영·관리하기 위한 비용이 어느 정도로 증가할 것인지 예상하기 쉽지 않다. 만약 사회보험의 관리가 달라져야 한다면 어떻게 효율화할 수 있는지도 고민거리가 된다. 사회보험제도의 개편과 제도적 적응성을 높이기 위한 논의는 사회보험을 여타의 다른 제도로 대체하는 안보다 더 중요하다. 사회보험제도는 생애주기에 걸친 임금소득의 변화를 개인 차원에서 평활화할 뿐 아니라 사회구성원 사이의 불평등을 완화하는 효과를 동시에 기대할 수 있는 건강한 사회복지제도이다. 변화하는 고용형태에 맞춘 사회보험제도의 설계로 사회보험제도의 견고성을 유지하는 것이 바람직하다. 다만, 사회보험제도의 기반이 취약해짐을 고려하여 여타의 사회복지제도로 보완하는 안을 좀 더 고민하여야 한다.

사회보험의 변화 방향은 크게 두 가지가 있다. 새로운 고용형태, 일 방식을 고려한 보험의 적용 범위 확대와 사회보험 가입과 보험료 납부에 대한 개인적 동기유발을 강화하는 방안이다. 임금근로자의 범위를 확대하거나 비임금근로자로의 오분류를 방지함으로써 임금근로자로 보호하는 것이나 별도의 범주를 신설하여 비임금근로자를 사회보험의 적용대상으로 포괄하는 것이 전자의 예이다(황덕순 외, 2016). 연금을 적립식으로 변경하여 부과방식으로 마련되는 공적연금의 부분을 최소화하는 안은 두 번째 이슈와 관련된다. 후자 방식의 도입은 기초연금을 강화하고 기반으로 한 경우에 논의하는 것이 적절하다. 고령화와 함께 심화되는 노인빈곤 위험을 대응하기 위해서는 노후소득보장을 강화하는 방안도 적극 검토하여야 한다.

보편적 기초연금과 소득비례 국민연금으로 체계화하는 안도 긍정적으로 검토할 수 있는 개편안이다. 기초연금을 빈곤 예방 수준까지 제공하는 것도 중요한데 기초연금의 수급 대상을 노인 중 70%에서 100%로 확대하고 급여수준도 50만 원 정도로 높여서 실질적인 노후 소득안전망이 되도록 하는 것이 바람직할 것이다. 국민연금에서 재분배 역할을 하는 A값을 제외하여 제도를 단순화하고 연금으로의 가입과 기여 동기를 해치지 않도록 하되, 모든 연금소득은 과세 대상으로 하는 것이 제도 합리화 방향이다. 기초연금수급 연령은 기대수명이 길어지고 건강한 노후와 노인의 경제활동이 변화되면 향후 조정 가능할 것으로 기대된다. 그리고 특수직역연금의 소득대체율은 다소 낮추는 방식으로 공적연금을 통합해 나가야 한다. 노후소득보장은 미래 인구의 다수를 차지하는 사회구성원의 구매력을 유지하는 효과를 가져올 것이다. 향후 노인의 구매력은 높을 것이며 상승할 잠재력이 존재한다. 베이비붐 세대 가운데 후반부에 해당하는 1960~1964년생의 자산 축적량이 이전 및 이후 세대와 비교해서도 괄목할 정도로 높은 수준이다. 조세형 등(2017)에 따르면 "1950~1964년생은 코호트 효과뿐만 아니라 연령 효과도 큰 편이어서 이를 합산한 총효과 면에서 가장 많은 자산을 보유하고 있는 것으로 나타났다"고 한다.

노동시장, 근로형태의 변화, 불평등의 심화와 더불어 대안적 소득보장제도로 기본소득에 대한 논의도 더 뜨거워졌다. 개념은 오랜 역사를 가지고 있고 이 제도의 수용에 대한 제안은 이념적 지형이 매우 넓은 특징을 가진다. 단순히 삶의 영위라는 차원, 즉 생계 차원을 넘어서서 노동이 중요한 사회적 차원을 가진다는 점을 인정해야 한다. 기본소득에는 아직 많은 이슈가 다음과 같이 잔존하는 것은 분명하다(이현주, 2017). 우선, 기본소득은 누구를 대상으로 설계되는가, 그리고 욕구의 차이를 어떻게 반영할 수 있는가가 고민이다. 기본소득의 설계에서는 기존의 (아동, 노인, 장애인 대상) 수당과 실업급여 등 각종 제도와의 관계를 어떻게 정리할 것인가도 쟁점이다. 기존의 보장수준을 낮추는 방식으로의 기본소득을 도입하는 위험에 대하여 주목할 필요가 있다. 기본소득의 도입을 긍정적으로 검토한다 하여도 사회참여 보장, 또는 강화 노력이 유지되는 것이 중요하다. 인간이 노동하고 사회에 통합하면서 삶을 유지하는 방식이 가능하도록 사회적 이윤이 배분되어야 한다. 단순히 기본소득을 보장하는 것만으로는 이상적 사회 건설에서 부족한 측면이 있다. 어떻게 사회적 참여와 통합을 유지, 또는 제고하면서 고도 기술사회의 불평등을 줄일 수 있는가에 대해서 적극적 고안이 요구된다. 당분간 기본소득과 유사성이 높은 수당을 대상으로 확대하고 급여 수준을 합리화하는 단계적 노력도 주목할 만하다.

## 참고문헌


강신욱, 노대명, 이현주, 정해식, 김계환, 김근혜, 조한나(2017). 소득보장제도 체계화 방안. 세종: 한국보건사회연구원.

고경환, 장영식, 신정우, 최요한, 정영애(2015). 2014년 기준 한국의 사회복지지출. 세종: 보건복지부, 한국보건사회연구원.

김우림, 박은철(2017). 2015 재난적 의료비 경험률과 추이. **보건행정학회지**, 27(1), 84–87.

미래창조과학부 미래준비위원회, KISTEP, KAIST(2017). **10년 후 대한민국 미래전략 보고서: 4차 산업혁명 시대의 생산과 소비**. 서울: 도서출판 지식공감.

박세경(2018). 사회서비스 부문 주요 정책 현안과 쟁점: 보건복지부 사회서비스 정책을 중심으로. 미래 사회보장 구상 포럼 발표 자료집(미발간).

배종면(2014). 보건의료 문제해결을 위한 빅데이터 활용 해외동향. *Journal of the Korean Medical Association, 57*(5), 386–390.

이인재(2017). 사회서비스 영역의 사회적경제 활성화 방안. **3차 사회서비스와 사회적경제 포럼 자료집**.

이현주(2017). 통합적 사회발전을 위한 복지정책의 과제. 김주훈, 조성재 외 편. **사회통합과 경제성장: 불평등해소와 신성장**(pp. 343–366). 세종: 한국개발연구원, 한국노동연구원.

장지연(2018. 2. 22.). 노동존중사회의 사회적 시민권. 미래 사회보장 구상 포럼 발표자료집(미발간).

장지연 외(2018). 정책 환경 전망과 사회보장의 한계. 사회적 위험과 격차 심화에 대응하는 중장기 정책 과제. **경제·인문사회연구회 협동연구총서**.

정준호(2018). 지역 간 소득격차와 위험공유. **공간과 사회**, 28(2), 12–44.

조세형, 이용민, 김정훈(2017). 인구고령화가 가계의 자산 및 부채에 미치는 영향. **BOK 경제연구**, 제2017–27호, pp. 25–30.

조준모, 장지연, 황기돈, 이규용, 권혁, 김난주, 노용진, 김정호, 장창원, 김화순, 이아영, 권순원, 손유미, 우광호, 이동희, 이시균, 이재성, 최슬기, 황덕순(2016). 저출산–고령화 시대의 노동시장 전략연구. 세종: 고용노동부, 한국고용노사관계학회.

한국노동연구원(2016). 2016 비정규직 노동통계.

황덕순 외(2016). **고용관계 변화와 사회복지 패러다임 연구**. 세종: 한국노동연구원.

Arthur, B. (2011). The second economy. *McKinsey Quarterly*. http:// www.mckinsey.com/insights/strategy/the_second_economy.

Bussemer, T., Krell, C., & Meyer, H. (2016). Social democratic values in the digital society challenges of the fourth industrial revolution. *Social Europe Occasional Paper No. 10. Friedrich Ebert Stiftung.*

Huws, U. (2014). *Labor in the global digital economy: The cybertariat comes of age*. New York: Monthly Review Press.

OECD (2015). Employment Outlook OECD.

ONE HUNDRED YEAR STUDY ON ARTIFICIAL INTELLIGENCE (2016). ARTIFICIAL INTELLIGENCE AND LIFE IN 2030, REPORT OF THE 2015 STUDY PANEL.

Schwab, K. (2015). *Challenges and opportunities 4.0.*

Sundararajan, A. (2016). *The sharing economy: The end of employment and the rise of crowd-based capitalism*. Cambridge, MA: Mit Press.
World Economic Forum (2016). The future of jobs.

고용노동부. http://www.moel.go.kr/index.do
국회예산정책처. https://www.nabo.go.kr/
보건복지부. http://www.mohw.go.kr/react/index.jsp
복지타임즈. http://www.bokjitimes.com/
사람인. https://www.saramin.co.kr/
통계청. https://kostat.go.kr/
한국고용정보원. https://www.keis.or.kr/main/index.do
한국보건사회연구원. https://www.kihasa.re.kr/

# 찾아보기

## 인명

## 내용

## 저자 소개

**임종호**(Im JongHo)

대구대학교 특수교육과 졸업

성결대학교 사회복지학과 졸업

숭실대학교 대학원 사회사업학 석사

가톨릭대학교 대학원 사회복지학 박사

현 한라대학교 사회복지학과 교수

# 사회복지학개론

Introduction to Social Welfare

2023년 1월 20일 1판 1쇄 인쇄
2023년 1월 30일 1판 1쇄 발행

지은이 • 임종호
펴낸이 • 김진환
펴낸곳 • (주) 학지사
04031 서울특별시 마포구 양화로 15길 20 마인드월드빌딩
대표전화 • 02)330-5114 팩스 02)324-2345
등록번호 • 제313-2006-000265호

홈페이지 • http://www.hakjisa.co.kr
페이스북 • https://www.facebook.com/hakjisabook

ISBN 978-89-997-2834-1 93330

정가 24,000원